U0622426

石油和化工行业“十四五”规划教材

普通化学

王 斌 孔 霞 柳 阳 吉小利 主编

化学工业出版社

·北京·

内容简介

《普通化学》是一本面向工科非化学化工类专业学生的核心基础教材，其编写目标紧密围绕新工科背景下机械、土木、建筑、安全、采矿、地质等专业对化学知识的需求，系统阐述了化学学科的基本理论、核心知识及其在工程领域的应用。教材以“简明扼要、由浅入深”为原则，注重学科规律与专业实践的融合。

全书共分8章，涵盖物质的结构与性质、化学热力学初步、水溶液与离子平衡、氧化还原反应与电化学、化学反应速率、分析测试、单质与无机化合物、有机化合物，构建完整的化学知识框架。每章均配有精选思考题与习题，并附有实用附录，便于学生巩固知识与自测效果。教材注重通用性与前沿性结合，基础内容满足多专业共性需求，标“*”章节可根据学时与专业特点灵活选用，体现教学弹性。注重教学适配性，基于师生反馈优化内容编排，突出重难点，辅以丰富例题与习题，提升学习效率。

本书既可作为高等院校工科专业的化学通用教材，旨在培养学生科学思维与解决复杂工程问题的能力，也可供工程技术人员参考。

图书在版编目（CIP）数据

普通化学 / 王斌等主编. -- 北京 : 化学工业出版社，2025. 5. --(石油和化工行业“十四五”规划教材). -- ISBN 978-7-122-48362-1

Ⅰ. 06

中国国家版本馆CIP数据核字第2025ZW5585号

责任编辑：李　琰　宋林青　　　文字编辑：朱　婧　师明远
责任校对：杜杏然　　　装帧设计：关　飞

出版发行：化学工业出版社
（北京市东城区青年湖南街13号　邮政编码100011）
印　　装：三河市双峰印刷装订有限公司
787mm×1092mm　1/16　印张17　彩插1　字数421千字
2025年9月北京第1版第1次印刷

购书咨询：010-64518888　　　售后服务：010-64518899
网　　址：http://www.cip.com.cn
凡购买本书，如有缺损质量问题，本社销售中心负责调换。

定　　价：45.00元

前言

化学作为一门在原子和分子水平上研究物质的组成、结构、性质及其变化规律的科学，是自然科学的重要基础学科。普通化学课程在工科非化学化工类专业的教学体系中占据着不可或缺的地位，是各专业学生必修的基础课程。本书基于新工科背景下各类专业对化学知识的需求编写，旨在遵循化学学科的规律和特点，系统地讲授化学基础知识及其在不同领域的应用，为工科院校机械、土木、建筑、安全、采矿、地质、桥梁、水文等不同专业的学生提供通用的化学教材。

为了更好地适应当前高校新工科各专业教学体系改革的需要，本书编写组在编写过程中坚持简明扼要、由浅入深的原则，力求帮助学生尽快适应从高中到大学的学习方法转变。在前期试用过程中，编者认真收集并听取了一线教师和学生的反馈意见，坚持将通用性、适用性、实用性和先进性有机结合，以确保书中内容既能满足不同专业的基本需求，又能体现化学学科的前沿发展。

全书内容共分为8章，涵盖了物质的结构与性质、化学热力学初步、水溶液与离子平衡、氧化还原反应与电化学、化学反应速率、分析测试、单质与无机化合物、有机化合物等核心知识点。普通化学作为一门公共基础课程，对各专业学生而言，既有共同的基本内容和要求，又因专业不同而存在差异。不同专业的学生对化学的要求、学时安排以及学习化学的兴趣各不相同。因此，本书在编写过程中作了适当扩展，增加了教学的灵活性和弹性。教材中标有“*”的章节，供授课教师根据具体的学时数与教学要求灵活选择。此外，各章均配有大量精选的思考题和习题，旨在帮助学生牢固掌握各章的基本要求、重点和难点。书末还附有部分习题答案，供学生参考。

本书的编写分工如下：绪论及第1章由王斌（安徽理工大学）负责；第2章由吉小利（安徽理工大学）编写；第3章的3.1、3.2节由王斌（安徽理工大学）完成，3.3、3.4节由史然（安徽理工大学）编写；第4章由孔霞（山东科技大学）编写；第5章由柳阳（南昌工程学院）编写；第6章的6.1、6.2节由李智（安徽理工大学）完成，6.3、6.4节由尹成杰（安徽理工大学）编写；第7章的7.1节由刘葆华（安徽理工大学）负责，7.2节由姚会影（安徽理工大学）完成；第8章的8.1～8.3节由马祥梅（安徽理工大学）编写，8.4～8.6节由李亚男（安徽理工大学）完成；附录1～3由刘丽敏（安徽理工大学）负责，附录4～6由周旋（安徽理工大学）完成。全书由主编负责统稿、修改和定稿工作。

在本书的编写过程中，我们参考了国内外众多优秀的教材，从中汲取了宝贵的经验和灵感。在此，我们向这些教材的作者表示衷心的感谢。同时，我们还要特别感谢安徽理工大学马家举老师和山东科技大学邵谦老师对本书编写的悉心指导。

由于编者水平有限，书中难免存在一些疏漏及不足之处，恳请广大读者在使用本书的过程中，能够提出宝贵的意见和建议，帮助我们不断完善教材内容，以期为学生提供更加优质的学习资源。

编写组

2025 年 5 月

目录

第 3 章 水溶液与离子平衡 / 090

第 4 章 氧化还原反应与电化学 / 125

第 5 章 化学反应速率 / 155

第 6 章　分析测试 / 175

第 7 章　单质与无机化合物 / 189

第 8 章　有机化合物 / 213

附录 / 247

参考文献 / 262

绪论

辩证唯物主义深刻地揭示了世界的本质：世界是物质的，物质处于永恒的运动和变化之中，而这种运动和变化遵循着特定的规律，这些规律是可以被人类认识和掌握的。物质主要分为实物和场两大类，化学作为一门基础自然科学，主要研究实物这一类物质。物质的运动形式多种多样，根据其复杂程度可以划分为物理运动、化学运动、生物运动等不同类型，其中化学运动（即化学变化）是化学学科的核心研究内容之一。化学变化主要发生在原子、分子、离子的层次上，具体表现为原子、分子或离子因核外电子的运动状态发生变化而进行重新组合。因此，化学可以被定义为一门在原子和分子水平上研究物质的组成、结构、性质及其变化规律的科学。

早在数十万年前，原始人类便开始了用化学方法认识和改造天然物质的历程。现代考古发现，在“北京人”居住过的洞穴里，存在厚度达 4～6m、色彩鲜艳的灰烬，这表明“北京人”已经掌握了用火、支配火以及保存火种的方法。从用火之时起，原始人类便由野蛮走向文明，化学的萌芽也由此开始。燃烧作为一种典型的化学现象，为人类的生产生活带来了巨大的变革。掌握了火之后，人类逐步学会了制陶、冶炼，进而又掌握了酿造、染色等技术。这些由天然物质加工改造而成的制品，成为古代文明的重要标志，也为古代化学知识的萌发奠定了基础。

公元前 3 世纪，中国秦始皇令方士献仙人不死之药，炼丹术开始萌芽。炼丹术在化学史上经历了一段漫长的发展过程，虽然它在一定程度上对化学的发展造成了阻碍，但其指导思想——物质能够转化，却蕴含着重要的科学道理。炼丹家们有目的地将各类物质搭配烧炼，进行实验，并为此设计了升华器、蒸馏器、研钵等研究物质变化的器皿，创造了研磨、混合、溶解、洗涤、灼烧、熔融、升华、密封等实验方法，这些都对后来化学的发展起到了积极的推动作用。

1661 年，英国化学家罗伯特·波意耳（R. Boyle，1627—1691）发表了名著《怀疑派的化学家》（*The Sceptical Chemist*），在书中他发展了自己关于化学元素的理论，彻底驳倒了炼金术士关于硫、汞、盐三本原的学说，摧毁了已存在两千年的四元素学说，第一次将化学确立为一门独立的科学（恩格斯语）。波意耳的这部专著对化学从药剂师和炼金术士那里解脱出来成为一门独立的科学具有极为重要的意义。他还主张化学要想成为一门真正独立的科学，就必须进行各种实验。1691 年 12 月 30 日，波意耳在伦敦逝世，人们在他的墓碑上铭刻“化学之父”，以缅怀他的卓越功绩。

在波意耳之后，一大批科学家在实验的基础上取得了丰硕的研究成果。1803 年，英国的道尔顿（John Dalton，1766—1844）建立了近代原子论，强调了各种元素的原子质量为其最基本的特征，其中量（原子是有质量的）的概念的引入，是近代原子论与古代原子论的主要区别。近代原子论使当时的化学知识和理论得到了合理的解释，成为解释化学现象的统一理论。1811 年，意大利科学家阿伏伽德罗（A. Avogadro，1776—1856）提出了分子假说，建立了科学的原子分子学说，为物质结构的研究奠定了坚实的基础。门捷列夫（D. I. Mendeleev，1834—1907）发现元素周期律后，不仅初步形成了无机化学的体系，而且与原子分子学说一起构成了完整的化学理论体系。

1828 年，德国年轻的化学家维勒（Friedrich Wöhler，1800—1882）发表了《论尿素的人工合成》一文，这一成果在化学界引起了巨大震动，开创了有机合成的新时代。

19 世纪下半叶，俄国-德国物理化学家奥斯特瓦尔德（F. W. Ostwald，1853—1932）等将物理学思想和理论引入化学，不仅澄清了化学平衡和反应速率的概念，而且能够定量地判断化学反应中物质转化的方向和条件，相继建立了溶液理论、电离理论、电化学和化学动力学的理论基础。物理化学的诞生，将化学从理论上提升到了一个新的高度。与此同时，化学的另一分支——分析化学也在化学理论、实践需求及相关技术发展的推动下迅速发展。进入 20 世纪以后，随着分析手段的发展以及数学、物理学、计算机科学等其他学科成果的引入，化学开始全面地从定性到定量、从宏观到微观、从描述到推理、从静态到动态、从盲目实验到分子设计转变，呈现出加速发展态势。

如今，化学的研究对象已经从最初的原子、分子拓展到结构单元、高分子、原子分子团簇、原子分子的激发态、过渡态、吸附态、超分子、生物大分子、分子和原子的各种不同维数、不同尺度和不同复杂程度的聚集态和组装态，甚至包括分子材料、分子器件和分子机器的合成和反应、制备、剪裁和组装、分离和分析、结构和构象、粒度和形貌、物理和化学性能、生理和生物活性及其输运和调控的作用机制，以及上述各方面的规律、相互关系和应用等。

化学的研究方法也随着时代的进步而不断发展。在 19 世纪，化学是一门实验科学，其研究方法以实验为主。到了 20 世纪下半叶，随着量子化学在化学中的应用，化学的研究方法开始融入理论推理和数学计算。进入 21 世纪，模型和计算机模拟的方法又为化学研究提供了新的手段。

化学不仅在自身领域取得了长足的发展，还以其独特的研究成果为其他学科（如环境科学、材料科学、生命科学等）的发展提供了理论依据和测试手段。在自然科学的基础学科中，化学一直占据着独特的位置。1985 年，美国国家科学研究委员会（NRC）在其调研报告《化学中的机会》中特别引用了早年罗宾逊（S. R. Robinson，1886—1975）提出的“化学是中心科学”的说法。这一说法强调了化学在自然科学中的核心地位，因为化学面向物质变化，能够关联自然科学的方方面面。汉语“化学”一词也很好地概括了这门包罗万物、集天地之造化的学问，体现了化学科学的重要特征。

化学与 20 世纪物质文明的快速发展紧密相连。当前许多重大的工业生产过程都基于化学过程，从钢铁冶金、水泥陶瓷、酸碱肥料、塑料橡胶、合成纤维，到医药、农药、日用化妆品等，无一不与化学息息相关。因此，化学在我们这个社会中无处不在，深刻地影响着我们的生活。

关于化学在日常生活中的重要作用，美国化学会前主席布里斯罗在 1997 年美国化学会出版的《化学的今天和明天——一门中心的、实用的和创造性的科学》一书中，有一段生动的描述：

从早晨开始，我们在用化学品建造的住宅和公寓中醒来。家具是部分地用化学工业生产的现代材料制作的。我们使用化学家们设计的肥皂和牙膏并穿上由合成纤维和合成染料制成的衣着，即使是天然的纤维（如羊毛或棉花）也是经化学品处理并染色的，这样可以改进它们的性能。

为了保护起见，我们的食品被包装起来和冷藏起来，并且这些食品或是用肥料、除草剂和农药使之成长；或是家畜类需要用兽医药来防病；或是维生素类可以加到食品中或制成片剂后口服；甚至我们购买的天然食品，诸如牛奶，也必须经化学检验来保证其纯度。

我们的交通工具——汽车、火车、飞机——在很大程度上是要依靠化学加工业的产品；晨报是印刷在经化学方法制成的纸上，所用的油墨是由化学家们制造的；用于说明事物的照片要用化学家们制造的胶片；在我们生活中的所有金属制品都是用矿石经过以化学为基础的冶炼转化变成金属或将金属再变成合金，化学油漆还能保护它们。

化妆品是由化学家制造和检验过的。执法用的和国防上用的武器要依靠化学。事实上，在我们日常生活所用的产品中，很难找出有哪一种不是依靠化学和在化学家们的帮助下制造出来的。

化学的发展还丰富和完善了哲学的理论体系，这不仅因为化学研究的对象是物质，更因为化学研究物质的变化及其规律，其中包含了深刻的辩证法思想。因此化学知识不仅是做好其他工作所必备的基础理论，而且学习化学有助于培养科学的世界观和方法论。

此外，化学学科是一个极具创造性的学科，因为在 20 世纪的 100 年中，在美国《化学文摘》上记录的天然和人工合成的分子和化合物的数目已从 1900 年的 55 万种，增加到 1999 年 12 月 31 日的 2340 万种，平均每天增加近 700 种。没有别的学科能像化学一样制造出如此众多的新分子、新物质。因此，学习化学有助于培养创新意识。

化学是一门注重实验的学科，强调理论与实践的有机结合，因此，普通化学实验是本课程必不可少的一个重要环节。实验课能够加深学生对基本概念、基本理论、基础知识的理解，还能够训练基本操作，培养实验能力，发展实验技巧，培养观察实验现象、提出问题、分析问题和解决问题的能力，养成严谨认真、实事求是的科学作风，培养从事科学研究的能力，为学习专业课打下必要的基础。

由于化学学科及相关交叉学科的发展非常之快，所以在学习化学时，还应该学会在遇到具体问题时查阅资料，学会使用工具书。当前要特别注意充分利用网络上的化学资源。培养获取新知识的能力，有助于将来处理工程实际问题时，能够循着正确的思路寻找答案。

第1章
物质的结构与性质

【内容提要】

从原子的微观结构入手，讨论核外电子的运动状态和核外电子分布的一般规律；介绍元素周期表及其与原子结构的关系；系统讲解共价键、分子的空间构型、配位化合物等有关分子结构的知识；介绍范德华力、氢键及分子结构与物质性质之间的关系；简单介绍聚集状态、相及气体和固体的结构与性质等知识。

【本章要求】

（1）了解波函数及电子云的概念。

（2）理解元素周期律和元素周期表。

（3）掌握核外电子分布的初步知识。

（4）初步掌握化学键的基本知识及分子的空间构型。

（5）会用分子的极性、分子间作用力来分析物质的一些物理性质。

（6）了解配位化合物的概念、分类、命名及配位化合物的结构等初步知识。

（7）了解物质的聚集状态的相关基础知识。

人类认识自然总是按照从感性到理性、由外及内、从宏观到微观、从有形到无形、从表象到本质、从已知到未知的路线循序渐进而又曲折发展的。

世界是由物质组成的。不同的物质表现出各不相同的物理、化学性质，这些性质和它们各自不同的微观结构密切相关，物质的结构与性质的关系是化学中的一个基本问题，化学家已经对其有了深入的研究和理解。

物质是在不断地运动的。按照运动物体本身的大小，可区分为宏观物体的运动和微观物体的运动。宏观物体一般指物体的大小在 $10^{-6}\sim10^{10}$m 范围内，如卫星、火车、乒乓球等，它们的运动规律遵循牛顿（Newton，1643—1727）的经典力学理论。微观物体一般指物体的大小在 $10^{-26}\sim10^{-9}$m 范围内，如分子、原子、电子等，它们的运动规律遵循现代量子力学理论。

本章将在量子力学基本概念的基础上，介绍原子结构、分子结构、化学键和配位化合物（配合物）等基础知识，并讲解微观结构与宏观性质之间的关系。

1.1 原子结构理论的发展

1.1.1 原子理论的发展历程

古代中国、古印度和古希腊的哲学家们早就提出过物质由原子组成的思想，但相对来说古希腊的原子论比较系统和完整，“原子”一词就是来源于古希腊的形容词“atomos”，意思是不可分割的，代表人物为希腊哲学家德谟克利特（Democritus，约公元前460—公元前370）。

从公元前50年希腊哲学家、诗人卢克莱修（Lucretius，约公元前99—公元前55）所著《物性论》中得知，公元前440年左右德谟克利特就继承并发扬了他的老师留基伯（Leucippus，约公元前490—公元前440）的原子学说，指出万物由原子组成，原子不可再分。宇宙空间中除了原子和虚空之外，什么都没有。原子一直存在于宇宙之中，它们不能被无中创生，也不能被消灭，任何变化都是由它们结合和分离引起的。这种朴素的唯物主义科学观由于缺乏实证支持，所以很难得到认可，只能是古代天才的一种猜测（恩格斯语）。

18世纪末期，两个有关化学反应的定律问世了。第一个是由拉瓦锡（Antoine Lavoisier，1743—1794）在1789年提出的质量守恒定律——化学反应过程中总质量保持不变（即反应物和生成物的总质量相等）。第二个是定比定律，又称为定组成定律，首先在1799年被法国化学家约瑟夫·路易斯·普鲁斯特（Joseph Louis Proust，1754—1826）所证明。该定律指出，一种化合物不管它的数量和来源如何，当把它分解成其组成元素时，这些组成元素的质量将总是具有同样的比例。

道尔顿（John Dalton，1766—1844）研究和拓展了前人的工作，提出了倍比定律：如果两个元素可一起形成不止一种化合物，则在这些化合物中，第二种元素在与相同质量的第一种元素化合时，质量比呈简单的整数比。例如，普鲁斯特研究过锡的氧化物并发现其中的组成可以是88.1%的锡和11.9%的氧，也可以是78.7%的锡和21.3%的氧（分别是SnO和SnO_2）。道尔顿从这些百分比中注意到100g的锡既能与13.5g的氧化合，也能与27g的氧化合，13.5与27为1∶2（注意：普鲁斯特自己未能从这些数据中发现倍比定律）。道尔顿意识到一个有关物质的原子理论能很好地解释化学中的这种常规现象：一个锡原子能够和一个或两个氧原子化合。

道尔顿进一步推测：每种化学元素都是由单个的、特定的、不可分割的原子组成的；原子不能通过化学方法被创造、改变及消灭；同种类的原子在质量、形状和性质上都完全相同，不同种类的原子则不同；单质是由简单原子组成的，化合物是由复杂原子组成的，而复杂原子又是由为数不多的简单原子所组成的；原子是有质量的，而复杂原子的质量等于组成它的简单原子的质量的总和。

1803年，道尔顿口头介绍了6种原子的相对质量，论文于1805年正式发表，但均未介绍他是如何获得原子量数据的。直到1808年和1810年他才在自己的教科书《化学哲学新体系》（*A New System of Chemical Philosophy*）中最终发布了他获得原子量的详细和完整的方法：根据原子相互化合时的质量比并假定氢是基本单元（原子量为1）估算出原子量。

道尔顿的原子理论可以被认为是化学史上第一个真正的科学理论。它结束了元素说和原子论旷日持久的分离状态，将元素和原子两个基本概念融为统一的理论体系。科学原子论不仅为化学，也为整个自然科学奠定了坚实的基础。此后，人类对物质结构的认识无论是广度还是深度都取得了突飞猛进的发展。

恩格斯（Friedrich Engels，1820—1895）评价："原子论是能给整个自然科学创造一个中心并给研究工作打下牢固基础的发现，化学的新时代是随着原子论开始的。"美国量子化学大师鲍林（Linus Carl Pauling，1901—1994）评价："在所有化学理论中，最主要的就是原子论。"

这一理论使当时众多的化学现象得到了统一的解释。特别是原子量的引入，引导着化学家把定量研究与定性研究结合起来，从而把化学研究提高到一个新的水平。在这一理论指导下，一大批新的原子及其原子量被发现和测定出来，为此后化学的发展奠定了良好基础。但是道尔顿认为原子是不能再分的最小微粒，这种错误认识在将近100年后才最终得到纠正。

19世纪末20世纪初，在物理学领域产生了一大批顶尖科学家和一系列研究成果。通过各种电磁实验和放射实验，物理学家们发现所谓的"不可分割的原子"实际上是各种更小的可以彼此独立存在的粒子（主要是电子、质子和中子）的聚集体。事实上，在某些极端环境下，如在中子星中，极端的温度和极端的压力使原子根本不能存在。

1895年，德国实验物理学家伦琴（Wilhelm Konrad Rontgen，1854—1923）发现了X射线。X射线的发现为诸多科学领域提供了一种行之有效的研究手段，并对20世纪以来的物理学乃至整个科学技术的发展产生了巨大而深远的影响，也为元素周期表最终按原子序数排列起到重要作用。

1896年，安东尼·亨利·贝克勒尔（Antoine Henri Becquerel，1852—1908）在试图用铀盐产生X射线时却意外发现了天然放射性。而居里夫人等人的研究工作把放射性的研究推向了新的高度。具有讽刺意味的是，人们从中发现所谓的"现代"原子观念不得不让位给和炼金术理论不无相似之处的元素嬗变观点。

1897年，约瑟夫·约翰·汤姆逊（Joseph John Thomson，1856—1940）在研究阴极射线的时候，发现了原子中的电子。他从实验中得出结论，阴极射线是一种带负电荷的粒子流（在此之前有关阴极射线是粒子还是光的争论已持续很久），这种粒子很轻、带负电荷，是原子的组成部分，他还证明这种粒子与阴极射线管中阴极的材料无关。至于这种粒子在原子中是如何存在的，他凭着想象勾勒出原子结构的"葡萄干布丁"模型：原子呈球状，内部带正电荷，而带负电荷的电子（被其他科学家命名为电子）则一粒粒地"镶嵌"在这个圆球上。

12年后，他曾经的学生卢瑟福（Ernest Rutherford，1871—1937）推翻了这种假设。1909年，英国物理学家卢瑟福和学生汉斯·盖革（Hans Geiger，1882—1945）及恩内斯特·马斯登（Ernest Marsden，1889—1970）以镭作为辐射源进行了α粒子散射实验。这个在科学史上赫赫有名的实验本来是想通过散射来确认那个"葡萄干布丁"的大小和性质，但是，令人惊异的情况出现了：有少数α粒子的散射角度是如此之大，以致超过90°，大部分都直接穿过了原子。他认识到，α粒子被反弹回来，必定是因为它们和金箔原子中某种极为坚硬密实的核心发生了碰撞。这个核心应该是带正电的，而且集中了原子的大部分质量。但是，从α粒子只有很少一部分出现大角度散射这一情况来看，那核心占据的地方是很小的，不到原子半径的万分之一；原子中绝大部分空间被带负电的电子沿着特定的轨道绕核运动所占据，这就是他的原子核式模型。

不过他也是凭想象说电子在原子中的运动就像太阳系中行星绕着太阳运转一样。于是，卢瑟福于1911年提出了他的原子结构的"行星模型"。但是，物理学家们很快就指出，带负电的电子绕着带正电的原子核运转，这个体系是不稳定的，两者之间会放射出强烈的电磁辐射，从而导致电子连续不断地损失能量。作为代价，它便不得不逐渐缩小运行半径，最后一头栽倒在原子核上，整个过程不会超过 1s。

1.1.2 原子结构的近代概念

1.1.2.1 氢原子光谱、量子理论与玻尔模型

实际上，卢瑟福的原子模型还有一个问题。按照经典电磁学理论，电子作为带电粒子在绕核运动时不但会产生辐射，而且发射出的电磁波的频率应该是连续的，即产生的应该是连续光谱，就像用棱镜获得的太阳光的光谱一样，波长是连续分布的。但是，早在 19 世纪后半期，原子光谱就陆续被发现，然而当时由于对光谱产生的机理缺乏了解，这种不连续的线状光谱并未引起人们的重视。比如人们发现氢原子的光谱在可见光波段有 4 条分立的谱线，波长分别为 656.3nm、486.1nm、434.0nm 和 410.2nm。1885 年，瑞士的一位中学数学教师约翰·雅各布·巴尔末（Johann Jakob Balmer，1825—1898）就对这 4 条光谱线（后被称为巴尔末线系，见图 1-1）进行研究，给出了符合这 4 条谱线分布规律的经验公式[巴尔末公式，见式（1-1）]。

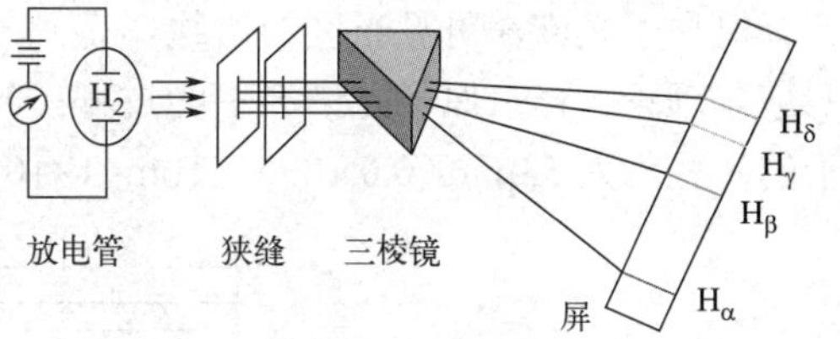

图 1-1 氢原子光谱实验示意图

$$\lambda = B\frac{n^2}{n^2 - 2^2} \tag{1-1}$$

式中，$B = 364.56\text{nm}$；将 $n = 3, 4, 5, 6$ 四个正整数代入上式即分别得巴尔末线系 4 条谱线的波长。这种不连续的线状光谱是经典物理学所不能解释的。

20 世纪最重要的两个科学理论，一个是阿尔伯特·爱因斯坦（Albert Einstein，1879—1955）的相对论，另一个是马克斯·普朗克（Max Planck，1858—1947）的量子理论。普朗克在试图解释黑体辐射问题时提出了这样的假设：物体辐射的能量是不连续的，只能为某一个最小能量单位的整数倍，并把这一能量的最小单位称为“能量子”或“量子”。这与经典物理学界几百年来信奉的能量是连续变化的、“自然界无跳跃”的观点存在直接矛盾。1900 年 12 月 14 日，普朗克在德国物理学年会上做了一个具有历史意义的报告，题目为《正常光谱辐射能的分布理论》，这个日子成了量子理论的诞生日，也标志着物理学和化学乃至整个科学界新时代的到来。

实际上今天我们知道，与宏观世界连续化的特点相对立，量子化是微观世界的普遍特征。比如电量，无论其数值大小，测定如何准确，它必定存在一个最小分量，所有电量值都是这个最小分量的整数倍。这个最小分量就是一个电子（或一个质子）所带的电荷量。

1913 年，尼尔斯·玻尔（Niels Bohr，1885—1962）将氢原子光谱（思考巴尔末公式中的 n 为什么是大于 2 的正整数，为什么不能是小数或分数）、普朗克的量子概念、爱因斯坦的光子学说和卢瑟福的核式模型联系起来，受到重要启发，提出了原子结构的玻尔模型。

玻尔模型的三个基本假设：

（1）原子中的电子只能在一些特定的圆形轨道上运动，而不会辐射电磁能量。这时原子处于稳定状态，简称定态，并具有一定的能量。原子系统中各个能量状态叫作能级，其能量分别表示为 E_1，E_2，E_3，…

（2）当电子从某一轨道向另一轨道跃迁，也就是原子从一个能量状态 E_m 向另一个能量

状态 E_n 跃迁时，原子才会发射或吸收光子，光子频率满足

$$\Delta E = E_m - E_n = h\nu \tag{1-2}$$

当 $E_m > E_n$ 时，发射光子；当 $E_m < E_n$ 时，吸收光子。

（3）电子在原子中的稳定轨道必须满足角动量 L 等于 $h/(2\pi)$ 的整数倍的条件，即

$$L = mvr = n\frac{h}{2\pi} \tag{1-3}$$

式中，v 为电子速率；r 为轨道半径；m 为电子的质量；h 为普朗克常数，其值为 $6.626\times10^{-34}\mathrm{J\cdot s}$；$n$=1, 2, 3, …称为主量子数（电子层数）。上式称为量子化条件。

玻尔模型是原子结构的第一个量子化模型，开启了原子结构理论的新时代。用这个理论解释氢原子光谱在可见光区的谱线，得到了与实验结果完全吻合的结果。图 1-2 可形象地说明玻尔理论解释氢原子光谱产生的过程。玻尔还将这一模型应用到经典力学中，推算出 H 原子的半径约为 53pm（0.053nm，$1\mathrm{pm}=1\times10^{-12}\mathrm{m}$），并称之为玻尔半径。

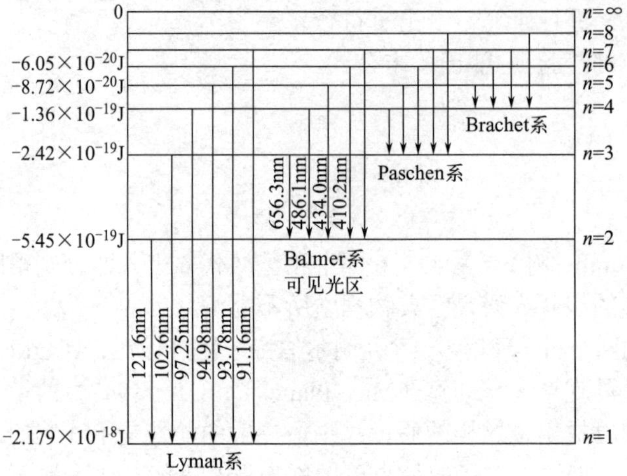

图 1-2　氢原子光谱产生机理

但玻尔模型没有完全摆脱经典力学的束缚，仍然将原子轨道设想成了圆形的固定轨道；而且也不能很好地解释多电子原子的光谱以及氢原子的其他线系谱线。

1.1.2.2　微观粒子的运动特征——波粒二象性

电子等微观粒子的运动到底是什么样子呢？避开晦涩的名词术语，略去烦琐的公式推导，采用尽可能通俗的语言，循着科学家的思路来逐步认识和理解这个问题。

（1）德布罗意物质波

众所周知，在物理学界关于光是粒子还是波的争论持续了很久，随着物理学的发展，光的波动说渐居上风，而粒子说的声音渐弱。1905 年，爱因斯坦对光电效应的解释不但推动了量子理论的发展，也说明光确实具有粒子性，光子的能量是量子化的。基本公式为：

$$E = h\nu = h\frac{c}{\lambda} \tag{1-4}$$

式中，E 为光子的能量；ν 和 λ 分别为光子的频率和波长；c 为光在真空中的传播速率，其值为 $2.99792\times10^{8}\mathrm{m\cdot s^{-1}}$。

这里同时包含了粒子和波的物理量，人们理应就此看到波粒二象性的曙光。可是，光电理论非但没有平息这场争论，反而使争论更加尖锐。不过最后人们还是意识到波动说和传统的粒子说都不能解释光的所有现象。光既具有波动性的特点，又具有微粒性的特点，即光具有波粒二象性（wave particle duality）。光既不是经典意义上的波，也不是经典意义上的微粒，它是波动性和微粒性的矛盾统一体。不连续的微粒性和连续的波动性是事物对立的两个方面，它们彼此联系，相互渗透，并在一定条件下相互转化，这就是光的本性。

光的波动性和粒子两重性被发现后，正当许多著名的物理学家还在为此感到疑惑和不解时，德国物理学家路易斯·德布罗意（Louis de Broglie，1892—1987）却以其敏锐的思维把光的波粒二象性推广到了所有的实物粒子，即实物粒子也应该具有波动性。1923 年，德布罗意在题为《辐射——波和量子》一文中第一次提出了这种观点，以后人们就把这种波称为德布罗意波或物质波。1924 年，德布罗意在他的博士论文《量子论研究》中进一步作出了系统的阐述。

出于对称性考虑，并试图把实物粒子与光的理论统一起来，德布罗意假设：与光子一样，静止质量不为零的实物粒子具有波动性，其波长同样可以表示为：

$$\lambda = \frac{h}{p} = \frac{h}{mv} \tag{1-5}$$

上式称为德布罗意关系式，其中，波长 λ 称为德布罗意波长；p 为粒子的动量；v 为粒子的速度；m 为粒子的质量。实物粒子的能量也可以用与光子能量相同的形式表示为：

$$E = h\nu$$

德布罗意波提出后，许多物理学家认为这只不过是在形式上与光子理论的对比，并没有物理学上的实质内容。但是，爱因斯坦一下子就看出了德布罗意的理论正是揭示了光子和物质粒子之间的对称性，立即意识到德布罗意思想的深远意义。正是由于爱因斯坦的推荐，德布罗意的工作才引起了物理学界的广泛重视，特别是对薛定谔波动方程的问世产生了积极的影响。

德布罗意的物质波假设不久就得到了证实。1927 年，美国科学家戴维逊（C. J. Davisson，1881—1958）和革末（L. H. Germer，1896—1971）的单晶电子衍射实验以及 1928 年英国 G. P. 汤姆孙（J. J. 汤姆孙的儿子）的多晶电子衍射实验证实了德布罗意关于物质波的假设。随后，实验发现质子、中子、原子和分子等都有衍射现象，且都符合德布罗意关系式。图 1-3 就是多晶电子衍射的示意图，从电子发射器（电子枪）发出的电子射线穿过晶体，投射到屏上，可以得到一系列的同心圆，这些同心圆叫衍射环纹。

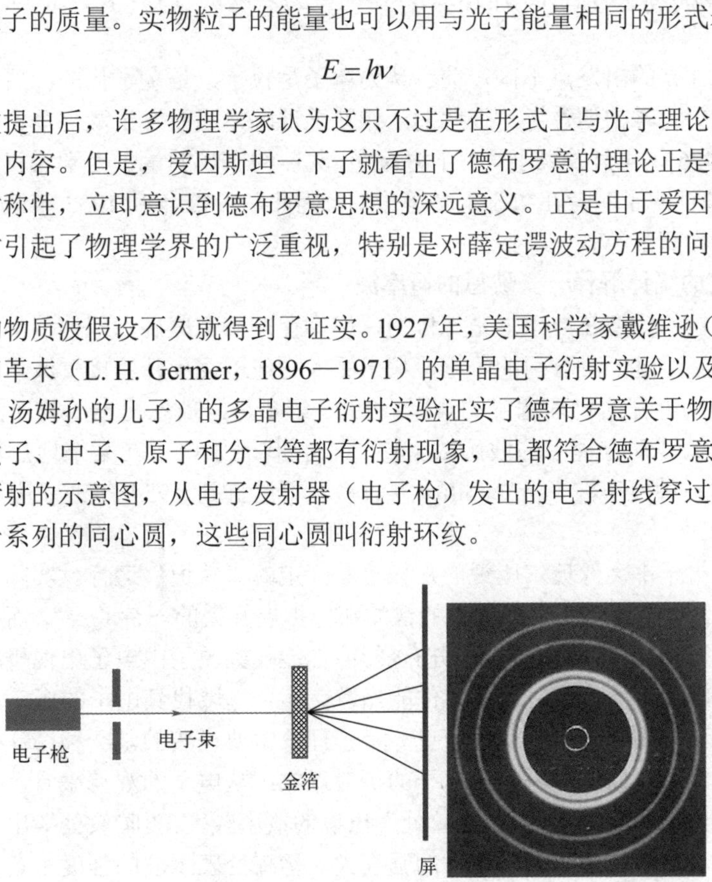

图 1-3　电子衍射实验示意图

（2）电子运动的数学模型——矩阵力学和波动力学

自从德布罗意提出物质波的假说后，围绕微观实物粒子（如电子）的粒子性和波动性展开了激烈的争论，其白热化程度甚至超过了当初关于光的争论。在1924—1927年这短短3年里，特别是1926年这一年，将注定成为物理学、化学乃至整个自然科学甚至人们思维领域的革命性时刻。由于涉及的科学家众多，而且有关理论及公式多数晦涩难懂，本节将择其重点介绍主要思想和结论。

在这场争论中持不同观点的科学家最杰出的代表无疑是粒子派的海森堡（Werner Heisenberg，1901—1976）和波动派的薛定谔（Erwin Schrödinger，1887—1961），双方各自建立了数学模型。

1925年，24岁的青年科学家海森堡和他的导师玻恩（Max Born，1882—1970）及玻恩的助手——年轻的约尔当（Pascual Jordan，1902—1980）提出了电子运动的矩阵模型，进而创立矩阵力学（matrix mechanics），取得巨大成功。从此，人们找到了原子微观结构的自然规律。爱因斯坦曾开玩笑地评价道："海森堡下了一个巨大的量子蛋。"但这种数学怪物让物理学家们非常难以理解。

另外，奥地利物理学家薛定谔直到1925年秋天才在爱因斯坦的影响下了解了德布罗意提出的物质波。但很快他就于1926年上半年短短5个月时间里连续发表6篇论文，提出电子运动的波动模型——波动方程（wave function），也称薛定谔方程，进而创立了波动力学（wave mechanics）。这个方程采用的是物理学家容易理解的方式，因此很快被物理学家们所接受。

但两种模型建立的出发点不同，前者认为电子是粒子，是量子化的；后者认为电子是连续的波。由于两门力学的创建者对彼此的工作缺乏理解，因而发生激烈争论。

薛定谔在1926年4月发表了《关于海森堡-玻恩-约尔当的量子力学与我的波动力学之间的关系》，成功地证明了两者在数学上是等价的。因此，1932年和1933年诺贝尔物理学奖分别授予了海森堡和薛定谔。

（3）物质波的统计解释——玻恩的概率波

尽管他们各自的模型在数学上是等价的，但都存在一个瑕疵，即他们都不能很好说明其模型的物理意义。经过一段时间的争论，粒子派人物玻恩逐步开始接受波动方程，但他不同意薛定谔对其波动方程的物理意义的解释。1926年7月，玻恩提出了物质波的统计解释。他认为，薛定谔的波动方程中的波函数ψ的平方，代表了电子在某个地点出现的"概率"。所以，物质波是一种概率波（probability wave）。不过直到1954年他才因此获得诺贝尔物理学奖。

玻恩认为，电子不会像玻尔所说的那样沿着固定的"轨道"运行。实际上单个电子的运行是杂乱无章的，也不会像薛定谔所说的像波那样扩展开去的一片"云"，而是电子出现的概率大小像波一样分布，严格地按照ψ的分布展开。你能找到原子中电子出现概率最大的地方，但不知道电子此时的具体位置。比如，你能知道在某个区域找到电子的概率是40%，这是一种可能性，但并不能确定电子到底在哪里。量子理论主要说明的是一种统计规律。

用玻恩的概率波可以这样来解释电子的衍射现象：从电子的观点来看，衍射条纹表示微粒在屏幕上各处出现的概率不同，"明纹处"出现的概率较大，"暗纹处"出现的概率较小；从波动的观点来看，微粒密集处表示波的强度大，稀疏处表示波的强度小。在空间任何一点上，波的强度（振幅绝对值的平方）和电子在该位置出现的概率成正比。

衍射条纹反映的是在空间一定区域内，大量电子的瞬间表现或个别粒子的长时间表现的统计结果。

（4）不确定性——测不准原理

现在我们可以把实物粒子的波粒二象性理解为：具有波动性的微粒在空间的运动没有确定的轨迹，只有与其波的强度大小成正比的概率分布。微观粒子的这种运动完全不服从经典力学理论，所以在认识微观体系运动规律时，必须摆脱经典物理学的束缚，必须用量子力学的概念去理解。

1927 年，海森堡通过严格的推导，得出了测不准关系式。测不准关系式又称测不准原理，今多称为不确定性原理（uncertainty principle）。它表示由于观测仪器与观测对象之间存在相互作用，通过狭缝时电子坐标的不确定度和相应动量的不确定度的乘积至少等于一个常数。也就是说，当某个微粒的坐标完全被确定时，它的相应动量就完全不能被确定；反之亦然。换言之，微观粒子在空间的运动，它的坐标和动量是不能同时确定的，因此，讨论微观粒子的运动轨迹毫无意义。

海森堡后来还证明微观粒子的某些其他成对物理量，如能量与时间也是不能同时确定的，这种现象也被称为不确定性原理。英国科学家爱丁顿（Arthur Stanley Eddington，1882—1944）将这一结果叫作测不准原理，并且认为这一原理与相对论有着同等的重要性。

宏观粒子的波动性不明显，其坐标和速度可同时准确测定，有确定的运动轨迹，或者说其不确定性不明显或可以忽略，可以用经典力学来描述。

不确定性原理奠定了从物理学上解释量子力学的基础，被认为是科学道理中最深奥、意义最深远的原理之一。它是对科学上的基本哲学观——经典物理学的因果决定论思想的一次重大革新甚至是颠覆。

特别提示：宏观和微观的区分是相对的，这是个科学命题，也是个哲学命题。

德布罗意波的假设和不确定性原理将物体的量子效应和质量相联系。物体质量越大，其波的性质越弱。实际上，宏观物体的量子性质是察觉不到的，在任何情况下它们和传统粒子一样遵守经典物理学的因果定律。原则上说，量子理论适用于银河系和电子，但是比分子大的物体的量子效应可以忽略，因此它们和传统物理学的预言无法区分开来。例 1-1 和表 1-1 中的数据可帮助我们理解这一点。

【例 1-1】 已知电子的质量为 9.11×10^{-28}g，若其速度为 $5.97\times10^{6}\text{m}\cdot\text{s}^{-1}$，则其德布罗意波长为什么？一枪弹直径大约 10^{-2}m，质量为 10g，以 $1\text{km}\cdot\text{s}^{-1}$ 的速度射出，其德布罗意波长又为什么？

解：普朗克常数 $h=6.626\times10^{-34}\text{J}\cdot\text{s}$，$1\text{J}=1\text{kg}\cdot\text{m}^2\cdot\text{s}^{-2}$

对于电子，由式（1-5）：

$$\lambda=\frac{h}{mv}=\frac{6.626\times10^{-34}\times10^{3}\text{g}\cdot\text{m}^{2}\cdot\text{s}^{-1}}{(9.11\times10^{-28}\text{g})(5.97\times10^{6}\text{m}\cdot\text{s}^{-1})}=1.22\times10^{-10}\text{m}=0.122\text{nm}$$

对于枪弹，同理：

$$\lambda=\frac{h}{mv}=\frac{6.626\times10^{-34}\times10^{3}\text{g}\cdot\text{m}^{2}\cdot\text{s}^{-1}}{(10\text{g})(1000\text{m}\cdot\text{s}^{-1})}=6.626\times10^{-35}\text{m}$$

表 1-1 实物颗粒的质量、速度与波长的关系

实物	质量（m）/kg	速度（v）/(m·s^{-1})	波长（λ）/pm
1V 电压加速的电子	9.1×10^{-31}	5.9×10^{5}	1200
100V 电压加速的电子	9.1×10^{-31}	5.9×10^{6}	120
1000V 电压加速的电子	9.1×10^{-31}	1.9×10^{7}	37
10000V 电压加速的电子	9.1×10^{-31}	5.9×10^{7}	12
He 原子（300K）	6.6×10^{-27}	1.4×10^{3}	72
Xe 原子（300K）	2.3×10^{-25}	2.4×10^{2}	12
垒球	2.0×10^{-1}	30	1.1×10^{-22}
枪弹	1.0×10^{-2}	1.0×10^{3}	6.6×10^{-23}

（5）波粒二象性——玻尔的互补原理

1927 年，玻尔提出著名的“互补原理”（Complementary Principle)，从而最终对微观实物粒子（如电子）到底是波还是粒子的争论画上了句号。他认为电子既是粒子又是波，即电子具有波粒二象性。不过，任何时候我们观察电子，它只能表现出一种属性，要么是粒子，要么是波。

具体地说，电子可以展现出粒子的一面，也可以展现出波动的一面，这完全取决于我们如何去观察它。如果采用光电效应的观察方式，那么它无疑是个粒子；要是用双缝来观察，那么它肯定是个波。但无论我们如何去观察它，在同一时刻我们只能观察到它的一面，不可能同时观察到它的粒子性和波动性。

波和粒子在同一时刻是互斥的，但它们却在一个更高的层次上统一在一起，电子的两面性被纳入一个整体概念中。这就是玻尔的“互补原理”（Complementary Principle)，它连同玻恩的概率解释、海森堡的不确定性原理，三者共同构成了量子论“哥本哈根解释”的核心，至今仍然深刻地影响着我们对于整个宇宙的终极认识。

1.2 核外电子运动状态的描述

1.2.1 波函数与原子轨道

电子的运行轨迹无法准确获知，而电子的波动性也只是概率波，即电子在原子核外某些区域出现的概率大，某些区域出现的概率小。那么能否知道电子在核外某处出现的具体概率呢？这个问题我们前面已经提到，电子在空间的概率分布服从薛定谔的波动方程[见式(1-6)]。

$$\frac{\partial^2\psi}{\partial x^2}+\frac{\partial^2\psi}{\partial y^2}+\frac{\partial^2\psi}{\partial z^2}+\frac{8\pi^2 m}{h^2}(E-V)\psi=0 \qquad (1\text{-}6)$$

式中，ψ 为波动方程的解，称为波函数；E 为体系中电子的总能量；V 为体系电子的总势能；m 为电子的质量；π 为圆周率；h 为普朗克常数。

薛定谔方程是一个二阶偏微分方程，它的解（ψ）不是一个具体的数值，而是一个数学函数式。因此 ψ 叫作波函数，可用 $\psi(x,y,z)$来表示。这个函数式包含 3 个变量 x、y、z 和 3 个参数 n、l、m。求解薛定谔方程就是求出波函数的具体形式。波函数能够表达核外电子的运

动状态，也就是电子波在空间的展开形式。ψ 的物理意义可以表述如下：

（1）波函数 ψ 是描述核外电子运动状态的数学函数式，即一定的波函数表示电子的一种运动状态（以后我们还会看到，要全面描述核外电子的运动状态尚需考虑电子的自旋），这种运动状态由于历史的原因被人们称之为原子轨道。但是，这里的原子轨道的含义不同于宏观物体的运动轨道，也不同于玻尔所说的（圆形）固定轨道，为了避免与经典力学中的玻尔轨道相混淆，原子轨道又被称为原子轨函（原子轨道函数之意），它指的是电子的一种空间运动状态，可以理解为电子在原子核外运动的某个空间范围，也就是波函数的空间图像；原子轨道的数学表达式就是波函数。为此，原子轨道、原子轨函、波函数及波函数的图像常被混用，都可称为原子轨道。

（2）每个波函数 ψ 都具有对应的能量 E。

（3）波函数绝对值的平方 $|\psi|^2$ 表示电子在核外空间的某处单位体积内出现的概率，即概率密度。

波函数 ψ 是一个与坐标有关的量，解薛定谔方程时，为了方便起见，将直角坐标变换为球坐标。如 P 为空间一点，它在直角坐标系中可以用（x,y,z）来描述，在球坐标中这一点也可以用（r,θ,ϕ）来描述。在直角坐标中，r 为 OP 的长度，θ 为 OP 与 z 轴的夹角，ϕ 为 OP 在 xoy 平面内的投影与 x 轴的夹角。因此，存在下列转换关系式：

$$x = r\sin\theta\cos\phi$$

$$y = r\sin\theta\sin\phi$$

$$z = r\cos\theta$$

$$r^2 = x^2 + y^2 + z^2$$

ψ 原是直角坐标的函数 ψ（x,y,z），经变换后，则成为球坐标的函数 $\psi(r,\theta,\phi)$（参看图 1-4）。再利用数学上的分离变量法，将 $\psi(r,\theta,\phi)$表示成 $R(r)$和 $Y(\theta,\phi)$两部分，即：

$$\psi(r,\theta,\phi)= R(r) \cdot Y(\theta,\phi)$$

$R(r)$只随电子离核距离 r 而变化，称为波函数的径向部分（redial part of wave function）,它表明 θ、ϕ 一定时波函数随 r 变化的关系。$Y(\theta,\phi)$随角度 θ 和 ϕ 而变化，称为波函数的角度部分（angular part of wave function）。它表明 r 一定时，波函数随 θ、ϕ 变化的关系。

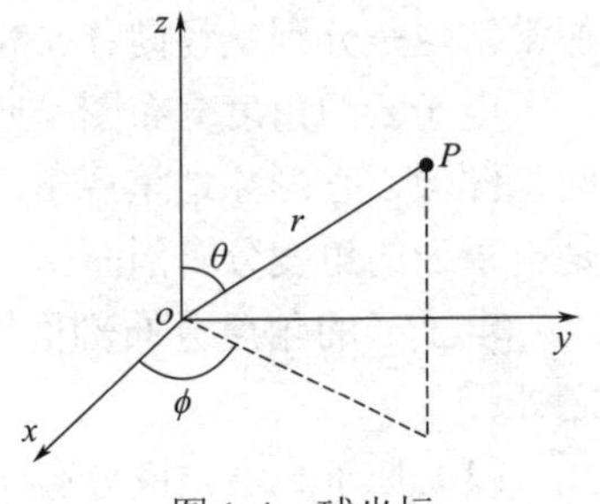

图 1-4 球坐标

将波函数 ψ 的角度分布部分 Y 随 θ、ϕ 变化作图，所得的图像就成为原子轨道的角度分布图，其剖面图如图 1-5（a）所示。

原子轨道的角度分布图表示的是原子轨道的形状及其在空间的伸展方向。图中的"+""−"号不是表示正、负电荷，而是表示 Y 值是正值还是负值，或者说表示原子轨道角度分布图形的对称关系，符号相同表示对称性相同；符号相反，表示对称性不同或反对称。

1.2.2 电子云

波函数没有明确的直观的物理意义，它只是描述原子核外电子运动状态的数学函数式。但如前所述，波函数绝对值的平方 $|\psi|^2$ 有明确的物理意义，它表示核外空间某处电子出现的概率密度（probability density）。概率是指在原子核外某一范围内出现电子的机会。概率和概

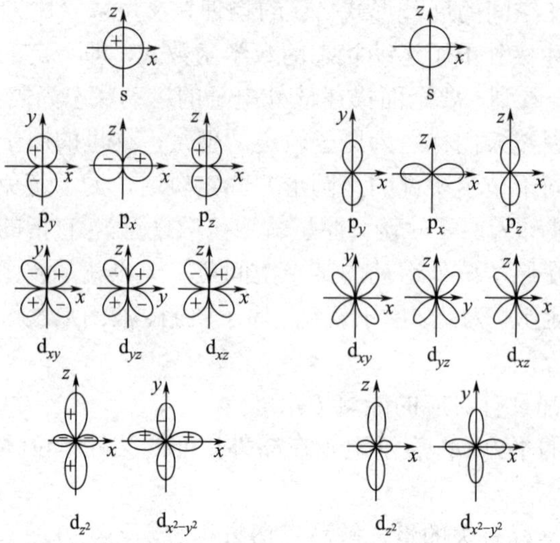

(a) 原子轨道角度分布剖面图　　(b) 电子云角度分布剖面图

图 1-5　原子轨道角度分布剖面图（a）和电子云角度分布剖面图（b）

率密度的关系类似于质量和密度的关系。

当用小黑点的疏密来表示$|\psi|^2$ 大小时，黑点密的地方表示$|\psi|^2$ 大，黑点疏的地方表示$|\psi|^2$小。这些小黑点像一层带有负电荷的云雾包围着原子核，形象地被称为电子云（electron cloud），也可以说，电子云就是用疏密不同的黑点表示概率密度$|\psi|^2$的图像。但实际上除 s 电子云（球形）外，要完整地用一个图形同时表达$|\psi|^2$随 r、θ、ϕ 的变化是比较困难的，所以电子云的图像常常也是分别从径向分布和角度分布两方面去描述。

电子云的角度分布图是通过将$|\psi|^2$的角度分布部分$|Y|^2$随 θ、ϕ 的变化作图而得到的（空间）图像，它形象地呈现出原子核不同角度与电子出现的概率密度大小的关系。图 1-5（b）是电子云的角度分布剖面图。

电子云的角度分布剖面图与相应的原子轨道角度分布剖面图基本相似，但有以下不同之处：

（1）原子轨道角度分布图带有正、负号，而电子云的角度分布图均为正值（习惯不标出正号）。

（2）电子云的角度分布图比相应的原子轨道角度分布图要“瘦”些，这是因为 Y 值一般是小于 1 的，所以$|Y|^2$的值就更小些。

1.2.3　量子数

由于波函数的数学解很多，但并不是每个解在物理上都是合理的。为了得到核外电子运动状态的合理解，所引进的三个参数 n、l、m 只能取某些整数值；n、l、m 称为量子数（quantum number），分别叫主量子数（principal quantum number）、角量子数（azimuthal quantum number）和磁量子数（magnetic quantum number）。每个 ψ 都要受到 n、l、m 的规定，且每个解都有一定的能量 E 与之相对应。给出一组具体且合理的 n、l、m 值（如 1,0,0）就可得到一个具体解，即一个具体的波函数表达式，而这个函数的图像自然也就确定下来了。

原子轨道或原子轨函便是 3 个量子数都有确定值的波函数 ψ。解薛定谔方程只需引入 3 个量子数，就可确定出原子轨道的波函数表达式。也就是说 n、l、m 这 3 个量子数的每一种合理的组合就确定了一个原子轨道。

实验和理论的进一步研究表明，电子还做自旋运动，因此，还需要引入第 4 个量子数——电子自旋量子数（spin quantum number）来描述电子的自旋状态。也就是说，要描述核外一个电子的运动状态需要同时知道这 4 个量子数。因此，我们对这 4 个量子数及其意义进行介绍。

（1）主量子数 n

n 描述了电子离核的平均距离，即电子在核外空间出现概率最大处离核的远近。或者说，n 决定电子层数。n 值越小，电子离核的平均距离越近。n 相同的电子称为同层电子。n 的取值为 1, 2, 3, 4, …, n 等正整数。

n 也是决定电子能量高低的主要因素，n 值越大，电子的能量越高。在光谱学上常用大写英文字母代表电子层数，对应关系，见表 1-2。

表 1-2　主量子数与电子层数的对应关系

n	1	2	3	4	5	6	7
电子层名称	第一层	第二层	第三层	第四层	第五层	第六层	第七层
电子层符号	K	L	M	N	O	P	Q

（2）角量子数 l

在同一电子层内，电子的能量有所差别，运动状态也有所不同，即一个电子层还可分为若干个能量稍有差别、原子轨道形状不同的亚层。角量子数 l 就是用来描述原子轨道或电子云形状的量子数。l 的数值不同，就属于不同的亚层，原子轨道或电子云的形状也就不同，l 的取值受 n 的限制，可以取从 0 到 n～1 的正整数。见表 1-3，主量子数与角量子数的对应关系。

表 1-3　主量子数与角量子数的对关应系

n	1	2	3	4
l	0	0，1	0，1，2	0，1，2，3

每个值代表一个亚层。第一电子层只有 1 个亚层，第二电子层有 2 个亚层，依此类推。角量子数、亚层符号及原子轨道形状的对应关系见表 1-4。

表 1-4　角量子数与亚层符号及原子轨道形状的对应关系

l	0	1	2	3
亚层符号	s	p	d	f
原子轨道或电子云形状	圆球形	哑铃形	花瓣形	花瓣形

各亚层原子轨道（或电子云）的形状分别参见图 1-5（a）、图 1-5（b），f 亚层的形状复杂，本书不作介绍。

（3）磁量子数 m

磁量子数 m 决定原子轨道在空间的伸展方向。m 的取值为 $0, \pm1, \pm2, \cdots, \pm l$，共 $2l+1$ 个取值，即原子轨道共有 $2l+1$ 个空间取向。我们常把电子层、电子亚层和空间取向都已确定（即 n、

l、m 都确定）的运动状态称为一个原子轨道。则 s 亚层（$l=0$）有 1 个原子轨道（对应 $m=0$）；p 亚层（$l=1$）有 3 个原子轨道（对应 $m=0$，+1，−1）；d 亚层（$l=2$）有 5 个原子轨道（对应 $m=0$，+1，−1，+2，−2），依此类推，见表 1-5。

表 1-5　原子轨道与 3 个量子数的关系

n	1	2		3			……	n	主层不同
l	0	0	1	0	1	2	……	$0,\cdots,n-1$	亚层(形状)不同
m	0	0	0, ±1	0	0,±1	0,±1,±2	……	$0,\cdots,\pm l$	空间取向不同
轨道名称	1s	2s	2p	3s	3p	3d	……	ns,np,nd···	
轨道数	1	1	3	1	3	5	……	1,3,5,7,···	
轨道总数	1	1+3=4		1+3+5=9			……	n^2	

可见，每一个电子层中，原子轨道的总数为 n^2。

（4）电子自旋量子数 m_s

原子中电子不仅绕核旋转，而且作自旋运动。电子的自旋可有两个相反的方向，所以只有两个值 $+\frac{1}{2}$，$-\frac{1}{2}$。通常可用向上和向下的箭头（“↑”或“↓”）来表示电子的两种自旋状态。若两个电子的自旋状态相同，就叫作自旋平行，不相同叫作自旋反平行。

1.3　多电子原子结构和周期系

多电子原子指原子核外电子数大于 1 的原子，也就是除 H 以外的其他元素的原子。多电子原子结构中，核外电子是如何分布的呢？

1.3.1　多电子原子轨道的能级

要了解多电子原子中电子分布的规律，首先要知道原子轨道能级（energy level）的相对高低。原子轨道能级的相对高低是根据光谱实验归纳得到的。H 原子轨道的能量取决于主量子数 n，在多电子原子中，轨道的能量除取决于主量子数 n 外，还与角量子数 l 有关。总体规律如下：

（1）当 n 不同、l 相同时，其能量关系为：$E_{1s}<E_{2s}<E_{3s}<E_{4s}$。也就是说原子轨道的能量随电子层数的增加而增大。

（2）当 n 相同、l 不同时，能量随 l 的增加而增大，关系为：$E_{ns}<E_{np}<E_{nd}<E_{nf}$。

（3）当 n 和 l 均不同时，有时出现能级交错现象。例如，在某些元素中，$E_{4s}<E_{3d}$，$E_{6s}<E_{4f}$ 等。

（4）当 n 和 l 均相同时，原子轨道的能量相等，这样的原子轨道称为等价轨道（equivalent orbital，EO）或简并轨道。如 2p 亚层中的 3 个轨道（分别称为 $2p_x$，$2p_y$，$2p_z$）虽然空间取向不同（相互垂直），但因为它们 n 和 l 均相同（$n=2$，$l=1$），因而是等价轨道；同理 3d 亚层的 5 个取向不同的轨道（$3d_{xy}$，$3d_{yz}$，$3d_{xz}$，$3d_{x^2-y^2}$，$3d_{z^2}$）也是等价轨道。也就是说只有 n 和 l 影响原子轨道的能量，而磁量子数 m 和自旋量子数 m_s 不影响原子轨道的能量。

如果用图示法把原子轨道能级的相对高低近似地表示出来，就得到原子轨道能级图。图 1-6 所示为鲍林于 1939 年根据大量光谱实验数据及理论计算总结出来的近似能级图，称为鲍林近似能级图。图中每一个小圆圈代表一个原子轨道，小圆圈位置的高低表示原子轨道能量的相对高低（并非真实比例）。图中还根据各轨道能量的相互接近程度，将原子轨道划分为若干能级组。图中每一个虚线方框内的原子轨道因能量较为接近构成一个能级组。需要注意的是鲍林近似能级图表示的是同一个原子中各原子轨道能量的相对高低，用它来比较不同种元素的原子轨道能量的高低是没有意义的。

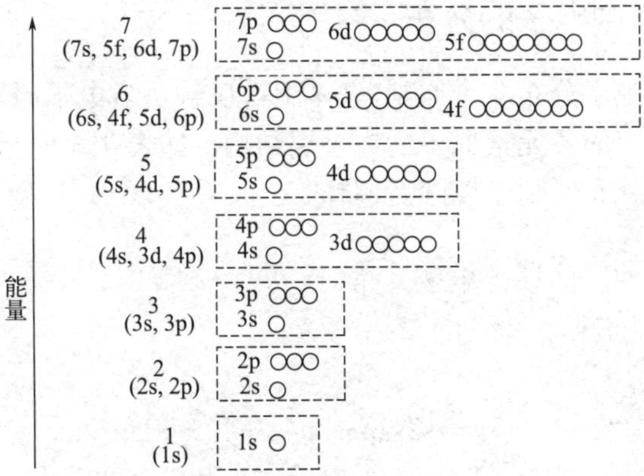

图 1-6　原子轨道能级图

1.3.2　核外电子分布的 3 个原则

根据原子光谱实验的结果和对元素周期系的分析、归纳和总结，科学家提出核外电子分布符合下列 3 个原则。

（1）泡利不相容原理（Pauli exclusion principle）

1925 年，年仅 25 岁的美籍奥地利科学家泡利（W. Pauli，1900—1958）提出一个重要的原理——泡利不相容原理，一个原子中，不可能容纳运动状态完全相同的两个电子，即任何两个电子的 4 个量子数不能完全相同。泡利不相容原理被称为量子力学的主要支柱之一，是自然界的基本定律，它使当时所知的许多有关原子结构的知识变得条理化。根据这个原理，每 1 个原子轨道最多只能容纳 2 个自旋相反的电子。因为每个电子层中原子轨道的总数为 n^2 个，所以每个电子层最多所能容纳的电子数为 $2n^2$ 个。

（2）能量最低原理（lowest energy principal）

能量最低原理就是在不违背泡利不相容原理的前提下，核外电子总是先占有能量最低的轨道，只有当能量最低的轨道占满后，电子才依次进入能量较高的轨道。这一原则称为能量最低原理。

（3）洪特规则（Hund's rule）

1925 年，德国理论物理学家洪特（F. Hund，1896—1997）从光谱实验中总结出一条规律，叫作最多轨道规则（也叫洪特规则）。即在能量相等的轨道（等价轨道或简并轨道，例如 3 个 p 轨道，5 个 d 轨道，7 个 f 轨道）上分布的电子，将尽可能分占不同的轨道，而且自旋方向相同。这样分布时，原子的能量较低，体系较稳定。例如，N 原子（$1s^22s^22p^3$）中的 7 个电子在轨道中的分布情况为：

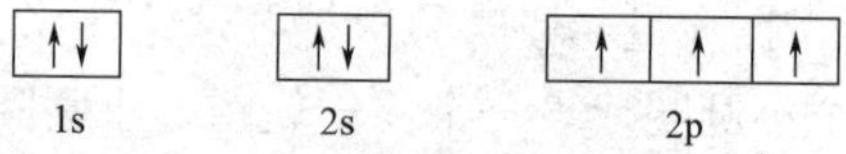

另外，作为洪特规则的特例：等价轨道的全充满（p^6、d^{10}、f^{14}），半充满（p^3、d^5、f^7）或全空（p^0、d^0、f^0）的状态一般比较稳定。如 29 号元素 Cu 的电子分布式不是 $3d^94s^2$，而是 $3d^{10}4s^1$；${}_{24}Cr$ 的电子分布式不是 $3d^44s^2$，而是 $3d^54s^1$，此外，${}_{42}Mo$、${}_{47}Ag$、${}_{79}Au$、${}_{64}Gd$、${}_{96}Cm$ 也有类似情况。

1.3.3 基态原子中电子的分布

根据能级图和核外电子分布 3 个原则，基本上可以解决多电子原子核外电子的分布问题。根据光谱实验数据所确定的各元素原子的电子层结构，如表 1-6 所示。有些元素原子的电子分布还不能用核外电子分布原则予以圆满解释。

【例 1-2】 写出 Ni 原子的核外电子分布式

解：

步骤如下：

（1）写出原子轨道能级顺序——1s2s2p3s3p4s3d4p5s4d5p；

（2）由于 Ni 原子序数为 28，共有 28 个电子，按上述核外电子分布的 3 原则在每个轨道上排布电子，直至排完为止，即 $1s^22s^22p^63s^23p^64s^23d^8$；

（3）将相同主量子数的各亚层按 s、p、d 等的顺序整理好，即得 Ni 元素原子的电子分布式：$1s^22s^22p^63s^23p^63d^84s^2$。

有时为了避免书写过长，以及由于化学反应通常仅涉及外层价电子的改变，常将内层电子分布式用相同电子数的稀有气体元素符号加方括号（称为“原子实”）表示，而只写价电子轨道式（通常称为外层电子分布式），甚至原子实部分也可以省去，只写外层电子分布式。如 Ni 原子的电子分布式可以写成[Ar]$3d^84s^2$ 或 $3d^84s^2$，Fe 原子电子分布式可以写成[Ar]$3d^64s^2$ 或 $3d^64s^2$ 等。

外层电子分布式又叫外层电子构型。对于主族元素而言，外层电子分布式即为最外层电子分布的形式，如 S 原子的外层电子分布式为 $4s^24p^4$；对于副族元素则是指最外层的 s 电子和次外层（n−1 层）d 电子的分布式，如上述 Ni 原子的外层电子分布式为 $3d^84s^2$；而镧系元素和锕系元素的外层电子构型一般除了指最外层的 s 电子和 n−1 层（次外层）d 电子外，还包括 n−2 层（倒数第 3 层）的 f 亚层电子。

【例 1-3】 写出 Ni^{2+}的核外电子分布式。

解： Ni 原子失去 2 个电子时，到底失去的是哪层的电子呢？是失去最外层 4s 的 2 个电子，还是在能量更高的次外层 3d 上失去 2 个电子呢？光谱实验表明，原子失去电子而成为正离子时，一般是能量较高的最外层的电子失去，而且往往引起电子层数的减少，也就是说阳离子的轨道能级一般不存在交错现象。因此，Ni 原子失去的 2 个电子是 4s 上的，而不是 3d 上的，即 Ni^{2+}的核外电子分布式为：

Ni^{2+}：$1s^22s^22p^63s^23p^63d^8$，简写为[Ar]$3d^8$ 或 $3d^8$。

表 1-6　基态中性原子的核外电子分布式和第一电离能

原子序数	元素符号	电子分布式	第一电离能 /kJ·mol^{-1}	原子序数	元素符号	电子分布式	第一电离能 /kJ·mol^{-1}
1	H	$1s^1$	1312.0	46	Pd	$[Kr]\ 4d^{10}$	804.4
2	He	$1s^2$	2372.3	47	Ag	$[Kr]\ 4d^{10}\ 5s^1$	731.0
3	Li	$1s^2\ 2s^1$	520.2	48	Cd	$[Kr]\ 4d^{10}\ 5s^2$	867.8
4	Be	$1s^2\ 2s^2$	932.0	49	In	$[Kr]\ 4d^{10}\ 5s^2\ 5p^1$	558.3
5	B	$1s^2\ 2s^2\ 2p^1$	800.6	50	Sn	$[Kr]\ 4d^{10}\ 5s^2\ 5p^2$	708.6
6	C	$1s^2\ 2s^2\ 2p^2$	1086.5	51	Sb	$[Kr]\ 4d^{10}\ 5s^2\ 5p^3$	834.0
7	N	$1s^2\ 2s^2\ 2p^3$	1402.3	52	Te	$[Kr]\ 4d^{10}\ 5s^2\ 5p^4$	869.3
8	O	$1s^2\ 2s^2\ 2p^4$	1313.9	53	I	$[Kr]\ 4d^{10}\ 5s^2\ 5p^5$	1008.4
9	F	$1s^2\ 2s^2\ 2p^5$	1681.0	54	Xe	$[Kr]4d^{10}\ 5s^2\ 5p^6$	1170.4
10	Ne	$1s^2\ 2s^2\ 2p^6$	2080.7	55	Cs	$[Xe]\ 6s^1$	375.7
11	Na	$[Ne]\ 3s^1$	495.8	56	Ba	$[Xe]\ 6s^2$	502.9
12	Mg	$[Ne]\ 3s^2$	737.7	57	La	$[Xe]\ 5d^1\ 6s^2$	538.1
13	Al	$[Ne]\ 3s^2\ 3p^1$	577.5	58	Ce	$[Xe]\ 4f^1\ 5d^1\ 6s^2$	534.4
14	Si	$[Ne]\ 3s^2\ 3p^2$	786.5	59	Pr	$[Xe]\ 4f^3\ 6s^2$	527.0
15	P	$[Ne]\ 3s^2\ 3p^3$	1011.8	60	Nd	$[Xe]\ 4f^4\ 6s^2$	529.1
16	S	$[Ne]\ 3s^2\ 3p^4$	999.6	61	Pm	$[Xe]\ 4f^5\ 6s^2$	540.0
17	Cl	$[Ne]\ 3s^2\ 3p^5$	1251.2	62	Sm	$[Xe]\ 4f^6\ 6s^2$	549.0
18	Ar	$[Ne]3s^2\ 3p^6$	1520.6	63	Eu	$[Xe]\ 4f^7\ 6s^2$	521.0
19	K	$[Ar]\ 4s^1$	418.8	64	Gd	$[Xe]\ 4f^7\ 5d^1\ 6s^2$	593.0
20	Ca	$[Ar]\ 4s^2$	589.8	65	Tb	$[Xe]\ 4f^9\ 6s^2$	565.0
21	Sc	$[Ar]\ 3d^1\ 4s^2$	633.1	66	Dy	$[Xe]\ 4f^{10}\ 6s^2$	573.0
22	Ti	$[Ar]\ 3d^2\ 4s^2$	658.8	67	Ho	$[Xe]\ 4f^{11}\ 6s^2$	527.0
23	V	$[Ar]\ 3d^3\ 4s^2$	650.9	68	Er	$[Xe]\ 4f^{12}\ 6s^2$	583.0
24	Cr	$[Ar]\ 3d^5\ 4s^1$	652.9	69	Tm	$[Xe]\ 4f^{13}\ 6s^2$	590.0
25	Mn	$[Ar]\ 3d^5\ 4s^2$	717.3	70	Yb	$[Xe]\ 4f^{14}\ 6s^2$	499.0
26	Fe	$[Ar]\ 3d^6\ 4s^2$	762.5	71	Lu	$[Xe]\ 4f^{14}\ 5d^1\ 6s^2$	523.0
27	Co	$[Ar]\ 3d^7\ 4s^2$	760.4	72	Hf	$[Xe]\ 4f^{14}\ 5d^2\ 6s^2$	658.5
28	Ni	$[Ar]\ 3d^8\ 4s^2$	737.1	73	Ta	$[Xe]\ 4f^{14}\ 5d^3\ 6s^2$	761.0
29	Cu	$[Ar]\ 3d^{10}\ 4s^1$	745.5	74	W	$[Xe]\ 4f^{14}\ 5d^4\ 6s^2$	770.0
30	Zn	$[Ar]\ 3d^{10}\ 4s^2$	906.4	75	Re	$[Xe]\ 4f^{14}\ 5d^5\ 6s^2$	760.0
31	Ga	$[Ar]\ 3d^{10}\ 4s^2\ 4p^1$	578.8	76	Os	$[Xe]\ 4f^{14}\ 5d^6\ 6s^2$	840.0
32	Ge	$[Ar]\ 3d^{10}\ 4s^2\ 4p^2$	762.0	77	Ir	$[Xe]\ 4f^{14}\ 5d^7\ 6s^2$	880.0
33	As	$[Ar]\ 3d^{10}\ 4s^2\ 4p^3$	947.0	78	Pt	$[Xe]\ 4f^{14}\ 5d^9\ 6s^1$	870.0
34	Se	$[Ar]\ 3d^{10}\ 4s^2\ 4p^4$	941.0	79	Au	$[Xe]\ 4f^{14}\ 5d^{10}\ 6s^1$	890.1
35	Br	$[Ar]\ 3d^{10}\ 4s^2\ 4p^5$	1139.9	80	Hg	$[Xe]\ 4f^{14}\ 5d^{10}\ 6s^2$	1007.1
36	Kr	$[Ar]3d^{10}\ 4s^2\ 4p^6$	1350.8	81	Tl	$[Xe]\ 4f^{14}\ 5d^{10}\ 6s^2\ 6p^1$	589.4
37	Rb	$[Kr]\ 5s^1$	403.0	82	Pb	$[Xe]\ 4f^{14}\ 5d^{10}\ 6s^2\ 6p^2$	715.6
38	Sr	$[Kr]\ 5s^2$	549.5	83	Bi	$[Xe]\ 4f^{14}\ 5d^{10}\ 6s^2\ 6p^3$	703.0
39	Y	$[Kr]\ 4d^1\ 5s^2$	600.0	84	Po	$[Xe]\ 4f^{14}\ 5d^{10}\ 6s^2\ 6p^4$	812.1
40	Zr	$[Kr]\ 4d^2\ 5s^2$	640.1	85	At	$[Xe]\ 4f^{14}\ 5d^{10}\ 6s^2\ 6p^5$	899.0
41	Nb	$[Kr]\ 4d^4\ 5s^1$	652.1	86	Rn	$[Xe]\ 4f^{14}\ 5d^{10}\ 6s^2\ 6p^6$	1037.0
42	Mo	$[Kr]\ 4d^5\ 5s^1$	684.3	87	Fr	$[Rn]\ 7s^1$	380.0
43	Tc	$[Kr]\ 4d^5\ 5s^2$	702.0	88	Ra	$[Rn]\ 7s^2$	509.3
44	Ru	$[Kr]\ 4d^7\ 5s^1$	710.2	89	Ac	$[Rn]\ 6d^1\ 7s^2$	499.0
45	Rh	$[Kr]\ 4d^8\ 5s^1$	719.7	90	Th	$[Rn]\ 6d^2\ 7s^2$	587.0

续表

原子序数	元素符号	电子分布式	第一电离能 /kJ·mol^{-1}	原子序数	元素符号	电子分布式	第一电离能 /kJ·mol^{-1}
91	Pa	[Rn] $5f^2 6d^1 7s^2$	568.0	98	Cf	[Rn] $5f^{10} 7s^2$	608.0
92	U	[Rn] $5f^3 6d^1 7s^2$	597.6	99	Es	[Rn] $5f^{11} 7s^2$	619.0
93	Np	[Rn] $5f^4 6d^1 7s^2$	604.5	100	Fm	[Rn] $5f^{12} 7s^2$	627.0
94	Pu	[Rn] $5f^6 7s^2$	584.7	101	Md	[Rn] $5f^{13} 7s^2$	635.0
95	Am	[Rn] $5f^7 7s^2$	578.0	102	No	[Rn] $5f^{14} 7s^2$	642.0
96	Cm	[Rn] $5f^7 6d^1 7s^2$	581.0	103	Lr	[Rn] $5f^{14} 6d^1 7s^2$	470.0
97	Bk	[Rn] $5f^9 7s^2$	601.0	104	Rf	[Rn] $5f^{14} 6d^2 7s^2$	580.0

1.3.4 元素周期表

元素性质（原子半径、电离能、电负性等）随原子序数的递增而呈现周期性变化的规律叫元素周期律（periodic law of elements）。

自从道尔顿提出科学的原子论后，许多化学家都把测定各种元素的原子质量当作一项重要工作，这样就使元素原子质量与性质之间存在的联系逐渐展露出来。1829 年，德国化学家德贝莱纳（J. W. Dobereiner，1780—1849）首先系统考察了当时已知的 54 种元素，按性质相近的程度将每 3 种元素分成一组——“三元素组”。1862 年，法国化学家尚古多（B. de Crancourtois，1820—1886）把当时已知的 62 种元素按原子量大小的顺序，标记在绕圆柱体上升的螺旋线上，发现性质相似的元素出现在同一条母线上。1864 年，英国化学家纽兰兹（J. A. R. Newlans，1837—1898）提出著名的“八音律”。虽然这些化学家在一定程度和不同角度客观地叙述了元素间的某些联系，但由于他们没有把所有元素作为整体来概括，仅是针对已知元素的不完全归纳，所以没有找到元素的正确分类原则。后来迈尔（J. L. Meyet，1830—1895）对元素周期律的发现做出了较为突出的贡献，他几乎与门捷列夫（D. I. Mendeleev，1834—1907）同时发现了元素周期律，并都按原子量递增的顺序排列元素，都注意到了元素周期性出现的循环现象。但他对元素性质的研究侧重物理性质。

门捷列夫的工作则更进一步，主要表现在两点：第一，他在他的周期表中给未知元素留出了空位，克服了不完全归纳设为局限；第二，他修正了前人在原子量测定中的错误。

元素周期律是自然界的一条客观规律，为以后元素的研究，新元素的探索，新物资、新材料的寻找，提供了一个可遵循的规律，它是化学史上划时代的大综合，也标志着无机化学的大厦已基本落成。恩格斯在《自然辩证法》一书中曾经指出。门捷列夫不自觉地应用黑格尔的量转化为质的规律，完成了科学上的一个勋业，这个勋业可以和勒维烈（Le Verrier，1811—1877，法国天文学家）计算尚未知道的行星海王星的轨道的勋业居于同等地位。

1913 年，英国物理学家莫塞莱（H. G. J. Moseley，1887—1915）在研究各种元素的伦琴射线波长与原子序数的关系后，证实原子序数在数量上等于原子核所带的正电荷，进而明确作为周期律的基础不是原子量而是原子序数。在周期律指导下产生的原子结构学说，不仅赋予元素周期律以新的说明，并且进一步阐明了周期律的本质，把周期律这一自然法则放在更严格、更科学的基础上。

元素周期表（periodic table of elements）是元素周期律的体现形式，它能概括地反映元素性质的周期性变化规律。现以常用的长式周期表（见本书后附的元素周期表）讨论元素周期表与核外电子分布的关系。

（1）周期

虽然元素所在周期的序数与其基态原子的电子层数相等，但周期表却并非按电子层数划分周期的，而是按能级组划分的。表 1-7 反映了周期、最外轨道（电子最后填充的轨道）、最外能级组（最外轨道所在能级组）等的关系。从表 1-7 可以看出，各周期元素的原子，随着核电荷数的递增，电子将依次填入各相应能级组的轨道内。周期序数等于本周期最高能级组（最外能级组）序数，也等于本周期电子层数；各周期所含元素种数等于本周期最外能级组所有轨道能容纳的电子数总和。例如，第 4 周期的所有元素的原子都含有 4 个电子层，且电子最后都填充在第 4 能级组的轨道内，直至第 4 能级组的所有轨道都填充满，从而完成整个周期，开始新的周期。由于第 4 能级组共有 9 个原子轨道，故第 4 周期共有 18 种元素。

表 1-7　周期与最外能级组的对应关系

周期	最外轨道	最外能级组序数	最外能级组轨道总数	最外能级组可容纳的电子总数	周期内元素种数	电子层数
1（特短周期）	1s	1	1	2	2	1
2（短周期）	2s～2p	2	1+3=4	8	8	2
3（短周期）	3s～3p	3	1+3=4	8	8	3
4（长周期）	4s～3d～4p	4	1+5+3=9	18	18	4
5（长周期）	5s～4d～5p	5	1+5+3=9	18	18	5
6（特长周期）	6s～4f～5d～6p	6	1+7+5+3=16	32	32	6
7（特长周期）	7s～5f～6d～7p	7	1+7+5+3=16	32	32	7

（2）族

周期表共有 8 个主族（用 A 表示，族序数用罗马数字表示，如ⅢA 表示第 3 主族）、7 个副族（用 B 表示，族序数用罗马数字表示，如ⅢB 表示第 3 副族）、0 族，和第Ⅷ族（含 3 列）。各族内电子分布存在以下规律：

① 主族、0 族（He 除外）以及第ⅠB、ⅡB 族的族序数等于最外层电子数；ⅢB～ⅦB 族的族序数等于最外层电子数与次外层 d 轨道电子数之和。上述规律不适用于第Ⅷ族。

② 同族元素原子的最外层电子构型基本一致，只是 n 值不同。同族元素原子具有相似的电子构型，因而具有相似的化学性质。

（3）区

周期表中的元素除了按周期和族划分外，还可按元素的原子在哪一亚层增加电子，把它们划分为 s、p、d、ds、f 五个区（见图 1-7）。

① s 区元素：包括ⅠA 和ⅡA 族元素，最外电子层的构型为 $ns^{1\sim2}$。

② p 区元素：包括ⅢA 到 0 族元素，最外电子层的构型为 $ns^2np^{1\sim6}$。

③ d 区元素：包括ⅢB 到Ⅷ族的元素，外电子层的构型为 $(n-1)d^{1\sim8}ns^2$（第ⅥB 的 Cr、Mo 及第Ⅷ族的 Pd、Pt 例外）。

④ ds 区元素：包括ⅠB 和ⅡB 族的元素，外电子层的构型为 $(n-1)d^{10}ns^{1\sim2}$。

⑤ f 区元素：包括镧系和锕系元素。电子层结构一般在 f 亚层上增加电子，外电子层的构型为 $(n-2)f^{1\sim14}(n-1)d^{0\sim2}ns^2$。

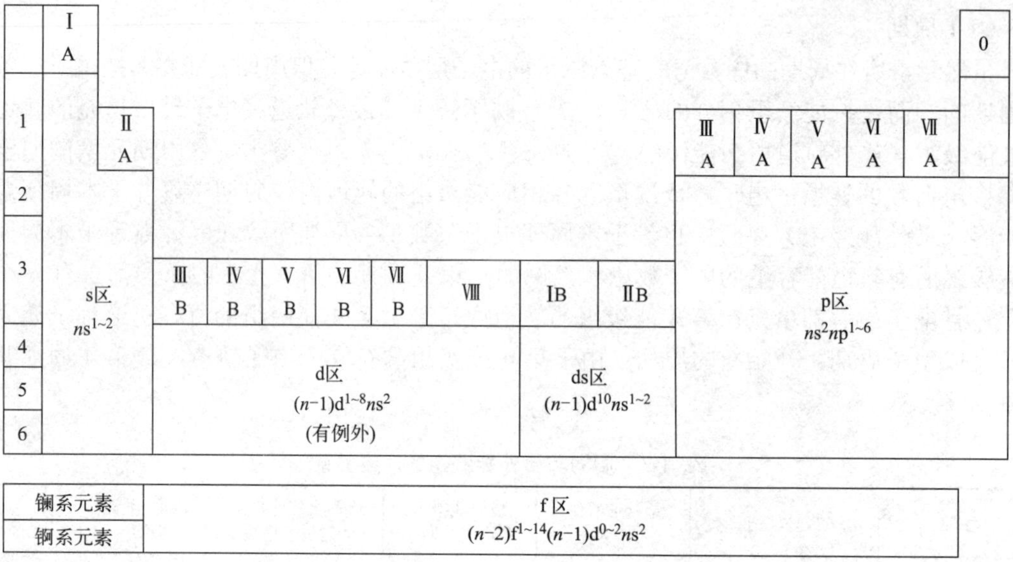

图 1-7　原子外层电子构型与周期表分区

1.3.5　元素性质的周期性变化

由于原子的电子层结构的周期性，与电子层结构有关的元素的基本性质（如原子半径、电离势、电子亲和能、电负性等）也呈现明显的周期性变化。

（1）原子半径（atomic radius）

如果把原子看成一个球，可以用原子半径来表示原子的大小。原子核的大小是电子云的十万分之一，所以原子的体积主要由电子云占据。由于电子云没有明确的边界（实际上原子核也没有固定的位置），所以精确测定一个独立的非键原子的原子半径（即测定原子核到最外层电子的距离）是困难的。

实践中通常用电子衍射法、X 射线衍射法、红外光谱法、拉曼光谱法等实验测量和计算相结合的方法来测定原子的大小。一般非金属元素的原子半径是通过测定单质分子中两个相互键合的同种元素原子核间的距离然后除以 2 得到的，这种原子半径叫共价半径；金属元素的原子半径是通过测定单质金属晶体中相邻两个原子的核间距除以 2 得到的，这种半径叫作金属半径；通过冷却加压使稀有气体变成晶体，然后把测得的相邻两个原子的核间距的一半作为稀有元素的原子半径，这种半径叫范德华半径或范氏半径。

同种元素既可以有共价半径，也可以有范德华半径，比如除了通过前述气态 Cl_2 分子 Cl—Cl 原子间距$\left(\text{如图 1-8 中 AB 段的}\frac{1}{2}\right)$得到 Cl 的共价半径（99pm）外，还可以在极低的温度下让 Cl_2 分子形成分子晶体，然后测定相邻的两个不同分子中的 Cl 原子的核间距（*BC* 段）的一半就是 Cl 原子的范德华半径（175pm）。

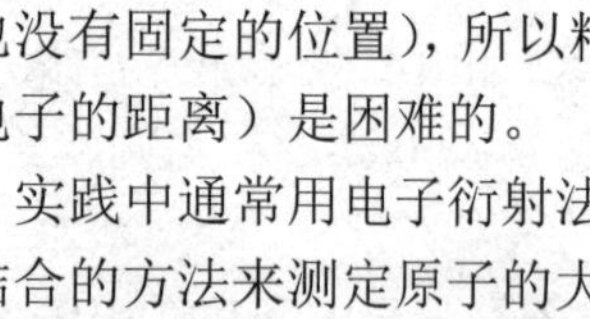

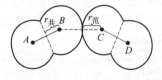

图 1-8　共价半径与范德华半径示意图

所以，用不同方法得到的原子半径数值会有差异，一个特定的原子的半径值和所选用的原子半径的定义相关，使用时最好用同一套原子半径数据。

另外，在不同环境下原子半径的数值也不同。同一种元素的共价半径也会因两个原子以共价单键、双键或三键的键合方式不同而有不同的数值。

因此，原子半径并非是一个精确的物理量，只具有相对意义。尽管如此，元素周期表中的原子半径变化仍具有一定规律可循，从而对元素的化学性质造成影响。

原子半径在周期表中的变化存在如下规律性所述（原子半径对非金属是指共价半径，对金属是指金属半径，不包括稀有元素）：

在同一主族中从上到下随着电子层数的增多，原子半径依次增大。虽然从上到下核电荷数增大，使原子半径有缩小的倾向，但电子层数的增加是主要因素。B 族元素变化不明显，第五周期和第六周期的元素，原子半径变化较小。

在同一周期中，从左到右随着核电荷数增加，电子层数相等，核电荷数增多使原子核对外层电子的吸引能力相应增强，原子半径逐渐减小。但在含 d 区元素和 f 区元素的周期中，规律性不强，不过总体上仍是逐渐减小。

（2）电离能（ionization energy）

在标准状态（标准状态的概念将在第 2 章中讲解，此处暂忽略）时，基态的、中性的气态原子失去最外层的第一个电子成为气态+1 价离子所需的能量称为第一电离能（first ionization energy）I_1，在+1 价离子基础上再剥离一个电子所需的能量称为第二电离能 I_2，依此类推还可以有 I_3、I_4 等，通常如果没有特别说明，电离能指的就是第一电离能。电离能都是正值，因为使原子失去外层电子总是需要吸收能量来克服核对电子的吸引力。同一元素各级电离能的大小顺序是 $I_1<I_2<I_3$。

电离能的变化有下列规律：

① 在同一周期中，从左到右，电离能总趋势是增大。在同一族（主要指主族）中，从上到下，电离能总趋势是减小。

② 具有半充满、全充满和全空电子构型的元素有较大的电离能，即有不符合上述规律的现象。如ⅢA 族元素原子的第一电离能会大于ⅣA 族，如 N 和 O 原子的第一电离能分别为 $1402.3\text{kJ}\cdot\text{mol}^{-1}$ 和 $1313.9\text{kJ}\cdot\text{mol}^{-1}$。

原子的第一电离能的大小表示原子失去电子的难易程度，体现了金属元素活泼性的强弱。原子的第一电离能越小，相应元素的金属性越强，即金属越活泼。金属 Cs 的第一电离能很小，是一个非常活泼的金属，在光的照射下，Cs 可以失去最外层电子。F 具有最大的第一电离能，是一种典型的非金属元素。

（3）电子亲和能（electron affinity）

在标准状态时，中性的、气态原子在基态时得到一个电子形成−1 价气态阴离子所产生的热效应称为原子的第一电子亲和能。大部分元素的原子的第一电子亲和能是负值（与电离能相反），表示它们得到一个电子会放热，系统能量降低。所有元素的第二电子亲和能均为正值。

其周期性变化规律与电离能基本相同，即如果元素有高的电离能，则它也倾向于具有高的电子亲和能（绝对值）。元素的电子亲和能绝对值越大，表示该元素越易获得电子，非金属性也越强。但 F 元素的情况例外。F 处于第二周期，原子半径小，电子间排斥力强，以至于再结合一个电子形成阴离子时系统能量降低的没那么多，致使电子亲和能绝对值稍小。而第三周期元素，原子体积较大，并且有空的 d 轨道可容纳电子，因而电子间排斥力小，电子亲和能绝对值相对较大。

第一电子亲和能的规律总结：

金属元素一般为较小的负值；非金属元素总为负值；稀有元素均为正值；同周期从左到

右趋向更负（放热更多，更易获得电子）；同族从上到下趋向于零，但规律不太明显，部分呈现相反趋势，如 O<N、F<Cl。

（4）电负性（electronegativity）

电负性是元素的一种性质，是指元素原子在分子中吸引电子能力大小的相对标度。此概念是鲍林在 1932 年首先提出的，此后多位化学家相继提出过多种电负性标度，常见的有：Pauling 标度（X_P），Mulliken 标度（X_M），Allred-Rochow 标度（X_{AR}），Allen 标度（X_A）。目前常用的两个电负性标度是马利肯（R. S. Mulliken，1896—1986）电负性标度和鲍林的电负性标度。鲍林的电负性标度最初指定 F 元素的电负性为 4.0，以此为标准求出其他元素的电负性，因此，电负性是一个相对的数值。表 1-8 列出了各元素的电负性（X_P）。

元素电负性的大小可以衡量元素的金属性和非金属性的相对强弱。一般说来，非金属元素的电负性在 2.0 以上，金属元素的电负性在 2.0 以下。元素电负性也呈现周期性变化。在同一周期中，从左到右电负性递增，元素的非金属性逐渐增强。在同一主族中，从上到下电负性递减，元素的非金属性依次减弱，金属性依次增强。

表 1-8　元素的电负性

	ⅠA	ⅡA	ⅢB	ⅣB	ⅤB	ⅥB	ⅦB	Ⅷ	Ⅷ	Ⅷ	ⅠB	ⅡB	ⅢA	ⅣA	ⅤA	ⅥA	ⅦA	0
1	H 2.20																	He 0.00
2	Li 0.98	Be 1.57											B 2.04	C 2.55	N 3.04	O 3.44	F 3.98	Ne 0.00
3	Na 0.93	Mg 1.31											Al 1.61	Si 1.90	P 2.19	S 2.58	Cl 3.16	Ar 0.00
4	K 0.82	Ca 1.00	Sc 1.36	Ti 1.54	V 1.63	Cr 1.66	Mn 1.55	Fe 1.83	Co 1.88	Ni 1.91	Cu 1.90	Zn 1.65	Ga 1.81	Ge 2.01	As 2.18	Se 2.48	Br 2.96	Kr 3.00
5	Rb 0.82	Sr 0.95	Y 1.22	Zr 1.33	Nb 1.60	Mo 2.16	Tc 1.90	Ru 2.20	Rh 2.28	Pd 2.20	Ag 1.93	Cd 1.69	In 1.78	Sn 1.96	Sb 2.05	Te 2.10	I 2.66	Xe 2.60
6	Cs 0.79	Ba 0.89	La～Lu 1.10～1.25	Hf 1.30	Ta 1.50	W 2.36	Re 1.90	Os 2.20	Ir 2.20	Pt 2.28	Au 2.54	Hg 2.00	Tl 1.62	Pb 2.33	Bi 2.02	Po 2.00	At 2.20	Rn 2.20
7	Fr 0.70	Ra 0.90	Ac～Lr 1.10～1.30															

1.4　化学键与键参数

1.4.1　化学键的概念及发展历程

人类对化学作用力的认识经历了漫长的逐步接近真理的过程，大体分为下列阶段：

（1）神秘的“化学亲合力”时代。古希腊恩培多克勒（Empedocles，公元前 490—公元前 430）的“爱憎说”认为世间万物都是在爱的作用下互相结合，在憎的作用下彼此分离。13 世纪德国的炼金家马格努斯（A. Magnus，1193—1280）借用人间的姻亲关系，用“化学亲合力”的大小来表征物质结合的难易程度。从此，“化学亲合力”概念在化学界流行了数百年，并不断被赋予新的内容。

（2）机械的“万有引力”时代。到了 17～18 世纪，随着牛顿经典力学体系的建立和完善，牛顿、波意耳、贝托雷（C. L. Berthollet，1748—1822）等人把万有引力视为原子结合的根本原因，但却不能解释为何复杂物质（质量大，应有大的引力）反而不如一些简单物质（质量小）稳定的事实。

（3）“电化二元论”时代。在 19 世纪之前，人们对物质内部结构的认识一直非常模糊，实际上是把原子间的作用力（化学键）和分子间的作用力混为一谈。19 世纪初，道尔顿的科学原子论已经创立，但因为道尔顿的原子即分子，所以他不可能解决原子如何结合成分子的问题。阿伏伽德罗分子假说在提出近 50 年后终于得到承认，这之后人们更加迫切地想要知道原子是怎样形成分子的，分子为什么能够稳定存在，分子空间构型如何等。那个时期，人们进行了大量的电解实验（特别是水的电解）。由于电解时总是在阳极和阴极产生固定的物质，戴维（H. Davy，1778—1829）和贝采里乌斯（J. J. Berzelius，1779—1848）分别提出了电化学假说，认为原子间结合的原因是不同电性的吸引，特别是贝采里乌斯的“电化二元论”成为以后离子键理论的先驱。

（4）近代化学键理论的逐步建立。19 世纪中叶，原子价学说的建立，揭开了原子间化合时的数目关系。之后，人们在化学结构式中用短线来表示原子间的价键。1916 年，德国化学家柯塞尔（W. Kossel，1888—1956）提出电价理论，他发现原子都有获得或失去电子以达到惰性气体（今称稀有气体）原子外层结构的倾向。原子得失电子后都具有 8 电子的稳定结构，阴阳离子靠静电作用而形成的化学键就称为电价键或离子键。同年，美国著名化学家路易斯（G. N. Lewis，1875—1946）和朗缪尔（I. Langmuir，1881—1957）便提出了共用电子对理论。

什么是化学键呢？鲍林（Linus Carl Pauling，1901—1994）在《化学键的本质》一书中这样定义化学键：“就 2 个原子或原子团而言，如果作用于它们之间的力能够导致聚集体形成，这个聚集体的稳定性又是大到可让化学家方便地作为一个独立的分子品种来看待，则我们说在这些原子或原子团之间存在着化学键。”

根据这一定义，化学键是指相邻原子之间存在的直接的、强烈的相互作用，它决定了分子的骨架，对分子的性质有着决定性的影响。

此外，分子与分子之间还有一种相对较弱的作用力，称为分子间力或范德华力，有时分子间还可能形成氢键。分子间力和氢键是影响物质的熔点、沸点等物理性质的主要因素。本章后面的内容主要讨论三方面的问题：原子是怎样组成分子的（化学键）？组成的分子是什么样子的（分子空间构型）？分子是怎样形成液态、固态等凝聚态的（分子间作用力）？

1.4.2 键参数

描述化学键的性质要用到一系列参数，这些参数称为键参数。能够表征化学键性质的键参数较多，下面简单介绍键能、键长和键角。

（1）键能

键能（bond energy）是共价键强度的能量标志，定义为：在温度 298.15K 和压力 100kPa 下，断裂气态物质中 1mol 的化学键生成气态原子时所吸收的能量。键能是化学键牢固程度的量度，键能越大，断开化学键所需要的能量越大，化学键越牢固。

对于双原子分子而言，在温度 298.15K 和压力 100kPa 下，将 1mol 气态分子离解成 2mol

气态原子所需要的能量称为离解能（dissociation energy），以符号 D 表示。显然，双原子分子的离解能就是键能。

在多原子分子（如氨分子）中，含有 3 个 H—N 键，实验证明，这 3 个 H—N 键先后断裂时的离解能各不相同，NH_3 分子中 H—N 键的键能为 3 个 H—N 键离解能的平均值。

$$NH_3(g) \xlongequal{} NH_2(g) + H(g) \qquad D_1 = 435.1\text{kJ} \cdot \text{mol}^{-1}$$

$$NH_2(g) \xlongequal{} NH(g) + H(g) \qquad D_2 = 397.5\text{kJ} \cdot \text{mol}^{-1}$$

$$NH(g) \xlongequal{} N(g) + H(g) \qquad D_3 = 338.9\text{kJ} \cdot \text{mol}^{-1}$$

$$E(\text{H—N}) = (435.1 + 397.5 + 338.9)/3 = 390.5\text{kJ} \cdot \text{mol}^{-1}$$

部分双原子分子的键能见表 1-9。

表 1-9　部分常见双原子分子的键能

化学键	N—N	O—O	F—F	F—H	Cl—H	Br—H	I—H
键离解能/$\text{kJ} \cdot \text{mol}^{-1}$	944.84	498.36	158.67	569.66	431.36	366.16	298.26

注：数据摘自 D.R.Lide. CRC Handbook of Chemistry and Physics. 87th ed, Boca Raton: CRC Press, Inc, 2003—2004。

（2）键长

分子中两个成键原子核间的平均距离即键长（bond length）。键长的大小与成键原子的本性、所形成的化学键的种类及化学键所处的化学微环境（如连接的基团不同）都有关系。如果两个确定的原子形成不同的化学键，则键长越短，键作用越强，越牢固。部分常见化学键的键长，见表 1-10。

表 1-10　部分常见化学键的键长

化学键	H—F	H—Cl	H—Br	H—I	C—H	C—C	C═C	C≡C	C—C(CH_3—CH_3 中)
键长/10^{-10}m	0.92	1.28	1.41	1.61	1.09	1.53	1.34	1.20	1.526

注：数据摘自 D.R.Lide. CRC Handbook of Chemistry and Physics. 87th ed. Boca Raton: CRC Press, Inc, 2003—2004。

（3）键角

成键的两个原子的原子核之间的连线称为键轴。分子中相邻的两个化学键的键轴之间的夹角称为键角（bond angle）。双原子分子无所谓键角，分子的形状总是直线型的。对于多原子分子，由于分子中原子在空间排布情况不同而具有不同的几何构型，知道一个分子的键角、键长，即可确定分子的几何构型。

1.5　分子的形成与分子的结构

1916 年，柯塞尔提出离子键理论，认为活泼金属元素失去电子变成阳离子，活泼非金属元素得到电子变成阴离子，阴离子、阳离子靠静电引力形成化学键。但化学家们几乎立即就发现该理论无法说明那些电负性相差不大的元素或同种非金属元素的原子形成分子的过程。就在这一年，美国的路易斯提出了共价键理论，他认为分子中每个原子应具有稳定的稀有气体原子的电子层结构，但这种稳定结构并不一定要靠电子的得失，也可以通过原子间共用一对或若干对电子来实现。分子的稳定性是因为成键原子通过电子共享达到了稀有气体的电子层结构，这样也符合了"八隅律"。双键和三键相对应于两对或三对共用电子对。这种分子中原子间通过共用电子对结合而成的化学键称为共价键。例如，可以用下列式子（路易斯结构式）表示相关物质中各原子的成键情况。

$$H-\underset{\underset{H}{|}}{\overset{\overset{H}{|}}{C}}-H \quad \underset{\underset{H}{|}}{:N}-H \quad \overset{\overset{H}{|}}{:O}-H \quad H-\overset{..}{\underset{..}{Cl}}: \quad C=\overset{..}{\underset{..}{O}}: \quad H-Cl\equiv N:$$

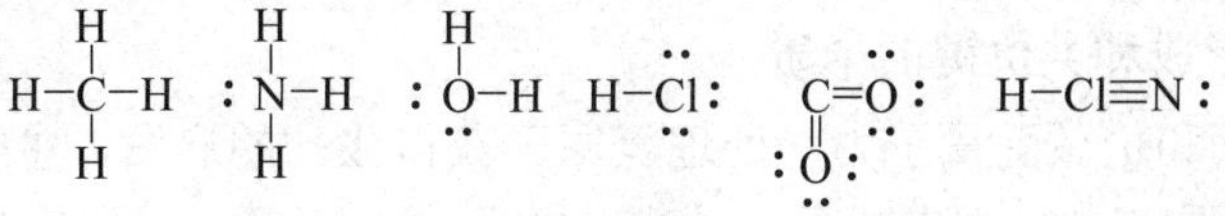

路易斯还提出了共价键极性（polarity）的概念，指出若成键两原子的电负性相等，则化学键是非极性的；否则化学键有极性，电负性较大的原子带电 δ^-，电负性较小的原子带电 δ^+。电负性相差越大，化学键的极性就越大。例如，H—I、H—Br、H—Cl 到 H—F，氢卤键的极性逐渐增大。见表 1-11。

表 1-11　卤化氢分子中键的极性

化学键	HI	HBr	HCl	HF
电负性差	0.46	0.76	0.96	1.78
键的极性		依次增大 →		

尽管路易斯的理论给了我们一些有价值的概念和思想，并能成功地解释由相同原子组成的分子（如 H_2、Cl_2、N_2 等），以及性质相近的不同原子组成的分子（如 HCl 等）的形成，并初步揭示了共价键与离子键的区别，但路易斯理论也有局限性：

（1）不遵循八隅规则的分子比比皆是。例如，它不能解释为什么有些分子的中心原子最外层电子数虽然少于 8（如 BF_3）或多于 8（如 PCl_5、SF_6），但这些分子仍能稳定存在。如 B 原子的最外层只有 3 对共用电子对，在 BF_3 分子中 B 原子的价电子层不满 8 个电子；而在 PCl_5 分子中，P 原子的价电子层中有 5 对共用电子对，其周围电子数已超过稀有气体稳定的 8 电子结构；SF_6 分子中 S 原子的价电子层中共有 6 对共用电子对，电子数超过 8。

（2）不能说明共用电子对就能使两个原子结合成稳定分子的本质原因。根据经典的静电理论，同性电荷相斥，两个电子为何不相斥，反而互相配对？

（3）不能解释分子的空间几何形状。

（4）不能说明共用电子对与提供电子的原子轨道间存在什么关系。

现代共价键理论以量子力学为基础，认为原子形成分子时，电子的运动状态要发生变化，要描述分子中电子的运动状态，需要求解分子的薛定谔方程。但分子薛定谔方程比较复杂，严格求解经常遇到困难，只好做一些近似的假设来简化计算过程。不同的假设代表了不同的物理模型，形成了不同的共价键理论。一种看法是形成共价键的电子只处在两个原子间的区域内运动；另一种看法是形成共价键的电子应遍布在整个分子的区域内运动。前者发展成为价键理论，后者则发展成为分子轨道理论。价键理论是一种定域轨道理论，而分子轨道理论是一种非定域轨道理论。这两种理论方法都是近似的理论方法，各自都有一定的局限性，没有一种方法可以完美地应用于所有的体系，因此，这两种方法需要进一步发展。一般来说，讨论基态分子的性质，例如分子的空间构型、键的离解能等用价键理论比较简单；讨论分子的光学、磁学性质，例如电子的跃迁引起的电离或激发态等使用分子轨道理论较为方便。本书主要介绍价键理论，对分子轨道理论只作概念化介绍。

1.5.1 价键理论

价键理论首先由德国的海特勒（W. Heitler，1904—1981）和伦敦（F. London，1900—1954）把量子力学应用到分子结构中奠定了理论基础，后来美国的鲍林和斯莱特（J. C. Slater，1900—1976）进一步发展了它。

（1）H_2分子的形成和共价键的本质

1927 年，海特勒和伦敦受量子力学处理氢原子获得成功的启发，建立和求解了氢分子的薛定谔方程，得到了具有自旋方向相反的单电子的两个氢原子相互接近时的能量 E 与核间距离 R 的关系曲线图（如图 1-9）。由图可见，如果两个氢原子的未成对的单电子自旋方向相反，两个原子自远处互相靠近时，整个系统的能量要比两个氢原子单独存在时低，在核间距离达到平衡距离 $R_0 = 87\text{pm}$ 时，系统能量达到最低点，这就是氢分子的基态。若两个氢原子的电子自旋方向相同，则它们相互靠近，系统的能量反而会逐渐升高，此为氢分子的激发态。

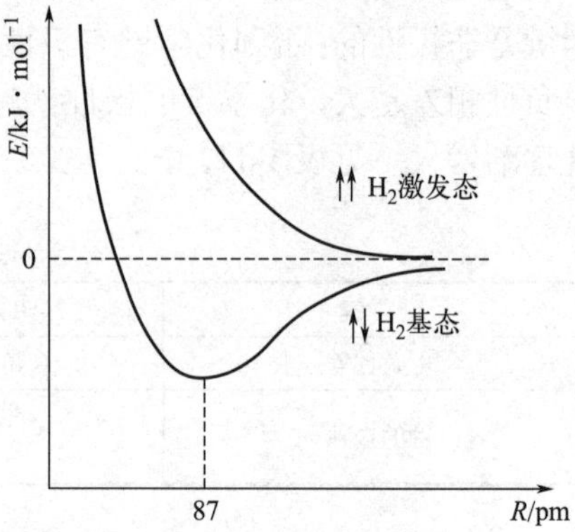

图 1-9　H_2 能量与核间距的关系

基态氢分子的两个原子间通过共用电子对相连形成分子，是基于电子定域于两个原子之间，形成了一个密度相对大的电子云（如图 1-10），这个负电区域对两个原子核都有吸引力，当引力和斥力达到平衡时，氢分子便形成了。

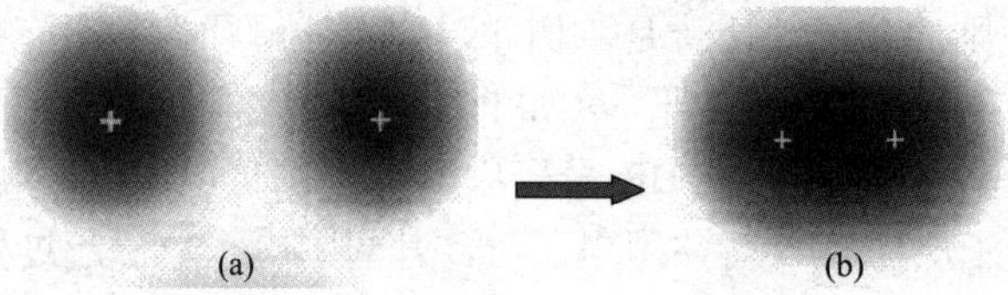

图 1-10　氢分子形成过程的电子云变化

无论是计算值的 87pm 还是实验值 74pm，都远远小于两个氢原子的半径之和约 106pm，这说明两个氢原子在形成氢分子时，它们的 1s 轨道有重叠。

由氢分子的形成过程可见，在分子中也必须是自旋状态相反的两个电子才能占据同一个轨道空间，这与泡利不相容原理是相符合的。

量子化学对氢分子形成过程的解释说明了共价键的本质。自旋状态相反的两个单电子所在轨道发生重叠时，电子云密集在两个原子核之间，既降低了两个原子核正电荷间的排斥作用，又增加了两个原子核对密集于核间的负电荷区域的吸引，相当于用一个负电荷的桥梁将两个正电荷连接起来，有利于系统能量的降低。由此可见，共价键的本质是电性的，是原子轨道的重叠，是电子波的叠加。但这种电性作用不能用经典的静电理论来解释，它是通过量子力学用原子轨道的线性组合来说明。

（2）价键理论的基本要点

1930 年，斯莱特（J. C. Slater，1900—1976）和鲍林将海特勒和伦敦用量子力学处理 H_2 分子的结果加以推广和发展，建立了现代价键理论（valence bond theory，简称 VB 法），也称为电子配对法。该理论认为：

① 形成共价键时，仅成键原子的外层轨道及其中的电子参加作用。

② 原子相互接近时，外层能量相近且含有自旋状态相反的未成对电子的轨道发生重叠，核间电子概率密度增大。

③ 在成键的过程中，自旋状态相反的单电子之所以要配对或偶合，是因为配对以后会放出能量，从而使系统的能量达到最低，电子配对时放出的能量越多，形成的化学键就越稳定。

（3）共价键的特点

在形成共价键时，互相结合的原子既未失去电子，也没有得到电子，而是共用电子，在分子中并不存在离子而只有原子，因此共价键也叫原子键。共价键有如下特点：

① 共价键结合力的本质是电性的。共价键是共用电子对形成的负电区域对两个原子核的吸引力，不是正、负离子之间的静电库仑引力。共用电子对的数目越多，核间电子云密度越大，结合力越强。

② 共价键具有饱和性。所谓饱和性是指每个原子成键的总数或以单键连接的原子数目是一定的，这是因为共价键是由原子间轨道重叠和共用电子形成的，而每个原子能提供的轨道和单电子数目是一定的，并且成键后的电子仍需满足泡利不相容原理。由于一个原子的 1 个单电子只能与另一个原子的单电子配对，形成 1 个共价单键，因此，1 个原子有几个单电子（包括激发后形成的单电子），便可以与几个自旋方向相反的单电子配对形成几个共价键。

③ 共价键具有方向性。共价键的方向性体现在两个方面：其一，量子力学证明，只有原子轨道符号相同部分重叠，才可能有效重叠形成共价键，异号重叠时电子云密度会变得更加稀疏，无法形成“电子桥”，因而不能成键，这就是对称性匹配原则。其二，即使是同号重叠，也需沿着特定的方向进行。由于原子轨道在空间有一定取向，除了 s 轨道成球形对称外，p、d、f 轨道在空间都有一定的伸展方向。在形成共价键时，除了 s 轨道和 s 轨道之间可以在任何方向上重叠外，其他的轨道重叠，只有沿着一定的方向，重叠的程度及核间电子云密度才最大，这就是最大重叠原理。

例如，在形成氯化氢分子时，H 原子的 1s 电子与 Cl 原子的 1 个未成对 $3p_x$ 电子通过 s-p 轨道重叠形成一个共价键。在图 1-11 所示的 4 种重叠方式中，（c）为异号重叠（无效重叠）；（b）虽为同号重叠，但重叠较少；（d）的同号重叠与异号重叠部分相同，相互抵消；只有当 H 原子的 1s 电子沿 x 轴与 Cl 原子的 $3p_x$ 轨道接近时，发生同号轨道最大程度的重叠成键，才能形成稳定的 HCl 分子，如（a）所示。

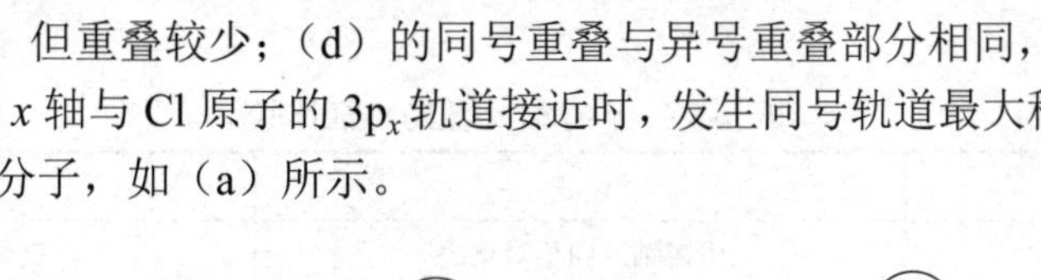

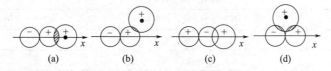

图 1-11　s-p 轨道重叠示意图

（4）共价键的键型

成键的两个原子核间的连线称为键轴。按成键轨道与键轴之间的关系，共价键的键型主要分为两种。

① σ 键　如图 1-12（a）所示，成键两原子沿键轴的方向，以“头碰头”的方式发生轨道重叠形成的化学键称为 σ 键。如 H_2（s−s 重叠）、HCl（s−p_x 重叠）和 Cl_2（p_x−p_x 重叠）等

都是通过 σ 键形成分子。σ 键的轨道重叠部分是沿着键轴呈圆柱形分布。

② π 键　原子轨道垂直于键轴，以“肩并肩”（平行）的方式发生轨道重叠。如图 1-12（b）中的 p_z–p_z（p_y–p_y 也一样）轨道重叠部分对通过键轴的平面呈反对称，这种键称为 π 键。

例如，在 N_2 分子的结构中，就含有 1 个 σ 键和 2 个 π 键。N 原子的电子层结构为 $1s^22s^22p_x^12p_y^12p_z^1$，当 2 个 N 原子相结合时，如果两个 N 原子的 p_x 轨道沿 x 轴方向“头碰头”重叠，即形成 1 个 σ 键后，两个 N 原子的 p_y–p_y 和 p_z–p_z 轨道就没有机会再进行“头碰头”重叠，只能以相互平行即“肩并肩”方式重叠，形成 2 个互相垂直的 π 键。如图 1-13 所示。N_2 分子也因具有三重键而比较稳定。

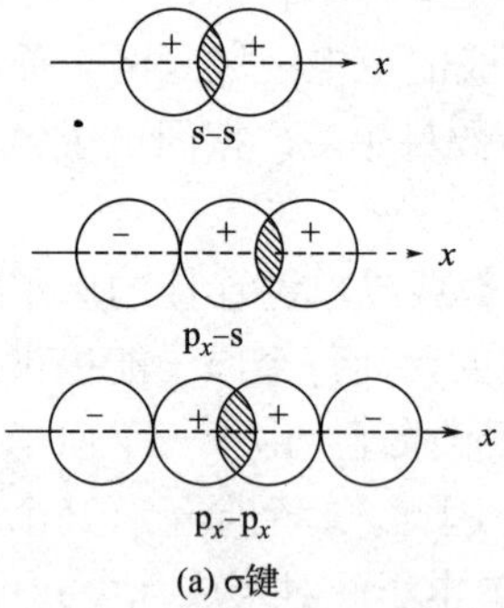

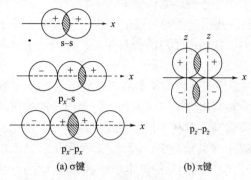

图 1-12　共价键的类型

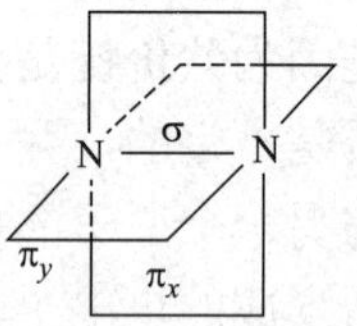

图 1-13　N_2 分子中键型示意图

综上所述，σ 键的特点是：两个原子的成键轨道沿键轴的方向以“头碰头”方式重叠，原子轨道重叠部分沿着键轴呈圆柱形对称。由于成键轨道在轴向上重叠，故成键时原子轨道发生最大程度的重叠，所以 σ 键的键能相对较大，稳定性较高（能量低）。

π 键的特点是：两个原子轨道以“肩并肩”方式重叠，原子轨道重叠部分对通过一个键轴的平面具有镜面反对称性。π 键轨道重叠程度比 σ 键轨道重叠程度小，π 键能小于 σ 键的键能，所以 π 键的能量相对较高，其电子活动性也较高，是化学反应的积极参加者。π 键稳定性低于 σ 键，所以，分子总是优先形成 σ 键，即 π 键不能单独存在。两种键型的比较见表 1-12。

表 1-12　σ 键和 π 键的特征比较

键的类型	σ 键	π 键
原子轨道重叠方式	沿键轴方向相对重叠	沿键轴方向平行重叠
原子轨道重叠部位	两原子核之间，在键轴处	键轴上方和下方，键轴处为零
原子轨道重叠程度	大	小
键的强度	较大	较小
化学活泼性	不活泼	活泼

1.5.2　杂化轨道理论与分子的空间构型

电子配对法简明地阐述了共价键的形成过程和本质，并成功地解释了共价键的方向性、饱和性的特点，但在解释分子空间结构时却遇到了困难，也不能解释成键数多于单电子数（BF_3、CH_4 等）的事实。

例如，早在 19 世纪 70 年代，荷兰化学家范特霍夫（J. H. Van’t Hoff，1852—1911）就提出了碳的四面体结构学说。近代的实验测定结果也表明，CH_4 分子是一个正四面体的空间结构，C 原子位于四面体的中心，四个 H 原子占据四面体的四个顶点，在 CH_4 分子中，形成四个稳定的、强度相同的 C—H 键，键能为 $413.4kJ \cdot mol^{-1}$，键角∠HCH 为 109°28′（如图 1-14）。

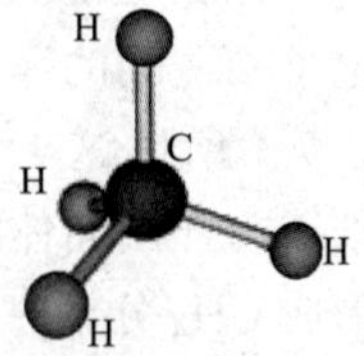

图 1-14　CH_4 分子的结构示意图

然而，根据电子配对法理论，却不容易解释这些。因为 C 原子的电子层结构为 $1s^22s^22p_x^12p_y^1$，只有 2 个成单电子，所以它只能与 2 个 H 原子形成两个共价单键。当然，我们可以认为在化学反应的条件下 C 原子的 1 个 2s 电子被激发到 2p 轨道上去，即电子层结构变为 $1s^22s^12p_x^12p_y^12p_z^1$，这样就可以有 4 个单电子，可以与 4 个氢原子配对形成 4 个 C—H 共价键。但若如此，所形成的 4 个 C—H 共价键必然不等同，这与实验测得结果不符。

为了解释多原子分子的空间结构，鲍林于 1931 年在价键理论的基础上，提出了杂化轨道理论（hybrid orbital theory）。下面我们就杂化的概念、杂化轨道的类型、等性与不等性杂化以及杂化轨道理论的基本论点进行介绍。

杂化是指在形成分子时，由于原子的相互影响，若干不同类型的、能量相近的原子轨道混合起来，重新组合成一组新的原子轨道，这种轨道重新组合的过程叫杂化，所形成的新轨道叫杂化轨道。杂化轨道可以与其他原子轨道重叠形成化学键。

（1）sp^3 杂化

鲍林的杂化轨道理论认为，在 CH_4 分子形成时，C 原子 2s 轨道中的 1 个电子可以被激发到空的 2p 轨道上去，使 C 原子的外电子层结构为 $2s^12p_x^12p_y^12p_z^1$，电子激发所需要的能量可以由成键时释放出来的能量予以补偿。然后 C 原子的 1 个 2s 轨道和 3 个 2p 轨道进行杂化（称为 sp^3 杂化），组成 4 个新的能量相等、成分相同的杂化轨道，4 个电子各自分别占据 1 个杂化轨道。每个 sp^3 杂化轨道都含有 1/4 的 s 和 3/4 的 p 轨道的成分，与纯的 s 或 p 轨道的形状不同，杂化轨道的形状是一头大，一头小，形状似葫芦（如图 1-15）。

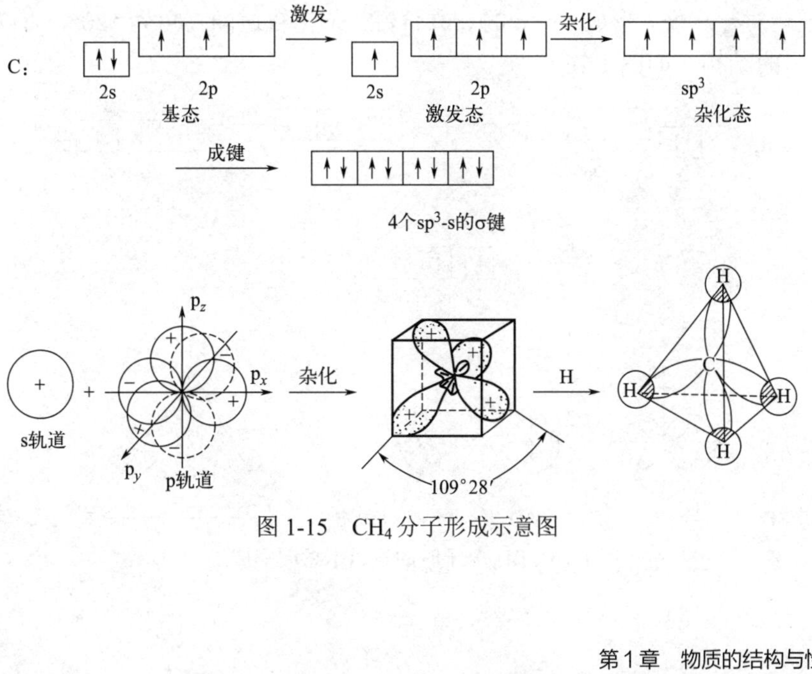

图 1-15　CH_4 分子形成示意图

因为杂化轨道的大头是轨道内的那一个电子出现概率最大的地方，电子概率密度最大。为了使电子云之间的斥力最小，4 个杂化轨道的电子概率密度最大的地方应呈尽可能远离而又等距之势。所以这 4 个 sp^3 杂化轨道在空间自然呈正四面体分布，每个 sp^3 杂化轨道较大的一头分别指向正四面体的 4 个顶点。

在形成 CH_4 分子时，4 个 sp^3 杂化轨道与 4 个 H 原子的 1s 轨道进行一对一轨道重叠，形成4个 sp^3–s σ 键。由于杂化后电子云分布更加集中，可使成键的原子轨道间的重叠部分增大，成键能力增强，因此，C 原子能与 4 个 H 原子结合成稳定的 CH_4 分子。

由于 sp^3 杂化轨道间的夹角符合正四面体的 109°28′，所以 CH_4 分子具有正四面体的空间结构。在 CH_4 分子中，4 个 C—H 键是完全等同的，这些与实验测定的结果完全相同。除 CH_4 分子外，SiH_4、GeH_4、CCl_4 等分子也是正四面体结构，其中的中心原子（C 和 Si）也都是采用 sp^3 杂化轨道成键的。它们都属于第ⅣA 族的氢化物或卤化物。

由 CH_4 分子形成的过程还可以看出，在形成分子时，通常存在激发、杂化、轨道重叠、成键等过程。在理解杂化轨道理论时需注意以下几点：

① 原子轨道的杂化，只能在形成分子的过程中发生，孤立的原子是不可能发生杂化的。

② 只有能量相近的原子轨道才能发生杂化。对于非过渡元素来说，由于 *n*s、*n*p 能级比较接近，往往采用 sp 杂化。

③ 几个原子轨道参加杂化就能得到几个杂化轨道，即杂化过程中轨道的数目不变。

④ 轨道杂化后，其形状变成了一头大、一头小，在成键时以较大的一头与另一轨道进行重叠。因而轨道杂化增强了成键的能力。

（2）sp^2 杂化

BF_3 分子的形成过程。B 原子的电子层结构为 $1s^22s^22p_x^1$，当 B 原子与 F 原子反应时，B 原子的一个 2s 电子被激发到 1 个空的 2p 轨道中，使 B 原子的外层电子结构为 $2s^12p_x^12p_y^1$。B 原子的 1 个 2s 轨道和 2 个 2p 轨道进行杂化，组合成 3 个 sp^2 杂化轨道。3 个 sp^2 杂化轨道（类似于 3 个葫芦）的大头应尽可能远离且等距离分布，所以 3 个杂化轨道在同一平面上，且大头指向平面三角形的 3 个顶点。

在形成 BF_3 分子时，这 3 个 sp^2 杂化轨道中的每一个轨道分别与 1 个 F 原子的具有单电子的 2p 轨道一对一重叠，形成 sp^2–p 的 σ 共价键。杂化轨道间夹角为 120°，所以 BF_3 分子具有平面三角形的结构（如图 1-16）。

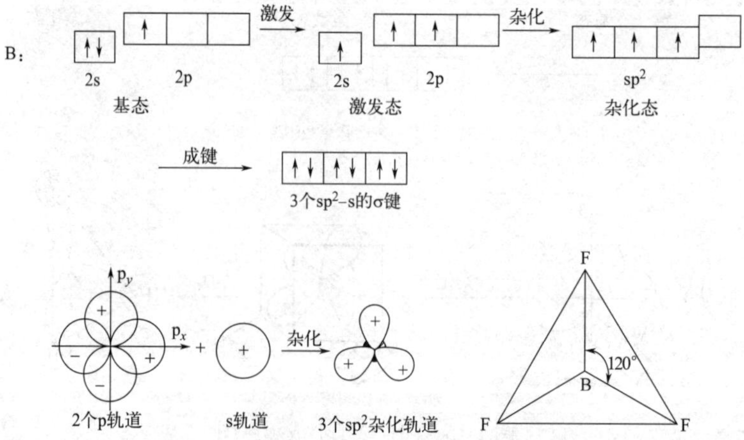

图 1-16　BF_3 分子时的轨道示意图形成过程

sp^2 杂化轨道是由 1 个 *n*s 轨道和 2 个 *n*p 轨道组合而成的，它的特点是每个 sp^2 杂化轨道都含有 $\frac{1}{3}$s 和 $\frac{2}{3}$p 轨道的成分，杂化轨道间的夹角为 120°，呈平面三角形。BCl_3、BBr_3、BH_3 等也是平面三角形结构，其中的 B 均为 sp^2 杂化。有机化合物乙烯（C_2H_4）、苯（C_6H_6）中的 C 也都采用 sp^2 杂化。

（3）sp 杂化

sp 杂化轨道是由 1 个 *n*s 轨道和 1 个 *n*p 轨道组合而成的，它的特点是每个 sp 杂化轨道都含有 $\frac{1}{2}$s 和 $\frac{1}{2}$p 轨道的成分。sp 杂化轨道间的夹角为 180°，呈直线型的构型。

在高温下气态 $BeCl_2$ 分子的结构。Be 原子的电子层结构为 $1s^22s^2$，从表面上看，基态 Be 原子似乎不能形成共价键。但在激发状态下，Be 的 1 个 2s 电子可以进入它自己的 2p 轨道上去，使 Be 原子的外电子层结构为 $2s^12p_x^1$，于是 Be 的 1 个 2s 轨道与 1 个 2p 轨道杂化组合，形成 2 个 sp 杂化轨道，这 2 个 sp 杂化轨道与 2 个 Cl 原子的 $3p_x$ 轨道形成 2 个 sp–p σ 共价键，杂化轨道间的夹角为 180°，所以高温下气态 $BeCl_2$ 分子为直线型（如图 1-17）。乙炔分子中的 C 也采用 sp 杂化，乙炔为直线形分子。

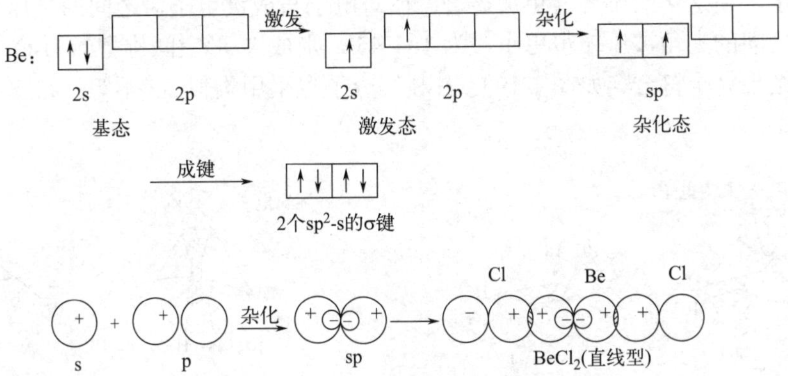

图 1-17　$BeCl_2$ 分子形成的轨道示意图

综上三种情况，我们把仅包括 s 轨道和 p 轨道的杂化轨道类型归纳在表 1-13 中。

表 1-13　s 轨道和 p 轨道的杂化轨道类型

杂化轨道类型	参加杂化的轨道数目		杂化轨道数目	杂化轨道中		键角	空间结构
	s	p		s 含量	p 含量		
sp	1	1	2	1/2	1/2	180°	直线形
sp^2	1	2	3	1/3	2/3	120°	平面三角形
sp^3	1	3	4	1/4	3/4	109°28′	四面体

由表中可以看出，在三种类型的杂化中，键角随着杂化轨道 s 和 p 的相对含量而变化，s 含量越大键角也越大。

（4）等性杂化与不等性杂化

中心原子若有孤对电子占有的轨道参与杂化，就可形成能量不等或成分不完全相同的杂化轨道，这类杂化称为不等性杂化，形成的杂化轨道称为不等性杂化轨道。例如，NH_3 分子

和 H_2O 分子，都是由不等性杂化轨道参与成键而形成。

在 NH_3 分子中，中心 N 原子的外层电子构型为 $2s^22p^3$，成键前，2s 轨道和 2p 轨道进行 sp^3 杂化，形成 4 个 sp^3 杂化轨道。在 4 个轨道中有 5 个电子的情况下，必然有一个杂化轨道被 2 个电子占据，3 个未成对电子分别占据剩余的 3 条杂化轨道，这 3 个轨道分别与 3 个氢原子的 1s 轨道重叠形成 3 个共价键。被孤对电子占据的轨道只参与杂化而不参与成键，称为非键轨道。

由前面讨论已知，sp^3 杂化形成的分子具有四面体空间构型。现因有孤对电子占据的轨道参与杂化，并占据四面体的一个顶角，因此形成的 NH_3 分子呈三角锥构型（如图 1-18）。再者，由于 N 原子的孤对电子不参加成键而使电子较密集于 N 原子周围，使非键轨道比其他杂化轨道含有较多的 s 成分 $\left(>\frac{1}{4}s\right)$，含有较少的 p 成分 $\left(<\frac{3}{4}p\right)$，所以形成不等性杂化轨道。孤对电子与其他成键电子之间的排斥作用大于成键电子之间的排斥力，致使 3 个 N—H 键之间的夹角比 109°28′要小，实测为 107°18′。

第五主族的其他元素也能采用类似 sp^3 不等性杂化方式与 H 或第七主族的元素形成三角锥结构的氢化物或三卤化物，如 PH_3、AsH_3、PCl_3、NF_3 等。

H_2O 分子中 O 也采用 sp^3 不等性杂化方式，形成 4 条 sp^3 杂化轨道。O 原子比 N 原子多一对孤对电子，使杂化的不等性更加显著，孤对电子与成键电子对之间的排斥作用更大。所以 O—H 键之间的夹角被压缩得更小，为 104°45′，形成 V 形空间构型的 H_2O 分子，这样的解释与实测结果完全符合（如图 1-19）。H_2S 等分子也采用类似 sp^3 不等性杂化方式成键，形成 V 形结构。

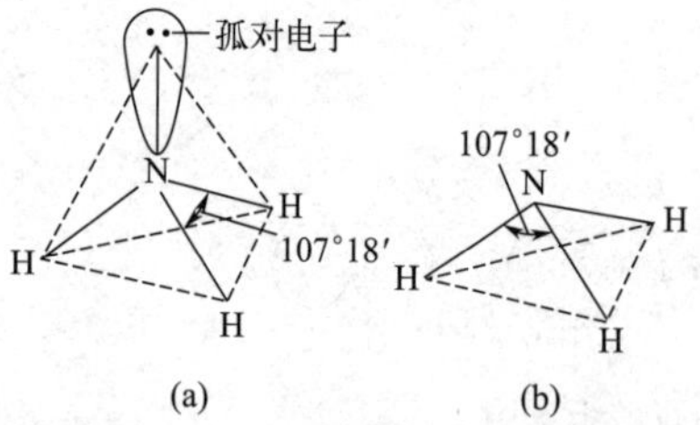

图 1-18　NH_3 分子的空间构型

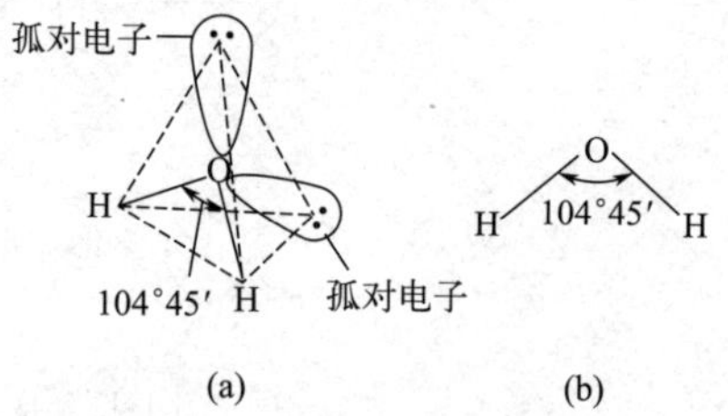

图 1-19　H_2O 分子的空间构型

应当指出，杂化轨道所形成的键要比简单原子轨道所形成的键更强。虽然轨道杂化需要一定的能量，但成键时放出的能量足以补偿。在杂化时，若参加杂化的原子轨道中电子总数小于或等于原子轨道总数，则可形成等性杂化；若电子总数大于轨道总数，一定有孤对电子存在，则可形成不等性杂化。

1.5.3　配位共价键与配位化合物

(1) 配位键

首先让我们看以下的反应：

$$NH_3 + HCl = NH_4Cl$$

$$CuSO_4 + 4\,NH_3 = [Cu(NH_3)_4]\,SO_4$$

这类反应既没有电子得失，也没有成键原子各自以其未成对电子形成新的共用电子对，那么何以能形成新的分子呢？

现代价键理论认为，NH_3 分子中 N 原子的 1 对孤对电子可以与 H^+的 1s 空轨道重叠形成 1 个特殊的共价键，这种共价键的共用电子对由 N 原子单方面提供，H^+只提供空轨道，这类共价键称为配位共价键，简称配位键（coordination bond）。这里的 N 与 H 原子之间的配位键可表示为 H←N，以表示 N 原子是电子给予体，H 原子是电子接受体。

由此可见，配位键形成的条件是：成键原子中，一个原子的价电子层有孤对电子，另一个原子的价电子层有可接受孤对电子的空轨道。

需要说明的是，配位键形成后与普通共价键并无区别，但形成新的分子后与原来的分子空间构型自然不同了，如 NH_3 分子为三角锥构型，而 NH_4^+则为正四面体构型。

（2）配位化合物

上述$[Cu(NH_3)_4]^{2+}$中 Cu^{2+}与 NH_3 分子之间也是通过配位键结合的。每个 N 原子中的孤对电子分别与 Cu^{2+}的 1 个空轨道形成 1 个配位键。如果在上述$[Cu(NH_3)_4]SO_4$ 的水溶液中加入少量 $BaCl_2$ 溶液，仍有白色的 $BaSO_4$ 沉淀生成，而如果在另一份$[Cu(NH_3)_4]SO_4$ 的水溶液中加入少量 NaOH 溶液，却并无 $Cu(OH)_2$ 沉淀和 NH_3 气生成，说明$[Cu(NH_3)_4]^{2+}$是一个较稳定的结构单元。这种由可以给出孤对电子的一定数目的离子或分子［称为配体（ligand）］和具有可接受孤对电子的空轨道的原子或离子［统称中心原子（central atom）］按一定的组成和空间结构所形成的一类复杂的结构单元称为配位个体，如上述$[Cu(NH_3)_4]SO_4$ 中的$[Cu(NH_3)_4]^+$。配位个体可以不带电荷（配分子），可带电荷（配离子）。配位化合物简称配合物（coordination compound），是指配离子（内界）与带相反电荷的外界共同组成的电中性化合物或配分子本身。

历史上有记载的第一个配合物是 1704 年德国涂料工人狄斯巴赫在作坊中为寻找染料而制备出的一种叫作普鲁士蓝的蓝色颜料，20 年后化学家知其组成为 $KCN \cdot Fe(CN)_2 \cdot Fe(CN)_3$。第一篇报道配合物研究的论文是 1798 年法国化学家塔索尔特（Tassaert）在《法国化学记录》杂志上发表的论文，他报道了所制备出的三氯化钴的六氨化合物（$CoCl_3 \cdot 6NH_3$）。正如当时的化学式所表示的那样，两种化合物都是由简单化合物而形成的复杂化合物。

化学家塔索尔特敏锐地认识到满足价键要求的简单化合物（如 $CoCl_3$ 和 NH_3）之间形成稳定的复杂化合物这一事实肯定具有当时化学家尚不了解的新含义。1893 年，瑞士青年化学家维尔纳（Alfred Werner，1866—1919）在总结前人研究成果的基础上提出了配位理论，从而奠定了配位化学的基础。20 世纪以后，随着对原子结构和化学键理论研究的进展，配合物已远远超出无机化学的范畴，成为一门极具活力的新兴学科——配位化学。配合物由于其独特的性质，在科学研究和实际应用方面都具有重要作用。

配合物的组成一般包括以下几部分：

[Ag	$(NH_3)_2$]	Cl
形成体	配位体	
配位个体		外界

中心原子是配合物的形成体，通常为金属离子（或原子），尤以过渡金属离子居多，某些金属原子和高价态非金属元素也可作为配合物形成体。配位体是能提供孤对电子的物质，可以是负离子或中性分子，常见有 F^-、Cl^-、Br^-、I^-、CN^-、H_2O、NH_3、CO 等。

在配体中直接与形成体形成配位键的原子称为配位原子（coordination atom）。配位原子必须含有孤对电子。常见的配位原子有 N、O、S、C 和卤素原子等。简单的配体通常只含有一个配位原子，称为单齿配体（monodentate ligand）。有些复杂的配体含有两个或两个以上的配位原子，称为多齿配体（polydentate ligand），如乙二胺（$NH_2CH_2CH_2NH_2$，简写为 en）、草酸根等。

多齿配体和中心原子形成环状结构的配合物，这类配体也被称为螯合剂（chelating agent），形成的配离子称为螯合离子，形成的配合物称为螯合物（chelate complex）。含有环状结构的螯合物的稳定性要比无环状结构的配合物的稳定性大得多。

配合物分子中同形成体结合的配位原子的数目称为配合物的配位数（coordination number）。如果配合物中的配体都是单齿配体，则配位数等于配合物分子中配体的数目（配体数），如含有多齿配体则二者不等。例如，$[Pt(en)_2]^{2+}$中的乙二胺（en）是二齿配体，配体数虽为 2，但配位数为 4。

（3）配合物的命名

配合物的命名与无机化合物的命名相似，命名原则有：

① 如果配位个体是阳离子，将其当成金属离子；如果配位个体是阴离子，则当成含氧酸根。

② 配离子的命名原则是：先配体后中心原子，在配体和中心原子之间加“合”字，在中心原子之后用加括号的罗马数字标注其化合价。配体个数用倍数词头“二”“三”“四”等表示。若存在多种配体，则配体与配体之间用圆点“•”隔开。

配体的命名顺序：先阴离子配体，后中性配体；先无机配体，后有机配体；先简单配体，后复杂配体。同类配体按配位原子元素符号的英文字母顺序命名。

如：$K_3[Ag(S_2O_3)_2]$	二硫代硫酸根合银（Ⅰ）酸钾
$[Cu(NH_3)_4]SO_4$	硫酸四氨合铜（Ⅱ）
$H_2[SiF_6]$	六氟合硅（Ⅳ）酸
$K_4[Fe(CN)_6]$	六氰合铁（Ⅱ）酸钾
$[CoCl(NH_3)_5]Cl_2$	二氯化一氯•五氨合钴（Ⅲ）
$[CrCl_2(NH_3)_4]Cl \cdot 2H_2O$	二水合一氯化二氯•四氨合铬（Ⅲ）
$[Cr(NH_3)_6][Co(CN)_6]$	六氰合钴（Ⅲ）酸六氨合铬（Ⅲ）
$[Ni(CO)_4]$	四羰基合镍

（4）配合物的形成与结构

价键理论认为：

① 中心原子（M）有空轨道，配位体（L）有孤对电子，形成 M←L 配位键。

② 中心原子用于接受孤对电子的空轨道是其杂化了的空轨道，以增强所形成的配位键的强度，如$[Ag(NH_3)_2]^+$中的 Ag^+是采用其 4s 轨道和 1 个 4p 轨道进行的 sp 杂化，所形成的 2 个 sp 杂化轨道分别与 1 个 NH_3 中 N 原子的那个具有孤对电子的 sp^3 杂化轨道重叠，各形成 1 个配位键，$[Ag(NH_3)_2]^+$中 N—Ag—N 呈直线形。

③ 配合物的空间构型是指配位体在中心原子周围的空间排列方式，主要由中心原子的杂化类型和配位数所决定（见表 1-14）。

可溶性配合物溶于水后，其内界和外界间的作用类似于强电解质，溶于水后全部离解。配离子则与弱电解质相似，在水溶液中存在解离平衡，如：

$$[Cu(NH_3)_4]^{2+} \rightleftharpoons Cu^{2+} + 2NH_3$$

其逆过程为配离子的形成反应——配位反应。

表 1-14　配合物的杂化轨道和空间构型

配位数	中心原子杂化态	空间构型	实例
2	sp	直线形	$[Ag(NH_3)_2]^+$
3	sp^2	平面三角形	$[CuCl_3]^{2-}$
4	sp^3	四面体形	$[N_i(NH_3)_4]^{2+}$
	dsp^2	平面四方形	$[Cu(NH_3)_4]^{2+}$
5	dsp^3	三角双锥形	$[N_i(CN)_5]^{3-}$、$Fe(CO)_5$
6	sp^3d^2	八面体形	$[FeF_6]^{3-}$
	d^2sp^3	八面体形	$[Fe(CN)_6]^{3-}$

1.6　分子间的相互作用

原子与原子之间借助于化学键结合在一起，分子与分子之间有没有作用力呢？如果没有作用力，分子何以能形成液态、固态呢？

1.6.1　分子的极性

任何分子都是由带正电荷的原子核和带负电荷的电子组成。正如物体有重心一样，可以设想分子中的所有正电荷都集中于一点，叫正电荷的中心，所有负电荷集中于一点，叫负电荷的中心。根据正电荷中心和负电荷中心是否重合，可以把分子分为极性分子和非极性分子。

正、负电荷中心相互重合的分子称为非极性分子（nonpolar molecule）。对于同核双原子分子如 H_2、Cl_2 等，由于两原子的电负性相同，所以两个原子对共用电子对的吸引能力相同，正负电荷中心必然重合，它们是非极性分子。正负电荷中心不重合的分子称为极性分子（polar molecule）。异核双原子分子如 HCl、NO 等，由于两元素的电负性不相同，两原子间的化学键是极性键，其中电负性大的元素的原子吸引电子的能力较强，负电荷中心靠近电负性大的原子一方，而正电荷中心则靠近电负性小的原子一方，正负电荷中心不重合，它们是极性分子。

多原子分子是否有极性，主要取决于分子的组成和结构，如在 CO_2 和 H_2O 分子中，都有极性键，但 CO_2 分子具有直线形对称结构，正负电荷中心相互重合，所以是一个非极性分子。类似分子还有 CH_4 和 BF_3 等，它们都是由极性共价键组成的非极性分子。而 H_2O 分子具有 V 形结构，不是直线形对称，负电荷中心离氧原子较近，正电荷中心靠近氢原子，是极性分子。

极性分子的正负电荷中心不重合，因此分子中便会存在一头带正电一头带负电的两极，称为偶极（dipole）。分子极性的大小用偶极矩（μ）来度量，定义为分子中正、负电荷中心上的电荷量（q）与正、负电荷中心间的距离（d）的乘积（参见图 1-20）。

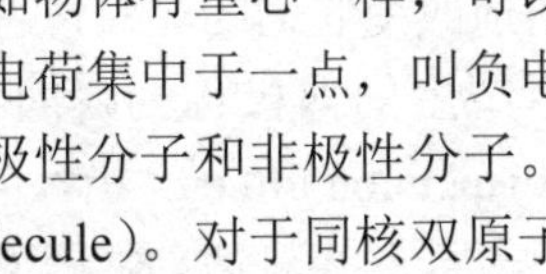

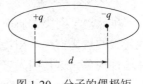

图 1-20　分子的偶极矩

$$\mu = qd \qquad (1\text{-}7)$$

偶极矩的数值可以通过实验测定，单位是库仑·米（C·m），也可以是 D（debye，德拜），$1D=3.33564\times10^{-30}C\cdot m$。偶极矩越大，分子的极性越强。

1.6.2 范德华力

1873年，荷兰物理学家范德华（van der Waals，1837—1923）便发现分子之间存在弱的相互作用，并进行研究，所以后人就把分子间力称为范德华力。

极性分子本身具有偶极，称为固有偶极或永久偶极。极性分子相互靠近时，出现同性相斥，异性相吸的状态。极性分子在空间就按异极相邻的状态取向，这种由固有偶极之间的相互作用而引起的分子间力，称为取向力（orientation force）。1912年，德国人刻松（Keesom）首先提出这种力，故这种力又称为刻松力（Keesom force）。

非极性分子在外电场的影响下可以变成具有一定偶极矩的极性分子，而极性分子在外电场的影响下其偶极矩增大而产生额外的偶极。在外电场影响下所产生的偶极，称为诱导偶极。当取消外电场时，诱导偶极随即消失。一个极性分子对其他分子而言，相当于一个外电场，当一个非极性分子与一个极性分子靠近时，受极性分子的诱导而产生了诱导偶极，于是在极性分子的固有偶极与非极性分子的诱导偶极之间产生静电引力，这种力称为诱导力（induction force）。当极性分子相互靠近时，也会产生诱导偶极，使它们原有的偶极矩增大，所以在极性分子之间除了有取向力外，还有诱导力。诱导力由荷兰科学家德拜（Peter Debye，1884—1966）于1920年最先提出，故又称德拜力（Debye force）。偶极矩的单位采用D（德拜）正是基于德拜对分子偶极矩研究的贡献。

非极性分子在外电场的作用下，可以发生变化而产生诱导偶极，即使没有外电场存在，正负电荷中心也可能发生变化，这是因为分子内部的原子核和电子云都在不停地运动着，不断地改变它们的相对位置。分子中的正电荷、负电荷中心经常会发生瞬间的相对位移，这时所产生的偶极称为瞬间偶极。分子之间由于瞬间偶极而产生的相互作用力，称为色散力（dispersion force）。极性分子与极性分子之间、极性分子与非极性分子之间由于存在原子核和电子云的相对运动，因而存在瞬间偶极，也有色散力。所以色散力存在于一切分子之间。色散力首先由德国的伦敦于1928年提出，故又称伦敦色散力（London dispersion force）。

所以，在非极性分子之间，只存在色散力；在非极性分子和极性分子间，存在色散力和诱导力；在极性分子和极性分子间，存在色散力、诱导力和取向力。色散力在各种分子之间都存在，而且是三种分子间力的主要部分，色散力随分子量的增大而增大。所以，同类分子中分子量较大的物质的熔点、沸点较高。

分子间力的作用较弱，约比化学键的键能小1～2个数量级；其特点是没有方向性，也没有饱和性；分子间作用力是一种近程作用力，作用范围只有0.3～0.5nm，只有当分子充分接近时才能显示出来，并随分子间距离的增加而迅速衰减。分子间力的存在是气体能够液化或液体能够固化的内在原因（外部原因如降温、增压），分子间力越大，物质的熔点、沸点越高。

1.6.3 氢键

虽然对于同类物质而言，熔点、沸点随分子量增大而升高，但在第VA、第ⅥA、第ⅦA族元素的氢化物中，NH_3、H_2O、HF的熔点、沸点反而偏高，用前文所述的范德华力不能解释这种现象。这是因为它们的分子间除了有范德华力外，还有氢键（hydrogen bond）。

氢键早在1912年就被两位英国科学家摩尔（T. S. Moor）和温米尔（T. F. Winmill）注意到了，1920年，美国化学家拉帝默（Wendell Latimer）与罗德布希（Worth Rodebush）在一篇论述HF、H_2O、NH_3高沸点的文章中首次提到氢键的概念。实际上美国加利福尼亚大学伯克利分校的学生哈金斯（Maurice Loyal Huggins，1897—1981）1919年就在一个没有公开出版的论文中提到过氢键的概念。关于这一点，他在1922年发表的文章中说到过，而他的老师G. N. 路易斯在1923年出版的《化学价与原子和分子的结构》一书中也提到。因此，哈金斯一直认为他是提出氢键概念的第一人。

比如在HF分子中，由于F原子的电负性很大，共用电子对强烈偏向F原子一边，使H原子的电子近乎失去而成为"裸露"的质子（H原子核外只有1个电子，核内也只有1个质子），这样另一个HF分子中含有孤对电子的F原子就有可能靠近它，从而产生静电引力，这种静电相互作用就称为氢键。NH_3和H_2O分子间与此类似。

可用通式X—H···Y表示氢键的结合情况。其中X和Y可以是同种元素，也可以是两种不同的元素，它们都有3个特点：电负性大、原子半径小及含有孤对电子。

氢键不同于范德华力，它具有饱和性和方向性。氢键的饱和性是由于氢原子半径比X或Y的原子半径小得多，当X—H分子中的H与Y形成氢键后，另一个Y再靠近H原子时必被排斥，所以每一个X—H只能和一个Y相吸引而形成氢键，使氢键具有饱和性。氢键的方向性是由于Y吸引X—H形成氢键时，将尽可能取H—X键轴的方向，即X—H···Y在一直线上，这样可以使X与Y电子云之间的斥力最小，可以稳定地形成氢键。图1-21表示了液态水（a）和固态水（b）分子之间的氢键。

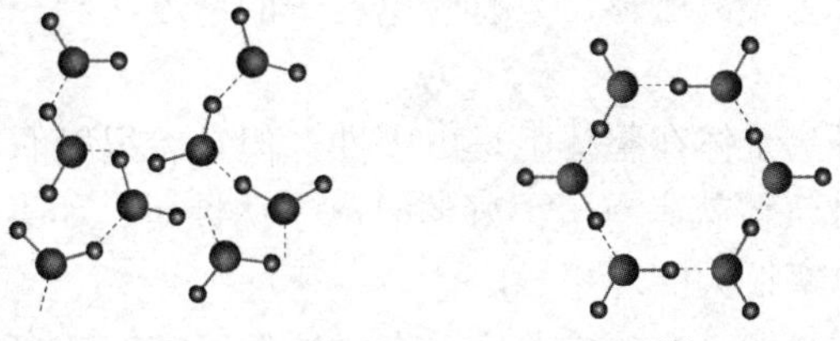

图1-21　液态H_2O（a）和固态H_2O（b）的氢键示意图

氢键的强度（5～30kJ·mol^{-1}）比化学键弱得多，但比范德华力稍强。含有氢键物质的熔点、沸点比无氢键的同类物质的熔、沸点高。如果溶质与溶剂分子间能形成氢键，则会显著提高其溶解度。氢键既可以发生在不同分子之间，也可发生在同一分子内部（如邻硝基苯酚）而形成分子内氢键，但分子内氢键不会提高物质的熔点、沸点。

氢键的存在相当普遍，从水、醇、酚、酸、碱及胺等小分子到复杂的蛋白质等生物大分子都可形成氢键。氢键的存在直接影响分子的结构、构象、性质与功能，因此研究氢键对认识物质具有特殊的意义。

Huggins在1971年总结氢键研究五十年时指出："除了原子间的共价键和离子键外，化学和生物学中最重要的键合规则就是氢键。"氢键在保证生物大分子的功能和稳定性方面，甚至在DNA的复制、修复与重组等方面都发挥着至关重要的作用。

1.7 物质的聚集状态

1.7.1 物质的聚集状态与相

（1）物质的聚集状态

原子通过错综复杂的相互作用（化学键）结合成各种化合物的分子，分子又通过分子间的错综复杂的相互作用（范德华力、分子间氢键等）而形成各种不同的聚集状态（aggregation state of matter）。当温度低时，分子具有的平均动能比较小，由于分子之间靠得很近，相互吸引并结合成固定排列的紧密聚集状态，形成晶体。温度不断升高，分子的平均动能不断增大。当达到一定温度时，分子之间的吸引力不再能保持分子的固定排列，变为可以不固定地任意活动的紧密聚集状态，这时就表现为熔化，物质转化成液态。在液态下，分子之间仍然靠得很近，邻近的分子之间的吸引力仍然很强，保持着紧密的聚集状态。当温度继续升高到某一数值时，分子的平均动能大到分子之间的吸引力不再能把它们聚集在一起时，分子就将脱离聚集体分散开来，这时就表现为沸腾，转化为气态。

当气体温度升高至几千摄氏度（或对气体施加高能粒子轰击、激光照射、气体放电等）时，部分原子中电子吸收的能量超过原子电离能时，电子就能够脱离原子核的束缚而成为自由电子，同时原子因失去电子而成为带正电的离子，这样原来中性气体因电离将转变成由大量自由电子、正电离子和部分中性原子组成的与原来气体具有不同性质，且在整体上仍表现为近似中性的电离气体，这种气体又被称为物质的等离子态（plasma），是物质的第四态。任何物质只要被加热到足够高的温度，均能电离而成为等离子体。等离子体是由带电粒子和中性粒子组成的集体行为的一种准中性气体，是带电粒子密度达到一定程度的“电离气体”。并非任何电离气体都可以称为等离子体，只有带电粒子的密度达到一定程度的电离气体才能称为等离子气体。

与普通气体不同，等离子体在整体上呈电中性，但具有很好的导电性。如普通气体中有0.1%的气体被电离，这种气体就具有了很好的等离子体性质，如果电离气体增加到 1%，这样的等离子体便成为导电率很大的理想导电体。

等离子体的分类方法很多，有的按温度，有的按粒子密度，有的按产生等离子体的方法分类的。从化学的角度看，等离子体可分为两类：

① 热平衡等离子体。简称热等离子体，体系基本上达到热力学平衡，具有统一的热力学温度。离子温度和电子温度近似相等，约为 5×10^3～2×10^4K，如电弧等离子体、ICP 光源等。

② 非平衡等离子体。体系呈热力学非平衡态，电子温度高达 10^4K，而离子和原子之类的粒子温度却可低至 300～500K，即接近室温，故也简称低温等离子体。

其实，在广袤无边的宇宙中，等离子体是最普遍存在的一种形态。宇宙中大部分发光星球，它们内部温度和压力都很高，这些星球内部物质几乎都处在等离子态。就是在我们周围，也经常能够碰到等离子态物质。在日光灯和霓虹灯的灯管里、白炽电弧中、地球周围的电离层里、美丽的极光以及大气中的闪光放电和流星的尾巴里面，都存在等离子体。等离子体隐身技术还在军事上发挥作用。

1862 年，科学家发现了白矮星。其密度为水的密度的几百万倍到几亿倍。白矮星的密度为什么这样大呢？因为原子的质量绝大部分集中在原子核上，而原子核的体积很小。当在巨大的压力之下，电子脱离原子核，成为自由电子。这种自由电子气体尽可能地占据原子核之间的空隙，从而使单位空间内包含的物质大大增多，密度大大提高，这种状态称为物质的第五态或超固态。白矮星的密度虽然大，但还在正常物质结构所能达到的最大密度范围内：电子还是电子，原子核还是原子核。

1968 年，科学家发现一个奇妙的天体（脉冲星），它的半径只有 10～13km，可密度却大得令人难以置信。脉冲星是一个罕见的超高温世界，表面温度高达 1000 万摄氏度，中心部分温度高达 60 亿摄氏度。中心压力高达一万亿亿亿个大气压，比太阳的中心压力大三亿亿倍。

在这种超高温、超高压的条件下，物质中坚硬的原子核被压碎了，从压碎的原子核中，放出质子和中子，带正电的质子又和带负电的核外电子结合，变为中子，物质成为一种中子态物质，即物质的第六态。所以脉冲星又被称为中子星。

在化学中，最经常遇到的聚集状态是固态（solid，用符号 s 表示）、液态（liquid，用符号 l 表示）、气态（gas，用符号 g 表示）和水溶液（用符号 aq 表示）。

（2）相

对于由几种不同组分组成的物质体系来说，有时还借助另外一个概念来描述这种混合物的形态，这就是相（phase）。相是用来说明混合物中组分之间相容程度的。体系中任何具有相同物理性质和化学性质的部分称为一个相，相与相之间有明确的界面隔开。对于气态，不论是纯净的气体或是混合气体，其内部是完全均匀的，即只有一个相，称为单相，又叫均相（homogeneous）。对于由液态物质组成的体系，若是单一组分（纯液体），自然只有一个相，若存在两种或两种以上的液态组分，则要看它们是否互溶，互溶的为一相（如水和乙醇），不互溶的部分为不同的相。由两个或两个以上的相组成的物质体系，称为多相体系（如水和苯的混合物）。对于由固态物质组成的混合物，如果各组成物质不互溶，也不发生化学反应，则其中每一种纯物质为一个相，而不论其颗粒大小或质量多少；有多少种纯固态物质，便有多少个相。对于由液态溶剂和固态溶质组成的分散体系，则溶液部分为一个相，不溶的沉淀物各自成为一个相。

对于多相体系，相界面与相的内部物质具有很多不同的物理化学性质。

1.7.2 气体

（1）理想气体

所谓的理想气体是指气体分子本身没有大小，即气体的体积全部来源于分子间的距离，并且分子间没有相互作用势能。因此，理想气体并不真实存在，而是一种假想的模型。但当气体的温度较高，压力较低时的实际气体与理想气体差别不大。可用下列理想气体状态方程来表示气体的压力（p）、体积（V）、温度（T）、物质的量（n）之间的关系：

$$pV = nRT \tag{1-8}$$

式中 p——气体的压力，Pa［pascal，帕（斯卡）］；

V——气体的体积，m^3（cubic metre，立方米）；

n——气体的物质的量，mol［mole，摩（尔）］；

R——摩尔气体常数，$8.314 J \cdot mol^{-1} \cdot K^{-1}$；

T——气体的热力学温度，K［kelvin，开（尔文）］。

（2）道尔顿分压定律

在化学史上，对气体做精确的定量研究的科学家很多。如亨利·卡文迪许（H. Cavendish，1731—1810）、瑞利（J. W. Rayleigh，1842—1919）、拉姆塞（W. Ramsay，1852—1916）等。较早对气体作出定量研究的被称为“最富有的学者，最有学问的富翁”，并终身未婚的英国杰出的物理学家和化学家卡文迪许于 1766 年发表了《人造气体》一文，这篇论文记录了卡文迪许对氢气的研究。文中指出，氢气是一种独特的物质存在，并且他还用实验证明了氢气能够燃烧。他研究了二氧化碳的性质，指出腐烂和发酵产生的气体，与大理石受酸作用而产生的气体是相同的。他还研究了空气的组成，用实验证明了空气中有惰性气体存在。他在化学方面最杰出的贡献是研究了水的组成，并证明了水是氢和氧的化合物，这一伟大发现在化学史上开辟了一个新纪元。

1799 年，科学原子论的提出者约翰·道尔顿虽然生活拮据，但为了把大部分时间用于科学研究工作，他毅然辞去了在曼彻斯特的一所专科学校的教员工作，开始对气体和气体混合物进行深入研究。道尔顿认为，要说明气体的特性就必须知道它的压力。他找到两种很容易分离的气体，分别测量了它们混合后的总压力和各自单独存在时的压力。结果很有意思，装在一定容积的容器中的某种气体压力是不变的，引入第二种气体后压力增加，但它等于两种气体的分压之和，两种气体单独的压力没有改变。于是道尔顿得出结论：混合气体的总压等于组成它的各气体的分压之和。道尔顿由此可以做出某些重要的结论，气体在容器中存在的状态与其他气体无关。用气体具有微粒结构来解释就是：一种气体的微粒或原子（应为分子）均匀地分布在另一种气体的原子（应为分子）之间的空隙中，因而这种气体的微粒所表现出来的性质与容器中没有另一种气体一样（这样的气体应是理想气体）。用数学表达式即为：

$$p = p_1 + p_2 + p_3 + \cdots = \sum p_i \tag{1-9}$$

式中 p——混合气体的总压，Pa；

p_i——第 i 种气体的分压，Pa。

若以 n 表示混合气体的各组分气体的物质的量之和，n_i 表示第 i 种组分气体的物质的量，V、T 分别表示混合气体的总体积和温度，则按理想气体状态方程，应有：

$$pV = nRT \tag{1-10}$$

$$n = \sum n_i$$

对于第 i 种气体，则有：

$$p_i V = n_i RT \tag{1-11}$$

显然：

$$\frac{p_i}{p} = \frac{n_i}{n} \tag{1-12a}$$

即第 i 种气体的压力分数等于其物质的量分数（摩尔分数）。上式也可写成：

$$p_i = \frac{n_i}{n} p \tag{1-12b}$$

在相同温度下，若组分气体 i 与混合气体的总压相同时单独占有的体积（称为该组分的分体积）为 V_i，则根据道尔顿分压定律应有：

$$pV_i = n_i RT \tag{1-13}$$

比较式（1-10）和式（1-13）得到：

$$\frac{V_i}{V} = \frac{n_i}{n} \tag{1-14}$$

即第 i 种气体的体积分数等于其物质的量分数。

因此，只要能测出混合气体的总压和分压，根据式（1-12a）就比较容易算出混合气体的组成。实际应用中，经常是取一定体积的混合气体，维持温度和总压不变（如使气体与所处的大气压力平衡，即维持气体总压等于大气压），利用不同的吸收剂来吸收不同的组分气体，例如，用 KOH 溶液吸收 CO_2，用焦性没食子酸（也叫焦倍酸，1,2,3-三羟基苯）溶液吸收 O_2 等，减少的体积占原来混合气体总体积的百分比即为该组分气体的体积分数，借此可算出该组分气体的分压。

【例 1-4】 25℃时，32g 的氧和 14g 的氮盛于某未知容积的容器中，测得容器中气体的总压力为 186kPa。试计算：（1）该容器的体积；（2）这两种气体的分压；（3）这两种气体的分体积。

解：（1）

$$n=32/32+14/28=1.5\text{mol}$$

$$V=nRT/p=1.5\times8.314\times(273.15+25)/(186\times10^3)=0.02\text{m}^3=20\text{L}$$

（2）

$$\frac{n_{O_2}}{n}=\frac{32/32}{32/32+14/28}=2/3$$

$$p_{O_2}=\frac{n_{O_2}}{n}p=186\times2/3=124\text{kPa}$$

$$p_{N_2}=(1-2/3)\times186=62\text{kPa}$$

（3）

$$V_{O_2}=20\times2/3=13.3\text{L}$$

$$V_{N_2}=20-13.3=6.7\text{L}$$

1.7.3 液体

液体没有确定的形状，其形状往往由容器决定。但它的体积在压力及温度不变的环境下，是固定不变的。此外，液体对容器的器壁施加压力和其他物态一样。这压力传送到四面八方，并与深度一起增加（水越深，水压越大的原因）。

增温或减压能使液体汽化，成为气体，例如将水加热成水蒸气。加压或降温能使液体凝固，成为固体，例如将水降温后成冰。然而，仅加压并不能使所有气体液化，如氧、氢、氦等。

（1）液体的蒸气压

蒸发是液体汽化的一种方式。液体的分子在不断运动着，其中有少数分子因为动能较大，足以冲破表面张力的束缚而进入空间，成为蒸气分子，这种现象称为蒸发（evaporation）。液面上的蒸气分子也可能被液面分子吸引或受外界压力抵抗而回入液体中，这种现象称为凝聚（condensation）。如将液体置于密闭容器内，起初，当空间没有蒸气分子时，蒸发速率比较大，随着液面上蒸气分子逐渐增多，凝聚的速率也随之加快。这样蒸发和凝聚的速率逐渐趋于相等。当蒸发和凝聚达到平衡时，蒸发和凝聚这两个过程仍在进行，只是两个相反过程进行的速率相等而已。平衡应理解为动态的平衡，绝不意味着物质运动的停止。

与液态平衡的蒸气称为饱和蒸气。饱和蒸气所产生的压力称为饱和蒸气压。液体的饱和蒸气压是液体的重要性质，它仅与液体的本性和温度有关，与液体的量以及液面上方空间的体积等无关。

每种液体在一定温度下，其饱和蒸气压是一个常数，温度升高，饱和蒸气压也增大。0～100℃范围内水的饱和蒸气压和温度的关系列于表 1-15 中。

表 1-15 水的饱和蒸气压和温度的关系

t/℃	*p*/kPa	*t*/℃	*p*/kPa	*t*/℃	*p*/kPa	*t*/℃	*p*/kPa	*t*/℃	*p*/kPa
0	0.61129								
1	0.65716	21	2.4877	41	7.7840	61	20.873	81	49.324
2	0.70605	22	2.6447	42	8.2054	62	21.851	82	51.342
3	0.75813	23	2.8104	43	8.6463	63	22.868	83	53.428
4	0.81359	24	2.9850	44	9.1075	64	23.925	84	55.585
5	0.87260	25	3.1690	45	9.5898	65	25.022	85	57.815
6	0.93537	26	3.3629	46	10.094	66	26.163	86	60.119
7	1.0021	27	3.5670	47	10.620	67	27.347	87	62.499
8	1.0730	28	3.7818	48	11.171	68	28.576	88	64.958
9	1.1482	29	4.0078	49	11.745	69	29.852	89	67.496
10	1.2281	30	4.2455	50	12.344	70	31.176	90	70.117
11	1.3129	31	4.4953	51	12.970	71	32.549	91	72.823
12	1.4027	32	4.7578	52	13.623	72	33.972	92	75.614
13	1.4979	33	5.0335	53	14.303	73	35.448	93	78.494
14	1.5988	34	5.3229	54	15.012	74	36.978	94	81.465
15	1.7056	35	5.6267	55	15.752	75	38.563	95	84.529
16	1.8185	36	5.9453	56	16.522	76	40.205	96	87.688
17	1.9380	37	6.2795	57	17.324	77	41.905	97	90.945
18	2.0644	38	6.6298	58	18.159	78	43.665	98	94.301
19	2.1978	39	6.9969	59	19.028	79	45.487	99	97.759
20	2.3388	40	7.3814	60	19.932	80	47.373	100	101.32

注：本表数据摘自 D.R.Lide. CRC Handbook of Chemistry and Physics. 87th ed. Boca Raton: CRC Press, Inc, 2003—2004。

在相同温度下，不同液体的饱和蒸气压与液体分子之间的作用力有关。如果液体分子之间的引力（一般为范德华力和氢键）强，液体分子难以逸出液面，蒸气压就低；若液体分子之间的引力弱，则蒸气压就高，如乙醚的分子间作用力小于水，所以其在同温下蒸气压高于水。

（2）液体的沸点

如前所述，当逐渐升高液体的温度时，其饱和蒸气压也随之升高。当蒸气压升至与外界压力相等时，液体就沸腾了，此时的温度即为沸点。所以，沸点就是当液体的饱和蒸气压等于外界压力时的温度。

在一定的温度下，同种液体的饱和蒸气压一定，不同种液体的饱和蒸气压不同，所以在相同的大气压下，不同液体的沸点亦不相同。

例如 34.5℃时，乙醚的饱和蒸气压与大气压相等，故乙醚的沸点是 34.5℃。水在 100℃时的蒸气压为 101.32kPa，这个数值恰好等于一个标准大气压，所以水在标准大气压下，于 100℃时沸腾。

液体的沸点跟外界压力有关。当液体所受的压力增大时，它的沸点升高；压力减小时，沸点降低。例如，蒸汽锅炉里的蒸汽压强，约有几十个大气压，锅炉里水的沸点可在 200℃

以上。又如，在高山上煮饭，水易沸腾，但饭不易熟。这是由于大气压随地势的升高而降低，水的沸点也随高度的升高而逐渐下降。例如，在海拔 1900 米处，大气压约为 79800Pa，水的沸点只有 93.5℃。家庭中使用高压锅及化学中的减压蒸馏等都是利用液体的沸点与外界压力的关系设计的。

液体中若含有杂质，则对液体的沸点亦有影响。液体中含有溶质后它的沸点要比纯净的液体高（详见 3.1）。

1.7.4 固体

如果对液体不断降温，那么分子的运动速度就会减慢。当温度降低到一定数值时，分子所具有的平均动能不足以克服分子间的引力，将有一些速度小的分子聚集在一起，相对固定在一定的位置上。这时液体开始变成固体，这个过程叫作液体的凝固，而相反的过程叫作固体的熔化。凝固是一种放热过程，而熔化则是一种吸热过程。

（1）晶体与非晶体

用肉眼很难区分晶体、非晶体与准晶体（最近发现的一类新物质，其内部原子排列既不同于晶体，也不同于非晶体，是一种介于晶体和非晶体之间的固体结构）。几乎看不出一块加工过的水晶（晶体）与同样形状的玻璃（非晶体）存在任何区别。同样，一层金属薄膜（通常是晶体）与一层准晶体金属膜从外观上也看不出差异。

人们对晶体微观结构的认识是随生产和科学的发展而逐渐深入的。1860 年就有人设想晶体是按原子规则排列而成的，1912 年劳埃用 X 射线衍射现象证实了这一假设。现在已能用电子显微镜对晶体内部结构进行观察和照相，更有力地证明了这一假想的正确性。

如果利用这些先进的结构分析技术，你很快就会发现，晶体和非晶体是截然不同的。

晶体在合适的条件下，通常都是面平棱直的规则几何形状，就像被人特意加工出来的一样。其内部原子的排列十分规整，比士兵的方阵还要整齐。如果把晶体中任意一个原子沿某一方向平移一定距离，必能找到另一个同样的原子。

晶体内部结构中的原子、离子或分子都在空间呈有规则的三维重复排列而组成一定形式的晶格。这种排列方式称为晶体结构。晶体点阵是晶体粒子所在位置的点在空间的排列。相应地，在外形上表现为一定形状的几何多面体，这是它的宏观特性。

同一种晶体的外形不完全一样，但却有共同的特点，即各相应晶面间的夹角恒定不变，这条规律称为晶面角守恒定律。它是晶体学中重要的定律之一，是鉴别各种矿石的依据。晶体的一个基本特性是各向异性，即在各个不同的方向上具有不同的物理性质，如力学性质（硬度、弹性模量等）、热学性质（热膨胀系数、热导率等）、电学性质（介电常数、电阻率等）、光学性质（吸收系数、折射率等）。例如，外力作用在云母的结晶薄片上，沿平行于薄片的平面很容易裂开，但沿薄片的垂直方向裂开则非易事。这种易于劈裂的平面称为解理面。在云母片上涂一层薄石蜡，用烧热的钢针触云母片的反面，石蜡便会以接触点为中心，逐渐化成椭圆形，这说明云母在不同方向上热导率不同。晶体的热膨胀也具有各向异性，如石墨加热时沿某些方向膨胀，沿另一些方向收缩。晶体的另一基本特点是有一定的熔点，不同的晶体有不同的熔点，且在熔解过程中温度保持不变。

非晶体又称为无定形体，是指组成它的原子或离子不是有规律地排列的固态物质。如玻璃、松脂、沥青、橡胶、塑料、人造丝等都是非晶体。从本质上说，非晶体是黏滞性很大的液体。

非晶体没有固定的熔点，从软化到熔化是一个较大的温度范围，其物理性质则表现为各向同性。非晶体破碎时因各向同性而没有解理面，例如，玻璃碎片的形状就是任意的。若在玻璃上涂一层薄石蜡，用烧热的钢针触及背面，则以触点为中心，将见到熔化的石蜡呈圆形，这说明玻璃热导率具有各向同性。

晶体和非晶体是可以相互转化的。许多物质的存在形式可能是晶体，也可能是非晶体。将水晶熔化后使其冷却，即形成非晶体的石英玻璃，它的转化过程需要一定的条件。

人们通过长期认识世界、改造世界的实践活动，逐渐发现了自然界中各种矿物的形成规律，并研究出了许许多多人工合成晶体的方法和设备。现在，人们既可以从水溶液中获得单晶体，也可以在数千摄氏度的高温下培养出各种功能晶体（如半导体晶体、激光晶体等）；既可以生产出重达数吨的大块单晶，也可研制出细如发丝的纤维晶体，以及只有几十个原子层厚的薄膜材料。五光十色、丰富多彩的人工晶体已悄悄地进入了我们的生活，并在各个高新技术领域大显神通。

（2）离子键与离子晶体

活泼非金属和活泼金属分别得到或失去电子所形成的正负离子带有相反的电荷，它们之间存在静电引力或库仑引力，因而彼此逐渐靠近至一个平衡距离。这种靠正负离子间的静电引力形成的化学键称为离子键（ionic bond）。靠离子键结合而起来的化合物叫离子化合物（ionic compound），其晶体称为离子晶体（ionic crystal）。大多数无机盐和金属氧化物都是离子化合物。

正负离子通过离子键形成离子化合物时，两种离子之间有一个稳定的平衡距离，称为核间距。核间距可以看作是正离子半径和负离子半径之和。离子半径的数据可从有关化学手册中查到，一般来说，正离子的离子半径（R_+）比相应的原子半径小，而负离子的离子半径（R_-）则比相应的原子半径大。离子半径的大小对离子型化合物的化学性质有影响，例如，离子半径越小，离子间的吸引力越大，拆开它们所需要的能量就越多，离子化合物的熔点就越高。如 F^-、Cl^-、Br^-、I^-中，I^-离子的还原性最强，就是因为I^-的离子半径最大，原子核对最外层电子的吸引力最弱，更容易丢失电子。

在离子晶体中，正负离子相互作用不但与核间距有关，更与离子电荷的乘积有关，一般来说离子电荷乘积越大，离子键越强，离子化合物的熔点、沸点就越高。离子键的强度通常用晶格能（lattice energy）U 的大小来衡量。晶格能是指在温度 298.15K 和压力 100kPa 下，相互远离的气态正离子和负离子结合生成 1mol 固态离子晶体时所释放出的能量。气态离子在形成晶体时释放出的能量越多，其晶格能就越大，形成的晶体就越稳定。晶格能反映了离子晶体中离子键的强弱，晶格能大的离子晶体一般熔点和硬度越高。晶格能与正负离子电荷乘积的绝对值成正比，与正负离子半径之和成反比。

$$U = k\frac{|Z_+Z_-|}{R_+ + R_-} \tag{1-15}$$

式中，U 为离子键的晶格能；Z_+、Z_-、R_+、R_-分别为正负离子的电荷数及半径。

离子晶体的晶格结点上交替排列着正负离子，结点之间通过离子键相互结合。离子键强度较大，故离子晶体多数有较高的熔点、沸点和较大的硬度。固态时离子只能在晶格结点附近有规则的振动，不能自由移动，因而不能导电。熔化或溶解后，离子能自由移动，因此离子晶体的熔融液或水溶液均能导电。

离子电荷的分布可看作是球形对称的，在各个方向上的静电效应是等同的,所以离子键无方向性和饱和性。一个离子周围总是尽可能多地吸引周围带异电荷的离子。如在 NaCl 晶体的晶格中（图 1-22），每个 Na^+被 6 个 Cl^-离子所包围，同样每个 Cl^-也被 6 个 Na^+所包围，即它们的配位数均为 6。

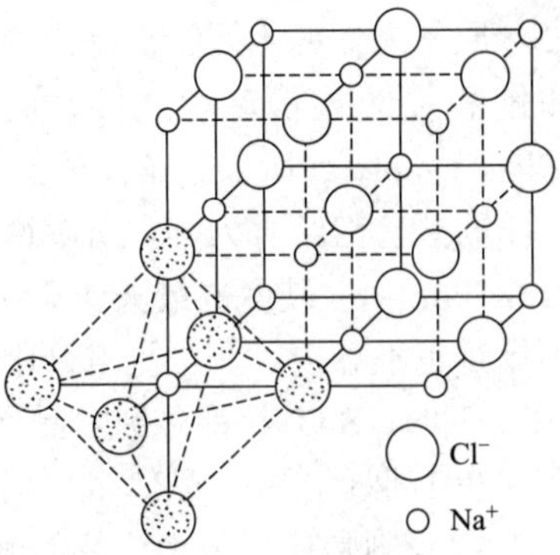

图 1-22　NaCl 晶体晶格

在离子晶体中，正负离子在空间的排列方式不同，可以形成不同类型的晶体结构。对于最简单的 AB 型离子晶体，即只含有一种正离子和一种负离子且电荷数相同的离子晶体，常见的有三种典型的晶体结构类型：CsCl 型、NaCl 型和 ZnS 型。决定不同离子晶体结构类型的主要因素是正负离子的半径比。只有当正负离子尽可能紧密的排列而使它们之间的自由空间最小时，所形成的晶体才最稳定。正负离子半径比与晶体构型的关系称为晶体的离子半径比规则（见表 1-16）。

表 1-16　离子半径比与晶体结构类型的关系

离子半径比（R_+/R_-）	0.225～0.414	0.414～0.732	0.732～1.00
晶体结构构型	ZnS 型	NaCl 型	CsCl 型
配位数	4	6	8

（3）原子晶体

原子晶体（atomic crystal）又称为共价晶体（covalent crystal）。在原子晶体中，不存在独立的小分子，其质点为中性原子。原子晶体中原子与原子间靠共价键直接构成由无限数目原子组成的巨型分子，整个晶体就是一个分子，且没有确定的分子量。例如，在金刚石晶体中，每一个 C 原子通过 4 个 sp^3 杂化轨道与其他 4 个碳原子分别形成共价键的形式相连接。每个碳原子处于与它直接相连的 4 个碳原子所组成的正四面体中心，连接成一个大分子。图 1-23 为金刚石的晶体结构。金刚砂（SiC）的结构与金刚石相似，只是 C 骨架结构中有一半位置被 Si 取代，形成 C—Si 交替的空间骨架。石英（SiO_2）结构中 Si 和 O 以共价键相结合，每一个 Si 原子周围有 4 个 O 原子排列成以 Si 为中心的正四面体，许许多多的 Si—O 四面体通过 O 原子相互连接而形成巨大分子结构。图 1-24 为 SiO_2 的晶体结构。

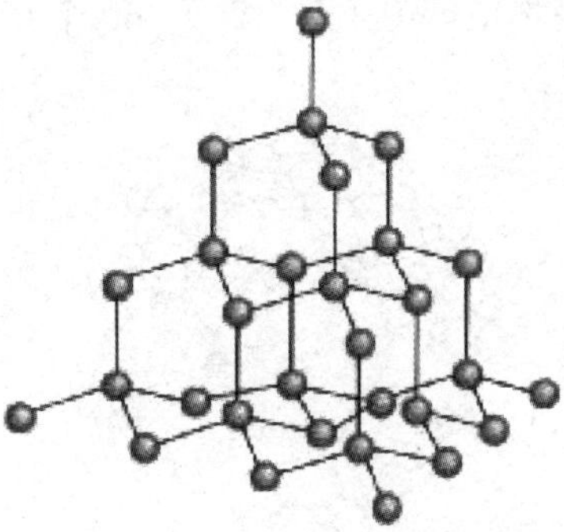

图 1-23　金刚石的晶体结构

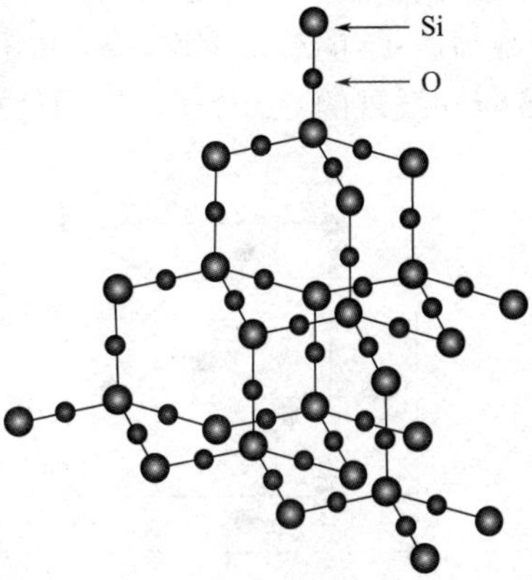

图 1-24　SiO_2 的晶体结构

原子晶体的主要特点是：原子间不再以紧密的堆积为特征，它们之间是通过具有方向性和饱和性的共价键相连接，特别是通过成键能力很强的杂化轨道重叠成键，键能接近 $400kJ \cdot mol^{-1}$。所以原子晶体的构型和性质都与共价键的性质密切相关。由于共用电子对所组成的共价键结合力强，所以这类晶体熔点高、硬度大。例如，金刚石熔点高达 4440℃（在 12.4GPa 下），硬度也最大（莫氏硬度为 10），都显著高于离子晶体。原子晶体一般不导电，熔化时也不导电，在常见溶剂中不溶解，延展性差，是热的不良导体。Si 单质、Ge 单质、SiC、AlN、SiO_2 等都是原子晶体。Si、SiC 等有半导体的性质，可有条件地导电。

在工业上，原子晶体多被用作耐磨、耐熔和耐火材料。如金刚石和金刚砂是最重要的磨料；SiO_2 则是应用最为广泛的耐火材料；石英和它的变体，如水晶、紫晶、燧石和玛瑙等，是贵重的工业材料和饰品材料；而 SiC、立方 BN、Si_3N_4 等是性能良好的高温结构材料。

（4）分子晶体

一些共价键型非金属单质和化合物分子，如卤素、氢、卤化氢、二氧化碳、水、氨、甲烷等，都是由一定数目的原子通过共价键结合而成的极性或非极性分子。它们的分子量可测定，且有恒定的数值。在一般情况下，它们常以气体、易挥发的液体、易熔化或易升华的固体形式存在。在晶格结点上排列的是中性分子，分子间依靠范德华力或氢键相互连接所形成的晶体叫作分子晶体（molecular crystal）。大多数非金属单质（如卤素、氧、氮）和它们的化合物（如卤化氢、氨和水）以及绝大多数有机化合物在固态时均为分子晶体。在稀有气体的晶体中，虽然晶格结点上排列的是原子，但这些原子间不形成化学键，所以称为单原子分子晶体。例如 Cl_2、Br_2、I_2、CO_2、NH_3、HCl 等，它们在常温下是气体、液体或易升华的固体，但是降温凝聚后的固体都是分子晶体。

图 1-25 为 CO_2 分子晶体的晶胞图，其晶格结点上排列着 CO_2 分子，CO_2 分子之间以分子间力结合，而分子内 C 原子和 O 原子之间则以共价键连接。干冰（固体 CO_2）能吸收外界大量的热直接升华成气态 CO_2，因而可作为制冷剂，尤其与氯仿、乙醚、丙酮等有机物混合时，制冷效果特佳，可使温度降至−73℃。

在分子晶体中，存在着单个的分子。由于分子间的作用力较弱，只需较少的能量就能破坏其晶体结构，因而分子晶体的硬度小、熔点低、沸点低，固体或熔化状态通常都不导电，是性能良好的绝缘材料。部分极性强的分子晶体（如 HCl）溶解在极性溶剂（如水）中，因发生电离而导电。

由于分子间作用力没有方向性和饱和性，所以对于那些球形和近似球形的分子，通常也采用配位数高达 12 的最紧密堆积方式组成分子晶体，这样可以使能量降低。最典型的球形分子是 1985 年才发现的 C_{60} 分子，它的外形像足球，亦称足球烯（图 1-26）。60 个 C 原子组成

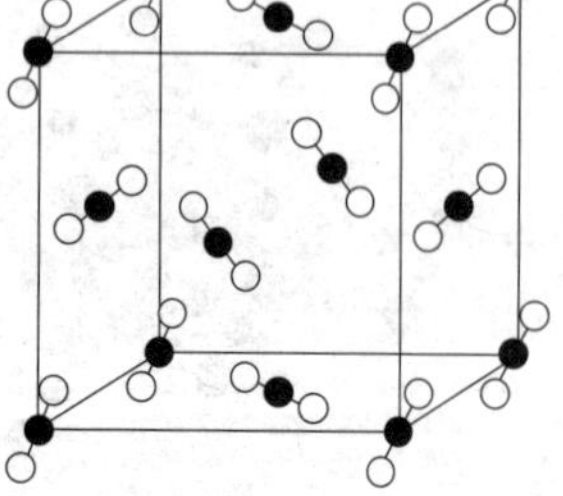

图 1-25　CO_2 分子晶体的晶胞图

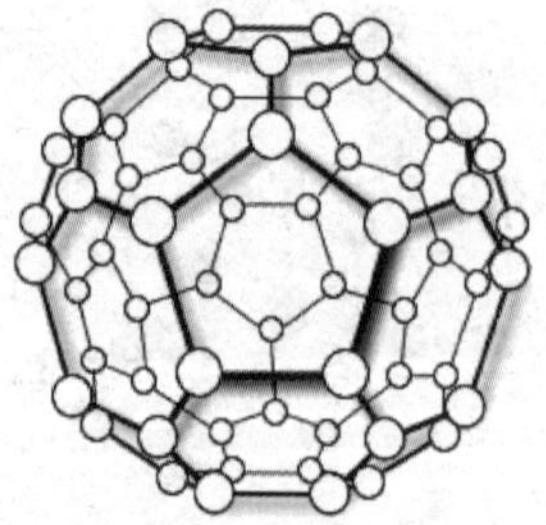

图 1-26　C_{60} 结构图

一个笼状的多面体圆球，球面有 20 个六元环、12 个五元环，每个顶角上的 C 原子与周围 3 个 C 原子相连，形成 3 个 σ 键，各 C 原子剩余的轨道和电子共同组成离域大 π 键。这个球烯 C_{60} 分子内碳碳间是共价键结合，而分子间以范德华力结合成分子晶体。经 X 射线衍射法确定，球烯 C_{60} 也是面心立方密堆积结构，每个面心立方晶胞中含有 4 个 C_{60} 分子。与一般分子晶体不同，球烯分子晶体具有一些特殊性质，由于微小 C_{60} 球体间作用力弱，它可作为极好的润滑剂，其衍生物或添加剂有可能在超导、半导体、催化剂、功能材料等许多领域得到广泛应用。

（5）金属键与金属晶体

20 世纪初提出的自由电子模型认为，金属原子的电负性、电离能较小，价电子容易脱离原子核的束缚，而成为可以在金属阳离子之间自由运动的离域电子（自由电子），这种电子不再专属于某个特定的原子，而是在金属阳离子的间隙中运动。结果自由电子将金属阳离子“胶合”成紧密堆积的形式而形成金属晶体，这种“胶合”力（金属离子与自由电子之间的结合力）就叫作金属键。显而易见，金属键没有方向性也没有饱和性。

金属离子之间通过金属键而形成的晶体是金属晶体（metallic crystals），即晶格结点上排列着金属离子，微粒间的结合力为金属键。

金属晶体为大分子晶体。由于金属键的强度不同，各种金属单质的熔点、硬度有较大差别。例如，W 的熔点为 3422℃，是金属单质中熔点最高的，而 Hg 的熔点为−38.8℃，是室温下唯一液态的金属。金属晶体具有导电性、传热性、延展性；它有金属光泽、不透明。

在金属晶体中，金属离子在空间的排列可近似地看成是等径圆球的堆积。

为了形成稳定的金属结构，金属离子采取最紧密的方式堆积。最紧密堆积出来的结构称为密堆积结构，有三种基本构型（如图 1-27）。

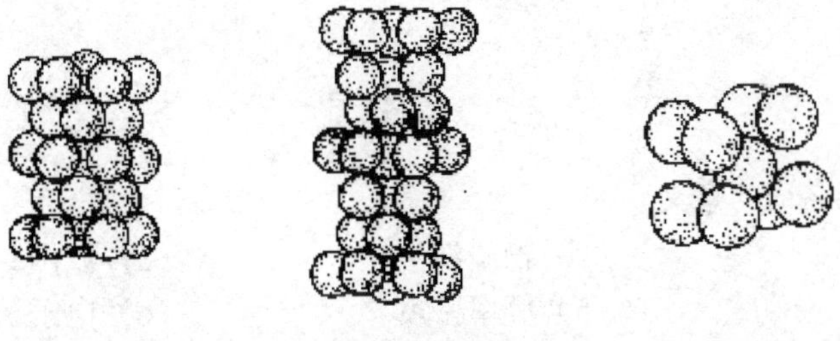

(a) 六方密堆积晶格　(b) 面心立方密堆积晶格　(c) 体心立方密堆积晶格

图 1-27　金属晶体的密堆积结构

① 六方密堆积。例如，Be、Mg、ⅢB、ⅣB、ⅦB 等金属的晶体。

② 面心立方密堆积。例如，Pb、Pd、Pt、ⅠB 等金属的晶体。

这两种密堆积中，每个金属离子都与 12 个其他金属离子接触，即原子的配位数为 12。并且空间利用率都是 74%，这对等径圆球的堆积来说是球体积占总体积分数最高的堆积形式，即空间利用率最大。在这种堆积方式中，等体积内含有的圆球数最多。

③ 体心立方密堆积。例如，Na、K、Li、ⅤB、ⅥB 等金属的晶体。原子配位数为 8，空间利用率为 68%。

为了便于比较，将已经学过的四种基本晶体类型的结构与性质的关系归纳，见表 1-17。

表 1-17　四种晶体类型的比较

晶体类型	离子晶体	原子晶体	分子晶体	金属晶体
结合力	离子键	共价键	分子间力和氢键	金属键
基本质点	阴阳离子	原子	分子或原子	原子、阳离子、自由电子
熔点、沸点	较高	高	低	一般较高、差异大
硬度	硬而脆	高硬度	低	一般较硬、差异大
导电性	不良	不良	不良	良
导热性	不良	不良	不良	良
实例	$NaCl$、MgO、NH_4Cl、KNO_3	金刚石、Si、SiO_2	HCl、冰、I_2、$CO_2(s)$、$N_2(s)$	Au、Ag、Cu、Fe

除了上述四种晶体的基本类型外，还存在一些过渡型晶体，如层状结构晶体、链状结构晶体等。这些过渡型晶体中粒子间存在着两种或两种以上的结合力，属于混合型晶体。例如，石墨是层状结构晶体（如图 1-28 所示），在石墨晶体中，C 原子以 sp^2 杂化与另外 3 个 C 原子的 sp^2 杂化轨道以共价键结合，形成正六角形的平面层。每一个 C 原子还有一个未参加杂化的 p 电子，这些互相平行的 p 轨道可以互相重叠，形成遍及整个平面层的离域大 π 键。层内 C—C 以共价键相结合，类似于原子晶体。层间以分子间力相结合，类似于分子晶体。层间易滑动，故石墨常用作润滑剂。离域大 π 键类似于金属键，电子能在每一层平面方向移动，使石墨具有金属光泽，良好的导电性、导热性。因此，石墨是原子晶体、分子晶体、金属晶体之间的一种过渡型晶体。

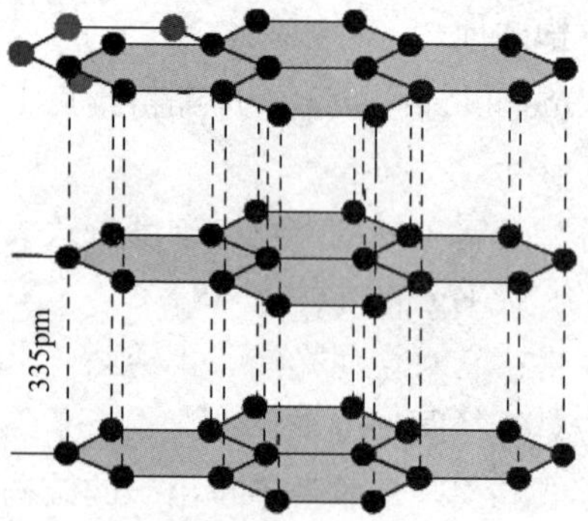

图 1-28　石墨结构示意图

思考题

1. 试述下列各名词的意义。

（1）量子化　　（2）物质波　　（3）波函数

（4）原子轨道　　（5）概率密度　　（6）电子云

2. 原子中的能级主要由哪些量子数来确定？

3. 试述描述核外电子运动状态的 4 个量子数的意义和它们的取值规则。

4. s、2s、$2s^1$ 各代表什么意义？指出 4s、3d、5p 各能级相应的量子数及轨道数。

5. 用原子轨道符号表示下列各套量子数。

（1）$n=2$，$l=1$，$m=-1$　　（2）$n=4$，$l=0$，$m=0$　　（3）$n=5$，$l=2$，$m=0$

6. 为什么任何原子的最外层上最多只能有 8 个电子？次外层最多只能有 18 个电子。

7. 指出下列各元素的基态原子的电子分布式的写法违背了什么原理并予以改正。

（1）Be：$1s^22p^2$　　（2）B：$1s^22s^3$　　（3）N：$1s^22s^22p_x^22p_y^1$

8. 什么叫共价键的饱和性和方向性？为什么共价键具有饱和性和方向性，而离子键无饱和性和方向性？

9. 举例说明什么是 σ 键，什么是 π 键。它们有哪些不同？

10. s、p 原子轨道主要形成哪几种类型的杂化轨道？中心原子利用上述杂化轨道成键时，其分子构型如何？

11. 实验测定 BF_3 为平面三角形，而$[BF_4]^-$为正四面体形。试用杂化轨道的概念说明在 BF_3 和$[BF_4]^-$中硼的杂化轨道类型有何不同。

12. 已知配离子的空间构型，试用价键理论指出中心离子成键的杂化类型。

（1）$[Cu(NH_3)_2]^+$（直线）　　（2）$[Zn(NH_3)_4]^{2+}$（正四面体）

（3）$[PtCl_2(NH_3)_2]$（平面正方形）　　（4）$[Fe(CN)_6]^{3-}$（正八面体）

13. 分子间力有哪几种？各种力产生的原因是什么？试举例说明极性分子之间、极性分子和非极性分子之间以及非极性分子之间的分子间力。在大多数分子中以哪一种分子间力为主？

14. 什么叫作氢键？哪些分子间易形成氢键？形成氢键对物质的性质有哪些影响？

15. 试判断下列分子的空间构型和分子的极性，并说明理由。

CO_2、Cl_2、HF、NO、PH_3、SiH_4、H_2O、NH_3

16. 试分析下列分子间有哪几种作用力（包括取向力、诱导力、色散力、氢键）。

（1）HCl 分子间　　（2）He 分子间　　（3）H_2O 分子和 Ar 分子间

（4）H_2O 分子间　　（5）苯和 CCl_4 分子间

17. 物质以什么样的聚集状态存在与哪些因素有关？

18. 液体的沸点受哪些因素影响？

19. 原子晶体与分子晶体中都存在共价键，为什么却以不同的晶体形式存在？

20. 离子晶体的配位数与什么有关？

21. 道尔顿分压定律适用于理想气体还是实际气体？

习题

1. 是非题（判断下列叙述是否正确）

（1）当原子中电子从高能级跃迁到低能级时，两能级间的能量相差越大，则辐射出的电磁波的波长越长。（　　）

（2）波函数 ψ 是描述微观粒子运动的数学函数式。（　　）

（3）电子具有波粒二象性，就是说它一会是粒子，一会是波。（　　）

（4）电子云图中黑点越密表示那里的电子越多。（　　）

（5）氢原子中原子轨道的能量由主量子数 n 来决定。（　　）

（6）配合物中配体数不一定等于配位数。（　　）

（7）色散力只存在于非极性分子之间，取向力只存在于极性分子之间。（　　）

（8）分子中的化学键为极性键，则分子为极性分子。（　　）

（9）范德华力属于一种较弱的化学键。（　　）

2. 选择题

（1）量子力学的一个轨道（　　）。

（A）与玻尔理论中的原子轨道等同

（B）指 n 具有一定数值时的一个波函数

（C）指 n、l 具有一定数值时的一个波函数

（D）指 n、l、m 三个量子数具有一定数值时的一个波函数

（2）在多电子原子中，各电子具有下列量子数，其中能量最高的电子是（　　）。

（A）2，1，−1，$\frac{1}{2}$　　（B）2，0，0，$-\frac{1}{2}$

（C）3，1，1，$-\frac{1}{2}$　　（D）3，2，−1，$\frac{1}{2}$

（3）39 号元素钇的电子分布式应是下列哪一种（　　）。

（A）$1s^22s^22p^63s^23p^63d^{10}4s^24p^64d^15s^2$　　（B）$1s^22s^22p^63s^23p^63d^{10}4s^24p^65s^25p^1$

（C）$1s^22s^22p^63s^23p^63d^{10}4s^24p^64d^3$　　（D）$1s^22s^22p^63s^23p^63d^{10}4s^24p^65s^25p^1$

（4）下列化合物中既存在离子键和共价键，又存在配位键的是（　　）。

（A）NH_4F　　（B）NaOH　　（C）H_2S　　（D）$BaCl_2$

（5）下列各分子中，是极性分子的为（　　）。

（A）$BeCl_2$　　（B）BF_3　　（C）NF_3　　（D）C_6H_6

（6）H_2O 的沸点是 100℃，H_2Se 沸点是−41.25℃，这可用下列哪种理论来解释（　　）。

（A）范德华力　　（B）共价键　　（C）离子键　　（D）氢键

（7）下列各物质中，只需克服色散力就能使之汽化的是（　　）。

（A）HCl　　（B）C　　（C）N_2　　（D）$MgCO_3$

3. 如果一束电子的德布罗意波长为 1nm，则其速度应该是多少？

4. 假定有下列电子的各套量子数，指出哪几套不可能存在，并说明原因。

（1）3，2，2，$\frac{1}{2}$　　（2）3，0，−1，$\frac{1}{2}$　　（3）2，2，2，2

5. 写出原子序数为 47 的银原子的电子分布式，并用 4 个量子数表示最外层电子的运动状态。

6. 试用杂化轨道理论解释：

（1）H_2S 的分子的键角为 92°，而 PCl_3 分子的键角为 102°。

（2）NF_3 分子是三角锥形，而 BF_3 分子是平面三角形。

7.（1）为什么室温下 CH_4 为气体，CCl_4 为液体，而 CI_4 为固体？（2）为什么 H_2O 的沸点高于 H_2S，而 CH_4 的沸点却低于 SiH_4?

8. 写出下列配合物的名称。

（1）$[CoCl_2(NH_3)_3(H_2O)]Cl$　　（2）$[Cu(NH_3)_4][PtCl_4]$

（3）$[Co(OH)_2(H_2O)_4]^+$　　（4）$[Ni(CN)_4]^{2-}$

9. 填充下表

配离子	中心离子	配体数	配位原子	中心离子的配位数	配离子电荷	配合物名称
$Na_3[AlF_6]$						
$[Co(en)_3]^{3+}$						
$[CrCl_2(H_2O)_4]Cl$						
$[Ni((NH_3)_2C_2O_4)]$						

10. The proton(the nucleus of a hydrogen)has a mass of 1.67×10^{-24}g. Suppose that its

diameter is 1.00×10^{-13}cm. Calculate the density of the nucleus, assuming it is spherical in shape.

11. Diagram the outer-shell electronic structures of P and F. Indicate how bonding occurs between P and F to give PF_3.What molecular shape would you expect?

12. What type(or types) of intermolecular attractive forces are found in the following?

（a）HCl （b）NO （c）Ar （d）CO_2

（e）CCl_4 （f）H_2S （g）HF （h）SO_2

13. Give IUPAC names for each of the following:

（a）$[Ni(NH_3)_6]^{2+}$ （b）$[CrCl_3(NH_3)_3]$ （c）$[Co(C_2O_4)_3]^{3-}$

（d）$[Co(H_2O)_2(en)_2]_2(SO_4)_3$ （e）$[CrCl_2(NH_3)_4]Cl$

14. 0.520g 氯酸钾样品加热完全分解，生成的氧气与氢气作用生成水蒸气。在 27℃、93.3kPa 下，测得水蒸气的体积为 336mL。试计算样品中 $KClO_3$ 的含量。

15. 在 25℃时，将电解水所得的氢和氧的混合气体 54.0g，注入 60.0L 的真空容器内，氢气和氧气的分压各为多少？

16. 丙酮在 25℃下的饱和蒸气压是 30.7kPa。现有 25℃、0.100mol 的丙酮。试计算：

（1）这些丙酮全部汽化成压力为 30.7kPa 的蒸气时，气体体积为多少？

（2）当丙酮的蒸气体积分别为 $5.00dm^3$ 和 $10.0dm^3$，丙酮蒸气的压力分别是多少？

17. 试判断下列物质可形成何种类型的晶体，并指明晶格结点上粒子是什么。

O_2、HF、KCl、SiO_2、Ag

18. 讨论下列物质的键型、晶型有何不同。

Cl_2、HCl、AgI、NaF、B

19. 估计下列各物质分别属于下列哪一类晶体，并简述原因。

物质	熔点/℃	晶体类型
BBr_3	−45	
KI	681	
Si	1410	
Cu	1083	

20. 填充下表。

物质	晶格结点上的粒子	晶格结点上粒子间的作用力	晶体类型	熔点（高或低）	导电性
$BaCl_2$					
Cu					
SiC					
N_2					
冰					

第 2 章 化学热力学初步

❖【内容提要】

讨论化学反应中的能量变化、反应热，并在此基础上讨论化学反应进行的方向、化学平衡及其移动等问题；简要介绍表面现象及其应用。

❖【本章要求】

（1）理解状态函数的意义，了解等压热效应、等容热效应、焓、内能的概念以及彼此之间的关系，掌握能量守恒定律。

（2）理解反应自发性的判据及标准吉布斯函变的概念，能够判断化学反应的方向，掌握在等温等压条件下相变及化学变化过程中吉布斯函变的简单计算方法。

（3）掌握平衡常数与标准吉布斯函变的关系，理解平衡常数的物理意义，能利用相关知识判断过程进行的程度，熟悉平衡移动原理。

（4）了解表面化学的初步知识。

2.1 热力学第一定律

2.1.1 基本概念

（1）化学热力学

化学热力学（chemical thermodynamics）是物理化学和热力学的一个分支学科，它主要研究物质系统在各种条件下的物理变化和化学变化过程中所伴随的能量变化，从而对化学反应的方向和进行的程度作出准确的判断。

化学热力学的核心理论有三个：所有的物质都具有能量，能量是守恒的，各种能量可以相互转化；事物总是自发地趋向于平衡态；处于平衡态的物质系统可用几个可观测量来描述。

化学热力学是建立在几个基本定律（热力学第一定律、第二定律、第三定律）的基础上的，其核心是热力学第一定律和热力学第二定律。爱因斯坦（A. Einstein，1879—1955）曾说过“经典热力学是唯一具有普适内容的物理学理论。我确信在其基本概念可以适用的框架内，它永远不会被推翻。”

吉布斯给出了热力学原理更为完美的表述形式，用几个热力学函数来描述系统的状态，使化学变化和物理变化的描述更为方便和实用。

从热力学的基本定律出发，用数学方法加以演绎推理，就可得到描述物质系统平衡的热力学函数及函数间的相互关系，再结合必要的热化学数据，解决化学变化、物理变化的方向和限度问题，这就是化学热力学的基本内容和方法。

热力学基本定律是无数经验的总结，至今尚未发现热力学理论与事实不符合的情形，因此它们具有高度的可靠性。热力学理论对一切物质系统都适用，具有普遍性。这些理论是根据宏观现象得出的，因此被称为宏观理论。

经典热力学是宏观理论，它不依赖于物质的微观结构。分子结构理论的发展和变化，都无须修改热力学概念和理论，当然我们也不能只从经典热力学获得分子层次的任何信息。并且它只处理平衡问题而不涉及这种平衡状态是怎样达到的，只需要知道系统的起始状态和终止状态就可得到可靠的结果，不涉及变化的细节，所以不能解决过程的速率问题和路径问题。欲解决上述两个局限性问题，需要其他学科（如化学统计热力学、化学动力学等）的帮助。

热力学理论已经解决了物质的平衡性质问题，但是关于非平衡现象，现有的理论还是初步的，有待进一步研究。热力学在具体问题中的实际应用，仍有广阔的发展前景。

（2）系统与环境

为了便于研究，热力学中常常将研究的对象（一部分物质或空间）称为系统（system，也称为体系），而将系统周围与系统有密切联系的其他物质或空间称为环境（surroundings）。系统与环境之间有时具有明确的界面，有时则只有一个假想的界面，因此系统与环境的划分是人为的，但一经指定，便不能任意更改。

系统与环境是相互依存的，系统与环境之间可能只有能量交换而没有物质交换，这种系统被称为封闭系统（closed system），如密闭容器中的化学反应；也可能既有物质交换，又有能量交换，这种系统被称为敞开系统或开放系统（open system），如放在烧杯中的溶液；有时人们会设计一种理想系统，它与环境之间既没有物质交换，也没有能量交换，称为孤立系统又叫隔离系统（isolated system）。不过，真正的孤立系统是不存在的，因为系统与环境之间的相互作用是不可避免的，这也告诉我们，在考虑系统时切莫忘记环境的存在。

（3）状态与状态函数

讨论一个系统所处的状态时，必须要用一系列物理量进行描述，这些物理量称为状态函数（state function），比如用 p、V、T、n 等物理量来描述一瓶气体的状态。这些物理量是系统中大量粒子集中表现出来的宏观性质的量度。当它们都具有确定的数值时，系统的状态便确定了。但实际上，系统的各种宏观性质之间并不是各自独立的，它们之间存在某种函数关系，如理想气体状态方程。状态函数具有两个重要特性：

① 单值性。当系统处于某一确定的状态时（不管系统原来状态），它的每一个状态函数都具有一个确定的数值；当系统中任一个状态函数发生改变时（由于状态函数之间的联系，不可能只改变一个状态函数），系统的状态也就随之发生了变化。即系统的状态与系统的状态函数的组合之间具有一一对应的关系。我们可以说系统在同一个状态下任意一个状态函数不可能有两个数值，但两个不同状态下某一个状态函数可能有相同的数值。

② 状态函数的增量与路径无关。当系统从一个状态（始态）变化到另一个状态（终态）时，状态函数的改变值（增量）只决定于系统的始态和终态，而与导致改变的路径无关。也就是说，无论系统经过怎样的过程或路径，只要从相同的始态到达相同的终态，其增量都是

相同的，这是状态函数的重要性质之一。如温度（T）这个状态函数在系统处于状态 1 时为 T_1=30℃，在状态 2 时为 T_2=70℃，则不管系统是如何从状态 1 到达状态 2 的，总的温度增量 ΔT 都等于状态函数的终态数值减始态数值，即 $\Delta T=T_2-T_1$=40℃。

状态函数的这两个特性给用热力学的方法解决问题带来了极大的方便，使问题大大地简化。

（4）内能（U）

内能（internal energy）是系统内部各种微观粒子所具有的各类能量的总和。它包括系统内部各种微观粒子（分子、原子、电子、原子核等）所具有的运动动能和粒子间相互作用势能的总和。“国际纯粹与应用化学联合会（IUPAC）”推荐使用“热力学能（thermo-dynamic energy）”，因为我们至今还没有完全搞清楚系统内部的微观粒子，更不用说它们的动能和相互作用势能了。

系统的内能是状态函数，由于物质结构的复杂性，系统内部微观粒子的运动以及它们之间的相互作用的多样性，系统的内能的绝对数值难以确定，但系统内能的增量 $\Delta U=U_2-U_1$ 可以通过间接方法确定。

（5）功（W）和热（Q）

在科学史上，人们对热的认识经历了漫长的历程。中国古代就有“金、木、水、火、土”的五行说，古印度的“五大说”（地、水、火、气、空）等，都认为宇宙万物是由几种基本材料组成的。古希腊的毕达哥拉斯则提出了“土、冰、火、气”四元素说，恩培多克勒（Empedocles，公元前 495—公元前 435）的“水、火、土、气”四元素说，亚里士多德（Aristotle，公元前 384—公元前 322）的“冷、热、干、湿”四元素说，均认为火（或者热）是组成物质的基本元素之一。16 世纪下半叶至 18 世纪中期，弗兰西斯·培根（Francis Bacon，1561—1626）、波意耳（R. Boyle，1627—1691）、笛卡尔（R. Descartes，1596—1650）、罗伯特·胡克（Hooke Robert，1635—1703）、罗蒙诺索夫（M. V. Lomonosov，1711—1765）等人从摩擦生热、铁钉被捶击后生热等现象中认为热并不是什么其他的东西，而是一个物体的各个部分的非常活跃和极其猛烈的运动。然而后来英国科学家布莱克（Joseph Black，1728—1799）等人却认为热是一种可流动、无质量但有体积的物质——“热物质”。一个物体的温度，是由它所包含的“热物质”的多少决定的。“热物质”能像水那样流动，它总是从温度高的地方流向温度低的地方，由于“热物质”要填充到物体的空隙中，所以流到物体里会引起热膨胀；反过来，物体放热收缩，则是因为“热物质”流走了。用实验推翻“燃素说”，被称为“近代化学之父”的法国著名化学家拉瓦锡（A. L. Lavoisier，1743—1794）在 1789 年出版的《化学概要》（*Traité Élémentaire de Chimie*）一书中，也把“热物质”取名为“热质”（caloric），并把它列进他的化学元素表里。“热质”成为无机界的 23 种元素之一。热质说好像从此取得了合法的地位。

英国人伦福德（B. T. Rumford，1753—1814）于 1798 年在监督（用马拉着钻孔机）钻制大炮时，发现炮筒在钻孔中发出大量的热，工人用冷水去冷却，不到 3 小时便可以让 8kg 的水沸腾。传给水的热量那么多，“热质”又从何而来呢？这个现象为热运动说增添了新的证据。虽然实验的不确定性被广泛质疑，但机械运动产生热的发现使他的后人焦耳（J. P. Joule，1818—1889）受到了启发。

英国的科学家戴维（H. Davy，1778—1829）和托马斯·杨（Thomax Young，1773—1829）也支持热运动说。戴维的实验控制更加严谨，在伦福德实验的第二年，即 1799 年，他设计了一套使两块冰在真空容器中摩擦的著名实验。当时外面的温度低于零摄氏度，外面的“热质”

应该不会跑到容器中，结果两块冰经摩擦而融化为水。1799 年，戴维在《论热、光和光的复合》的论文中断言："实验证明，热质或热的物质是不存在的"以及"既然物体微粒的运动或振动是摩擦或撞击必然产生的结果，那么，我们可以作出合理的结论说，这种运动或振动就是热"。

就"热"的概念来说有两层含义：一种含义是人们对冷（cold）、热（hot）的感觉，用温度作量度。这里讲的热是另一种含义，即热量（heat, quantity of heat）。系统与环境间由于存在温度差而传递的能量，用 Q 表示。除热以外的其他形式传递的能量统称为功（work），用 W 表示，包括体积功、电功等。本书除特别说明外功均指体积功，即系统由于体积变化而反抗外力作用与环境交换的功。做功和传热是能量转化的两种形式，这种转化的最终结果将导致系统内能的变化。

需要说明的是，W 和 Q 不是状态函数，其数值与过程的路径有关。伦福德在实验中已经发现炮筒产生的热是马做功所致，那么热能否转变成功？传热、做功及所导致的内能变化三者之间存在什么样的关系呢？

2.1.2 能量守恒定律

能量守恒定律建立于 19 世纪中叶。在 18 世纪末期到 19 世纪上半叶，"热质说"受到了严峻的挑战；而物理学研究范围的不断扩大，发现了力、热、磁、光等许多物理现象及化学现象的种种相互转化过程，表明自然界的各种作用之间存在着广泛的相互联系；并且长时期里，人们试图制造那种不需要任何动力和燃料，却能不断对外做功的"永动机"的种种努力屡遭失败，促使人们思索失败的原因，并给予理论上的解释。在此背景下，不少科学家研究提出能量守恒的思想，他们的论点、论文范围、思考的深度和广度各有不同，但几乎在同一时期各自独立地提出来，其中以迈尔、焦耳和亥姆霍兹的工作最为出色，他们被誉为能量守恒定律的发现者。

迈尔（J. R. Mayer，1814—1878）是一位医生，他思维敏捷、视野宽广、善于总结。他在 1842—1851 年发表的论文中论述了能量能在机械能、热能、化学能、电磁能和辐射能之间发生相互转化，并从气体等压比热和等容比热的差值中推算出热功当量值，为能量守恒定律的建立奠定了思想基础。

焦耳是一位孜孜不倦的实验物理学家。他受到伦福德实验的启发，从提高磁电机效率的研究中领悟到热和机械功可以相互转化以及热功的等当性。他从 1843 年起采用多种方法精确地测量了热功当量值，所得结果相当接近，为能量守恒定律的建立奠定了坚实的实验基础。

亥姆霍兹（H. Helmholtz，1821—1894）是一位学医出身而在数学和物理学上造诣深厚的物理学家。他在 1847 年发表的著名论文中论述了力（能量）的守恒原理，这原理在力学定理、热的力当量、电过程的力当量、磁和磁电现象的力当量等方面都有应用。亥姆霍兹的论文中包含迈尔的深刻思想，采用了焦耳等人的坚实的实验依据，并且充分运用数学方法和严密的逻辑推理，以及使用了物理学家惯用的语言，因而被全球物理学家们所理解和接受。他在促使人们最终确认能量守恒定律上起了重大作用。

能量守恒定律（energy conservation law）又称为热力学第一定律（first law of thermodynamics）或能量守恒与转化定律（law of conservation of energy），表述为：在任何变化过程中，能量都不会自生自灭，它可以从一种形式转变为另一种形式，也可以从一个物体传递给另一个物体，但在转化和传递过程中总能量保持不变。

能量守恒定律可用下式表述：

$$\Delta U = Q + W \tag{2-1}$$

ΔU 是（相变或化学反应）过程中内能的增量，数值可正可负。Q 为过程的热效应，系统从环境中吸热时 Q 为正；系统向环境放热时 Q 取负值。W 为过程中所做的功，并规定环境对系统做功 W 为正；系统对环境做功 W 取负值。

由于在孤立系统中，系统与环境间既无物质交换，又无能量交换，所以无论系统发生了怎样的变化，始终有 Q=0，W=0，ΔU=0，即在孤立系统中热力学能（U）守恒。

由于 ΔU 不随路径而变化，只与系统始态和终态有关，所以"Q+W"值也与路径无关，但 Q 和 W 不是状态函数，均与路径有关。

自从能量守恒定律被提出以后，人们越来越广泛地认识到能量的重要性。能量在无机界的一切过程中不可或缺，在生命活动、生态系统运行乃至人类经济生活中同样不可或缺。当今，人们讨论全球生存的一个重要问题就是能源问题，人们为合理利用能源和开发新能源而做不懈地努力，然而也有人却在为争夺能源而争吵、而战争。

【例 2-1】 一热力学系统由 A 态到 B 态，沿途径Ⅰ时，放热 100kJ，环境对系统做功 50kJ，计算：

（1）若系统由 A 态沿途径Ⅱ到 B 态，系统对环境做功 80kJ，则 Q 为多少？

（2）若系统由 A 态沿途径Ⅲ到 B 态，吸热 40kJ，则 W 为多少？

（3）系统由 B 态沿途径Ⅳ到 A 态，放热 50kJ，则 W 为多少？

解：（1）由已知条件，$\Delta U_1 = Q_1 + W_1 = -100 + 50 = -50(\mathrm{kJ})$

$$Q_2 = \Delta U_2 - W_2 = \Delta U_1 - W_2 = -50 - (-80) = 30(\mathrm{kJ})$$

即系统从环境吸热 30kJ。

（2）$W_3 = \Delta U_3 - Q_3 = \Delta U_1 - Q_3 = -50 - 40 = -90(\mathrm{kJ})$

即系统对环境做功 90kJ。

（3）$W_4 = \Delta U_4 - Q_4 = -\Delta U_1 - Q_4 = -(-50) - (-50) = 100(\mathrm{kJ})$

即环境对系统作功 100kJ。

2.2 反应热

化学反应时所放出或吸收的热量叫作反应的热效应，简称反应热（heat of reaction）。反反应热是指反应前后系统的温度相同，且系统不做非体积功时放出或吸收的热量。如一氧化碳燃烧生成二氧化碳时放出大量的热，系统的温度也随之升高，但反应热是指在反应后温度回到起始温度（通常指定为 298.15K）时反应过程的热效应。不同温度下，同一反应（包括反应物和生成物的聚集状态等均相同）的热效应有所不同。

2.2.1 等容热效应

等容热效应（isochoric heat effect）即体积不变时进行反应的热效应。在等容过程中，系统的体积不变，即 $\Delta V = 0$，所以 $W = 0$，根据热力学第一定律，则：

$$Q_V = \Delta U \tag{2-2}$$

式中，Q_V为等容热效应。

式（2-2）说明等容热效应等于系统内能的增量。应当说明的是：此式仅说明在等容且不做非体积功的条件下 Q_V与 ΔU 数值相等，切不可认为 Q_V与 ΔU 概念相同。

2.2.2 等压热效应

在等压下进行反应时所产生的热效应称为等压热效应（isobaric heat effect）。大多数化学反应都是在等压条件下（如在大气压下）进行的。此时，不少涉及气体的化学反应都会发生体积变化。在等压条件下，热力学第一定律可写成：

$$Q_p = \Delta U - W$$

式中，Q_p为等压热效应。

因为，系统对环境做功时 W 规定为负值，所以 $W = -p\Delta V = -p(V_2 - V_1)$，因此上式写成：

$$Q_p = \Delta U + p\Delta V \tag{2-3}$$

2.2.3 焓

（1）焓

因为是等压，式（2-3）可写成：

$$Q_p = (U_2 - U_1) + p(V_2 - V_1) = (U_2 + p_2V_2) - (U_1 + p_1V_1)$$

令 $H = U + pV$，上式变为：

$$Q_p = H_2 - H_1 = \Delta H \tag{2-4}$$

H 称为系统的焓（enthalpy），ΔH 叫作焓变（enthalpy change）。由于焓的定义式中包含内能（热力学能），因此焓的绝对数值也是无法确定的，但焓变的数值在系统不做非体积功的条件下等于等压热效应。另外，焓是系统的状态函数，只要系统的状态发生了改变，系统的焓就有可能发生变化。再者，从式（2-4）可以看出，焓和焓变的单位与能量的单位一致，但切不可认为焓是系统含有的能量。实际上焓是没有物理意义的，只是为了研究问题的方便而引入的状态函数。但我们以后经常用焓变 ΔH 来表示等压热效应，以此来表达系统在某个过程中吸收了多少热量或放出了多少热量。

将 $Q_V = \Delta U$ 和 $Q_p = \Delta H$ 分别代入式（2-3）中，则有：

$$Q_p = Q_V + p\Delta V \tag{2-5}$$

$$\Delta H = \Delta U + p\Delta V \tag{2-6}$$

在一般情况中，液态和固态物质的体积变化很小，可以忽略不计，若将反应物或生成物的气体均看成理想气体，则在等温、等压条件下，V 的变化（ΔV）就只取决于反应前后气体的 n 的变化（Δn）。所以式（2-5）、式（2-6）可分别写成：

$$Q_p = Q_V + \Delta nRT \tag{2-7}$$

$$\Delta H = \Delta U + \Delta nRT \tag{2-8}$$

根据式（2-7）、式（2-8）可知，当化学反应（或相转变）的反应物和生成物中均没有气体，或虽然有气体但反应过程前后气体的物质的量（体积）没有改变时，过程的等压热效应 Q_p 和等容热效应 Q_V 相等，过程的焓变 ΔH 和内能变 ΔU 也相等。

【例 2-2】 在 100℃和 100kPa 下，由 1mol $H_2O(l)$汽化变成 1mol $H_2O(g)$。在此汽化过程中 ΔH 和 ΔU 是否相等？若 ΔH=40.63kJ・mol^{-1}，则 ΔU 为多少？

解：该汽化过程可表示为：

$$H_2O\,(l) \xlongequal{\quad} H_2O\,(g)$$

这一过程是在等温、等压和只做体积功的条件下进行的。根据式（2-8）可以得到：

$$\Delta U = \Delta H - \Delta nRT$$

$$\Delta U = [40.63-(1-0)\times 8.314\times 10^{-3}\times(273+100)]\text{kJ}\cdot\text{mol}^{-1}$$

$$= 37.53\text{kJ}\cdot\text{mol}^{-1}$$

（2）化学反应的标准摩尔焓变

化学反应热效应的数值随反应温度、聚集状态、压力等的不同而不同。一些热力学函数（H、U 等）的绝对数值无法测得，只能间接测定它们的增量（ΔH、ΔU 等），但它们的增量也往往随反应温度、聚集状态、压力等的不同而不同。为了便于比较，热力学规定了物质的标准状态（standard state），简称标准态，并在原来的符号上加上标“$\ominus$”以示区别。我国的国家标准选择标准压力 $p^{\ominus}$= 100kPa，把处于 $p^{\ominus}$ 条件下的纯固体、纯液体和压力 $p = p^{\ominus}$ 的气体（混合气体中的某组分，则是指它的分压等于 $p^{\ominus}$）作为标准态。标准态未规定温度，也就是说温度可以是任意的，但通常采用的是 T = 298.15K。比如一瓶氧气的压力为 100kPa，那么不管它的温度是多少，我们都说它处于标准态。反过来说，即使知道某个物质处于标准态，也还需说明它的温度，否则就不够清楚。标准态下状态函数的增量（$\Delta U^{\ominus}$，$\Delta U^{\ominus}$ 等）表示当系统中各物质均处于标准态时该状态函数的增量。

溶液中某组分的标准态是指其浓度等于标准浓度 $c^{\ominus}$=1.0mol・dm^{-3}。

化学反应的标准摩尔焓变用符号“$\Delta_r H_m^{\ominus}$”表示，是指在标准态下按照化学计量关系式，由反应物完全转变为产物所对应的焓变。

2.2.4 热化学方程式

表示化学反应与热效应关系的方程式称为热化学方程式（thermochemical equation）。比如，氢气在 298.15K，100kPa 条件下的燃烧过程可以用下面的热化学方程式表示：

$$H_2(g) + \frac{1}{2}O_2(g) \xlongequal{\quad} H_2O(g) \qquad Q_p = -241.8\text{kJ}\cdot\text{mol}^{-1}$$

说明：

（1）在写热化学方程式时，应注明反应的条件（反应的温度、压力、物质的聚集状态等）。

（2）热化学方程式表示的是一个已经完成的反应。比如上述热化学方程式表示在 298.15K、100kPa 条件下，有 1mol $H_2(g)$和 0.5mol $O_2(g)$发生了反应生成了 1mol $H_2O(g)$的过程中放出的热为 241.8kJ，并不表示反应起始时各物质的量是多少。还有，式（2-7）和式（2-8）

中的 Δn 也是反应过程结束后气体物质的量的实际增量。

（3）反应的热效应与热化学方程式的书写有关（或与反应物的量有关）。根据（2）很容易知道，若将上面的方程式两边同乘以 2，则热效应也为原来的 2 倍，即等于$-483.64\text{kJ}\cdot\text{mol}^{-1}$。此时的热化学方程式可写成：

$$2H_2(g)+O_2(g) = 2H_2O(g) \qquad Q_p=-483.64\text{kJ}\cdot\text{mol}^{-1}$$

它表示每当消耗掉 2mol H_2(g)和 1mol O_2(g)生成 2mol H_2O(g)时就会放热 $483.64\text{kJ}\cdot\text{mol}^{-1}$。应能看出这两种表达方式虽不同，但意思是一样的。

（4）写热化学方程式时，应注明热效应是等压热效应还是等容热效应。

2.2.5 反应热的计算

2.2.5.1 根据物质的标准摩尔生成焓计算反应热

（1）物质的标准摩尔生成焓

在恒温及标准状态下，由指定的纯态单质（通常是最稳定的单质，但有例外）生成 1mol 某物质时的焓变（即等压热效应），称为该物质的标准摩尔生成焓（standard molar enthalpy of formation），用符号“$\Delta_f H_m^\ominus$”表示。

例如，下列反应：

$$C(\text{石墨})+O_2(g) = CO_2(g)$$

这个反应的反应物都是各自的最稳定单质，生成物是 1mol CO_2(g)，所以这个反应的标准摩尔焓变（标准态下的等压热效应）等于 CO_2(g)的标准摩尔生成焓。

因为这个反应在 298.15K 时的标准摩尔焓变 $\Delta_r H_m^\ominus(298.15\text{K})=-393.5\text{kJ}\cdot\text{mol}^{-1}$，所以 CO_2(g)在 298.15K 时的标准摩尔生成焓 $\Delta_f H_m^\ominus(CO_2,g,298.15\text{K})=-393.5\text{kJ}\cdot\text{mol}^{-1}$。

一些物质在 298.15K 时的标准摩尔生成焓“$\Delta_f H_m^\ominus(298.15\text{K})$”的数值可在附录 2 中查到。

由标准摩尔生成焓的定义还可知，任何指定单质的标准摩尔生成焓等于零。

水合离子的标准摩尔生成焓是指在标准状态下，由指定的单质生成 1mol 无限稀溶液中水合离子的焓变。在水溶液中离子总是成对出现的，无法测定单个离子的生成焓，为此人为规定：氢离子的标准摩尔生成焓为零，并经常选定 298.15K，即 $\Delta_f H_m^\ominus(H^+,aq,298.15\text{K})=0$。据此可以获得其他水合离子在 298.15K 时的标准摩尔生成焓（见附录 2）。

最后说明一点，少数的指定单质并不是它的最稳定单质，如 P 的指定单质是 P（白磷），但其最稳定单质却是 P（红磷）。

（2）根据标准摩尔生成焓计算反应热

【例 2-3】 求 298.15K 下反应：

$$CaO(s)+H_2O(l) \longrightarrow Ca(OH)_2(s)$$

的标准摩尔焓变 $\Delta_r H_m^\ominus$（298.15K）

解： 焓 H 是一个状态函数，因此反应的焓变 $\Delta_r H_m^\ominus$ 的数值应与反应过程经历的途径无关，只与系统的始态和终态有关。所以我们可以假定系统从始态（反应物）经历另外一个途径到达了相同的终态（生成物），两种不同路径各自总的 $\Delta_r H_m^\ominus$ 应该相等。

$$CaO(s) \ + \ H_2O(l) \xrightarrow{\Delta_r H_m^\ominus} Ca(OH)_2(s)$$

$$\downarrow \Delta_r H_{m,1}^\ominus \quad \downarrow \Delta_r H_{m,2}^\ominus \qquad \downarrow \Delta_r H_{m,3}^\ominus$$

$$\boxed{Ca(s) + 1/2O_2(g)} + \boxed{H_2(g) + 1/2O_2(g)}$$

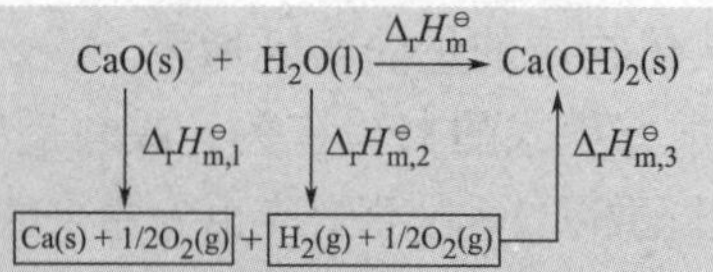

即：$\Delta_r H_m^\ominus(298.15K) = \Delta_r H_{m,1}^\ominus + \Delta_r H_{m,2}^\ominus + \Delta_r H_{m,3}^\ominus$

$$= -\Delta_f H_m^\ominus(CaO,s,298.15K) - \Delta_f H_m^\ominus(H_2O,l,298.15K) +$$

$$\Delta_f H_m^\ominus[Ca(OH)_2,s,298.15K]$$

$$= -(-634.9) - (-285.8) + (-985.2) = -64.5(kJ \cdot mol^{-1})$$

由上例推而广之，任何化学反应的标准摩尔焓变等于生成物的标准摩尔生成焓（乘以系数）之和减去反应物的标准摩尔生成焓（乘以系数）之和。即：

$$\Delta_r H_m^\ominus(298.15K) = \sum \nu_B \Delta_f H_m^\ominus(B, 298.15K) \qquad (2-9)$$

式中，$\Delta_r H_m^\ominus(298.15K)$ 为化学反应在 298.15K 时的标准摩尔焓变；$\Delta_f H_m^\ominus(B, 298.15K)$ 为方程式中任意反应物或生成物 B 在 298.15K 时的标准摩尔生成焓；

ν_B 为 B 的化学计量系数，其数值等于方程式中 B 前的系数，B 若为反应物取负号，为生成物时取正号，如例 2-3 中 CaO(s)、$H_2O(l)$ 和 $Ca(OH)_2(s)$ 的化学计量系数分别为 -1、-1 和 1。

今后计算过程（反应）的标准摩尔焓变时，便可直接应用上式，而不必再设计类似上面的循环。式中 ν_B 在计算时不可遗漏。另外，在计算前查阅 $\Delta_f H_m^\ominus$ 数值时应注意物质的聚集状态，如上例中的 $H_2O(l)$。

化学反应在其他温度时的标准摩尔焓变与 298.15K 时的标准摩尔焓变虽有所不同，但差别不大，可近似用 298.15K 时的标准摩尔焓变代替。即：

$$\Delta_r H_m^\ominus(T) \approx \Delta_r H_m^\ominus(298.15K) \qquad (2-10)$$

学会了这种方法，我们便可以计算任意一个反应的标准摩尔焓变，进而可以知道任意反应在标准态、等压下是放热还是吸热，以及数值是多少。

【例 2-4】 已知葡萄糖的相对分子质量为 180.1，下列光合作用的 $\Delta_r H_m^\ominus = 2802.5 kJ \cdot mol^{-1}$。

$$6CO_2(g) + 6H_2O(l) \xrightarrow{h\nu,\ 叶绿素,\ \Delta_r H_m^\ominus} C_6H_{12}O_6(s) + 6O_2(g)$$

（1）试计算葡萄糖($C_6H_{12}O_6$)的标准摩尔生成焓。

（2）每合成 1kg 葡萄糖需要吸收多少 kJ 太阳能？

解：（1）设葡萄糖 298.15K 时的标准摩尔生成焓为 x，由附录 2 查得：

$$6CO_2(g) + 6H_2O(l) \xrightarrow{h\nu,\ 叶绿素,\ \Delta_r H_m^\ominus} C_6H_{12}O_6(s) + 6O_2(g)$$

$\Delta_f H_m^\ominus(298.15K)/(kJ \cdot mol^{-1})$　 -393.5　 -285.8 　　　　x　　　 0

$$(-6) \times (-393.5) + (-6) \times (-285.5) + x = 2802.5$$

解得 $x = \Delta_f H_m^\ominus(C_6H_{12}O_6,s,298.15K) = -1271.5(kJ \cdot mol^{-1})$

光合作用的 $\Delta_r H_m^\ominus > 0$，表明其为吸热反应。

（2）$Q_p = (m/M) \times \Delta_r H_m^\ominus = (1000/180.1) \times 2802.5 = 1.556 \times 10^4(kJ)$

2.2.5.2 根据盖斯定律计算反应热

出生于瑞士的俄国化学家盖斯（Germain Henri Hess，1802—1850）早年从事分析化学的研究。1830 年，盖斯专门从事化学热效应测定方法的改进工作，曾改进拉瓦锡和拉普拉斯（Pierre-Simon marquis de Laplace，1749—1827）的冰量热计，从而较准确地测定了化学反应中的热量。

1836 年，盖斯经过许多次实验总结出一条规律：任何化学反应，不论是一步完成还是分步进行，其总的热效应是相同的。1840 年，他以热的加和性守恒定律形式发表了他的这一成果，这就是举世闻名的盖斯定律（Hess's law）。

盖斯定律是证明能量守恒的先驱，也是化学热力学的基础。当求一个不能直接发生反应的反应热时，便可以用分步法测定反应热并加和起来而间接求得，故而我们常称盖斯是热化学的奠基人。

实际上，无论化学反应是在等压不做非体积功还是在等容不做非体积功的情况下，盖斯定律都是热力学第一定律的必然结果，正如我们在例 2-3 中看到的。但盖斯定律的提出早于热力学第一定律，它在科学史上的意义是不可磨灭的。从某种意义上说，它第一次告诉世人，化学绝不仅仅是一门实验科学，可以根据能够测定的几个反应的热效应，通过计算得到不能或不便测量的反应热效应。如下述反应的热效应不便测定。

$$C(s) + \frac{1}{2}O_2(g) \xlongequal{} CO(g) \qquad Q_{p1}$$

但下面 2 个反应的热效应可以测定：

$$C(s) + O_2(g) \xlongequal{} CO_2(g) \qquad Q_{p2}$$

$$CO\,(g) + \frac{1}{2}O_2\,(g) \xlongequal{} CO_2(g) \qquad Q_{p3}$$

根据盖斯定律知，$Q_{p2} = Q_{p1} + Q_{p3}$，所以就可知道 $Q_{p1} = Q_{p2} - Q_{p3}$。

作为盖斯定律的拓展，我们还能得出这样的推论：如果一个化学反应可以用几个已知反应通过适当的加减运算（包括乘以系数后再加减）得到，则其热效应也可以用这几个已知反应的热效应通过同样的运算获得（见例 2-5）。

【例 2-5】 已知下列反应在 25℃时的热效应

（1）$Na(s) + \frac{1}{2}Cl_2(g) \xlongequal{} NaCl(s) \qquad \Delta_r H_{m1}^{\ominus} = -411.2kJ \cdot mol^{-1}$

（2）$H_2(g) + S(s) + 2O_2(g) \xlongequal{} H_2SO_4(l) \qquad \Delta_r H_{m2}^{\ominus} = -814.0kJ \cdot mol^{-1}$

（3）$2Na(s) + S(s) + 2O_2(g) \xlongequal{} Na_2SO_4(l) \qquad \Delta_r H_{m3}^{\ominus} = -1387.1kJ \cdot mol^{-1}$

（4）$\frac{1}{2}H_2(g) + \frac{1}{2}Cl_2(g) \xlongequal{} HCl(g) \qquad \Delta_r H_{m4}^{\ominus} = -92.3kJ \cdot mol^{-1}$

计算：（5）$2NaCl(s) + H_2SO_4(l) \xlongequal{} Na_2SO_4(l) + 2HCl(g)$的标准摩尔焓变 $\Delta_r H_{m,5}^{\ominus}$。

解： 根据盖斯定律，用已知热化学方程式进行加减，消去与所求方程式无关的化学式，即(5)=(3)+(4)×2−(1)×2−(2)。

$$\Delta_r H_{m5}^{\ominus} = -1387.1 + (-92.3)\times 2 - (-411.2)\times 2 - (-814.0) = 64.7(kJ \cdot mol^{-1})$$

2.3 化学反应的方向

2.3.1 自发过程的特点

自然界发生的一切过程都具有方向性。例如，水总是从高处流向低处，直至水位一致，而不会自动地向反方向流动；热总是自动地从高温物体传向低温物体（如从冰箱里取出的冰块会融化），直至达到热平衡（温度一致），而不会自动地从低温物体传向高温物体。这种一旦开始便不需要外力维持而能自动进行下去的过程或反应叫作自发过程（spontaneous process）或自发反应。而另一些过程或反应，例如水电解生成氢气和氧气的反应，以及借助水泵的工作使水从低位流向高位等，此类过程的进行需要外力自始至终地维持，外力一旦撤去，过程即终止或向相反方向进行，这样的过程称为非自发过程（non-spontaneous process）。

要说明一个反应是否自发并非总是那么容易，表面现象可能使人作出错误判断。氢和氧的混合气体可以长期保存而不发生任何明显反应，这一事实容易使我们误认为下述反应为非自发过程：

$$2H_2(g) + O_2(g) = 2H_2O(l)$$

然而，如果向混合物中投入一根点燃的火柴或一块铂片，反应便立即发生，并可能发生爆炸，说明上述反应是自发的，因为只需引发，反应就能够自动进行下去，而不需要外力的维持。这里所用“自发”一词，其含义并不暗示反应进行得很快，事实上除非使用适当的催化剂，否则许多反应都进行得非常缓慢。

弄清哪些过程能自发进行或指定反应向哪个方向可以自发进行很有意义。例如，如果能通过简单的计算说明下面的反应。

$$2H_2O(l) \longrightarrow 2H_2(g) + O_2(g)$$

能够自发进行，就能提供获得氢能源的一种理想方案，只需要集中精力寻找到一种催化剂加速反应或找到一种方法引发这个反应即可。再比如若能指出反应：

$$2CO(g) + 2NO(g) \longrightarrow 2CO_2(g) + N_2(g)$$

在常温常压下可以自发进行，就能提供一种理想方法以除去空气中两种极为严重的污染物：一氧化碳和一氧化氮。那么为了引发这个反应而去寻找催化剂或其他手段，也肯定是值得的。反之，如果通过计算能够证明此反应在任何合理的温度和压力下均不能实现，那么也就可以将它搁在一边，集中精力研究去除汽车尾气中这两种污染物的其他反应过程。

那么到底什么样的反应能够自发呢？

2.3.2 焓变与自发过程

能量守恒定律问世不久，人们试图用这个定律解决化学反应的自发性问题。许多化学家都认为他们已经找到了一种能够预言化学反应自发性的普遍标准。当时由巴黎的贝特罗（M. P. E. Berthelot，1827—1907）和哥本哈根的汤姆逊（D. J. Thomson，1826—1909）提出的居于统治地位的思想是：所有自发反应都是放热的。如果这种说法是正确的，那么只需计算一下反应的焓变 ΔH，并看一看它的符号是正还是负，就可以预言反应的自发性了。

结果证明：当时发现的几乎所有放热反应在室温及常压下都是自发的。但这个简单的规则在预言许多相变过程时却受到了挫折。例如，冰的融化虽是吸热过程，但此过程却能在 25℃及 100kPa 下自发进行。另一实例是在室温下硝酸钾、氯化铵等可自发溶于水，尽管它们都是吸热过程。

用 $\Delta H<0$ 作为一种完整的自发性的判据还存在着其他更基本的缺陷。在室温下非自发的吸热反应，当温度升高时变成自发。例如，由石灰石制备二氧化碳和生石灰的反应：

$$CaCO_3(s) \longrightarrow CaO(s) + CO_2(g) \qquad \Delta H = +178\text{kJ} \cdot \text{mol}^{-1}$$

在 25℃和标准压力下，此反应是非自发的，自然界大量的石灰石、大理石能够永世常存，便是明证。然而当温度提高至约 840℃（1113K）时，石灰石在 1 个标准压力下就能分解释放出二氧化碳，如果在更低的压力下，碳酸钙的分解甚至可以更容易，如在 10Pa 的低压下，上述反应在 500℃就变成自发的。这里我们看到，通过提高温度或降低压力，就能使原本吸热的反应自发进行，而 ΔH 则与温度、压力关系不大，仍基本上保持在$+178\text{kJ} \cdot \text{mol}^{-1}$左右。

很明显，虽然 $\Delta H<0$ 在室温和标准压力下是有关反应自发性相当可靠的标志，但是它不能成为所欲探求的普遍标准。

2.3.3 熵变与自发过程

能量守恒定律是一个伟大的定律，法拉第（Michael Faraday，1791—1867）称之为物理学的“最高定律”，克劳修斯（R. J .E. Clausius，1822—1888）称它为“宇宙的一条普遍的基本定律”。能量守恒定律可以与较早建立的质量守恒定律相媲美，它指出能量可以在各种形式之间相互转化，而转化过程中总量不变，但是它并不能指出有关转化方向的新信息。热力学第一定律粉碎了创造第一类永动机（一直工作而不需要消耗能源的机器）的梦想，但人们转而寻求制造第二类永动机，即工作效率为 100%的机器。结果发现这同样是一种梦想，因为研究发现功可以全部转变成热，而热却不能全部转变成功。这说明热和功不完全是一回事。

德国物理学家克劳修斯在 W. 汤姆逊（W. Thomson，1824—1907）、卡诺（N. L. S. Carnot，1796—1832）等人研究的基础上，于 1850 年在他发表的论文中指出在热的理论中，除了能量守恒定律之外，还应补充一条基本定律：“没有某种动力的消耗或其他变化，不可能使热从低温物体转移到高温物体”。这就是克劳修斯表述的热力学第二定律。

克劳修斯得到热力学第二定律后，就想定量地把它表述出来。他认为热力学第一定律引入了“热功当量”概念，才使得热、机械、光、电、化学等各种能量形式之间可以相互直接作定量比较。热力学第二定律也必须引入一个新的概念，才能对所有的转变形式作出定量的比较。他分析了一些具体的转变过程：例如使温度不同的两个物体接触，最后到达平衡态，两物体便有相同的温度，但其逆过程，即具有相同温度的两个物体，不会自行回到温度不同的状态，这说明过程的初态和终态间存在着某种物理性质上的差异，终态比初态具有某种优势。1854 年，克劳修斯引进一个函数来描述这两个状态的差别，它由系统所处的状态所决定，是系统状态的函数。克劳修斯开始把它叫作“转变当量”，1865 年，他取转变的含义，从希腊文中造出 entropy 一词称呼它。1923 年 5 月 25 日德国科学家普朗克来我国讲学时用到 entropy 这个词，胡刚复教授翻译时就把商字的左边加了个火字来代表 entropy，意指它是吸热与温度的商（热温熵的概念超出本书的范围），且与火的动力有关。从而在我国的学术圈里出现了“熵”字。

引入了熵（用符号 S 表示）概念之后，克劳修斯进一步证明孤立系统中实际宏观热现象过程自发进行的方向是使熵单调增大，系统达到平衡态时熵达到最大值，从而给出了过程进行的限度。这就是熵增原理（principle of entropy increase）或熵定律，也是自发过程的熵判据。可用式子表示，即在孤立系统中：

$$\Delta S\begin{cases}>0，\text{过程自发}\\=0，\text{平衡状态}\\<0，\text{过程非自发}\end{cases}$$

ΔS 是过程中熵的增量，称为熵变（entropy change）。20 世纪 50 年代美国出现了信息论，信息论中又出现了所谓“信息熵”，于是“熵”以新的面貌蔓延到非热力学领域。如今熵增原理在信息、生命、社会经济等各个领域得到广泛应用，熵甚至变成了一个哲学概念、一个社会学概念。那么熵到底意味着什么呢？是一种怎样的状态函数呢？

德裔奥地利物理学家，统计力学的奠基者玻尔兹曼（L. E. Boltzmann，1844—1906）证明熵是系统宏观状态所对应的微观状态数的量度，反映系统状态的概率，这又意味着什么呢？

通俗地讲，熵是系统混乱度的量度，而混乱与有序相对，也就是说一个系统越有序，熵值就越小，系统越无序（混乱），熵值就越大。因此根据熵增原理，在孤立系统中的一个非平衡态总是向无序度增加的方向过渡，直至到达平衡状态，系统达到最大的混乱度（无序度）。这样，熵的意义更加明确，也更加具体。人们可以联系到广泛的现象，结果是熵无处不有，无处不在，它是一个处处都可以感觉到的东西。

在香水扩散实验中，香水会挥发，香水分子均匀分布在整个房间中，这个过程是不可逆的，不管等待多久，香水分子也不会再集中到瓶子中去。

在 0K 时，一个完整无损的纯净晶体，其组分粒子（原子、分子或离子）都处于完全有序的排列状态，因此，可以把任何纯净的完整的晶态物质在 0K 时的熵值规定为零。这就是热力学第三定律。以此为基础，可求得物质在任意温度 T 时的熵值，称为规定熵（也称为绝对熵）。单位物质的量的纯物质在标准状态下的规定熵叫作该物质的标准摩尔熵，以 $S_m^\ominus$ 表示。书后附录 2 给出了一些纯物质在 298.15K 时的标准摩尔熵 $S_m^\ominus$(298.15K)。熵的单位是 $J \cdot mol^{-1} \cdot K^{-1}$。

根据熵的物理意义很容易理解物质熵值大小的影响因素：

（1）物质的聚集状态。对同一物质而言，气态时的标准摩尔熵最大，固态时标准摩尔熵最小，即 $S_m^\ominus(g) > S_m^\ominus(l) > S_m^\ominus(s)$。

（2）温度。同一物质的同一聚集状态，其标准摩尔熵随温度的升高而增大。

（3）组成、结构。一般说来，在温度和聚集状态相同时，分子或晶体结构复杂的物质的标准摩尔熵大于结构简单的物质的标准摩尔熵，如 Na 的标准摩尔熵小于 Na_2SO_4 的标准摩尔熵。

此外，对于温度相同的同一种气体，低压时更为无序，熵值更大；混合物或溶液的熵值一般大于纯物质的熵值。

熵既然与焓一样是状态函数，所以化学反应的熵变 $\Delta_r S_m^\ominus$ 也与化学反应的焓变的计算方法相同，只取决于反应的始态和终态，而与变化的途径无关。比如应用物质在 298.15K 时的标准

摩尔熵 $S_m^\ominus$(298.15K)的数值可以算出化学反应在 298.15K 时的标准摩尔熵变 $\Delta_r S_m^\ominus$(298.15K)。计算公式为：

$$\Delta_r S_m^\ominus(298.15\text{K}) = \sum \nu_B S_m^\ominus(\text{B},298.15\text{K}) \tag{2-11}$$

式中，$\Delta_r S_m^\ominus$(298.15K)为化学反应在 298.15K 时的标准摩尔熵变；$S_m^\ominus$(B, 298.15K)为化学方程式中任意反应物或生成物 B 在 298.15K 时的标准摩尔熵；ν_B 为 B 的化学计量系数。

化学反应在其他温度时的标准摩尔熵变与 298.15K 时的标准摩尔熵变虽有所不同，但差别不大，可近似用 298.15K 时的标准摩尔熵变代替。即：

$$\Delta_r S_m^\ominus(T) \approx \Delta_r S_m^\ominus(298.15\text{K}) \tag{2-12}$$

虽然 $\Delta_r H_m^\ominus$ 和 $\Delta_r S_m^\ominus$ 均与温度关系不大，但是精确计算 $\Delta H_m^\ominus$ 和 $\Delta S_m^\ominus$ 的值超出了本书的范围，故在后面的叙述中除特别需要将不再标注温度。

【例 2-6】 试计算下列反应的标准摩尔熵变：

$$4NH_3(g) + 5O_2(g) \xlongequal{\quad} 4NO(g) + 6H_2O(g)$$

解：查附录 2 可得反应中各物质在 298.15K 时的标准摩尔熵

	$4NH_3(g)$	$5O_2(g)$	$4NO(g)$	$6H_2O(g)$
$S_m^\ominus/\text{J}\cdot\text{mol}^{-1}\cdot\text{K}^{-1}$	192.8	205.2	210.8	188.8

$$\begin{aligned}\Delta_r S_m^\ominus &= [4S_m^\ominus(\text{NO,g}) + 6S_m^\ominus(\text{H}_2\text{O,g})] - [4S_m^\ominus(\text{NH}_3\text{,g}) + 5S_m^\ominus(\text{O}_2\text{,g})] \\ &= [(4\times210.8+6\times188.8)-(4\times192.8+5\times205.2)]\ \text{J}\cdot\text{mol}^{-1}\cdot\text{K}^{-1} \\ &= 178.8\text{J}\cdot\text{mol}^{-1}\cdot\text{K}^{-1}\end{aligned}$$

2.3.4 吉布斯函变与化学反应的方向

2.3.4.1 化学反应方向的普遍判据

在前文曾经谈到，用焓变 $\Delta_r H_m^\ominus < 0$ 作为反应自发性的判据只适用于在室温、常压及熵变不大的反应；而用熵增原理（$\Delta_r S_m^\ominus > 0$）作为反应自发性的判据则只适用于孤立系统。对于非孤立系统，若要应用熵增原理判断反应是否自发，则必须同时考虑环境的熵变。也就是要看系统的熵变与环境的熵变之和是否大于零，即用下式作判断：

$$\Delta_r S_{sys.} + \Delta_r S_{surr.} > 0$$

比如，乙炔的燃烧反应在 298.15K 时的标准摩尔熵变小于零（读者可自行计算 $\Delta_r S_{sys.}$ 值），显然是一个非自发过程；又如水转化为冰的过程的标准摩尔熵变也小于零，在 298.15K 时也确实是一个非自发过程，但在温度低于零摄氏度的条件下却变成了自发过程。虽然计算环境的熵变不方便，但从上面的例子可以看出，反应的自发性与反应的焓变、熵变及温度均有关系。

美国物理化学家吉布斯（J. Willard Gibbs，1839—1903）于 1876 年，德国物理学家、生理学家亥姆霍兹于 1882 年，各自独立提出了一个综合系统的焓变、熵变和温度三者关系的吉布斯-亥姆霍兹方程。

1876年，吉布斯在康涅狄格科学院学报上发表了题为《论非均相物质之平衡》的著名论文的第一部分。当这篇长达三百余页的论文于1878年完成时，化学热力学的基础也就奠定了。在这篇论文中他首次提出了自由能的概念，并以严密的数学形式和严谨的逻辑推理，导出了数百个公式。吉布斯和亥姆霍兹与麦克斯韦（J. C. Maxwell，1831—1879）一样是19世纪为数不多的杰出的理论学者，由于他们导出了某些可以支配物理和化学过程中物质行为的数学定律而改变了化学的真正面貌。而在他们之前，化学实际上是一门实验科学。

吉布斯-亥姆霍兹方程今天的表述为：在等温、等压下

$$\Delta_r G_m(T) = \Delta_r H_m(T) - T\Delta_r S_m(T) \tag{2-13}$$

式中，$G(T) = H(T) - TS(T)$，$G(T)$是吉布斯所定义的状态函数，称为吉布斯函数（或称为吉布斯自由能），$\Delta_r G_m(T)$是温度为T时化学反应的吉布斯函数变（change of Gibbs function，简称吉布斯函变）。

吉布斯提出：在等温、等压条件下，$\Delta_r G_m(T)$可作为过程或反应自发性的判据。即：

$$\Delta G\begin{cases}<0，\text{过程自发}\\=0，\text{平衡状态}\\>0，\text{过程非自发（或逆向自发）}\end{cases}$$

也就是说，在等温、等压条件下，任何自发过程总是朝着吉布斯函数（G）减小的方向进行，当到达平衡状态时，系统的G值降到最小，此时，G值随时间的变化为0，即$\Delta G=0$。

显然，系统的吉布斯函数是个状态函数，它和系统的焓一样没有明确的物理意义，但有了它们，在解决很多热力学问题时显得非常方便和得心应手。不过从中我们还是可以看出，系统吉布斯函数高的状态不稳定，存在向吉布斯函数低的状态转变的趋势，换句话说系统始终态之间存在吉布斯函数值的差，始态的吉布斯函数值高，终态的低，就像水位差一样是自发反应的推动力。

2.3.4.2 标准摩尔吉布斯函数变$\Delta_r G_m^\ominus(T)$的计算

（1）298.15K时反应的标准摩尔吉布斯函数变$\Delta_r G_m^\ominus(298.15\text{K})$的计算

在恒温及标准态下，由指定的（通常是最稳定的，但也有例外）纯态单质生成1mol某物质时的摩尔吉布斯函数变称为该物质的标准摩尔生成吉布斯函数，以符号$\Delta_f G_m^\ominus(T)$表示。

根据定义可知，任何指定的纯态单质在任意温度下的标准摩尔生成吉布斯函数均为零。而且对于有离子参加的反应，规定氢离子的标准摩尔生成吉布斯函数为零，这样就可以求出其他离子的标准摩尔生成吉布斯函数。常见物质在298.15K时的标准摩尔生成吉布斯函数$\Delta_f G_m^\ominus(298.15\text{K})$可在书后附录2中查阅。

由式$G(T) = H(T) - TS(T)$可知，物质的摩尔吉布斯函数也是一个状态函数，所以化学反应的摩尔吉布斯函数变（$\Delta_r G_m$）也与化学反应的焓变和熵变的计算方法相同，只取决于反应的始态和终态，而与变化的途径无关。应用物质在298.15K时的标准摩尔生成吉布斯函数$\Delta_f G_m^\ominus(298.15\text{K})$的数值可以算出化学反应在298.15K时的标准摩尔吉布斯函数变$\Delta_r G_m^\ominus(298.15\text{K})$。计算公式为：

$$\Delta_r G_m^\ominus(298.15\text{K}) = \sum \nu_B \Delta_f G_m^\ominus(\text{B}, 298.15\text{K}) \tag{2-14}$$

式中，$\Delta_r G_m^\ominus$(298.15K)为化学反应在 298.15K 时的标准摩尔吉布斯函数变；$\Delta_f G_m^\ominus$(B, 298.15K)为方程式中任意反应物或生成物 B 在 298.15K 时的标准摩尔生成吉布斯函数；ν_B 为 B 的化学计量系数。

（2）任意温度时反应的标准摩尔吉布斯函数变 $\Delta_r G_m^\ominus(T)$ 的计算

用上面的方法只能计算 298.15K 时的标准摩尔吉布斯函数变，而标准态可为任意温度。能不能用 298.15K 时的标准摩尔吉布斯函数变近似代替任意温度时的标准摩尔吉布斯函数变呢？根据吉布斯-亥姆霍兹方程可知，这样做显然不行。但是，前面我们曾经说过标准摩尔焓变和标准摩尔熵变受温度的影响均不大，在近似计算时可不考虑温度对它们的影响。即：

$$\Delta_r H_m^\ominus(T) \approx \Delta_r H_m^\ominus(298.15\text{K})$$

$$\Delta_r S_m^\ominus(T) \approx \Delta_r S_m^\ominus(298.15\text{K})$$

因此，根据吉布斯-亥姆霍兹方程得到：

$$\Delta_r G_m^\ominus(T) = \Delta_r H_m^\ominus(T) - T\Delta_r S_m^\ominus(T)$$

将上两式代入得：

$$\Delta_r G_m^\ominus(T) \approx \Delta_r H_m^\ominus(298.15\text{K}) - T\Delta_r S_m^\ominus(298.15\text{K}) \quad (2\text{-}15)$$

简写为：

$$\Delta_r G_m^\ominus(T) \approx \Delta_r H_m^\ominus - T\Delta_r S_m^\ominus \quad (2\text{-}16)$$

此式可用于估算任意温度时反应的标准摩尔吉布斯函数变 $\Delta_r G_m^\ominus(T)$。用例 2-7 来进一步说明温度为 298.15K 和任意温度时，反应的标准摩尔吉布斯函数变 $\Delta_r G_m^\ominus(T)$ 的计算。

【例 2-7】 试分别计算石灰石（$CaCO_3$）热分解反应在 298.15K 和 1273K 两个温度下的标准摩尔吉布斯函变 $\Delta_r G_m^\ominus$(298.15K)和 $\Delta_r G_m^\ominus$(1273K)，并分析该反应的自发性。

解：化学方程式为　$CaCO_3(s) = CaO(s) + CO_2(g)$

（1）$\Delta_r G_m^\ominus$(298.15K)的计算

方法（Ⅰ）：利用 $\Delta_f G_m^\ominus$(298.15K)的数据计算可得：

$$\Delta_r G_m^\ominus(298.15\text{K}) = [\Delta_f G_m^\ominus(298.15\text{K}, CaO, s) + \Delta_f G_m^\ominus(298.15\text{K}, CO_2, g)] - [\Delta_f G_m^\ominus(298.15\text{K}, CaCO_3, s)]$$

$$= [(-603.3) + (-394.4) - (-1129.1)]\text{kJ} \cdot \text{mol}^{-1} = 131.4\text{kJ} \cdot \text{mol}^{-1}$$

方法（Ⅱ）：利用 $\Delta_f H_m^\ominus$(298.15K)和 $S_m^\ominus$(298.15K)的数据，分别求出 $\Delta_r H_m^\ominus$ 和 $\Delta_r S_m^\ominus$ 值，再按照吉布斯-亥姆霍兹方程求得反应的 $\Delta_r G_m^\ominus$(298.15K)。

$$\Delta_r G_m^\ominus(298.15\text{K}) = \Delta_r H_m^\ominus - T\Delta_r S_m^\ominus = (179.2 - 298.15 \times 160.2 \times 10^{-3})\text{kJ} \cdot \text{mol}^{-1} = 131.4\text{kJ} \cdot \text{mol}^{-1}$$

（2）$\Delta_f G_m^\ominus$(1273K)的计算，步骤同上面方法（Ⅱ）：

$$\Delta_r G_m^\ominus(1273\text{K}) \approx \Delta_r H_m^\ominus - T\Delta_r S_m^\ominus = (179.2 - 1273 \times 160.2 \times 10^{-3})\text{kJ} \cdot \text{mol}^{-1} = -24.7\text{kJ} \cdot \text{mol}^{-1}$$

（3）反应自发性的分析

根据以上计算可以作出结论，在标准态下，石灰石（$CaCO_3$）的分解反应在 298.15K 时为非自发的，而在 1273K 时是自发的。

2.3.4.3 任意状态下的摩尔吉布斯函数变的计算

前面所涉及的均为系统处于标准态的情况，比如上例中的结论：1273K 下石灰石分解反应可自发，也是指反应在标准态下进行时才正确。但化学反应大多数是在非标准态下进行的。再比如，甲烷的燃烧反应：

$$CH_4(g) + 2O_2(g) = CO_2(g) + 2H_2O(l)$$

按标准状态的确切定义，若要该反应在标准状态下进行，则需要反应系统所涉及的各物质均应为标准状态。即使将水看成纯态物质，那至少也需要 CH_4、O_2、CO_2 三种气体的分压（不是总压）均等于 $p^{\ominus}$，即：

$$p(CH_4)=100kPa，p(O_2)=100kPa，p(CO_2)=100kPa$$

显然在通常情况下无法满足这一条件。那么对于大多数非标准态下的化学反应，其摩尔吉布斯函数变即非标准态的吉布斯函数变 $\Delta_r G_m(T)$ 可根据下列范特霍夫等温方程式求取：

$$\Delta_r G_m(T) = \Delta_r G_m^{\ominus}(T) + RT\ln Q \tag{2-17}$$

式中，R 和 T 分别是摩尔气体常数和温度；Q 称为反应商（reaction quotient）。对于下列一般反应：

$$aA + dD = gG + hH$$

若 A、D、G、H 均为气体，则：

$$Q = \frac{\left(\dfrac{p_G}{p^{\ominus}}\right)^g \left(\dfrac{p_H}{p^{\ominus}}\right)^h}{\left(\dfrac{p_A}{p^{\ominus}}\right)^a \left(\dfrac{p_D}{p^{\ominus}}\right)^d}$$

若 A、D、G、H 均为溶液，则：

$$Q = \frac{\left(\dfrac{c_G}{c^{\ominus}}\right)^g \left(\dfrac{c_H}{c^{\ominus}}\right)^h}{\left(\dfrac{c_A}{c^{\ominus}}\right)^a \left(\dfrac{c_D}{c^{\ominus}}\right)^d}$$

若为混合型的，即反应物和生成物中有的是气体，有的是溶液，有的是纯固体或纯液体，则在 Q 表达式中，物质 B 是气体的用相对压力 $p_B/p^{\ominus}$ 代入，溶液用相对浓度 $c_B/c^{\ominus}$ 代入，纯液体和纯固体及溶剂可在 Q 的表达式中不出现，或视其相对压力或相对浓度等于 1。

【例 2-8】 试通过计算说明在 1000K 下：（1）标准态时；（2）CO_2 的分压为 100Pa 时，石灰石（$CaCO_3$）分解反应能否自发。

解：（1）根据例 2-7 可知反应在 1000K，标准态时

$$\Delta_r G_m(1000K) = \Delta_r G_m^{\ominus}(1000K) \approx \Delta_r H_m^{\ominus} - T\Delta_r S_m^{\ominus}$$

$$= (179.2-1000\times160.2\times10^{-3})kJ \cdot mol^{-1} = 19.0kJ \cdot mol^{-1}$$

因为 $\Delta_r G_m > 0$，因此反应是非自发的。

（2）当反应在 1000K，CO_2 的分压为 100Pa（非标准态）时，根据式 2-17 范特霍夫等温方程得到

$$\Delta_r G_m(1000\text{K}) = \Delta_r G_m^{\ominus}(1000\text{K}) + RT\ln Q = \Delta_r G_m^{\ominus}(1000\text{K}) + RT\ln\,[p(CO_2)/p^{\ominus}]$$

$$= 19.0 + 10^{-3}\times 8.314\times 1000\ln(100\times 10^{-3}/100) = -38.4\text{kJ}\cdot\text{mol}^{-1}$$

可见，石灰石（$CaCO_3$）分解反应在 1000K 下，当 CO_2 的分压由 $p^{\ominus}$ 降低至 100Pa 时，由非自发变成了自发。

2.3.4.4 吉布斯函数的应用

总结一下影响化学反应方向的因素。首先，作为反应方向的普遍性判据，可以用 $\Delta_r G<0$ 得到准确而可靠的结论，这里不再赘述。下面将通过范特霍夫等温方程式从吉布斯函数 $\Delta_r G$ 的构成上来定性地分析一下影响化学反应方向的因素。

（1）内因——标准摩尔吉布斯函数变 $\Delta_r G_m^{\ominus}$

根据等温方程式 $\Delta_r G_m = \Delta_r G_m^{\ominus} + RT\ln Q$，第一项 $\Delta_r G_m^{\ominus}$ 是影响吉布斯函数的主要因素，是内因，由化学反应的本质决定。它在很大程度上决定了化学反应的方向。如果 $\Delta_r G_m^{\ominus}$ 是一个绝对值很大的负数或正数，那基本上可以断定反应是自发的或非自发的。如果 $\Delta_r G_m^{\ominus}$ 的绝对值不是很大，那不管是正是负，反应的方向都有可能因第二项 $RT\ln Q$ 而发生逆转，正如我们在例 2-7 和例 2-8 中看到的。一般认为：

$\Delta_r G_m^{\ominus} < -40\text{kJ}\cdot\text{mol}^{-1}$，正向自发；

$\Delta_r G_m^{\ominus} > 40\text{kJ}\cdot\text{mol}^{-1}$，正向非自发（逆向自发）；

$-40\text{kJ}\cdot\text{mol}^{-1} < \Delta_r G_m^{\ominus} < 40\text{kJ}\cdot\text{mol}^{-1}$，必须做进一步分析，才能作出判断。

需要指出的是，上述原则不是绝对的，只是一个近似的判断。

进一步的分析。由 $\Delta_r G_m(T) = \Delta_r H_m(T) - T\Delta_r S_m(T)$ 可以看出焓变 $\Delta_r H_m(T)<0$ 有助于自发，即：放热对反应正向自发有利。由于一般的化学反应的熵变较小，即 $\Delta S_m^{\ominus}$ 的绝对值较小，因此特别对于在常温（T 也较小）下进行的反应 $T\Delta_r S_m(T)$ 项对 $\Delta_r G_m(T)$ 影响较小，因而才会出现历史上将反应放热作为自发性判据的错误认识。

另外，由 $\Delta_r G_m(T) = \Delta_r H_m(T) - T\Delta_r S_m(T)$ 还可看出，对于任意过程都存在：$\Delta_r S_m(T)>0$ 即熵增对反应正向自发有利。特别地，在等温、等压且不做非体积功的孤立系统中，$\Delta_r H_m(T) = 0$，只有 $T\Delta S_m^{\ominus}$ 的值影响 $\Delta_r G_m(T)$ 的值，因此，在此种情况下，熵增过程即是自发过程。

（2）外因——反应商

根据等温方程式，反应商 Q 的数值发生变化可能导致 $\Delta_r G_m(T)$ 的符号发生变化（特别是当 $\Delta_r G_m^{\ominus}$ 的绝对值不是很大的情况下），从而对反应方向产生影响。将在化学平衡的移动一节中详细讨论。

（3）温度

温度是影响反应自发性的重要而又特别的外部因素。一方面 T 放大了 ΔS 对范特霍夫等温方程式第一项 $\Delta_r G_m^{\ominus}$ 的影响，当 $\Delta S>0$，即熵变对自发有利时，由 $\Delta_r G_m^{\ominus}(T) = \Delta_r H_m^{\ominus} - T\Delta_r S_m^{\ominus}$ 可以看出此时温度越高对自发越有利；反之，当 $\Delta S<0$，即熵变对自发不利时，则温度越高对自发越不利。另一方面温度也通过影响等温方程式的第二项来影响反应自发性。

在不考虑 Q（浓度、压力）的影响下，温度对自发性的影响情况见表 2-1。

表 2-1 定压下一般反应自发性的几种情况

分类	反应举例	ΔH	ΔS	$\Delta G=\Delta H-T\Delta S$	（正）反应的自发性
①	$H_2(g)+Cl_2(g) = 2HCl(g)$	−	+	−	任意温度自发
②	$CO(g) = C(s)+\frac{1}{2}O_2(g)$	+	−	+	任意温度非自发
③	$CaCO_3(s) = CaO(s)+CO_2(g)$	+	+	高温时为−	高温自发
④	$N_2(g)+3H_2(g) = 2NH_3(g)$	−	−	低温时为−	低温自发

表中后两种情况下存在自发性转变温度的问题，即当温度升高到一定数值时，反应能从不自发转变为自发（上表第③类）或者从自发转变为非自发（上表第④类）。可按下述方法估算自发性转变温度：

因为具体的反应条件千变万化，作为一般讨论，我们通过假设反应在标准状态下进行，从而得出近似结论。因此：

$$\Delta_r G(T)=\Delta_r G_m^{\ominus}(T)\approx\Delta_r H_m^{\ominus}(298.15K)-T\Delta_r S_m^{\ominus}(298.15K)$$

在自发性发生逆转时：

$$\Delta_r G(T)=0\approx\Delta_r H_m^{\ominus}(298.15K)-T\Delta_r S_m^{\ominus}(298.15K)$$

转变点温度：

$$T\approx\frac{\Delta_r H_m^{\ominus}(298.15K)}{\Delta_r S_m^{\ominus}(298.15K)} \tag{2-18}$$

比如可以用这种方法估算 $CaCO_3$ 分解反应（见例 2-7）自发性转变温度为：

$$T=179.2\times10^3/160.2=1119(K)$$

2.4 化学反应的限度——化学平衡

化学热力学除了要解决反应的自发性或方向性问题外，还要解决能够自发进行的反应所能达到的最大限度即化学平衡问题。解决好这个问题，可以了解在指定条件下，反应物可以在多大程度上转变成生成物，以及通过何种原则改进工艺，提高某些原料的转化率等。

2.4.1 化学平衡与平衡常数

（1）化学平衡（chemical equilibrium）

大部分的化学反应是可逆的，这样的化学反应在同一条件下既有可能正向进行，又有可能逆向进行。化学反应的 $\Delta_r G_m^{\ominus}$ 一般在−40～+40kJ·mol^{-1}之间，反应从内因上说不具有向右或向左的绝对倾向。此时范特霍夫等温方程式中后一项 $RT\ln Q$ 的影响变得显著起来，改变浓度、压力（导致 Q 改变）或改变温度 T 有可能改变反应的方向。

对于可逆反应，如果反应物（始态）的吉布斯函数的总和（G_1）高于生成物（终态）的吉布斯函数的总和（G_2），反应就能够正向自发进行。在反应过程中，随着反应物逐步转变成生成物，反应物的吉布斯函数的总和逐渐减少，生成物的吉布斯函数的总和逐渐增加，直至最后反应物的吉布斯函数之和等于生成物的吉布斯函数之和，反应便达到平衡。

也就是说，反应因反应物和生成物的吉布斯函数之间存在差值（$\Delta G<0$）而能自发进行，直至这种差值消失（$\Delta G=0$）时达到平衡状态，此后当条件改变而使反应物和生成物的吉布斯函数不再相等时，平衡将发生移动，重新向着 $\Delta G<0$ 的方向自发进行。

就好像有一个高位水槽（水槽 1），如果将它通过管道与另一低位水槽（水槽 2）相连，水槽 1 里的水（反应物）就会不断流向水槽 2（生成物），在这一过程中，水槽 1 里的水位逐渐下降，水槽 2 里的水位逐渐上升，直至最后达到一致（平衡状态）。平衡状态是过程所能到达的最大限度。到达平衡状态后，水槽 1 里的水不可能继续下降，而水槽 2 里的水也不可能继续上升，但是两水槽里的水仍会相互流动，只是在单位时间里，从水槽 1 流向水槽 2 里的水与反向流入水槽 1 里的水数量相等。此后如果因为某种原因，两水槽之一的水位高于另一个，而在两者之间重新出现水位差时，则高位水槽里的水又会不断流入低位水槽，直至在新的水位下达到平衡状态。

综上所述，对于可逆反应而言，平衡状态是反应在给定条件下所能达到的最大限度；而这种平衡是一个动态平衡；且当条件改变时，原有的平衡状态将被打破，系统将寻求新的平衡状态。因此，平衡是动态的、相对的、暂时的、有条件的，而不平衡是绝对的、永恒的。

（2）平衡常数（equilibrium constant）

通过以上通俗的例子讨论了平衡状态的特征。那么如何定量的表征一个化学反应的平衡状态呢？

根据等温方程式：$\Delta_r G_m(T)=\Delta_r G_m^{\ominus}(T)+RT\ln Q$

平衡时，$\Delta_r G_m(T)=0$，即：

$$\Delta_r G_m^{\ominus}(T)+RT\ln Q^{eq}=0$$

$$\Delta_r G_m^{\ominus}(T)=-RT\ln Q^{eq}$$

Q^{eq} 是平衡时的反应商，令 $K^{\ominus}=Q^{eq}$，得到：

$$\Delta_r G_m^{\ominus}(T)=-RT\ln K^{\ominus} \tag{2-19}$$

因为 $\Delta_r G_m^{\ominus}(T)$ 和 T 在一定条件下均为定值，则 $K^{\ominus}$ 在一定条件下是个常数，称为标准平衡常数，简称平衡常数，对于给定反应来说，其数值与温度有关，而与分压或浓度无关。

对于一个给定的化学反应，不管经历的途径是否相同，也不管反应起始时各相关物质的浓度或分压差别多大，对于给定的化学反应在相同的温度下达到平衡，那么根据平衡组成法（$K^{\ominus}=Q^{eq}$）或采用 $\Delta_r G_m^{\ominus}(T)=-RT\ln K^{\ominus}$ 的热力学算法算出的 $K^{\ominus}$ 值都是一样的。

在使用 $K^{\ominus}$ 的表达式时应注意几个问题：

① 在应用 Q 的表达式计算 $K^{\ominus}$ 时相关物质的浓度或分压均应以平衡时的数值代入。否则计算出的只能是 Q 值，而不是 $K^{\ominus}$ 值。对于在特定温度下的特定反应而言，Q 值有无数个，而 $K^{\ominus}$（平衡常数）的数值只有一个。

② 直接测量混合气体中各组分气体的分压很困难，压力表测得的是混合气体的总压力，因此在计算平衡常数 $K^{\ominus}$ 时，要特别注意先应用道尔顿分压定律算出有关组分气体的分压。

③ 由于平衡常数的数值与温度有关，书写 $K^{\ominus}$ 的表达式时应注明温度，用 $K^{\ominus}(T)$表示。

④ 因为 $\Delta_r G_m^{\ominus}(T)$ 与方程式的书写有关，所以 $K^{\ominus}$ 的数值也与化学方程式的书写有关。因此，在表达或应用平衡常数时，必须注意与其相对应的化学方程式的书写方式。

如：$N_2(g) + 3H_2(g) \xlongequal{} 2NH_3(g)$ 平衡常数为 $K^{\ominus}$

$2NH_3(g) \xlongequal{} N_2(g) + 3H_2(g)$ 平衡常数为 $K_1^{\ominus}$

$2N_2(g) + 6H_2(g) \xlongequal{} 4NH_3(g)$ 平衡常数为 $K_2^{\ominus}$

则 $K^{\ominus} = 1/K_1^{\ominus}$； $K_2^{\ominus} = (K^{\ominus})^2$

⑤ 在实际的化学过程中，如果某个化学方程式可由另外两个（或多个）化学方程式相加（或相减）得到，则该反应的平衡常数等于这几个反应的平衡常数的积（或商）。这叫作多重平衡规则。如：

1）$H_2S(aq) \rightleftharpoons 2H^+(aq) + S^{2-}(aq)$ $K_1^{\ominus}$

2）$H_2S(aq) \rightleftharpoons H^+(aq) + HS^-(aq)$ $K_2^{\ominus}$

3）$HS^-(aq) \rightleftharpoons H^+(aq) + S^{2-}(aq)$ $K_3^{\ominus}$

反应 1）= 反应 2）+ 反应 3），因而得到

$$\Delta_r G_{m1}^{\ominus}(T) = \Delta_r G_{m2}^{\ominus}(T) + \Delta_r G_{m3}^{\ominus}(T)$$

式中 $\Delta_r G_{m1}^{\ominus}(T)$ 、$\Delta_r G_{m2}^{\ominus}(T)$ 和 $\Delta_r G_{m3}^{\ominus}(T)$ 分别为反应 1）、2）、3）在温度为 T 时的标准摩尔吉布斯函数变。

根据式 $\Delta_r G_m^{\ominus}(T) = -RT\ln K^{\ominus}$，上式可写成：

$$-RT\ln K_1^{\ominus} = -RT\ln K_2^{\ominus} - RT\ln K_3^{\ominus}$$

即：

$$\ln K_1^{\ominus} = \ln K_2^{\ominus} + \ln K_3^{\ominus} = \ln(K_2^{\ominus} K_3^{\ominus})$$

所以：

$$K_1^{\ominus} = K_2^{\ominus} K_3^{\ominus}$$

同理，由于反应 3）=反应 1）−反应 2），因而存在：

$$K_3^{\ominus} = K_1^{\ominus} / K_2^{\ominus}$$

（3）平衡常数的应用

平衡常数的大小可以表示反应所能进行的程度。通常平衡常数 $K^{\ominus}$ 越大，表示达到平衡时生成物分压或浓度相对越大，或反应物分压或浓度相对越小，也就是（正）反应可以进行得越彻底。

注意：两个反应必须是同一温度且平衡常数表达式的形式（包括指数）相类似才能用平衡常数的值来直接比较反应程度大小，否则需进行换算。如下列两个化学反应就可以用平衡常数的数值来比较它们在某一个相同的温度下反应的完全程度。

$$2NO(g) + O_2(g) \rightleftharpoons 2NO_2(g)$$

$$2CO(g) + O_2(g) \rightleftharpoons 2CO_2(g)$$

利用某一反应的平衡常数，可以从起始时反应物的量，计算达到平衡时各反应物和生成物的量以及反应物的转化率。

某反应物的转化率：指该反应物已转化了的量占其起始量的百分数。

$$\text{某反应物的转化率} = \frac{\text{某反应物已转化的量}}{\text{该反应物起始的量}} \times 100\%$$

只要知道某反应物的起始物质的量（或者浓度、分压），再根据平衡常数求出其平衡时的物质的量（或者浓度、分压），便可以计算出该反应物的转化率。转化率是平衡时某反应物转化成生成物的量度，生成物无所谓转化率的概念。

（4）化学平衡的计算

从前面的讨论可知，化学反应的标准平衡常数可以通过三种方法求得：一是热力学方法，即利用式（2-19）求取；二是利用平衡组成，即通过求取平衡时的 Q 值来求得；三是根据多重平衡规则，利用几个已知反应的平衡常数来求取未知反应的平衡常数。

当然，如果知道了反应的平衡常数，也可以反过来求反应的标准吉布斯函数变、平衡时的组成以及反应物的转化率等。

【例 2-9】 由实验测得合成氨反应于 773K 达平衡后，各物质的分压数据（单位：Pa）如下：

N_2 +	$3H_2$ $\rightleftharpoons$	$2NH_3$
4.20×10^6	12.6×10^6	3.65×10^6

试计算 773K 下该反应的标准平衡常数 $K^{\ominus}$ 值。

解： $N_2 + 3H_2 \rightleftharpoons 2NH_3$

$$K^{\ominus} = \frac{(p_{NH_3}/p^{\ominus})^2}{(p_{N_2}/p^{\ominus})(p_{H_2}/p^{\ominus})^3} = \frac{(3.65\times10^6\times10^{-3}/100)^2}{(4.20\times10^6\times10^{-3}/100)(12.6\times10^6\times10^{-3}/100)^3} = 1.59\times10^{-5}$$

【例 2-10】 应用热力学的方法计算合成氨反应在 500K 时的标准平衡常数。

解：

	$N_2(g)$ +	$3H_2(g)$ $\rightleftharpoons$	$2NH_3(g)$
$\Delta_f H_m^{\ominus}(298.15K)$ /kJ • mol^{-1}	0	0	−45.9
$S_m^{\ominus}(298.15K)$ /J • mol^{-1} • K^{-1}	191.6	130.7	192.8

$$\Delta_r H_m^{\ominus}(298.15K) = 2\times(-45.9)\text{kJ} \cdot \text{mol}^{-1} = -91.8\text{kJ} \cdot \text{mol}^{-1}$$

$$\Delta_r S_m^{\ominus}(298.15K) = 2\times192.8-191.6-3\times130.7\text{J} \cdot \text{mol}^{-1} \cdot \text{K}^{-1} = -198.1\text{J} \cdot \text{mol}^{-1} \cdot \text{K}^{-1}$$

$$\Delta_r G_m^{\ominus}(500K) \approx [-91.8-500\times(-198.1)\times10^{-3}]\text{kJ} \cdot \text{mol}^{-1} = 7.25\text{kJ} \cdot \text{mol}^{-1}$$

根据式（2-19）得：

$$\Delta_r G_m^{\ominus}(500K) = -8.314\times500\ln K^{\ominus} = 7.25\times10^3\text{J} \cdot \text{mol}^{-1}$$

$$K^{\ominus}(500K) = 0.17$$

【例 2-11】 1000K 下，在等容容器中发生如下反应：

$$2NO(g) + O_2(g) \longrightarrow 2NO_2(g)$$

反应发生前 NO、O_2 及 NO_2 的分压分别为 100kPa、300kPa 和 0kPa。达到平衡时，NO_2 的分压为 12kPa，计算 NO 和 O_2 的平衡分压及 $K^\ominus$。

解：反应在等容条件下进行，各物质的分压变化同浓度变化一样，与物质的量变化（或方程式中各物质的计量系数）成正比。

	2NO(g)	+	O_2(g)	$\rightleftharpoons$	$2NO_2$(g)
起始分压/kPa	100		300		0
平衡分压/kPa	100−12		300−12/2		12

NO、O_2 的平衡分压分别为 88kPa 和 294kPa。

$$K^\ominus = \frac{(p_{NO_2}/p^\ominus)^2}{(p_{NO}/p^\ominus)^2(p_{O_2}/p^\ominus)} = \frac{(12kPa/100kPa)^2}{(88kPa/100kPa)^2(294kPa/100kPa)} = 6.32\times10^{-3}$$

【例 2-12】 $CO(g)+H_2O(g) = CO_2(g)+H_2(g)$是工业上用水煤气制取氢气的反应之一。673K 时用 2.0mol 的 CO(g)和 2.0mol 的 $H_2O(g)$在密闭容器中反应，（1）估算该温度时反应的 $K^\ominus$，（2）估算该温度的 CO 的最大转化率。

解：（1）反应的 $K^\ominus$ 的估算

先分别计算反应的 $\Delta_r H_m^\ominus$ 和 $\Delta_r S_m^\ominus$，然后估算 $\Delta_r G_m^\ominus(673K)$

$$\Delta_r G_m^\ominus(673K) \approx \Delta_r H_m^\ominus(298.15K) - 673\times\Delta_r S_m^\ominus(298.15K)$$

$$= [(-41.2)-673\times(-42.0\times10^{-3})]kJ\cdot mol^{-1} = -12934J\cdot mol^{-1}$$

$$\ln K^\ominus = -\Delta_r G_m^\ominus/RT = -(-12934)/(8.314\times673) = 2.31157$$

$$K^\ominus = 10.09$$

（2）CO 的最大转化率的估算

先根据化学方程式，考虑各物质起始时与平衡时的物质的量的关系。

从而得到平衡时各气态物质的摩尔分数，设平衡系统的总压为 p，根据分压定律，求出其分压。

	CO(g)	+ H_2O(g)	= CO_2(g)	+ H_2(g)
起始时物质的量/mol	2.0	2.0	0	0
反应中物质的量变化/mol	$-x$	$-x$	$+x$	$+x$
平衡时物质的量/mol	$2.0-x$	$2.0-x$	x	x
平衡时总的物质的量/mol	4.0			
平衡时物质的量分数	$(2.0-x)/4.0$	$(2.0-x)/4.0$	$x/4.0$	$x/4.0$

根据道尔顿分压定律，物质的量分数等于其压力分数，根据式 $p_i = (n_i/n)p$，代入平衡常数的表达式得到，得：

$$K^{\ominus}=\frac{(p_{CO_2}^{eq}/p^{\ominus})(p_{H_2}^{eq}/p^{\ominus})}{(p_{CO}^{eq}/p^{\ominus})(p_{H_2O}^{eq}/p^{\ominus})}$$

$$=\frac{[(x/4.0)(p/p^{\ominus})][(x/4.0)(p/p^{\ominus})]}{\{[(2.0-x)/4.0](p/p^{\ominus})\}\{[(2.0-x)/4.0](p/p^{\ominus})\}}$$

$$=x^2/(2.0-x)^2=10.09$$

$$x=1.52\text{mol}$$

所以 CO 转化了 1.52mol，即平衡时 CO 的转化率 = 1.52/2.0 = 0.76 = 76%

2.4.2 化学平衡的移动

在上一节的开头已经谈到，可逆反应的平衡状态是暂时的、相对的、有条件的。任何一个反应的平衡状态只有在一定条件（浓度、压力、温度）下才能保持。当条件改变时，系统原有的平衡将被打破，变成不平衡的状态，即 $\Delta G \neq 0$ 的状态。这时，系统将要自发地向着 $\Delta G < 0$ 的方向发生变化，直至达到新的平衡状态。在这一过程中，系统中各有关组分的浓度或分压将发生改变。这种因条件的改变使化学反应从原来的平衡状态转变到新的平衡状态的过程叫作化学平衡的移动（shift of chemical equilibrium）。

能够使化学平衡发生移动的因素有浓度、压力、温度。

（1）浓度对化学平衡的影响

对于任一可逆反应：

$$\Delta_r G(T)=\Delta_r G_m^{\ominus}(T)+RT\ln Q$$

因为 $\Delta_r G_m^{\ominus}(T)=-RT\ln K^{\ominus}$，所以

$$\Delta_r G(T)=-RT\ln K^{\ominus}+RT\ln Q$$

$$\Delta_r G(T)=RT\ln\frac{Q}{K^{\ominus}} \tag{2-20}$$

上式给出了在等温、等压条件下，化学反应的吉布斯函数变与平衡常数 $K^{\ominus}$ 和反应商 Q 之间的关系。根据化学反应方向的判据，当

$$\Delta_r G=RT\ln\frac{Q}{K^{\ominus}}\begin{cases}<0\\=0\\>0\end{cases}\text{时，即}Q\begin{cases}<K^{\ominus}\text{，平衡右移}\\=K^{\ominus}\text{，平衡状态}\\>K^{\ominus}\text{，平衡左移}\end{cases}$$

对于已达平衡的反应系统，如果增加反应物的浓度或减少生成物的浓度，则使 $Q < K^{\ominus}$，$\Delta_r G(T) < 0$，平衡即向正反应方向移动，移动的结果，使 Q 值增大，直至 Q 重新等于 $K^{\ominus}$，系统又重新达到平衡状态；反之，如果减少反应物的浓度或增加生成物的浓度，则 $Q > K^{\ominus}$，结果导致 $\Delta_r G(T) > 0$，平衡就向逆反应方向移动，其结果导致 Q 减小，直至 Q 重新等于 $K^{\ominus}$，达到新的平衡状态。

（2）压力对化学平衡的影响

对于有气态物质参加或生成的可逆反应，在等温条件下，当改变反应系统的某物质的分压或总压时，常常会引起化学平衡的移动。分述如下：

① 改变反应物的分压或生成物的分压，相当于改变它们的浓度，其对平衡的影响也与改变浓度时相同。

② 压缩体积增大总压或增大体积减小总压时，设已达平衡的反应系统的体积变为原来的 $1/x$ 倍（$x>1$ 时为压缩体积增大总压，$x<1$ 时为膨胀体积减小总压），若下述反应系统中各物质均为气体，则分压都将变为原来的 x 倍。对反应

$$a\mathrm{A}+d\mathrm{D}=\!=\!=g\mathrm{G}+h\mathrm{H}$$

设改变体积前为平衡状态，因此：

$$K^{\ominus}=\frac{\left(\dfrac{p_{\mathrm{G}}^{\mathrm{eq}}}{p^{\ominus}}\right)^{g}\left(\dfrac{p_{\mathrm{H}}^{\mathrm{eq}}}{p^{\ominus}}\right)^{h}}{\left(\dfrac{p_{\mathrm{A}}^{\mathrm{eq}}}{p^{\ominus}}\right)^{a}\left(\dfrac{p_{\mathrm{D}}^{\mathrm{eq}}}{p^{\ominus}}\right)^{d}}$$

改变体积后：

$$Q=\frac{\left(\dfrac{xp_{\mathrm{G}}^{\mathrm{eq}}}{p^{\ominus}}\right)^{g}\left(\dfrac{xp_{\mathrm{H}}^{\mathrm{eq}}}{p^{\ominus}}\right)^{h}}{\left(\dfrac{xp_{\mathrm{A}}^{\mathrm{eq}}}{p^{\ominus}}\right)^{a}\left(\dfrac{xp_{\mathrm{D}}^{\mathrm{eq}}}{p^{\ominus}}\right)^{d}}=K^{\ominus}x^{(g+h)-(a+d)}=K^{\ominus}x^{\Delta\nu}$$

a. 压缩体积增大总压时，$x>1$，当 $\Delta\nu>0$（正反应的气体分子数增加）时，$Q>K^{\ominus}$，平衡向逆反应方向移动，即向气体分子数减少的方向移动；反之，当 $\Delta\nu<0$（正反应的气体分子数是减少的）时，则 $Q<K^{\ominus}$，平衡向正反应方向移动，也是向气体分子数减少的方向移动。总之，压缩气体增大总压时，平衡向气体分子数减少的方向移动。

b. 增大体积减小总压时，情况正好相反。即增大体积减小总压时，平衡向气体分子数增加的方向移动。

c. 当 $\Delta\nu=0$ 时，无论是压缩体积增大总压还是增大体积减小总压，都有 $Q=K^{\ominus}$，平衡不移动，即反应物和生成物气体分子数相等的反应，改变总压平衡不移动。

③ 当向反应系统中引入无关气体（指不参加反应的气体）时，根据反应具体条件存在两种情况：等温、等容时，依据道尔顿分压定律可知，各组分气体的分压均未改变，故对平衡无影响；等温、等压时，无关气体的引入，导致反应系统的体积增大，各组分气体的分压减小，结果与上述②类似，平衡向气体分子数增加的方向移动。

④ 压力对固态和液态物质的体积影响极小，因此压力的改变对固相和液相反应系统的平衡基本上不发生影响。所以，在研究压力对多相反应的化学平衡的影响时，只需考虑气态物质即可。例如：

$$\mathrm{C(s)}+\mathrm{H_2O(g)}\rightleftharpoons\mathrm{CO(g)}+\mathrm{H_2(g)}$$

压力改变对化学平衡的影响总结如表 2-2 所示。

表 2-2　压力对化学平衡的影响

压力变化的类型	平衡移动的方向
增大 H_2O(g)的分压或减小 CO(g)和 H_2(g)的分压	右移
减小 H_2O(g)的分压或增大 CO(g)和 H_2(g)的分压	左移

续表

压力变化的类型	平衡移动的方向
压缩体积增大总压	左移
增大体积减小总压	右移
引入无关气体（等温、等容）	不移动
引入无关气体（等温、等压）	右移

（3）温度对化学平衡的影响

如前文所述，对于一定的化学反应来说，存在：

$$\Delta_r G_m^{\ominus}(T) = -RT\ln K^{\ominus}$$

$$\Delta_r G_m^{\ominus}(T) \approx \Delta_r H_m^{\ominus}(298.15\text{K}) - T\Delta_r S_m^{\ominus}(298.15\text{K})$$

所以有：

$-RT\ln K^{\ominus} \approx \Delta_r H_m^{\ominus}(298.15\text{K}) - T\Delta_r S_m^{\ominus}(298.15\text{K})$，变形为：

$$\ln K^{\ominus} = -\frac{1}{R}\left[\frac{\Delta_r H_m^{\ominus}(298.15\text{K})}{T} - \Delta_r S_m^{\ominus}(298.15\text{K})\right]$$

设某一可逆反应，在温度 T_1 时的平衡常数为 $K_1^{\ominus}$；当温度变为 T_2 时，平衡常数也相应地变为 $K_2^{\ominus}$，代入上式，得到：

$$\ln K_1^{\ominus} = -\frac{1}{R}\left[\frac{\Delta_r H_m^{\ominus}(298.15\text{K})}{T_1} - \Delta_r S_m^{\ominus}(298.15\text{K})\right]$$

$$\ln K_2^{\ominus} = -\frac{1}{R}\left[\frac{\Delta_r H_m^{\ominus}(298.15\text{K})}{T_1} - \Delta_r S_m^{\ominus}(298.15\text{K})\right]$$

将上两式的后式减去前式并经整理后得到：

$$\ln\frac{K_2^{\ominus}}{K_1^{\ominus}} = \frac{\Delta_r H_m^{\ominus}(298.15\text{K})}{R}\frac{T_2 - T_1}{T_1 T_2} \tag{2-21}$$

表 2-3　温度对化学平衡的影响

升高温度 $(T_2>T_1)$	$T_2-T_1>0$	放热反应（$\Delta_r H_m^{\ominus}<0$）	$K_2^{\ominus}<K_1^{\ominus}$	平衡左移
		吸热反应（$\Delta_r H_m^{\ominus}>0$）	$K_2^{\ominus}>K_1^{\ominus}$	平衡右移
降低温度 $(T_2<T_1)$	$T_2-T_1<0$	放热反应（$\Delta_r H_m^{\ominus}<0$）	$K_2^{\ominus}>K_1^{\ominus}$	平衡右移
		吸热反应（$\Delta_r H_m^{\ominus}>0$）	$K_2^{\ominus}<K_1^{\ominus}$	平衡左移

如表 2-3 所示，这说明：① 升高温度使放热反应的平衡常数减小，平衡向逆反应方向移动；而对于吸热反应，平衡后升高温度使平衡常数增大，平衡向正反应方向移动。即升高温度使平衡向吸热反应方向移动。

② 同理，降低温度使放热反应的平衡常数增大，平衡向正反应方向移动；而对于吸热反应，平衡后降低温度将使平衡常数减小，平衡向逆反应方向移动。即降低温度使平衡向放热反应方向移动。

（4）化学平衡移动的原理

1884年，范特霍夫指出，对于一个处于平衡态的可逆反应，降低温度将会使平衡向着有利于放热的方向移动。同年，法国人吕·查德里（H. L. Le Chatelier，1850—1936）把范特霍夫的观察结果与热力学的卡诺定理联系起来，得到了更为普遍的表述：任何稳定化学平衡系统承受外力的影响，无论整体地还是仅仅部分地导致其温度或压缩度（压强、浓度、单位体积的分子数）发生改变，若它们单独发生的话，系统将只作内在的纠正，使温度或压缩度发生变化，该变化与外力引起的改变是相反的。

这就是平衡移动的原理，又叫吕·查德里原理，该原理目前的表述为：若改变影响平衡的任一条件（如浓度、压力、温度），平衡就向着能够减弱这种改变的方向移动。此原理既适用于化学平衡系统，也适用于物理平衡系统。

在应用吕·查德里原理时应当注意以下问题：

① 吕·查德里原理只有对达成化学平衡状态的系统才是有效的，若系统没有达到平衡状态，则吕·查德里原理不适用。例如，你若把氢气、氧气和水蒸气混合在一个封闭的容器里，无论你如何改变温度，在氢气燃烧之前氢气、氧气和水蒸气的量都不会有任何改变，因为容器里的3种气体并没有达成平衡状态。

② 吕·查德里原理只对维持化学平衡状态的因素的改变是有效的，若改变的不是维持化学平衡状态的因素，则不能适用吕·查德里原理。例如，对于化学平衡 $CO(g) + H_2O(g) \xlongequal{\triangle} CO_2(g) + H_2(g)$，改变系统的总压，不会引起平衡移动，因为总压不是维持这一平衡状态的因素；同样，若改变催化剂的用量或组成，也不会引起平衡移动，因为催化剂不是维持化学平衡的因素。

③ 吕·查德里原理是方向性的判断，不涉及反应速率等动力学因素。它能预测平衡移动的方向，但却不能预测移动的快慢以及用多长时间可以重新达成新的平衡。例如，氢气和氮气合成氨的反应是放热反应，按照吕·查德里原理，降低温度有利于平衡向合成氨的方向移动。也就是说，如果计算热力学理论产率，单改变反应温度的话，低温的热力学理论产率大于高温。可是，有人却以合成氨的工业生产条件来否定吕·查德里原理。实际上，对于工业生产，“时间就是金钱”，吕·查德里原理预言了低温可以提高合成氨的热力学理论产率，并不能预言需要多长时间才能有这样高的产率。氨的工业合成条件没有采取低温而采取了高温，牺牲了热力学理论产率，却换来了生产的时间效率，这是热力学所不能解决的问题。（有关这方面的内容，将会在第5章5.5节有更多论述。）

总而言之，吕·查德里原理是热力学原理，只对方向性问题作出预测，且只有在化学平衡没有动力学障碍时，才能得到立竿见影的验证。

*2.5 表面现象和胶体化学简介

2.5.1 基本概念

（1）表面现象和胶体分散系统的研究对象

表面现象是自然界中最普遍的现象之一。如水滴会自动呈球形，固体表面易自动吸附其他物质。由于物体对真空、本身的蒸气或其他不相容的物质相接触而具有的相接触面就是通常所说的“表面”。

表面化学（surface chemistry）是研究任何两相界面上发生的物理化学过程的科学。胶体化学（colloid chemistry）是一门研究胶体分散系统和粗分散系统的科学。表面化学与胶体化学间有着十分密切的联系。

表面化学和胶体化学应用非常广泛。它涉及石油开发、催化、涂料、建材、造纸、塑料、皮革、农药、环保、纺织、医药、食品、化妆品、染料等众多领域。本节介绍有关的基础知识及若干应用，以初步了解其重要的理论意义和广泛的应用价值。

（2）比表面

一定量的物质分散程度愈高，总的表面积就愈大。常用比表面（specific surface）A_s 或 A_w 来表示物质的分散度。其定义为：单位体积或单位质量的物质所具有的表面积：

$$A_s = A/V \tag{2-22}$$

$$A_w = A/W \tag{2-23}$$

式中，A 代表体积为 V 或质量为 W 的物质所具有的总的表面积，A_s 的单位为 m^{-1}，A_w 的单位为 $m^2 \cdot kg^{-1}$。

计算可知，随着物体分割程度的增加，比表面迅速地增加：例如，将一个边长为 1cm 的正立方体，分割成边长为 10^{-7}cm 的小立方体时，其比表面将增加 1000 万倍。可见分散度愈大，总的表面积就愈大。高度分散的系统，往往产生明显的表面效应。

（3）分散系统及其分类

分散系统（dispersion system）是指一种或几种物质以一定程度分散在另一种物质中形成的系统。被分散的物质称为分散相；分散分散相的物质称为分散介质。分散系统有多种分类方法，常用的有两种。一种按分散相粒子在某一方向的最大限度的大小分为 3 类，如表 2-4 所示。如果分散相以单个分子或离子的形式均匀地分散，则形成的是单相（或均相）的热力学稳定系统，这就是溶液（solution）。胶体化学研究的内容是胶体分散系统及粗分散系统，它们的共同特点是分散相与分散介质属于不同的相。由于胶体粒子很小，具有很大的比表面，因此它是多相、高度分散、热力学不稳定的系统。关于胶体化学的研究都是建立在这种特点基础上的。

表 2-4　分散系统按线度大小的分类

分散系统	粒子的线度/m	实例
分子分散	$<10^{-9}$	乙醇的水溶液，空气
胶体分散	10^{-9}~10^{-7}	AgI 或 $Al(OH)_3$ 水溶胶
粗分散	$>10^{-7}$	泥浆，牛奶

也可按分散相和分散介质的聚集状态分类。若把按分子大小分散的混合气体排除在外，可分为 8 类，如表 2-5 所示。

表 2-5　分散系统按聚集状态分类

分散介质	分散相	系统名称或实例
气体	液体	气溶胶，如雾
气体	固体	气溶胶，如烟
液体	气体	泡沫，如灭火泡沫

续表

分散介质	分散相	系统名称或实例
液体	液体	乳状液，如原油
液体	固体	溶胶、悬浮液，如金溶胶、泥浆
固体	气体	固体泡沫，如泡沫塑料
固体	液体	凝胶、固体乳状液，如珍珠
固体	固体	合金、有色玻璃

2.5.2 表面张力

2.5.2.1 表面张力和表面吉布斯函数

物质表面层中的分子与相内（又称为体相）分子所处的力场是不同的。如图 2-1 所示，某纯液体与其饱和蒸气接触，液体内部的任一分子，均处于同类分子的包围中。从统计角度看，该分子与其周围分子之间的吸引力是球形对称的，合力为零。故液体内部的分子，可以无规则地运动而不消耗功。表面层中的分子则不同，液体内部的分子对表面层分子的吸引力远大于气相分子对它的引力，使表面层中的分子受到合力指向液体内部的引力。结果是表面的分子总是趋于向液体内部移动，以缩小表面积。如微小液滴总是呈球形，肥皂泡要用力吹才能变大。这说明液体表面处处都存在着一种使液面紧缩的力。我们就把这种沿着液体表面，垂直作用于单位长度上的紧缩力，称为表面张力（surface tension），用 σ 表示。

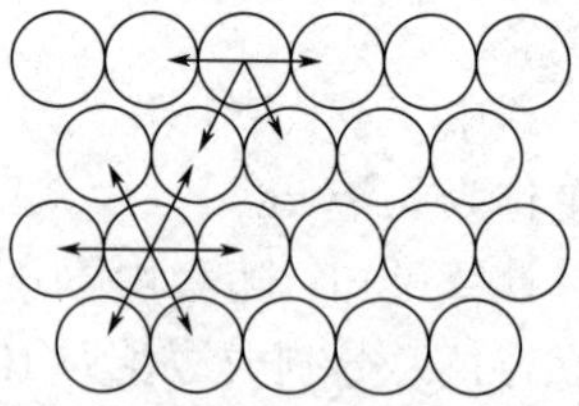

图 2-1 液体表面分子受力示意图

表面上存在着张力，要增大表面积就需要克服此张力对系统做功。做功 W 后液体表面积增大。按照能量守恒原理，可以证明所作的功被以表面能或称表面吉布斯函数 G（表面）的形式储存了起来。换言之，表面张力 σ 的存在使表面上的分子能量高于体相分子的能量。

由前文可知，等温等压下自发过程的方向是吉布斯函数趋于减小（$\Delta G<0$）的方向。减小表面积（液滴呈球形）和吸附可能降低表面张力的物质，这就是产生表面现象的热力学原因。

2.5.2.2 影响表面张力 σ 的因素

① 物质的本性。σ 是分子间相互作用的结果，分子间作用力愈大，σ 愈大。一般来说，极性液体如水，有较大的 σ，非极性液体的 σ 较小。

② 温度。同种物质的 σ 因温度不同而不同，温度升高，物质膨胀，分子间距增加，分子间作用力减弱；故绝大多数物质的 σ 都随温度升高而降低。

还应注意的是，固态物质也有 σ，且由于构成固体的物质粒子间的作用力远大于液体的，所以固态物质一般要比液态物质具有更大的 σ。

③ 表面现象——表面张力 σ 的后果。σ 的存在是产生一切表面现象的根本原因。润湿、亚稳定状态和吸附是其中的三种典型代表。

（1）润湿（wetting）是固体（或液体）表面上的气体被液体取代的过程。

我们都知道，水滴在玻璃板上呈半月形，在荷叶上的水滴则呈球形。说明水能够润湿玻璃而不能润湿荷叶。液体能否润湿固体的根本原因在于润湿前后表面吉布斯函数 G（表面）的变化情况：G（表面）降低则能够润湿；而使 G（表面）增加则不能润湿。

润湿现象在生产实践中得到广泛的应用。例如脱脂棉易被水润湿，但经憎水剂处理后，可变得不被润湿，这时水滴在布上呈球状，而不易进入布的毛细孔中，故可制成防雨设备。农药喷洒在植物上，若能被叶片及虫体润湿，将会明显地提高杀虫效果。另外，在矿物的浮选、注水采油、金属焊接、印染、洗涤以及毛细现象的产生等方面皆涉及与润湿理论有密切关系的技术。

（2）固体表面的吸附作用

① 基本概念　在一充满溴蒸气的瓶中加入活性炭，棕红色的溴蒸气会渐渐消失，表明活性炭具有吸附溴分子的能力。物质的分子、原子或离子能自动地附着在某固体表面上的现象，称为固体的吸附（adsorption）。具有吸附能力的物质称为吸附剂，被吸附的物质则称为吸附质。活性炭吸附溴时，活性炭为吸附剂，溴是吸附质。在一定的温度和压力下，吸附质被吸附的量随着吸附面积的增加而增大。因此，比表面很大的物质，如粉末状或多孔性物质，往往都具有良好的吸附性能。换言之，良好的吸附剂都是有很大比表面的物质。

吸附的应用很广，如用活性炭吸附蔗糖水溶液中的杂质使之脱色；用硅胶吸附气体中的水蒸气使之干燥；用分子筛吸附混合气体中某一组分使之分离等。

② 物理吸附和化学吸附　按吸附作用力性质的不同，可将吸附分为物理吸附和化学吸附两种类型。产生物理吸附的作用力是分子间力，即范德华力。它是一种弱的作用力，普遍存在于各吸附质与吸附剂之间。因此，物理吸附一般不具有选择性。但由于吸附剂及吸附质种类的不同，分子间的引力大小各异，可使吸附量相差很多。一般的规律是：易液化的气体易被吸附。由于已被吸附的分子，对再碰撞上去的分子仍存在范德华力，所以物理吸附可以形成多分子层吸附。发生化学吸附的作用力是化学键力。因此，化学吸附有明显的选择性，而且只能发生单分子层吸附。

（3）溶液表面的吸附作用

① 溶液表面的吸附现象　溶液的表面层对溶质也可产生吸附作用，使其表面张力 σ 发生变化。例如在纯水中，分别加入不同种类的溶质，溶质的浓度 c 对 σ 的影响大致可分为 3 种类型，如图 2-2 所示。曲线 I 表明，随着 c 增加，σ 稍有升高；曲线Ⅱ表明，有时随着 c 增加，σ 缓慢地下降；曲线Ⅲ显示，在水中加入少量的某溶质时，能引起溶液 σ 急剧下降，至某一浓度之后，σ 几乎不随浓度的上升而变化。

以上情况与溶液表面的吸附有关：一定 T、p 下，溶液的表面积一定，降低系统吉布斯函数的唯一途径，是使溶液的 σ 降低。

② 表面活性剂 SAA　在如图 2-2 所示的三类吸附中，第Ⅲ类物质特别有用。人们将这类加入少量即可使表面张力急剧降低的物质称为表面活性剂（surface active agent，SAA）。

SAA 是一类具有极广泛用途的物质。它有润湿、乳化、分散、增溶、发泡和消泡、消除静电、消毒杀菌、去污洗涤等作用。其独特的性质是与其双亲结构密切相关的：它们的分子都是由亲水性的极性基团和亲油（憎水）性的非极性基团（一般为长碳氢链）构成，可用 RX 表示，式中 R 表示憎水（亲油）的长碳氢链，X 则表示极性的亲水基团。这种双亲的结构决定了它独特的性质和应用。

从 SAA 双亲结构的分子模型可知：在水溶液中，其亲水基受到极性水分子吸引，有竭力进入水中的趋势；憎水性的非极性基则倾向翘出水面或钻入非极性的有机溶剂或油类的另一相中，使 SAA 分子定向地排列在界面层中。因此 SAA 加入纯水中时，其分子主要排列于溶液的表面层，稍增大其浓度，其绝大部分分子仍将自动地聚集于表面层，使水和空气的接触面减小，溶液的 σ 急剧降低。当其浓度足够大，在液面上排满一层定向排列的 SAA 分子，形成单分子膜后，在溶液本体开始形成具有一定形状的胶束（如图 2-3），它是由若干个 SAA 分子排列成憎水基团向内，亲水基团向外的多分子聚集体。人们把形成一定形状的胶束所需 SAA 的最低浓度，称为临界胶束浓度（critical micelle concentration，CMC）。

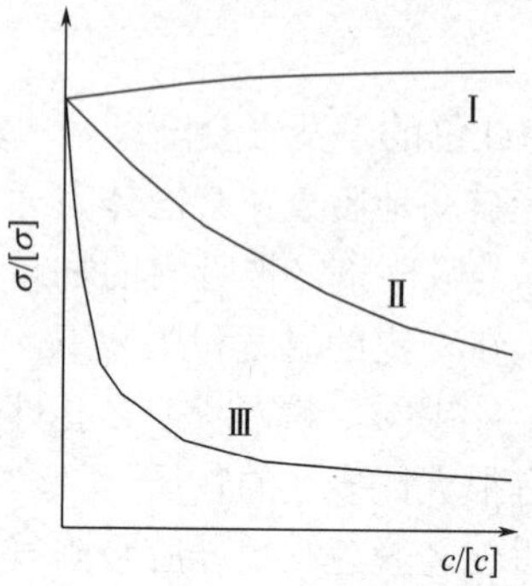

图 2-2　表面张力与浓度关系示意图

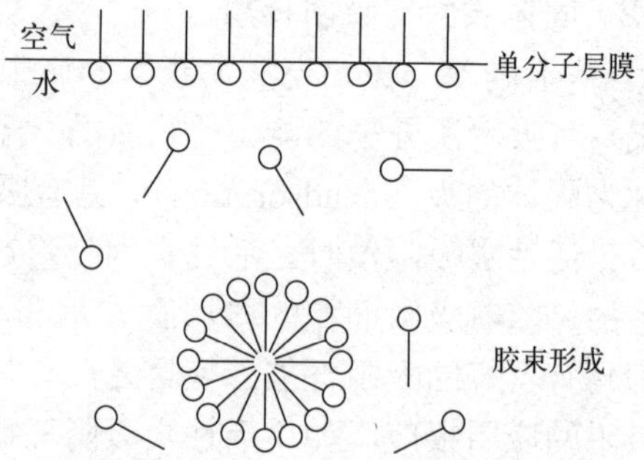

图 2-3　表面活性剂在水中的行为

当液面上形成紧密、定向排列的单分子膜并达到饱和状态时，再增加 SAA 的浓度，只能增加胶束的个数或使每个胶束所包含的分子数增多。胶束存在于体相，不能使 σ 进一步降低，这相当于图 2-2 中曲线Ⅲ的平缓部分。

CMC 和在液面上开始形成饱和吸附层对应的浓度范围是一致的。在这个窄小的浓度范围前后，不仅溶液的 σ 发生明显的变化，其他物理性质，如电导率、渗透压、蒸气压、去污能力及增溶作用等均存在很大的差异。利用这些差异，可以有许多重要的应用。

表面活性剂的分类方法很多，按极性基团的解离性质分为阴离子表面活性剂（肥皂类）、阳离子表面活性剂、两性离子表面活性剂和非离子表面活性剂。

人类很早就知道用羊油和草木灰制造肥皂，19 世纪中叶出现了化学合成的表面活性剂。表面活性剂和合成洗涤剂形成一门工业要追溯到 20 世纪 30 年代，以石油化工原料衍生的合成表面活性剂和洗涤剂打破了肥皂一统天下的局面。

2.5.3　胶体系统的基本性质

（1）胶体的基本性质

胶体系统的基本性质有光学、动力学和电学性质。电学性质是最主要的。丁达尔效应是胶体系统特有的光学性质。可见光的波长（400～780nm）大于胶体粒子的直径（1～100nm），因此，可见光束投射于胶体系统时，发生光的散射现象。胶体粒子处于不停的、无规则的运动状态称为布朗运动，它是胶体系统的动力学性质。在外加电场作用下，胶体粒子在分散介质中定向移动的现象，称为电泳。电泳现象说明胶体粒子是带电的。胶粒带电是这种热力学不稳定系统得以较稳定存在的主要原因。

（2）胶体的稳定性

胶团之间既存在着斥力势能，同时也存在着吸引力势能。胶体系统的相对稳定或聚沉取决于斥力势能或引力势能的相对大小。当粒子间的斥力势能大于引力势能，并足以阻止由于布朗运动使粒子相互碰撞而黏结时，则胶体处于相对稳定的状态；反之，粒子将互相靠拢而发生聚沉。

斥力势能、引力势能以及总势能都随着粒子间距离的变化而变化，但由于斥力势能及引力势能与粒子间距离关系的不同，因此必然会出现在某一距离范围内引力势能占优势；而在另一范围内斥力势能占优势的现象。

使胶体系统稳定的因素有两个：一是胶体带电，同号电荷的相互斥力是胶体系统稳定的基础；二是溶剂化（水化）作用，胶粒的水化层起到了阻止聚沉的作用。外加电解质可使胶体发生聚沉，因为加入电解质时，对引力势能影响不大，但对斥力势能的影响却十分明显。

特别需要说明的是，大分子化合物对胶体的稳定性具有双重性。一方面，某些大分子能够被吸附在胶粒的表面起到保护作用。另一方面，某些大分子的加入反而会对胶体系统的稳定性起破坏作用，使胶体絮凝。此时往往大分子把胶粒吸附在它的表面，大分子起了“架桥”的作用，增加胶粒碰撞絮凝的机会。

思考题

1. 什么是系统？什么是环境？两者有什么区别？根据两者的关系，可以将系统分为哪几类？

2. 什么是等容热效应与等压热效应？两者有什么关系？在什么情况下它们相等？

3. 内能变 ΔU 与等容热效应，焓变 ΔH 与等压热效应之间有什么样的关系？

4. 内能变与焓变之间有什么关系？在什么情况下它们相等？

5. 什么是状态函数？状态函数有什么特点？Q、W、H、U、S、G 中哪些是状态函数，哪些不是？

6. 上题的状态函数中，哪些没有明确的物理意义？具有明确物理意义的，请说明其物理意义。

7. 化学热力学中所说的“标准状态”指什么？

8. 标准摩尔生成焓的定义是什么？如何根据298.15K时的标准摩尔生成焓的数值计算反应在298.15K时的标准摩尔焓变？其他温度时的标准摩尔焓变如何计算？

9. 标准熵的数值是如何确定的？如何根据 298.15K 时的标准摩尔熵的数值计算反应在298.15K时的标准摩尔熵变？其他温度时的标准摩尔熵变如何计算？

10. 标准摩尔生成吉布斯函数的定义是什么？计算反应在 298.15K 时的标准摩尔吉布斯函变有几种方法？其他温度时的标准摩尔吉布斯函变如何计算？

11. 当反应不在标准态进行时，吉布斯函变如何计算？

12. 影响平衡常数数值的因素有哪些？如何用标准摩尔吉布斯函变和浓度（分压）计算化学反应的平衡常数？

13. 化学反应达到平衡时的宏观特征和微观特征是什么？

14. 为什么说平衡是相对的、暂时的、有条件的？

15. 如何理解吕·查德里原理？

16. 若要降低表面张力可采取哪些方法？

17. 如何定义胶体系统？胶体系统的主要特征是什么？

习题

1. 是非题（判断下列叙述是否正确）

（1）已知下列过程的热化学方程式为

$$H_2O(l) = H_2O(g) \qquad \Delta_r H_m^\ominus = 40.63 kJ \cdot mol^{-1}$$

则此温度时蒸发 1mol H_2O (l)会放出热 40.63kJ。（　　）

（2）在常温常压下，空气中的 N_2 和 O_2 能长期存在而不化合生成 NO，这表明此时该反应的吉布斯函数变是正值。（　　）

（3）一个反应，如果 $\Delta_r H_m^\ominus > \Delta_r G_m^\ominus$，则必是熵增大的反应。（　　）

（4）对反应系统 $C(s)+H_2O(g) = CO(g) + H_2(g)$，由于化学方程式两边物质的化学计量数的总和相等，所以增加总压力对平衡无影响。（　　）

（5）上题中所述反应的 $\Delta_r H_m^\ominus(298.15K) = 131.3 kJ \cdot mol^{-1}$，达到平衡后，若升高温度，则平衡向右移动。（　　）

（6）因为 $\Delta_r G_m^\ominus(T) = -RT\ln K^\ominus$，所以温度升高，$K^\ominus$ 减小。（　　）

（7）在密闭容器中，A、B、C 三种气体建立了如下平衡：$A(g) + B(g) \rightleftharpoons C(g)$，若保持温度不变，系统体积缩小至原体积 2/3 时，则反应商 Q 与平衡常数的关系是：$Q = 1.5K^\ominus$。（　　）

（8）聚集状态相同的物质在一起，一定是单相系统。（　　）

（9）在等温等压条件下，下列两个化学方程式所表达的反应放出的热量是一相同的值。（　　）

$$H_2(g) + \frac{1}{2} O_2(g) = H_2O(l)$$

$$2H_2(g) + O_2(g) = 2H_2O(l)$$

（10）某一给定反应达到平衡后，若平衡条件不变，则各反应物和生成物的分压或浓度分别为定值。（　　）

（11）活性炭表面吸附氧气的过程中熵变的数值是正值。（　　）

（12）隔离系统的内能是守恒的。（　　）

（13）100℃、100kPa 下 1mol 水变成同温同压下的水蒸气，该过程的 ΔU=0。（　　）

（14）$\Delta_f H_m^\ominus$(298.15K，C，金刚石) = 0。（　　）

（15）$\Delta_f S_m^\ominus$(298.15K，C，石墨) = 0。（　　）

（16）在同一系统中，同一状态可能有多个内能值；不同状态可能有相同的内能值。（　　）

（17）由于焓变的单位是 $kJ \cdot mol^{-1}$，所以热化学方程式的系数不影响反应的焓变值。（　　）

（18）平衡常数 $K^\ominus$ 值可以直接由反应的 $\Delta_r G_m$ 值求得。（　　）

（19）反应平衡常数数值改变了，化学平衡一定会移动；反之，平衡移动了，反应平衡常数值也一定会改变。（　　）

2. 选择题

（1）下列过程中，任意温度下均不能自发的为（　　）；任意温度下均能自发的为（　　）。

（A）$\Delta_r H_m^\ominus > 0$，$\Delta_r S_m^\ominus > 0$　　　（B）$\Delta_r H_m^\ominus > 0$，$\Delta_r S_m^\ominus < 0$

（C）$\Delta_r H_m^\ominus < 0$，$\Delta_r S_m^\ominus > 0$　　（D）$\Delta_r H_m^\ominus < 0$，$\Delta_r S_m^\ominus < 0$

（2）封闭系统与环境之间（　　）。

（A）既有物质交换，又有能量交换　　（B）有物质交换，无能量交换

（C）既无物质交换，又无能量交换　　（D）无物质交换，有能量交换

（3）下列物理量中，可以确定其绝对值的是（　　）。

（A）H　　（B）U　　（C）G　　（D）S

（4）没有其他已知条件，下列何种物理量增加一倍时，已达平衡的反应 $3A(g) + 2D(g) = 2X(g) + Y(g)$ 的平衡移动方向无法确定（　　）。

（A）温度　　（B）总压力

（C）物质 A 的分压　　（D）物质 Y 的分压

（5）在下列反应中，哪一个所放出的热量最少（　　）。

（A）$CH_4(l)+2O_2(g) = CO_2(g)+2H_2O(g)$　　（B）$CH_4(g)+2O_2(g) = CO_2(g)+2H_2O(g)$

（C）$CH_4(g)+2O_2(g) = CO_2(g)+2H_2O(l)$　　（D）$CH_4(g)+\frac{3}{2}O_2(g) = CO(g)+2H_2O(l)$

（6）某温度时，反应 $H_2(g)+Br_2(g) = 2HBr(g)$的标准平衡常数 $K^\ominus=4\times10^{-2}$，则反应 $\frac{1}{2}H_2(g)+\frac{1}{2}Br_2(g) = HBr(g)$的标准平衡常数 $K^\ominus$ 等于（　　）。

（A）$\frac{1}{4\times10^{-2}}$　　（B）$\frac{1}{\sqrt{4\times10^{-2}}}$　　（C）4×10^{-2}　　（D）0.2

（7）已知反应 $\frac{1}{2}N_2(g)+CO_2(g) = NO(g)+CO(g)$的 $\Delta_r H_m^\ominus = 373.3\text{kJ}\cdot\text{mol}^{-1}$，要有利于取得有毒气体 NO 和 CO 的最大转化率，可采取的措施是（　　）。

（A）低温低压　　（B）高温高压　　（C）低温高压　　（D）高温低压

（8）如果系统经过一系列变化后，又变回初始状态，则系统的（　　）。

（A）$Q=0$，$W=0$，$\Delta U=0$，$\Delta H=0$　　（B）$Q\neq0$，$W\neq0$，$\Delta U=0$，$\Delta H=Q$

（C）$Q=-W$，$\Delta U=Q+W$，$\Delta H=0$　　（D）$Q\neq W$，$\Delta U=0=Q+W$，$\Delta H=0$

（9）以下说法正确的是（　　）。

（A）放热反应都可以自发进行

（B）凡 $\Delta_r G_m^\ominus>0$ 的反应都不能自发进行

（C）$\Delta_r H_m^\ominus > 0$及$\Delta_r S_m^\ominus > 0$ 的反应在高温下有可能自发进行

（D）纯单质的 $\Delta_f H_m^\ominus$、$\Delta_f G_m^\ominus$ 及 $\Delta S_m^\ominus$ 均为 0

（10）在密闭容器中进行的反应 $2SO_2 + O_2 = 2SO_3$ 达平衡时，若向其中充入氮气，则平衡移动的方向为（　　）。

（A）向正方向移动　　（B）向逆方向移动

（C）对平衡无影响　　（D）无法确定

3. 1mol 理想气体，经过等温膨胀、等容加热、等压冷却三步，完成一个循环后回到原态。整个过程吸热 100kJ，求此过程的 W 和 U。

4. 甘油三油酸酯是一种典型的脂肪，当它被人体代谢时发生下列反应：

$C_{57}H_{104}O_6(s) + 80\ O_2(g) \longequal 57\ CO_2(g) + 52\ H_2O(l)$，$\Delta_r H_m^\ominus = -3.35\times10^4 kJ \cdot mol^{-1}$

问消耗这种脂肪 1kg 时，将有多少热量放出？

5. 在下列反应或过程中，Q_p 与 Q_V 相等吗？

（1）$NH_4HS\ (s) \xrightarrow{273.15K} NH_3\ (g) + H_2S(g)$

（2）$H_2(g) + Cl_2\ (g) \xrightarrow{273.15K} 2\ HCl(g)$

（3）$CO_2(s) \xrightarrow{195.15K} CO_2(g)$

（4）$AgNO_3(aq) + NaCl\ (aq) \xrightarrow{273.15K} AgCl(s) + NaNO_3(aq)$

6. 计算下列反应的 $\Delta_r H_m^\ominus$ (298.15K)和 $\Delta_r S_m^\ominus$ (298.15K)

（1）$4NH_3(g) + 3O_2(g) \longequal 2N_2(g) + 6H_2O(l)$

（2）$C_2H_2(g) + H_2(g) \longequal C_2H_4(g)$

（3）$NH_3(g)$ + 稀盐酸

（4）$Fe(s) + CuSO_4(aq)$

7. 利用下列反应的 $\Delta_r G_m^\ominus$ (298.15K)值，计算 $Fe_3O_4(s)$在 298.15K 时的标准摩尔生成吉布斯函数。

（1）$2Fe(s) + \frac{3}{2}O_2(g) \longequal Fe_2O_3(s)$，$\Delta_r G_m^\ominus (298.15K) = -742.2 kJ \cdot mol^{-1}$

（2）$4Fe_2O_3(s) + Fe(s) \longequal 3Fe_3O_4(s)$，$\Delta_r G_m^\ominus (298.15K) = -77.4 kJ \cdot mol^{-1}$

8. 估算反应：$CO_2(g)+H_2(g) \longequal CO(g)+H_2O(g)$在 873 K 时的标准摩尔吉布斯函数变和标准平衡常数。若系统中各组分气体的分压为 $p(CO_2) = p(H_2) = 127kPa$，$p(CO) = p(H_2O)=76kPa$（注意：此时系统不一定处于平衡状态），计算此条件下反应的摩尔吉布斯函数变，并判断反应进行的方向。

9. 已知下列热化学方程式：

$$Fe_2O_3(s) + 3CO(g) \longequal 2Fe(s) + 3CO_2(g) \qquad Q_p=-24.8 kJ \cdot mol^{-1} \qquad (1)$$

$$3Fe_2O_3(s) + CO(g) \longequal 2\ Fe_3O_4(s) + CO_2(g) \qquad Q_p=-47.2 kJ \cdot mol^{-1} \qquad (2)$$

$$Fe_3O_4(s) + CO(g) \longequal 3FeO(s) + CO_2(g) \qquad Q_p= 19.4 kJ \cdot mol^{-1} \qquad (3)$$

试利用盖斯定律计算下列反应的 Q_p。

$$FeO(s) + CO(g) \longequal Fe(s) + CO_2(g) \qquad (4)$$

10. 已知反应：$H_2(g) + Cl_2(g) \longequal 2HCl(g)$在 298.15K 时的 $K^\ominus = 4.9\times10^{16}$，$\Delta_r H_m^\ominus = -92.31 kJ \cdot mol^{-1}$，求在 500K 时的 $K^\ominus$ 值。

11. 石灰石分解反应的方程式为：$CaCO_3(s) \longequal CaO\ (s) + CO_2(g)$，请计算：

（1）温度为 873K，$p_{CO_2} = 92345Pa$ 时，反应能否自发？

（2）该温度下，反应的平衡常数 $K^\ominus$ 为多少？

（3）若要该反应在 873K 时能够自发进行，p_{CO_2} 应满足什么条件？

（4）标准态下，大约满足什么温度条件时，该反应能够自发进行？

12. 在 298.15K、标准态下，下列反应

$$CaO(s) + SO_3(g) \longequal CaSO_4(s)$$

的 $\Delta_r H_m^{\ominus} = -404.9\text{kJ} \cdot \text{mol}^{-1}$， $\Delta_r S_m^{\ominus} = -188.4\text{J} \cdot \text{mol}^{-1} \cdot \text{K}^{-1}$，试求：

（1）上述反应是否能自发进行？逆反应的 $\Delta_r G_m^{\ominus}$ 为多少？

（2）升温有利于上述反应正向进行还是降温有利？

（3）计算上述逆反应进行所需的最低温度。

13. 已知：$Fe_2O_3(s) + 3H_2(g) = 2Fe(s) + 3H_2O(g)$

（1）计算 25℃及标准态下反应能否自发进行？

（2）该反应能够自发进行的最低温度是多少？

14. Ag_2CO_3 在 110℃的空气流中干燥，为防止 Ag_2CO_3 分解，空气中 CO_2 的分压至少应为多少？有关热力学数据如下：

	$\Delta_f H_m^{\ominus}$(298.15K)/kJ · mol^{-1}	$S_m^{\ominus}$(298.15K)/J · mol^{-1}K^{-1}
$Ag_2CO_3(s)$	−505.8	167.4
$Ag_2O(s)$	−31.1	121.3
$CO_2(g)$	−393.5	213.8

15. 环己烷与甲基环戊烷之间有异构化作用：$C_6H_{12}(l) = C_5H_9CH_3(l)$，异构化反应的平衡常数与温度有如下关系：$\ln K=4.814-2059/T$，试求 298.15K 时异构化反应的熵变是多少？

16. Why is ΔU equal to the heat of reaction at constant volume ? Why is ΔH equal to the heat of reaction at constant pressure?

17. $\Delta_r H_m^{\ominus}$ and $\Delta_r S_m^{\ominus}$ are nearly independent of temperature. Why is this not true for $\Delta_r G_m^{\ominus}$?

18.Consider the equilibrium $PCl_3(g) + Cl_2(g) \rightleftharpoons PCl_5(g)$. How would the following affect the position of equilibrium ?

（A）Addition of PCl_3

（B）Removal of Cl_2

（C）Removal of PCl_5

（D）Decrease in the volume of the container

（E）Addition of He without a change in volume

第 3 章 水溶液与离子平衡

【内容提要】

首先介绍稀溶液的依数性及其应用；讨论了建立在酸碱质子理论基础上的酸碱平衡理论，重点讨论各种酸碱水溶液中 pH 的计算，以及影响酸碱平衡的因素；讨论了难溶电解质在水溶液中的沉淀-溶解多相离子平衡问题，重点讨论溶度积的概念、溶度积规则、影响多相离子平衡的因素及相关计算；讨论了配离子在水溶液中的解离平衡问题，重点以稳定常数和不稳定常数为基础，对配离子水溶液中相关离子的浓度进行计算；最后利用多重平衡规则讨论配位平衡、沉淀平衡、酸碱平衡之间的平衡共存及移动问题。

【本章要求】

（1）了解非电解质稀溶液的通性——依数性。

（2）掌握酸碱质子理论关于酸碱的定义、酸碱反应及酸碱强弱的有关概念，掌握共轭酸碱对的酸常数和碱常数的关系；明确缓冲溶液的概念，了解缓冲溶液的作用和选择，掌握一元弱酸、一元弱碱和缓冲溶液的 pH 计算。

（3）掌握溶度积和溶解度的基本计算，了解溶度积规则及利用溶度积规则判断沉淀的生成、溶解和转化，能进行难溶电解质的沉淀-溶解平衡的相关计算。

（4）理解配位化合物的解离平衡，会利用稳定常数进行配离子平衡的简单计算；了解配位平衡、沉淀-溶解平衡、酸碱平衡之间的平衡移动。

按分散系统的分类，溶液属于分子分散系统，即由一种物质（溶质）以分子或离子的形式分散在另一种物质（溶剂）中所形成的均匀的、稳定的混合物。水是自然界中最为普遍存在的物质，也是最为重要的溶剂，无论是在自然界中、生命过程中，还是工农业生产过程中，都离不开水。因此，水溶液就成为化学中研究的重点内容之一。本章首先讨论稀溶液的通性，然后在第 2 章化学平衡知识的基础上，讨论溶液中可溶电解质和难溶电解质的离子平衡。

3.1 稀溶液的依数性

物质形成溶液以后，其许多性质会发生改变，但各类非电解质所形成的稀溶液却具有一些共同的性质，即与纯溶剂相比，溶液的蒸气压下降、沸点上升、凝固点下降和产生渗透压。这些性质只与溶质的粒子数有关，而与溶质的本性无关。这类性质被称为稀溶液的依数性（colligative properties）。

3.1.1 溶液的蒸气压下降

在一定温度下，每种液体的饱和蒸气压是一定值。饱和蒸气压越大，该液体越易挥发，反之，饱和蒸气压越小，液体越难挥发。如果将一杯糖水和一杯等量的纯水同时放置，过一段时间会发现，纯水比糖水蒸发得快。这说明糖水的蒸气压比纯水的低，即在水中溶解了难挥发的溶质蔗糖后，该溶液的蒸气压下降了。因此，在同一温度下溶液的蒸气压总是低于纯溶剂的蒸气压。由于溶质是难挥发的，这里讲的溶液蒸气压实际上是指溶液中溶剂的蒸气压。纯溶剂蒸气压与溶液蒸气压之差为溶液的蒸气压下降（vapor pressure lowering）（如图 3-1 中的 Δp）。

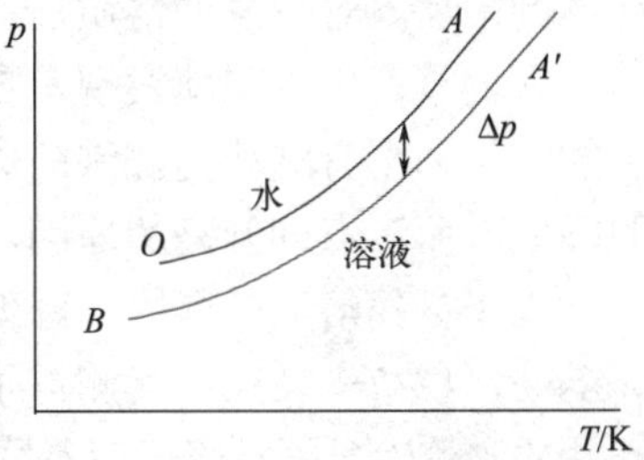

图 3-1 溶液的蒸气压下降示意图

1856 年，德国化学家乌尔纳（A. Wüllner，1835—1908）指出，溶液的蒸气压下降值与不挥发性溶质的浓度成正比。之后从 1886 到 1890 年，法国物理学家拉乌尔（F. M. Raoult，1830—1901）在系统地研究了含有非挥发性溶质的稀溶液的蒸气压之后，得出了如下规律：在一定温度下，稀溶液中溶剂的蒸气压等于纯溶剂的蒸气压与溶液中溶剂的物质的量分数的乘积。这一定量规律被称为拉乌尔定律（Raoult's law），用公式表示为：

$$p_A = p_A{}^* x_A \tag{3-1}$$

式中，$p_A{}^*$、p_A 分别表示纯溶剂和溶液液面上溶剂的蒸气压；x_A 为稀溶液中溶剂 A 的物质的量占总物质的量的分数，即 $x_A = n_A / n_{总}$。

若稀溶液仅由 A、B 两种物质组成，由于 $x_A + x_B = 1$，故拉乌尔定律又可写成：

$$p_A = p_A{}^*(1-x_B)$$

即：

$$\Delta p = p_A{}^* - p_A = p_A{}^* x_B \tag{3-2}$$

式（3-2）是拉乌尔定律的另一种表达形式，它表明难挥发非电解质稀溶液的蒸气压下降（Δp）与溶质的物质的量分数（x_B）成正比，比例系数为纯溶剂的蒸气压 $p_A{}^*$。由此式可见，溶液的蒸气压下降仅决定于溶液的浓度，而与溶质粒子的种类与大小无关。

用分子运动论可以对溶液蒸气压下降的原因进行定性解释。液体的蒸气压是液体和蒸气建立平衡时的蒸气压力，因此液体的蒸气压与单位时间内由液面蒸发的分子数有关。由于溶质的加入，必然会降低单位体积溶液内所含溶剂分子的数目，溶液的部分表面也被难挥发的溶质所占据。所以单位时间内逸出液面的溶剂分子数相应减少，在达到液体和蒸气两相平衡时，溶液的蒸气压必然低于纯溶剂的蒸气压。

像氯化钙、五氧化二磷这些易潮解的物质常可被用作干燥剂，就是由于它们强吸水性，使其表面在空气中因潮解而形成饱和溶液，该溶液的蒸气压比空气中水蒸气的分压小，从而使空气中的水分不断凝结进入溶液。

拉乌尔定律最初是从不挥发的非电解质稀溶液中总结出来的经验定律，后来又推广到溶剂、溶质都是液态的系统。拉乌尔定律是稀溶液的最基本的经验定律之一，稀溶液的其他性质如凝固点下降、沸点上升等都可以用溶剂的蒸气压下降来解释。而事实上，在拉乌尔定律得出之前，人们用了近一个世纪的时间研究溶液的凝固点下降和沸点上升的规律。

3.1.2 溶液的凝固点下降和沸点上升

凝固点（freezing point）是指在一定外压（如大气压力）下，物质的液相和固相具有相同蒸气压、可以平衡共存时的温度。而沸点（boiling point）是指液体沸腾时候的温度，也就是液体的饱和蒸气压与外界压强相等时的温度。一切纯物质都有一定的凝固点和沸点。但在纯溶剂中加入难挥发的溶质后，溶液的沸点和凝固点会有何变化呢？

人们早在生活中就发现，在寒冷的冬天置于室外的水结冰的同时，同样置于室外腌制咸菜的缸里却没有结冰；烧沸的肉汤，要比同量的开水冷却得慢。这是溶液的凝固点较原溶剂的降低，而沸点却升高的原因。

为了寻找溶液的凝固点降低和沸点升高的规律，早在1771年英国化学家华特生（Richard Watson，1737—1816）就测得了食盐水溶液的凝固点降低与盐的质量成正比，相同质量的不同盐的水溶液凝固点降低值不同。随后1788年英国物理化学家布拉格登（C. Blagden，1748—1820）又测定了食盐、氯化铵、酒石酸钾钠、硫酸镁、硫酸亚铁等一系列盐溶液的凝固点，发现凝固点降低值简单地依赖于盐和水的比例，如果几种盐同时溶于水中，则凝固点降低起加和作用。直到近100年以后，拉乌尔在研究溶液的凝固点降低时，才从根本上找到了溶液凝固点降低的规律。

拉乌尔和前人研究的不同之处在于他研究了有机化合物对水和其他溶剂凝固点的影响，并于1882年发表了他的研究报告，指出具有相同质量物质的量浓度（是指1kg溶剂中所含溶质的物质的量，$mol \cdot kg^{-1}$）的不同溶质的溶液，其凝固点下降都相同。如他列出了浓度均为$0.1mol \cdot kg^{-1}$的下列水溶液的凝固点。

甲醇	乙醇	葡萄糖	蔗糖
−0.181℃	−0.183℃	−0.186℃	−0.188℃

从而总结出溶液的凝固点下降只与溶质的质量物质的量浓度成正比，而与溶质的本性无关。如果用 ΔT_f 表示溶液凝固点较纯溶剂凝固点的下降值，则溶液凝固点下降值可用数学式表示为：

$$\Delta T_f = K_f b_B \tag{3-3}$$

式中，b_B 为溶质B的质量物质的量浓度，即单位质量溶液中溶质的物质的量，$mol \cdot kg^{-1}$；K_f 称为溶剂的凝固点降低常数，即溶液质量物质的量浓度为 $1mol \cdot kg^{-1}$ 时的凝固点下降值，$K \cdot kg \cdot mol^{-1}$。拉乌尔根据上述实验结果总结出水的凝固点降低常数为 $1.86\ K \cdot kg \cdot mol^{-1}$。

随后在1886—1890年，拉乌尔系统研究溶液的蒸气压得出拉乌尔定律后，才真正找到了溶液的凝固点下降及沸点上升现象的根本原因是溶液的蒸气压下降。下面以水溶液为例来简单说明。

图3-2为水、冰和溶液的蒸气压与温度的关系曲线。图中 OA、BA'、OB 分别表示纯水、溶液和冰的蒸气压随温度的变化曲线。由于在100℃时水的饱和蒸气压与外压（一般为101.3kPa）相等，所以纯水的正常沸点为100℃（即373.15K）；而水和冰两相平衡共存时，

即两相具有相同蒸气压时的温度为 0℃（即 273.15K），所以冰的正常凝固点为 0℃，也称为水的冰点。由于加入溶质，溶液的蒸气压要比同一温度时水的蒸气压低，所以在 100℃时，溶液的蒸气压必低于纯水的蒸气压，此时溶液不会沸腾，只有继续升高温度到 T_b，溶液的蒸气压才能等于外界大气压，溶液才会沸腾。因此，溶液的沸点 T_b 比纯溶剂高了 ΔT_b。也正是由于溶液的蒸气压下降，使得在 0℃时，溶液的蒸气压低于溶剂的蒸气压，冰与溶液不能共存，只有在更低的温度下，才能使溶液的蒸气压与冰的蒸气压相等，即曲线 OB 和 BA' 相交于 B 点，也就是温度下降到 T_f 时，溶液中才开始析出冰，这一温度就是溶液的凝固点，它比水的凝固点降低了 ΔT_f。

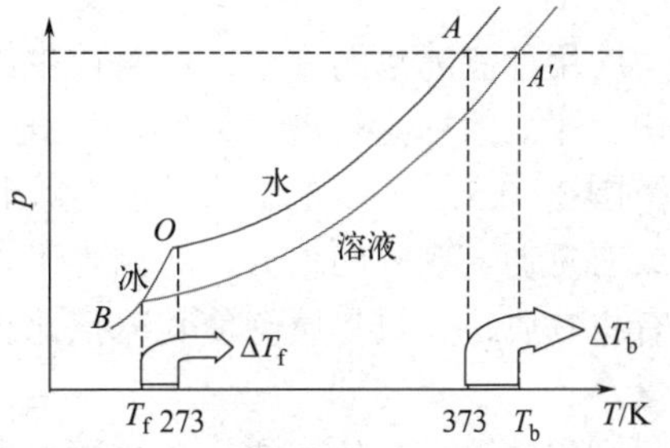

图 3-2　水、冰和溶液的蒸气压与温度的关系

可见，溶液的凝固点下降和沸点上升的根本原因是溶液的蒸气压下降，而根据拉乌尔定律，溶液蒸气压的下降程度只与溶质的浓度成正比，而与溶质粒子的种类与大小无关。因此，溶液的凝固点下降和沸点上升也只与溶液的浓度成正比，这就很好地解释了上述拉乌尔由实验得出的溶液凝固点下降的经验式［式（3-3）］。同样，拉乌尔也由实验确定了溶液沸点上升的数学表达式：

$$\Delta T_b = K_b b_B \tag{3-4}$$

式中，K_b 为溶剂的沸点上升常数，它与溶剂的凝固点降低常数一样也只决定于溶剂的本性而与溶质种类无关，$K \cdot kg \cdot mol^{-1}$。

不同溶剂的 K_b 和 K_f 值不同，表 3-1 列出了常用溶剂的 K_b 和 K_f 值。

表 3-1　几种溶剂的正常沸点、正常凝固点和 K_b 、K_f 值

溶剂	T_b/K	K_b/K · kg · mol^{-1}	T_f/K	K_f/K · kg · mol^{-1}
水	373.15	0.513	273.15	1.86
乙酸	391.25	3.22	289.85	3.63
苯	353.35	2.64	278.15	5.07
乙醚	307.85	2.20	156.95	1.8
四氯化碳	349.95	5.26	250.53	32
樟脑	481.40	5.95	451.55	37.8

人们将稀溶液的凝固点下降和沸点上升的规律应用于生产和生活中，解决了很多实际问题。

利用凝固点下降的规律，在冬季进行建筑施工时，为了保证施工质量，降低混凝土的固化温度，常在浇筑混凝土时加入少量盐类物质。在下雪的路面上撒下食盐，雪就会融化，易于清除积雪。氯化钠-水系统，最低温度可降到−22℃才开始结冰。而氯化钙-水系统，最低温度可降至−55℃。因此，人们常用这种盐水系统作为冰冻浴来获得低温。向汽车的水箱中加入乙二醇等化学物质，可制成“不冻液”，使汽车在严寒中也能正常运行。世界上奶业发达的国家均应用冰点检测监控生鲜牛奶的质量。牛奶的含水量约为 85.5%～88.7%，其中含有一定浓度的可溶性乳糖及氯化物等盐类，可将其视作分散有多种高分子物质和小分子物质的水溶液。由于原乳浓度能保持平衡，故原乳的冰点下降基本保持一致，只在很小范围内变动。

应用检测冰点的方法，以监控生鲜牛奶的质量，在奶业发达的欧美国家已有六七十年的历史。牛奶的冰点较纯水为低，生鲜牛奶的冰点下降按国际公认的平均值为−0.525℃，其变动范围在−0.516～−0.533℃之间，我国的冰点范围在−0.500～−0.560℃之间。如果在牛奶中无意或有意加入额外的水分，即相当于将该溶液稀释了，其冰点就比正常值升高；而外加可溶性有机物质、无机物质会使其冰点比正常值低。由此，可通过测定牛奶的冰点来检测监控其质量。

利用沸点上升的规律，在金属熔炼时，用组成沸点较高的合金溶液的方法，减少在高温下易挥发金属的蒸发损失。在有机化合物合成中，也常用测定该物质的熔点和沸点的方法来检验化合物的纯度，因为含杂质的化合物相当于是以化合物为溶剂的溶液，其熔点要比纯化合物的低，而沸点要比纯化合物的高。

溶液的凝固点下降和沸点上升规律在科学研究中最显著的应用是测定非电解质物质的分子量。由式（3-3）和式（3-4）可见，当 K 和 ΔT 已知时就可求得 b_B，进而可计算出待测物质的分子量。由于同一溶剂的 K_f 大于 K_b，相同浓度溶液的凝固点下降值较沸点上升值大，而且凝固点随压力的变化不像沸点那样明显，因此用凝固点下降法测定物质的分子量的实验误差较小，其应用比沸点上升法更为广泛。

【例 3-1】 吸烟对人体有害，香烟中的尼古丁是致癌物质。将 0.6g 尼古丁溶于 12.0g 水中，所得溶液在 101.1kPa 下的凝固点为−0.62℃，试确定尼古丁的分子量。

解：已知水的凝固点为 0℃，凝固点下降常数为 $1.86\text{K}\cdot\text{kg}\cdot\text{mol}^{-1}$

$$\Delta T_f = [0-(-0.62)]℃ = 0.62℃ = 0.62\text{K}$$

因为：

$$\Delta T_f = K_f b_B = K_f \frac{m_B}{M_B m_A}$$

所以：

$$M_B = \frac{K_f m_B}{\Delta T_f m_A} \tag{3-5}$$

式中，M_B 为溶质的摩尔质量，$\text{g}\cdot\text{mol}^{-1}$；$m_B$ 为溶质的质量，g；m_A 为溶剂的质量，kg。

所以尼古丁的摩尔质量 M 为：

$$M = \frac{K_f m_B}{\Delta T_f m_A} = \frac{1.86\times 0.6}{0.62\times 0.012} = 150(\text{g}\cdot\text{mol}^{-1})$$

即尼古丁的分子量 $M_r = 150$

值得注意的是，拉乌尔定律包括溶液的蒸气压下降、凝固点下降和沸点上升，其是稀溶液定律，其变化程度只与溶质的粒子浓度有关，与溶质的本性无关，即所谓依数性。对于难挥发非电解质稀溶液，其粒子浓度就为非电解质溶质的浓度，可以比较好地服从拉乌尔定律。而对于电解质，其在水溶液中发生完全或部分解离，使溶液中粒子浓度大于电解质溶质的浓度，而导致对拉乌尔定律存在偏离。

【例 3-2】 将下列溶液按其凝固点由高到低的顺序排列：

$1mol \cdot kg^{-1}$ $C_6H_{12}O_6$，$1mol \cdot kg^{-1}$ $CaCl_2$，$1mol \cdot kg^{-1}$ NaCl，$1mol \cdot kg^{-1}$ HAc

解：虽然拉乌尔定律只适用于难挥发非电解质的稀溶液，但对于不符合此适用条件的溶液仍可作定性比较。溶液凝固点下降的程度取决于单位体积内溶质的微粒数，而单位体积内溶质的微粒数又与溶液的浓度和溶质解离情况有关。

题中所给各物质浓度相同，但由于各物质在溶液中的解离情况不同，使溶质的微粒数不同，按照拉乌尔定律，微粒数越多，凝固点下降数值越大。1mol $C_6H_{12}O_6$（非电解质）为 1mol；而 1mol $CaCl_2$（强电解质）微粒数大约为 3mol；1mol NaCl（强电解质）微粒数大约为 2mol；1mol HAc（弱电解质）微粒数略大于 1mol。

所以凝固点由高到低的顺序为：

$1mol \cdot kg^{-1}$ $C_6H_{12}O_6$＞$1mol \cdot kg^{-1}$ HAc＞$1mol \cdot kg^{-1}$ NaCl＞$1mol \cdot kg^{-1}$ $CaCl_2$

除了溶液的蒸气压下降、凝固点下降和沸点上升外，稀溶液的通性还有能产生渗透压。

3.1.3 溶液的渗透压

渗透压现象最早是由法国哲学教授诺勒（Jean-Antoine Nollet，1700—1770）于 1748 年发现的。当时他把盛酒的瓶口用猪膀胱封住，浸放在水中，发现水通过膀胱膜进入酒中，使瓶口膀胱膜逐渐膨胀，最后破裂。

像动物的膀胱膜、细胞膜、羊皮纸以及萝卜皮之类的薄膜，看起来不透水、不透气，实际上却是半透膜（semipermeable membrane），其特性是只让某些分子和离子扩散进出的薄膜，一般来说，半透膜只允许离子和小分子物质通过，而生物大分子物质不能自由通过半透膜。这种由于半透膜的存在，使两种不同浓度溶液间产生溶剂分子或离子由浓度稀的一侧向浓的一侧迁移的现象叫作渗透（osmosis）现象。与渗透现象相对应的是扩散，扩散是指在没有半透膜的情况下溶质分子或离子由浓度大的一侧向浓度小的一侧迁移的现象。渗透和扩散都使浓度趋向平衡。

将蔗糖溶液装入涂敷了人造半透膜的磁筒中，上端塞紧，并插入一根细长玻璃管，将磁筒浸入清水中，由于半透膜阻止了蔗糖分子向清水中扩散，结果水不断地渗透进入磁筒的溶液中，使磁筒内溶液体积增大，玻璃管中液面逐渐上升。当玻璃管内液体上升到一定高度时，管内液面和管外液面相差的高度（h）所产生的水压阻止了水分子继续渗透。事实上此时水分子仍然在移动，只不过在单位时间内向管内外两个方向进出的水分子数目相等，而达到了动态平衡状态（如图 3-3 所示）。相差的高度所产生的压力差就是该溶液的渗透压（osmotic pressure）。

在发现渗透现象的一百多年间，人们一直试图寻找描述渗透压大小的数学关系式。直到 1877 年德国化学家普菲弗尔（W. F. P. Pfeiffer，1845—1920）总结许多结果发现：在同一温度下，溶液的渗透压与它的浓度成正比，溶液的浓度越大，上述液柱的高度（h）就越大；浓度相同的溶液，渗透压与绝对温度成正比。

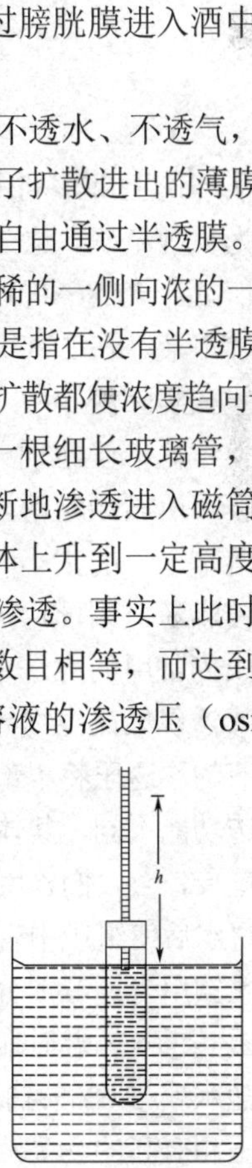

图 3-3 渗透现象和渗透压

1885 年，荷兰化学家范特霍夫在得知普菲弗尔的实验结论后，指出稀溶液的渗透压可以用和理想气体方程完全相同的方程式表示，即：

$$\Pi V=n_{\mathrm{B}}RT \quad 或 \quad \Pi=\frac{n_{\mathrm{B}}}{V}RT=c_{\mathrm{B}}RT \tag{3-6}$$

式中，Π 表示溶液的渗透压，Pa；n_{B} 表示溶质的物质的量，mol；V 表示溶液的体积，m^3；c_{B} 溶液的物质的量浓度，$mol \cdot m^{-3}$；R 是气体常数，$8.314J \cdot mol^{-1} \cdot K^{-1}$；$T$ 是热力学温度，K。

此式被称为范特霍夫公式。该公式最初是经验公式，后经热力学推证了它与拉乌尔定律的联系及其正确性。该式表明，溶液的渗透压在一定温度和体积下，只与溶液中所含溶质的粒子数有关，而与溶质和溶剂的本性无关。

范特霍夫之所以提出上述公式，是基于气体产生压力的机理和溶液产生渗透压的机理基本相似的观点。他认为对于气体来说，压力决定于气体分子对容器壁的碰撞；对于溶液来说，渗透压决定于溶质分子对半透膜的碰撞。他的论述于 1885 年以《气体和稀溶液体系的化学平衡》为题发表以后，逐渐引起化学界的注意，并因此及其在溶液中的化学动力学定律等方面的突出贡献而获得了 1901 年首次颁发的诺贝尔化学奖。1887 年，范特霍夫和奥斯特瓦尔德及瑞典化学家阿伦尼乌斯（S. A. Arrhenius，1859—1927）共同创办了有影响的杂志《物理化学》，标志着化学的一个重要分支（物理化学）诞生了。

由范特霍夫公式可以通过测定难挥发非电解质稀溶液的渗透压来推算溶质的摩尔质量，从而得到溶质的分子量：

$$\Pi V=n_{\mathrm{B}}RT=\frac{m_{\mathrm{B}}}{M_{\mathrm{B}}}RT$$

$$M_{\mathrm{B}}=\frac{m_{\mathrm{B}}RT}{\Pi V} \tag{3-7}$$

从理论上讲，利用凝固点下降和测定溶液渗透压法都可推算溶质的分子量，但用渗透压法最为灵敏精确，这一点可以通过计算说明。如一个 $0.01mol \cdot kg^{-1}$ 非电解质水溶液的凝固点降低值 $\Delta T_{\mathrm{f}}=1.86\times0.01=0.0186K$，对于如此小的温差，在实验上很难准确测定；但是，对同样的稀溶液，在 25℃及常压下的渗透压 $\Pi=24318Pa$，比较容易准确测定。

但在实际测定中，用渗透压法测定溶质的分子量的困难在于半透膜的制备。一般制备的半透膜往往不仅溶剂分子透过，溶质分子也能透过，对一般的溶质来说，很难制备出真正的半透膜，所以测定溶质的分子量通常均用凝固点降低法。但是对于大分子溶液，由于溶质分子和溶剂分子的大小相差悬殊，制备只允许溶剂分子透过，而不允许大分子溶质透过的半透膜比较容易，因此用灵敏的渗透压法测定大分子溶质的分子量，特别是生物大分子的分子量已经成为常用的方法之一。

渗透现象在生物界中非常重要，因为大多数有机体的细胞膜都具有半透性。植物细胞是靠细胞液的渗透压将根部的水分输送到茎部和叶片；鱼的鳃具有半透性，由于海水鱼和淡水鱼的鳃渗透功能不同，其体液的渗透压不同，所以海水鱼不能在淡水中养殖。对人体来说渗透现象更为重要，当人们食用过咸的食物或排汗过多时，由于肌体组织中的渗透压升高而有口渴的感觉，饮水后使组织中有机物质浓度降低，渗透压也随之降低而消除了口渴。因此口渴时饮用白开水比饮用含糖等成分过高的饮料要解渴；医院在给病人作静脉注射或输液时必须采用与血液渗透压（正常体温时血液渗透压为 780kPa）基本相同的溶液，如 0.90%（$0.154mol \cdot dm^{-3}$）的生理盐水或 5.0%的葡萄糖溶液，生物医学上称之为等渗溶液。渗透压相对低的为低渗溶液；渗透压相对高的为高渗溶液。有时为了处理一些特殊病人时，也会相应使用低渗溶液或高渗溶液。如因大面积烧伤而引起低渗脱水或因失钠过多而血浆水分增多的病人，就要采用高渗溶液治疗。若非治疗需要而在注射时采用高渗溶液，正常红细胞就会因内外溶液的渗透压不相等而导致红细胞膜皱缩［图 3-4（a）］，医学上称其为“质壁分裂”。皱缩的红细胞易黏合在一起而成“团块”，这些团块在小血管中便可形成“血栓”。若采用低渗溶液，水分子会透过细胞膜进入正常红细胞而使红细胞逐渐膨胀甚至最后破裂［图 3-4（c）］，医学上称其为“溶血”。

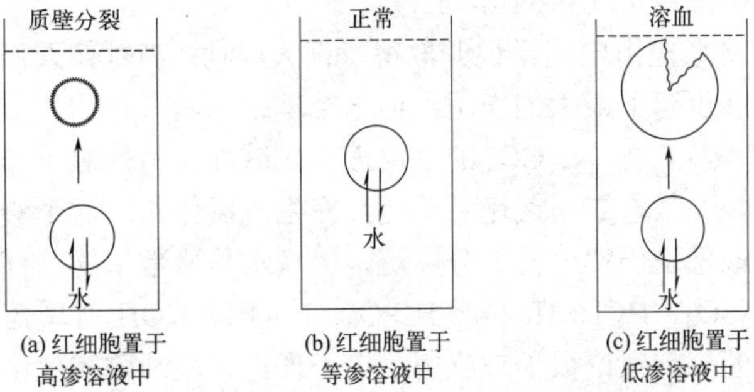

图 3-4　红细胞在不同渗透压溶液中的形态示意图

如果在图 3-3 中的玻璃管的液面上施加外压，且使外压大于渗透压，则在此外界压力下，溶液中的溶剂向纯溶剂中迁移，这种现象被称作反渗透（reverse osmosis）。反渗透为海水淡化、工业废水和污水处理及溶液浓缩等过程提供了重要的方法。

综上所述，难挥发非电解质的稀溶液具有蒸气压下降、沸点上升、凝固点下降并产生渗透压的特性，而且这些变化只与溶液中溶质的浓度成正比，而与溶质的本性无关。这一特性称为稀溶液的依数性。

本节介绍的是非电解质稀溶液的通性——依数性，如果将电解质溶质溶于水中测定他们的依数性，则实验结果比理论计算值大，正如例 3-2 中所见。对于导电性强的强电解质，依数性较同浓度的非电解质溶液几乎是呈整数倍地增加，而对于导电性差的弱电解质，依数性介于非电解质和强电解质之间。正是受这一实验结果的启发，瑞典化学家阿伦尼乌斯依据电解质溶液依数性和导电性的关系，于 1887 年提出了电解质的电离学说，认为“溶液中具有导电性的离子来源于物质的分子在溶液中的电离”，并通过实验验证了他的假设，从而结束了统治科学界几十年的由英国化学家、物理学家法拉第提出的“溶液中离子是在电流的作用下产生的”观点。电离学说推动化学尤其是无机化学实现了较大的改革，分析化学也据此实现了不亚于无机化学的重大改革。为此，1903 年阿伦尼乌斯荣获了诺贝尔化学奖，成为瑞典第一位获此科学大奖的科学家。

从下一节开始介绍有关电解质溶液的离子平衡，包括可溶电解质的酸碱平衡、配位平衡和难溶电解质的沉淀-溶解平衡。

3.2　酸碱平衡

3.2.1　酸碱质子理论

人们对酸、碱的认识是从直接的感觉开始的。有酸味的就是酸，英文中的酸（acid）是从拉丁文 acere 而来，原意就是有酸味；而有涩味、滑腻感的就是碱，草木灰有滑腻感就被认为是碱，英文中的碱（alkali）来自阿拉伯文 alqaliy，就是指草木灰。后来，随着生产和科学的发展，人们提出了一系列的酸碱理论，其中比较重要的有阿伦尼乌斯的酸碱电离理论（1887 年）、富兰克林（Edward C. Franklin，1862—1937）的酸碱溶剂理论（1905 年）、布朗斯特（Johannes Nicolaus Brønsted，1879—1947）和劳莱（Thomas Martin Lowry，1874—1936）的酸碱质子理论（1923 年）、路易斯的酸碱电子理论（1923 年）及皮尔逊（Ralph G. Pearson，1919—2022）的软硬酸碱理论（1963 年）。

1887 年，阿伦尼乌斯提出电离学说并取得了很大成功，当时使人们对酸碱的认识有了质的飞跃，对化学的发展也起了很大的作用，但这个理论也具有它的局限性。首先并不是只有含 OH^-的物质才具有碱性，如 Na_2CO_3 的水溶液也显碱性，另外对于非水体系的酸碱性，该理论也无能为力。例如，气态氨与氯化氢迅速反应生成氯化铵，这个酸碱中和反应并没有水的生成。尽管如此，该理论仍然用得十分广泛，毕竟水是最常用的一种溶剂，而且，按此理论定义的酸、碱如 H_2SO_4、HCl、HNO_3、H_3PO_4、NaOH、KOH 等覆盖了最重要的酸碱工业产品。后来提出酸碱的溶剂理论很少被应用；电子理论和软硬酸碱理论在配位化学及有机化学中有较多应用；而质子理论既可适用于水溶液系统，又可适用于非水溶液系统和气相反应系统，为此本节主要讨论酸碱质子理论的有关问题。

（1）酸碱定义

针对酸碱电离理论的局限性，丹麦化学家布朗斯特和英国化学家劳莱于 1923 年分别独立提出了酸碱质子理论。该理论认为凡是能给出质子的分子或离子，即质子给予体（proton donor），都是酸；凡是能与质子结合的分子或离子，即质子接受体（proton acceptor），都是碱。这样，除了电离理论中的 H_2SO_4、HCl、HNO_3、H_3PO_4 等分子是酸外，H_2O、HSO_4^-、NH_4^+、$Al(H_2O)_6^{3+}$等分子或离子也都是酸，因为它们也都能够给出质子（氢离子）。

$$H_2O \rightleftharpoons H^+ + OH^-$$

$$HCO_3^- \rightleftharpoons H^+ + CO_3^{2-}$$

$$NH_4^+ \rightleftharpoons H^+ + NH_3$$

$$Al(H_2O)_6^{3+} \rightleftharpoons H^+ + [Al(OH)(H_2O)_5]^{2+}$$

酸给出质子后余下的部分能够重新接受质子，按质子理论就是碱。上面例子中 OH^-、CO_3^{2-}、NH_3、$[Al(OH)(H_2O)_5]^{2+}$都是碱。

由此可见，酸与碱的相互关系为：

$$\text{酸} \rightleftharpoons H^+ + \text{碱} \qquad (3\text{-}8)$$

可见酸和碱是成对出现的，称为共轭酸碱对（conjugate acid-base pair）。左边的酸是右边碱的共轭酸（conjugate acid），而右边的碱则是左边酸的共轭碱（conjugate base），彼此互为共轭关系。但这种共轭酸碱对的半反应并不能单独存在。因为酸并不能自动给出质子，而必须同时存在一个能接受质子的物质——碱，酸才能变成共轭碱；反之，碱也必须从另外一种酸中接受质子后才能变成共轭酸。从而表明，酸碱反应的实质是质子的传递，是两对共轭酸碱对相互作用的结果。例如：

$$\underset{\text{酸}_1}{HCl} + \underset{\text{碱}_2}{H_2O} \xrightarrow{\;H^+\;} \underset{\text{酸}_2}{H_3O^+} + \underset{\text{碱}_1}{Cl^-} \qquad (3\text{-}9)$$

$$\underset{酸_1}{HAc} + \underset{碱_2}{H_2O} \overset{H^+}{\rightleftharpoons} \underset{酸_2}{H_3O^+} + \underset{碱_1}{Ac^-} \qquad (3\text{-}10)$$

$$\underset{碱_1}{Ac^-} + \underset{酸_2}{H_2O} \overset{H^+}{\rightleftharpoons} \underset{碱_2}{OH^-} + \underset{酸_1}{HAc} \qquad (3\text{-}11)$$

$$\underset{酸_1}{H_2O} + \underset{碱_2}{H_2O} \overset{H^+}{\rightleftharpoons} \underset{酸_2}{H_3O^+} + \underset{碱_1}{OH^-} \qquad (3\text{-}12)$$

$$\underset{酸_1}{H_3O^+} + \underset{碱_2}{OH^-} \overset{H^+}{\longrightarrow} \underset{酸_2}{H_2O} + \underset{碱_1}{H_2O} \qquad (3\text{-}13)$$

从以上反应可以看出：在酸碱反应中至少同时存在两对共轭酸碱对，质子传递的方向总是从给出质子能力强的酸传递给接受质子能力强的碱。在水溶液的酸碱反应中，溶剂水的作用比较特殊，它既可以作为酸给出质子，如式（3-11）、式（3-12），又可以作为碱接受质子，如式（3-9）、式（3-10）、式（3-12），像这种既能给出质子作为酸，也能接受质子作为碱的物质被称为两性物质（ampholyte）。布朗斯特酸碱质子理论把像式（3-10）、式（3-11）这样的平衡分别称为弱酸和弱碱的解离平衡，它们都是弱酸、弱碱与溶剂水分子间质子传递反应。式（3-12）是 H_2O 的自身质子传递反应，被称为水的质子自递反应（autoionization of water）。按阿伦尼乌斯酸碱电离理论，式（3-10）是弱酸电离平衡，式（3-11）是盐的水解反应，式（3-13）是酸碱中和反应，但其实它们都是 H^+ 转移的反应，故按酸碱质子理论，它们都是酸碱反应，其实质都是质子的转移。

总之，布朗斯特酸碱质子理论扩大了酸碱的概念及酸碱反应的范围。酸和碱既可以是分子型的，也可以是离子型的，而不再有盐的概念，因为它们都可以归结为离子酸或离子碱。如 NH_4Cl 中的 NH_4^+ 是酸，NaAc 中的 Ac^- 是碱。而质子在两对共轭酸碱对之间的传递反应都是酸碱反应，包括了阿伦尼乌斯酸碱电离理论中的弱酸的电离、弱碱的电离、盐的水解、酸碱中和等过程。酸碱质子理论不仅适用于水溶液，也适用于非水溶液，弥补了酸碱电离理论只能用于水溶液的不足。如气相中氨与氯化氢的反应。

$$\underset{酸_1}{HCl} + \underset{碱_2}{NH_3} \overset{H^+}{\rightleftharpoons} \underset{酸_2}{NH_4^+} + \underset{碱_1}{Cl^-} \qquad (3\text{-}14)$$

表 3-2 列举了水溶液中常见的布朗斯特弱酸和弱碱。

表 3-2　水溶液中常见的布朗斯特弱酸和弱碱

项目	一元		多元	
	弱酸	弱碱	弱酸	弱碱
分子型弱酸（碱）	HF HAc HCN HClO	$NH_3 \cdot H_2O$	$H_2C_2O_4$ H_2SO_3 H_3PO_4 H_2CO_3 H_2S	
离子型弱酸（碱）	NH_4^+ HSO_4^-	F^- NO_2^- Ac^- CN^- ClO^-	$[Al(H_2O)_6]^{3+}$	$C_2O_4^{2-}$ CO_3^{2-} PO_4^{3-} S^{2-} SO_3^{2-}
两性物质	H_2O、HSO_3^-、HCO_3^-、HS^-、$H_2PO_4^-$、HPO_4^{2-}等			

（2）酸碱的强弱

酸碱的相对强弱不仅取决于酸碱本身给出质子和接受质子的能力，还取决于溶剂接受和给出质子的能力，也就是说强弱是相对的。因此，要比较各种酸碱的强弱，必须选定一种溶剂，最常用的溶剂是水。在水溶液中，酸碱的强度可用它们在水中的标准解离平衡常数 $K_a^\ominus$、$K_b^\ominus$ 来衡量，分别简称为酸常数和碱常数。如 HAc 在水中的解离平衡：

$$HAc + H_2O \rightleftharpoons H_3O^+ + Ac^-$$

标准平衡常数为：

$$K_a^\ominus = \frac{[c(H_3O^+)/c^\ominus][c(Ac^-)/c^\ominus]}{[c(HAc)/c^\ominus]} \tag{3-15}$$

因为 $c^\ominus$ =1mol · dm^{-3}，c 的单位通常也是 mol · dm^{-3}，所以 $c/c^\ominus$ 在数值上等于 c。若不考虑单位，则上式中的 $c/c^\ominus$ 可以用 c 代替（仅是为了书写方便，在具体表达 c 的时候切不可将单位“mol · dm^{-3}”遗漏），同时为了书写方便，水合质子 H_3O^+简写为 H^+，则上式可简写为：

$$HAc \rightleftharpoons H^+ + Ac^-$$

$$K_a^\ominus = \frac{c(H^+) \cdot c(Ac^-)}{c(HAc)} \tag{3-16}$$

式中，各物质的浓度均为平衡浓度。如不特加说明，以下简化情况都与此相同。

同一般化学平衡的标准平衡常数一样，$K_a^\ominus$ 及 $K_b^\ominus$ 只是温度的函数，将随着温度的变化而变化，所以在使用这些常数时，要注意酸碱反应的温度。

$K_a^\ominus$ 越大，酸在水中给出质子的能力越强，酸性就越强；同样，$K_b^\ominus$ 越大，碱在水中接受质子的能力越强，碱性就越强。由热力学方法，根据有关物质的 $\Delta_f G_m^\ominus$，可求算弱酸或弱碱的 $K_a^\ominus$ 及 $K_b^\ominus$。

通常在手册中可直接查到常见弱酸或弱碱的酸常数或碱常数，如 HAc 的 $K_a^\ominus = 1.75\times10^{-5}$，其共轭碱 Ac^-的碱常数一般没有。但是 $K_b^\ominus$ 可由 $K_a^\ominus$ 求算：

$$Ac^- + H_2O \rightleftharpoons OH^- + HAc \qquad K_b^\ominus$$

此平衡可分解为如下两个平衡：

① $$Ac^- + H_3O^+ \rightleftharpoons H_2O + HAc \qquad 1/K_a^\ominus$$

② $$H_2O + H_2O \rightleftharpoons OH^- + H_3O^+ \qquad K_w^\ominus$$

反应②是水的质子自递反应，其平衡常数用 $K_w^\ominus$ 表示：

$$K_w^\ominus = [c(H_3O^+)/c^\ominus][c(OH^-)/c^\ominus]$$

简写为：

$$K_w^\ominus = c(H^+)c(OH^-) \tag{3-17}$$

$K_w^\ominus$ 通常被称为水的离子积（ionic product of water）。1894 年，德国两位物理学家科尔劳施（F. Kohlrausch，1840—1910）和海德维勒（A. Heydweiller，1856—1926）精确测定了 25℃时的该离子积为 1.008×10^{-14}。在酸碱质子理论中 $K_w^\ominus$ 被称为水的质子自递常数，它同一般热力学常数一样是温度的函数。表 3-3 列出了其他温度下 $K_w^\ominus$ 的数值。

表 3-3　水的质子自递常数 $K_w^\ominus$ 与温度的关系

温度/℃	0	25	30	40	50	60	70	80	90	100
$pK_w^\ominus$	14.938	13.995	13.836	13.542	13.275	13.034	12.814	12.613	12.428	12.265

注：本表数据摘自 D.R.Lide, CRC. Handbook of Chemistry and Physics. 84th ed. Boca Raton: CRC Press, Inc, 2003—2004。

上表中 $pK_w^\ominus$ 是 $K_w^\ominus$ 的负对数，就像 pH 是 H^+浓度的负对数一样。

知道 $K_w^\ominus$ 的数值后，就可利用 $K_w^\ominus$ 及酸的 $K_a^\ominus$ 值求算其共轭碱的 $K_b^\ominus$ 值。由于 Ac^-在水中的酸碱平衡可由上述①、②两个平衡组成，所以由多重平衡规则（见 2.4.1）可得：

$$K_b^\ominus = K_w^\ominus / K_a^\ominus \quad 或 \quad K_a^\ominus K_b^\ominus = K_w^\ominus \tag{3-18}$$

上例中 Ac^-的 $K_b^\ominus$：

$$K_b^\ominus(Ac^-) = \frac{1}{K_a^\ominus(HAc)} K_w^\ominus = \frac{1.008\times10^{-14}}{1.75\times10^{-5}} = 5.76\times10^{-10}$$

式（3-18）描述了一对共轭酸碱对 $K_a^\ominus$ 和 $K_b^\ominus$ 的关系。由此式可见，一个酸的酸性越强，则其共轭碱的碱性越弱；反之，一个酸的酸性越弱，则其共轭碱的碱性就越强。有时为了方便，常用 $K_a^\ominus$、$K_b^\ominus$ 的负对数 $pK_a^\ominus$、$pK_b^\ominus$ 来衡量酸碱的强弱。表 3-4 列出了水溶液中的共轭酸碱对酸的 $K_a^\ominus$、$pK_a^\ominus$ 值及其共轭碱的形式。

布朗斯特酸碱质子理论虽然发展了阿伦尼乌斯酸碱理论，扩大了酸碱范围，但其酸碱反应也只能是包含质子转移的反应，因此也有其局限性。1923 年，美国创立共价键论述的化学家路易斯提出了酸碱的电子论：凡是能给出电子对的分子、离子或原子团都叫作碱，凡是能接受电子对的分子、离子或原子团都叫作酸。按此理论，酸碱反应不再是质子的转移而是电子的转移，是碱性物质提供电子对与酸性物质生成配位共价键的反应。电子论所定义的酸碱包括的物质种类很广泛，因而又称为广义的酸和广义的碱。但是由于路易斯的酸碱范围过于广泛，几乎包括了所有的有机物和无机物，就使人难以区分酸和碱在结构上和在性质上的差异，从而妨碍了该理论的推广和应用。1963 年美国化学家皮尔逊又根据路易斯酸碱得失电子对的难易程度，将路易斯酸碱分为软酸、硬酸、软碱、硬碱以及性质介于软、硬之间的交界酸和交界碱，并总结出“硬亲硬，软亲软，软硬交界就不管”的软硬酸碱理论，用于判断生成的配合物及化合物的稳定性，在无机化学和有机化学领域都得到了应用。但是它毕竟是定性的，而且还有不少例外，还需要进一步的研究。

表 3-4　水溶液中的共轭酸碱对及其 $K_a^\ominus$ 值

	共轭酸（HB）	$K_a^\ominus$（在水中）	$pK_a^\ominus$（在水中）	共轭碱（B）	
酸性减弱 ↓	H_3O^+			H_2O	碱性增强 ↓
	$H_2C_2O_4$	5.62×10^{-2}	1.25	$HC_2O_4^-$	
	H_2SO_3	1.4×10^{-2}	1.85	HSO_3^-	
	HSO_4^-	1.02×10^{-2}	1.99	SO_4^{2-}	
	H_3PO_4	6.92×10^{-3}	2.16	$H_2PO_4^-$	
	HNO_2	5.62×10^{-4}	3.25	NO_2^-	
	HF	6.31×10^{-4}	3.20	F^-	
	HCOOH	1.78×10^{-4}	3.75	$HCOO^-$	
	$HC_2O_4^-$	1.55×10^{-4}	3.81	$C_2O_4^{2-}$	
	CH_3COOH	1.75×10^{-5}	4.76	CH_3COO^-	
	H_2CO_3	4.47×10^{-7}	6.35	HCO_3^-	
	HSO_3^-	6.3×10^{-8}	7.2	SO_3^{2-}	
	H_2S	8.9×10^{-8}	7.05	HS^-	
	$H_2PO_4^-$	6.17×10^{-8}	7.21	HPO_4^{2-}	
	NH_4^+	5.68×10^{-10}	9.25	NH_3	
	HCN	6.17×10^{-10}	9.21	CN^-	
	HCO_3^-	4.68×10^{-11}	10.33	CO_3^{2-}	
	HS^-	1.0×10^{-19}	19	S^{2-}	
	HPO_4^{2-}	4.79×10^{-13}	12.32	PO_4^{3-}	
	H_2O			OH^-	

3.2.2　酸碱水溶液中 pH 的计算

弱酸或弱碱在水溶液中都存在着解离平衡，要想定量地了解溶液的酸碱性，就要知道平衡时溶液中的氢离子浓度。为此，酸碱溶液中氢离子浓度的确定在酸碱平衡中就显得尤为重要。通常可以采用 pH 试纸或酸度计进行测定，除此以外，理论上还可通过平衡原理进行计算。酸碱溶液的体系非常多，有强弱之分，一元及多元之分，还有混合酸碱等，下面只介绍一元弱酸碱、多元弱酸碱及缓冲溶液等酸碱体系中氢离子浓度及 pH 的计算。

（1）一元弱酸、一元弱碱溶液

以 HA 代表任一种一元弱酸，其初始浓度为 c，酸常数为 $K_a^\ominus$，则 HA 在水溶液中的解离平衡式为（设平衡时 $c(H^+)=x$，单位为 $mol\cdot dm^{-3}$）

$$HA + H_2O \rightleftharpoons H_3O^+ + A^-$$

起始浓度/$mol\cdot dm^{-3}$　　c　　　0　　　0

平衡浓度/$mol\cdot dm^{-3}$　　$c-x$　　　x　　　x

则

$$K_a^\ominus = \frac{x^2}{c-x} \qquad (3\text{-}19)$$

当弱酸解离度≤5%（解离度又叫电离度，是指弱电解质在溶液里达电离平衡时，已电离的电解质分子数占原来总分子数的百分数，用 α 表示），即 $c/K_a^\ominus \geqslant 400$ 时，相对于 c，解离出的 $c(H^+)$（即 x）很小，可以忽略，即 $c-x \approx c$

将上式代入式（3-19）得：

$$K_a^\ominus \approx \frac{x^2}{c}$$

$$c(H^+) = x \approx \sqrt{cK_a^\ominus} \qquad (3\text{-}20)$$

上式是计算一元弱酸溶液氢离子浓度的最简式。用上述同样方法可推导出计算一元弱碱溶液中 OH^-浓度的最简式：

$$c(OH^-) \approx \sqrt{cK_b^\ominus} \qquad (3\text{-}21)$$

使用上式时，同样必须满足 $c/K_b^\ominus \geqslant 400$，否则就必须按解离平衡关系式解一元二次方程进行求算。

【例 3-3】 计算下列水溶液的 pH。

（1）$0.10\text{mol}\cdot\text{dm}^{-3}$ HAc 溶液；（2）$0.10\text{mol}\cdot\text{dm}^{-3}$ NaAc 溶液。

解：（1）已知 $K_a^\ominus(\text{HAc}) = 1.75\times10^{-5}$

$$c(\text{HA})/K_a^\ominus = 0.10/1.75\times10^{-5} = 5.7\times10^{3} > 400$$

所以，可用最简式（3-20）计算，

$$c(H^+) \approx \sqrt{K_a^\ominus c(\text{HAc})} = \sqrt{0.10\times1.75\times10^{-5}} = 1.3\times10^{-3}(\text{mol}\cdot\text{dm}^{-3})$$

$$\text{pH} = 2.89$$

（2）已知 $K_a^\ominus(\text{HAc}) = 1.75\times10^{-5}$

所以，$K_b^\ominus(\text{Ac}^-) = K_w^\ominus / K_a^\ominus(\text{HAc}) = 1.008\times10^{-14}/1.75\times10^{-5} = 5.76\times10^{-10}$

$$c(\text{Ac}^-)/K_b^\ominus = 0.10/5.76\times10^{-10} = 1.7\times10^{8} > 400$$

所以，可用最简式（3-21）计算，

$$c(OH^-) \approx \sqrt{K_b^\ominus c(\text{Ac}^-)} = \sqrt{0.10\times5.76\times10^{-10}} = 7.6\times10^{-6}(\text{mol}\cdot\text{dm}^{-3})$$

$$\text{pOH} = 5.12 \qquad \text{pH} = 8.88$$

（2）多元弱酸、多元弱碱溶液

多元弱酸、多元弱碱在水溶液中的解离是分步进行的。例如二元弱酸 H_2CO_3 在水溶液中存在两步解离平衡：

$$H_2CO_3 \rightleftharpoons H^+ + HCO_3^- \qquad K_{a1}^\ominus = 4.47\times10^{-7}$$

$$HCO_3^- \rightleftharpoons H^+ + CO_3^{2-} \qquad K_{a2}^{\ominus} = 4.68\times10^{-11}$$

一般多元弱酸的解离常数都是 $K_{a1}^{\ominus} \gg K_{a2}^{\ominus} \gg K_{a3}^{\ominus}$，说明第二步解离远比第一步困难，第三步就更困难。这是由于从带负电荷的离子中解离出带正电荷的 H^+要比从中性分子中解离出 H^+更为困难；而且第一步解离出的 H^+对后面的解离起阻碍作用（同离子效应）。因此在多元弱酸溶液中第一级解离是最主要的，其他各级解离出的 H^+极少，一般情况下可忽略不计。即计算多元弱酸溶液的 H^+浓度可按一元弱酸溶液来处理，若再满足 $c / K_{a1}^{\ominus} \geqslant 400$，则可按一元弱酸溶液计算 H^+浓度的最简式进行计算，即：

$$c(H^+) = x \approx \sqrt{cK_{a1}^{\ominus}} \tag{3-22}$$

同理，对于多元弱碱也可以作类似处理。即计算多元弱碱溶液的 OH^-浓度可按一元弱碱溶液来处理，若同时满足 $c / K_{b1}^{\ominus} \geqslant 400$，则可按一元弱碱溶液计算 OH^-浓度的最简式进行计算，即：

$$c(OH^-) \approx \sqrt{cK_{b1}^{\ominus}} \tag{3-23}$$

【例 3-4】 计算饱和 CO_2 水溶液［即 $c(H_2CO_3) = 0.04mol \cdot dm^{-3}$］的 $c(H^+)$、$c(CO_3^{2-})$及 pH。

解： 已知 $K_{a1}^{\ominus} = 4.47\times10^{-7}$、$K_{a2}^{\ominus} = 4.68\times10^{-11}$

因为 $$K_{a1}^{\ominus} \gg K_{a2}^{\ominus}，且\ c(H_2CO_3) / K_{a1}^{\ominus} \gg 400$$

所以可按一元弱酸来处理，用最简式（3-22）计算 $c(H^+)$，

$$c(H^+) \approx \sqrt{K_{a1}^{\ominus}c(H_2CO_3)} = \sqrt{0.040\times4.47\times10^{-7}} = 1.3\times10^{-4}(mol \cdot dm^{-3})$$

$$pH = 3.87$$

而 $c(CO_3^{2-})$需按第二步解离平衡求算，

$$HCO_3^- \rightleftharpoons H^+ + CO_3^{2-}$$

$$K_{a2}^{\ominus} = \frac{c(H^+)c(CO_3^{2-})}{c(HCO_3^-)} = 4.68\times10^{-11}$$

因为第一步解离是主要的，第二步很微弱，所以第二步电离导致的 $c(H^+)$的增加及 $c(HCO_3^-)$的减少都可忽略，

即 $$c(H^+) \approx c(HCO_3^-)$$

所以 $$c(CO_3^{2-}) \approx K_{a2}^{\ominus} = 4.68\times10^{-11}(mol \cdot dm^{-3})$$

【例 3-5】 计算 $0.1mol \cdot dm^{-3} Na_3PO_4$ 水溶液中 $c(PO_4^{3-})$、$c(OH^-)$及 pH。

解： 已知 H_3PO_4 的 $K_{a1}^{\ominus} = 6.92\times10^{-3}$，$K_{a2}^{\ominus} = 6.17\times10^{-8}$，$K_{a3}^{\ominus} = 4.79\times10^{-13}$

按酸碱质子理论，PO_4^{3-}是三元弱碱，按共轭酸碱对 $K_a^{\ominus}$、$K_b^{\ominus}$ 的关系：

$$K_{b1}^{\ominus} = K_w^{\ominus} / K_{a3}^{\ominus} = 1.0\times10^{-14}/4.79\times10^{-13} = 2.1\times10^{-2}$$

$$K_{b2}^{\ominus} = K_w^{\ominus} / K_{a2}^{\ominus} = 1.0\times10^{-14}/6.17\times10^{-8} = 1.6\times10^{-7}$$

$$K_{b3}^{\ominus} = K_w^{\ominus} / K_{a1}^{\ominus} = 1.0\times10^{-14}/6.92\times10^{-3} = 1.4\times10^{-12}$$

因为 $K_{b1}^{\ominus} \gg K_{b2}^{\ominus} \gg K_{b3}^{\ominus}$，计算时可不必考虑第二步及第三步解离，但 $c / K_{b1}^{\ominus} < 400$，不能按最简式计算，应按下式解一元二次方程

设第一步已解离的部分为 x。

$$PO_4^{3-} + H_2O \rightleftharpoons HPO_4^{2-} + OH^-$$

平衡时 $\quad 0.1-x \qquad x \qquad x$

$$K_{b1}^{\ominus} = \frac{c(OH^-)\cdot c(HPO_4^{2-})}{c(PO_4^{3-})} = \frac{x^2}{0.1-x} = 2.1\times10^{-2}$$

$$x^2 + 2.1\times10^{-2}x - 2.1\times10^{-3} = 0$$

解此一元二次方程得

$$x = c(OH^-) = 3.7\times10^{-2}\ (mol\cdot dm^{-3})$$

$$pOH = 1.43，pH = 12.57$$

$$c(PO_4^{3-}) = 0.1-x = 0.1-0.037 = 0.063\ (mol\cdot dm^{-3})$$

由上述例题可见，在处理类似 NaAc、Na_3PO_4 这种在酸碱电离理论中被称为盐的溶液的氢离子浓度问题时，用酸碱质子理论按弱酸（弱碱）统一处理比用盐的水解平衡处理更为方便。

（3）缓冲溶液

在日常生活和生产实践中的许多化学反应，往往都需要在一定的 pH 范围内才能进行。如生物体内血液的 pH 通常要维持在 7.35～7.45 之间，血液才能有效地输送氧气，如果血液的 pH 超出此范围 0.1 以上，人就会发生疾病，pH<7.35 会出现酸中毒、pH>7.45 出现碱中毒症状，严重时甚至会危及生命。又如电镀或化学镀过程中，镀液的 pH 也要维持在一定的范围内，否则随着反应的进行，pH 如果有较大的变动，则会严重影响镀速、镀层的性能，甚至会得不到镀层。因此保持溶液的pH基本不变十分重要。如何保持溶液pH基本恒定不变呢？

先看下面一组数据：纯水在 25℃时 pH 为 7.0，但只要与空气接触一段时间，就会因为吸收二氧化碳而使 pH 降到 5.5 左右；再如将 1 滴（约 0.04mL）浓盐酸（约 $12mol\cdot dm^{-3}$）加入 1 升纯水中，可使 $c(H^+)$由 1.0×10^{-7} 增至 $4.8\times10^{-4}mol\cdot dm^{-3}$，即 $c(H^+)$增加 4800 倍左右，pH 降低 3.3 个单位；若将同样 1 滴 $12mol\cdot dm^{-3}$ 的氢氧化钠溶液加到 1 升纯水中，pH 增加也有 3.3 个单位。可见纯水的 pH 因加入少量的强酸或强碱而发生很大的变化。但如果用 1 升含 0.1mol HAc 和 0.1mol NaAc 的混合溶液代替水再作上述同样的实验，则该混合溶液的 pH 基本保持不变，都为 4.76。

产生上述两类溶液对外加酸碱表现出完全不同的两种反应的根本原因是第二类溶液中含有共轭酸碱对（如 HAc 和 Ac^-）。像这种含有共轭酸碱对的混合溶液能对抗外加少量强酸、强碱或稍加稀释而不引起 pH 发生明显变化的作用叫缓冲作用，具有缓冲作用的溶液叫缓冲溶液（buffer）。

缓冲溶液为什么具有缓冲作用？利用平衡移动原理可以加以解释。在由弱酸 HA 和其共轭碱 A^-组成的酸碱溶液中存在如下平衡：

$$\mathrm{HA} \rightleftharpoons \mathrm{H^+ + A^-} \qquad K_a^{\ominus} = \frac{c(\mathrm{H^+}) \cdot c(\mathrm{A^-})}{c(\mathrm{HA})}$$

在此平衡体系中，根据吕·查德里原理，如果改变影响平衡的一个条件（如浓度、压力、温度等），平衡就向能够减弱这种改变的方向移动。当 HA 和 A^-的浓度比较大且相近时，如果加入少量酸增加 H^+浓度，平衡必然向生成共轭酸 HA 的方向移动，消耗外加的 H^+，从而稳定溶液的 pH；如果加入少量碱中和 H^+，则平衡向共轭酸解离的方向移动，以补充被加入的碱消耗的质子，也稳定了溶液的 pH。适当加水稀释时，HA 的解离度增大，进一步解离出 H^+以弥补由稀释而导致的 $c(H^+)$的减小，使 pH 基本不变。

综上所述，缓冲作用的原因一是溶液中必须存在足量的共轭酸碱对，二是溶液中共轭酸碱之间进行着不断地转化。因此除了一定量的弱酸与其共轭碱（如 HAc 和 NaAc）的混合溶液可组成缓冲溶液外，一定量的弱碱与其共轭酸（如 $NH_3 \cdot H_2O$ 和 NH_4Cl）的混合溶液同样也能组成缓冲溶液。

缓冲溶液的 pH 可由弱酸或弱碱的解离平衡计算得到。下面以 HA 与其共轭碱 A^-组成的酸碱缓冲溶液的 pH 计算为例来说明。

设弱酸的浓度为 c_a，其共轭碱的浓度为 c_b，平衡时氢离子浓度为 $c(H^+)$

	HA	$\rightleftharpoons$	H^+	+	A^-
起始浓度	c_a		0		c_b
平衡浓度	$c_a - c(H^+)$		$c(H^+)$		$c_b + c(H^+)$

由于弱酸 HA 的解离程度较弱，且体系中有较大量的 A^-存在，抑制 HA 的解离，使 HA 的解离度更小，平衡时 $c(H^+)$很小，即

$$c_a - c(\mathrm{H^+}) \approx c_a、c_b + c(\mathrm{H^+}) \approx c_b$$

所以：

$$K_a^{\ominus} = \frac{c(\mathrm{H^+}) \cdot c_b}{c_a}$$

即：

$$c(\mathrm{H^+}) = K_a^{\ominus} \frac{c_a}{c_b} \qquad (3\text{-}24a)$$

$$\mathrm{pH} = \mathrm{p}K_a^{\ominus} + \lg \frac{c_b}{c_a} \qquad (3\text{-}24b)$$

上式即为由共轭酸碱对组成的缓冲溶液 pH 的计算式。

【例 3-6】 等体积的 $0.2\mathrm{mol \cdot dm^{-3}}$ HAc 和 $0.2\mathrm{mol \cdot dm^{-3}}$ NaAc 混合后，溶液的 pH 为多少？在 90mL 这种缓冲溶液中加 10mL $0.01\mathrm{mol \cdot dm^{-3}}$ HCl 或 10mL $0.01\mathrm{mol \cdot dm^{-3}}$ NaOH 后，溶液的 pH 各变为多少？

解： 已知 $\mathrm{p}K_a^{\ominus} = 4.76$

等体积的 HAc 和 NaAc 溶液相混合后，浓度各减小一半，所以 $c_a = 0.1\mathrm{mol \cdot dm^{-3}}$、$c_b = 0.1\mathrm{mol \cdot dm^{-3}}$，

$$\mathrm{pH} = \mathrm{p}K_a^{\ominus} + \lg \frac{c_b}{c_a} = 4.76$$

加入 10mL 0.01mol·dm^{-3}HCl 后总体积为 100mL，HCl 解离的 H^+与溶液中 Ac^-结合成 HAc，使 HAc 浓度稍有增加，Ac^-浓度稍有减小，

$$c_a = \frac{0.1\times 90}{100} + \frac{0.01\times 10}{100} = 0.091(\text{mol}\cdot\text{dm}^{-3})$$

$$c_b = \frac{0.1\times 90}{100} - \frac{0.01\times 10}{100} = 0.089(\text{mol}\cdot\text{dm}^{-3})$$

$$\text{pH} = \text{p}K_a^{\ominus} + \lg\frac{c_b}{c_a} = 4.76 + \lg\frac{0.089}{0.091} = 4.75$$

加入 10mL 0.01mol·dm^{-3} NaOH 后总体积也为 100mL，HAc 与 OH^-作用生成 Ac^-和 H_2O，使 Ac^-浓度稍有增加，HAc 浓度稍有减小。

$$c_a = \frac{0.1\times 90}{100} - \frac{0.01\times 10}{100} = 0.089(\text{mol}\cdot\text{dm}^{-3})$$

$$c_b = \frac{0.1\times 90}{100} + \frac{0.01\times 10}{100} = 0.091(\text{mol}\cdot\text{dm}^{-3})$$

$$\text{pH} = \text{p}K_a^{\ominus} + \lg\frac{c_b}{c_a} = 4.76 + \lg\frac{0.091}{0.089} = 4.77$$

从上例中可见，若在 90mL HAc 和 NaAc 混合溶液中加入 10mL 0.01mol·dm^{-3}HCl 或 10mL 0.01mol·dm^{-3}NaOH 后，溶液的 pH 只降低或升高了 0.01 个单位，而若在 90mL 纯水中加入 10mL 上述 HCl 或 NaOH 溶液后，可以计算得溶液的 pH 将降低或升高 3 个单位。可见 HAc 和 NaAc 缓冲溶液确实对溶液的 pH 有缓冲作用。

缓冲溶液虽然可以抵抗外来的酸、碱及稀释，但这种能力是有限度的。当缓冲溶液中的共轭酸（或碱）被外加碱或酸消耗殆尽时，再加碱或酸时，溶液的 pH 就要发生明显的变化，缓冲溶液就失去缓冲能力。从式（3-24b）可以看出，缓冲溶液的 pH 除了决定于弱酸本身的 $\text{p}K_a^{\ominus}$ 外，还决定于共轭酸碱对的浓度比，即 c_b/c_a 的值。对同一种缓冲溶液来说，只有当这个比值接近于 1，缓冲溶液的 pH 才不会有大的变化。为此，若要提高缓冲溶液的缓冲能力，必须做到下面两点：

① 适当提高共轭酸碱对的浓度。但浓度也不必过高，因为浓度过高的缓冲溶液对化学反应可能会造成不良的影响，而且造成不必要的试剂浪费。一般要求共轭酸碱对的浓度在 0.1～1mol·dm^{-3}之间。

② 保持共轭酸碱对的浓度尽量接近，即 c_b/c_a 接近 1，此时该溶液对外加酸或碱具有同等程度的缓冲能力，使缓冲作用最强，c_b/c_a 的比值越偏离 1，其缓冲能力就越弱。实验表明，常用缓冲溶液的各组分的浓度比保持在 0.1～10 之间，就具有有效的缓冲作用，在此范围内相应的 pH 变化范围为：

$$\text{pH} = \text{p}K_a^{\ominus} \pm 1 \tag{3-25}$$

该范围被称为缓冲溶液最有效的缓冲范围。各体系相应的缓冲范围显然决定于它们的 $K_a^{\ominus}$ 值。为此，在实际选择和配制一定 pH 的缓冲溶液时，为使共轭酸碱对浓度比接近于 1，应选用 $\text{p}K_a^{\ominus}$ 与要控制的 pH 相近的弱酸及其共轭碱。

【例 3-7】 需要 pH = 4.1 的缓冲溶液，分别以 HAc + NaAc 和苯甲酸+苯甲酸钠（HB + NaB）配制。试求 $c(NaAc)/c(HAc)$ 和 $c(HB)/c(NaB)$的值。若相关组分的浓度都为 $0.1mol\cdot dm^{-3}$，哪种缓冲溶液更好？

解：欲配制 pH = 4.1 的缓冲溶液，应选用 $pK_a^\ominus$ 与 pH 接近的缓冲体系，即 c_b/c_a 的值更接近 1 的体系。

已知 $pK_a^\ominus(HAc) = 4.76$，苯甲酸的 $pK_a^\ominus(HB) = 4.20$

因为
$$pH = pK_a^\ominus + \lg\frac{c_b}{c_a}$$

对于 HAc-NaAc 缓冲体系

$$\lg\frac{c(NaAc)}{c(HAc)} = pH - pK_a^\ominus(HAc) = 4.10 - 4.76 = -0.66$$

所以
$$\frac{c(NaAc)}{c(HAc)} = 0.22$$

对于 HB-NaB 缓冲体系

$$\lg\frac{c(NaB)}{c(HB)} = pH - pK_a^\ominus(HB) = 4.10 - 4.20 = -0.10$$

所以
$$\frac{c(NaB)}{c(HB)} = 0.79$$

可见 HB-NaB 缓冲体系共轭酸碱对的浓度比值较 HAc-NaAc 缓冲体系共轭酸碱对的浓度比值更接近于 1，所以选用苯甲酸+苯甲酸钠缓冲体系较好。

酸碱缓冲溶液在自然界中普遍存在。例如，土壤中由于存在硅酸、磷酸、腐殖酸等弱酸及其共轭碱组成的缓冲体系，使得土壤的 pH 维持在适宜于农作物生长的 5～8 范围之间；人体血液 pH 之所以能够恒定在 7.35～7.45 这一狭小的范围内，就是由于血浆中存在 H_2CO_3-$NaHCO_3$、NaH_2PO_4-Na_2HPO_4、HPr-NaPr（Pr 代表蛋白质）等多种缓冲体系的共同作用，以保证生命的正常活动。表 3-5 列出了一些常用的缓冲体系供选择和参考。

表 3-5　常用缓冲体系中弱酸的 $pK_a^\ominus$ 与缓冲范围

缓冲体系的组成	弱酸的 $pK_a^\ominus$（25℃）	缓冲范围（实验值）
HCl-KCl	强电解质	1.0～2.2
$H_2C_8H_4O_4$（邻苯二甲酸）-NaOH	2.95（$pK_{a1}^\ominus$）	2.2～4.0
$KHC_8H_4O_4$（邻苯二甲酸氢钾）-NaOH	5.41（$pK_{a2}^\ominus$）	4.0～5.8
HAc-NaAc	4.76	3.7～5.6
KH_2PO_4-Na_2HPO_4	7.21（$pK_{a2}^\ominus$）	5.8～8.0
$Na_2B_4O_7$-HCl	9.27	8.0～10.0
$NH_3\cdot H_2O$-NH_4Cl	9.25	8.2～10.0
$NaHCO_3$-Na_2CO_3	10.33（$pK_{a2}^\ominus$）	9.2～11.0

3.3 多相离子平衡

3.3.1 多相离子平衡常数

电解质按其溶解度的大小，一般可分为易溶电解质和难溶电解质两大类。易溶弱电解质在溶液中的离子平衡是单相的，而对于难溶电解质来说（绝对不溶于水的物质是没有的），总是或多或少地溶解于水中，习惯上把溶解度小于 0.01g/100g H_2O 的物质叫作难溶物。因此，一定温度下，在难溶电解质的饱和溶液中，就存在着难溶电解质固体与溶解在溶液中的离子之间的平衡，这是一种多相离子平衡，通常称为沉淀-溶解平衡。而在难溶电解质的不饱和溶液和过饱和溶液中均未达到沉淀-溶解平衡。在不饱和溶液中，难溶电解质固体的溶解速率超过固体的析出速率，固体被全部溶解。在过饱和溶液中，固体的析出速率超过溶解速率，有固体不断析出，使得溶液中离子的浓度不断降低，直至达到沉淀-溶解平衡，成为饱和溶液。在日常生产实践及科学研究中，经常需要利用沉淀生成或溶解的过程来解决实际问题。如欲测定试样中 S 元素含量时，可先将其转化成 $BaSO_4$ 沉淀，然后再通过称重、换算求得 S 的含量；工业清洗中需将锅炉中的锅垢溶解，等等。如何判断沉淀反应是否发生？如何使沉淀反应进行得更完全？又如何使沉淀溶解？这些都是难溶电解质的多相离子平衡所要解决的问题。

（1）溶度积

在一定温度下，难溶强电解质在水中所建立的沉淀-溶解多相离子平衡同其他化学平衡一样，是一种动态平衡，遵循化学平衡的一般规律。既可以利用平衡常数关系式来表示平衡时体系中各物质的量之间的关系，又可以利用化学热力学中关于化学平衡的原理来解决沉淀-溶解平衡中有关沉淀及溶解的方向和限度问题。1889 年，在热力学方面做出重要贡献的德国物理化学家能斯特从热力学角度引入了溶度积这个重要概念，用来解释沉淀-溶解平衡。

如当 $BaSO_4$ 固体在水中的沉淀和溶解的速率相等时，即达到 $BaSO_4$ 的沉淀-溶解平衡，所得溶液即为该温度下 $BaSO_4$ 的饱和溶液。其平衡关系式为：

$$BaSO_4(s) \xrightleftharpoons[\text{沉淀}]{\text{溶解}} Ba^{2+}(aq) + SO_4^{2-}(aq)$$

此时的平衡常数表达式为：

$$K^{\ominus} = [c(Ba^{2+})/c^{\ominus}] \cdot [c(SO_4^{2-})/c^{\ominus}]$$

由于此类平衡中，反应物是纯固体，在书写平衡常数表达式时，其浓度视为 1，使得平衡常数表达式中只有离子浓度（幂）的乘积。为了表明这种平衡常数的特殊性，通常称这种平衡常数为溶度积常数（solubility product constant）或溶度积，用 $K_{sp}^{\ominus}$ 表示。

对于难溶电解质 A_mB_n，溶度积的通式可写为：

$$K_{sp}^{\ominus} = [c(A^{n+})/c^{\ominus}]^m \cdot [c(B^{m-})/c^{\ominus}]^n \tag{3-26}$$

当浓度 c 的单位取 $mol \cdot dm^{-3}$ 时，通常可将上式简写为：

$$K_{sp}^{\ominus} = [c(A^{n+})]^m \cdot [c(B^{m-})]^n \tag{3-27}$$

式中，$K_{sp}^{\ominus}$ 为难溶电解质 A_mB_n 的溶度积，量纲为 1；$c(A^{n+})$和 $c(B^{m-})$均为达到沉淀-溶解平

衡时，即饱和溶液中 A^{n+}、B^{m-}离子的平衡浓度。上式表明：在一定温度下，难溶电解质的饱和溶液中，各组分离子浓度幂的乘积为一常数。它与其他平衡常数一样，只与难溶电解质的本质和温度有关，而与沉淀的量和溶液中离子浓度的变化无关。一般来说，温度升高溶度积增大。溶液中离子浓度的变化，只能使平衡移动，并不能改变溶度积。需要指出的是，在稀溶液中，式（3-27）代入的是离子的体积物质的量浓度，而在浓溶液中，严格意义上应用相关物质的活度代替浓度。表 3-6 按类别列出了一些常见难溶电解质的溶度积，其他物质的溶度积常数见附录 4。

表 3-6 常见难溶电解质的溶度积常数

类型	电解质　　离子	$K_{sp}^{\ominus}$（25℃）
卤化物	$CaF_2 \rightleftharpoons Ca^{2+} + 2F^-$	3.45×10^{-11}
	$AgCl \rightleftharpoons Ag^+ + Cl^-$	1.77×10^{-10}
	$AgBr \rightleftharpoons Ag^+ + Br^-$	5.35×10^{-13}
	$AgI \rightleftharpoons Ag^+ + I^-$	8.52×10^{-17}
氢氧化物	$Al(OH)_3 \rightleftharpoons Al^{3+} + 3OH^-$	2×10^{-33}
	$Ca(OH)_2 \rightleftharpoons Ca^{2+} + 2OH^-$	5.02×10^{-6}
	$Fe(OH)_3 \rightleftharpoons Fe^{3+} + 3OH^-$	2.64×10^{-39}
	$Mg(OH)_2 \rightleftharpoons Mg^{2+} + 2OH^-$	5.61×10^{-12}
	$Zn(OH)_2 \rightleftharpoons Zn^{2+} + 2OH^-$	3×10^{-17}
碳酸盐	$CaCO_3 \rightleftharpoons Ca^{2+} + CO_3^{2-}$	3.36×10^{-9}
	$BaCO_3 \rightleftharpoons Ba^{2+} + CO_3^{2-}$	2.58×10^{-9}
	$ZnCO_3 \rightleftharpoons Zn^{2+} + CO_3^{2-}$	1.46×10^{-10}
铬酸盐	$Ag_2CrO_4 \rightleftharpoons 2Ag^+ + CrO_4^{2-}$	1.12×10^{-12}
	$PbCrO_4 \rightleftharpoons Pb^{2+} + CrO_4^{2-}$	1.77×10^{-14}
硫酸盐	$CaSO_4 \rightleftharpoons Ca^{2+} + SO_4^{2-}$	4.93×10^{-5}
	$BaSO_4 \rightleftharpoons Ba^{2+} + SO_4^{2-}$	1.08×10^{-10}
	$PbSO_4 \rightleftharpoons Pb^{2+} + SO_4^{2-}$	2.53×10^{-8}

（2）溶度积与溶解度的关系

从溶度积的定义式可见，溶度积的大小与溶解度有关，且溶度积和溶解度的数值都可以用来表示物质的溶解能力，它们之间可以相互换算。但溶度积越大，溶解度是否也必然大呢？

【例 3-8】 已知 $CaCO_3$ 在纯水中的溶解度，在 25℃时是 $5.8\times10^{-5}mol\cdot dm^{-3}$，求 $CaCO_3$ 的 $K_{sp}^{\ominus}$。

解： 难溶电解质在水中达到沉淀-溶解平衡时，溶液即达饱和，该饱和溶液的浓度，即为该难溶电解质在这一温度下的溶解度，常用 s 表示。由于溶解的 $CaCO_3$ 完全解离，所以

$$CaCO_3(s) \rightleftharpoons Ca^{2+}(aq) + CO_3^{2-}(aq)$$

平衡时浓度/$mol\cdot dm^{-3}$　　　　s　　　　s

$$s = 5.8\times10^{-5}mol\cdot dm^{-3}$$

所以

$$K_{sp}^{\ominus} = c(Ca^{2+})\cdot c(CO_3^{2-}) = s^2$$

$$= (5.8\times10^{-5})^2 = 3.4\times10^{-9}$$

【例 3-9】 已知 AgCl 与 Ag_2CrO_4 的 $K_{sp}^{\ominus}$ 分别为 1.77×10^{-10} 和 1.12×10^{-12}，通过计算说明，哪一种化合物在水中的溶解度（$mol\cdot dm^{-3}$）大。

解：设 AgCl 与 Ag_2CrO_4 的溶解度分别为 s_1、s_2。

$$AgCl(s) \rightleftharpoons Ag^+(aq) + Cl^-(aq)$$

平衡时浓度/$mol\cdot dm^{-3}$ $\qquad s_1 \qquad s_1$

所以 $$K_{sp}^{\ominus} = s_1^2$$

$$s_1=\sqrt{K_{sp}^{\ominus}(AgCl)}=\sqrt{1.77\times10^{-10}}=1.33\times10^{-5}mol\cdot dm^{-3}$$

$$Ag_2CrO_4(s) \rightleftharpoons 2Ag^+(aq) + CrO_4^{2-}(aq)$$

平衡时浓度/$mol\cdot dm^{-3}$ $\qquad 2s_2 \qquad s_2$

所以 $$K_{sp}^{\ominus} = (2s_2)^2\cdot s_2 = 4s_2^3$$

$$s_2=\sqrt[3]{\frac{K_{sp}^{\ominus}(Ag_2CrO_4)}{4}}=\sqrt[3]{\frac{1.12\times10^{-12}}{4}}=6.54\times10^{-5}mol\cdot dm^{-3}$$

则 $$s(Ag_2CrO_4)>s(AgCl)$$

从上述例题计算结果可以看出，对于相同类型的难溶电解质如 $CaCO_3$ 和 AgCl（均为 AB 型），溶度积越大，沉淀的溶解度就越大，故可直接由溶度积的大小来比较它们的溶解度大小。但对于不同类型的电解质如 AgCl 和 Ag_2CrO_4（分别为 AB 型和 A_2B 型），后者的溶度积较小，但其溶解度较大，即溶度积大的难溶电解质其溶解度不一定大，应通过溶度积求得溶解度后再确定。

3.3.2 溶度积规则及应用

应用溶度积，不但可以计算难溶电解质的溶解度，而且还可以结合化学平衡移动的原理来判断溶液中沉淀是生成、溶解还是转化。甚至还可以利用溶度积的差异，合理地控制条件（如 pH 值），以实现不同离子的分离。

3.3.2.1 溶度积规则

对于一般的化学平衡，按化学反应的等温方程式可知：

$Q< K^{\ominus}$ $\qquad \Delta_r G_m<0$ $\qquad$ 反应向正向进行

$Q=K^{\ominus}$ $\qquad \Delta_r G_m=0$ $\qquad$ 反应达到平衡

$Q> K^{\ominus}$ $\qquad \Delta_r G_m>0$ $\qquad$ 反应向逆向进行

其中，Q 为化学反应的反应商；$K^{\ominus}$ 为该反应的标准平衡常数；$\Delta_r G_m$ 为该反应的摩尔反应吉布斯函数变。

此原理同样可应用于沉淀-溶解平衡：

$$A_mB_n(s) \rightleftharpoons mA^{n+}(aq) + nB^{m-}(aq)$$

若用 Q_{sp} 表示沉淀反应中的反应商，则任意反应时刻：

$$Q_{sp}=[c(A^{n+})/c^{\ominus}]^m \cdot [c(B^{m-})/c^{\ominus}]^n$$

简写为：

$$Q_{sp}=[c(A^{n+})]^m \cdot [c(B^{m-})]^n$$

（1）$Q_{sp}<K_{sp}^{\ominus}$时，反应向右移动，溶液处于未饱和状态，无沉淀存在或沉淀将继续溶解；

（2）$Q_{sp}=K_{sp}^{\ominus}$时，反应达到平衡，溶液达到饱和状态，与沉淀物处于平衡状态；

（3）$Q_{sp}>K_{sp}^{\ominus}$时，反应向左移动，溶液处于过饱和状态，沉淀将从溶液中析出，直至再达到饱和为止。

以上称为溶度积规则，由此规则可以判断沉淀的生成和溶解，并可以利用沉淀的方法进行离子的分离。

3.3.2.2 沉淀的生成

根据溶度积规则，只要控制$Q_{sp}>K_{sp}^{\ominus}$，就会在溶液中得到沉淀。

（1）单一沉淀物的生成

如往 NaCl 溶液中滴加 $AgNO_3$ 溶液，当 $Q_{sp}=c(Ag^+)\cdot c(Cl^-)>K_{sp}^{\ominus}(AgCl)$时，就有 AgCl 沉淀析出，像这种能与溶液中的离子生成沉淀的试剂，称为沉淀剂。此例中，$AgNO_3$ 即为沉淀剂。当把得到的 AgCl 沉淀放在水中，达到沉淀-溶解平衡时，$Q_{sp}=c(Ag^+)\cdot c(Cl^-)=K_{sp}^{\ominus}(AgCl)$，再滴加 $AgNO_3$，由于 $c(Ag^+)$增加，使 $c(Ag^+)\cdot c(Cl^-)$再次大于 $K_{sp}^{\ominus}$，平衡将向生成 AgCl 沉淀的方向移动，而降低了 AgCl 的溶解度。溶解度的大小可由沉淀-溶解平衡关系计算得到。

【例 3-10】 取 5mL $0.002mol\cdot dm^{-3}$ NaCl 溶液，加入 5mL $0.02mol\cdot dm^{-3}$ $AgNO_3$ 溶液，判断是否有沉淀析出？计算 AgCl 在该体系中的溶解度，并与它在纯水中的溶解度相比较。

解：已知 $K_{sp}^{\ominus}(AgCl)=1.77\times10^{-10}$

当溶液混合时，由于是等体积混合，所以

$$c(Cl^-)=0.001mol\cdot dm^{-3},\ c(Ag^+)=0.01mol\cdot dm^{-3}$$

因为 $Q_{sp}=c(Cl^-)\cdot c(Ag^+)=0.001\times0.01=1.0\times10^{-5}>K_{sp}^{\ominus}(AgCl)$

所以有 AgCl 沉淀析出。

当析出沉淀后，过量的 Ag^+浓度为：

$$c(Ag^+)=(0.01-0.001)mol\cdot dm^{-3}=0.009mol\cdot dm^{-3}$$

则达沉淀-溶解平衡时 $AgCl(s) \rightleftharpoons Ag^+(aq)+Cl^-(aq)$

平衡浓度/$mol\cdot dm^{-3}$ $s+0.009$ s

由于 $K_{sp}^{\ominus}$ 数值很小，s 要比 $0.009mol\cdot dm^{-3}$ 小得多，即

$$s+0.009\approx0.009mol\cdot dm^{-3}$$

所以 $0.009s=K_{sp}^{\ominus}(AgCl)$

$$s=K_{sp}^{\ominus}(AgCl)/0.009=1.77\times10^{-10}/0.009=1.97\times10^{-8}(mol\cdot dm^{-3})$$

即，AgCl 在过量 $0.009mol\cdot dm^{-3}$ 的 $AgNO_3$ 溶液中的溶解度是 $1.97\times10^{-8}mol\cdot dm^{-3}$，而

在纯水中的溶解度为 $1.33\times10^{-5}mol \cdot dm^{-3}$（见例 3-9）。可见由于有过量沉淀剂 $AgNO_3$ 的存在，使得 AgCl 的溶解度较在纯水中的溶解度降低了 3 个数量级。

像这种因加入过量沉淀剂而使难溶电解质的溶解度降低的效应，被称为沉淀-溶解平衡的同离子效应。在实际工作中常利用同离子效应，加入过量的沉淀剂，使溶液中的离子充分沉淀。但是，并不是沉淀剂过量得越多越好，如果沉淀剂过量太多，反而会导致沉淀的溶解度增大（涉及的理论超出了本书范围）。所以一般情况下，沉淀剂以过量 20%～30%为宜。

由于沉淀-溶解平衡的存在，不论加入的沉淀剂如何过量，溶液中总会残留极少量的待沉淀离子。通常只要溶液中被沉淀离子的残余浓度小于 $1\times10^{-5}mol \cdot dm^{-3}$ 时，即认为该离子已经被沉淀完全，所以以此作为判断离子是否被沉淀完全的标准。如例 3-10 中 Cl^- 的浓度为 $1.97\times10^{-8}mol \cdot dm^{-3} < 1\times10^{-5}mol \cdot dm^{-3}$，表明 Cl^- 已被沉淀完全。

（2）分步沉淀

实际沉淀过程中，由于溶液中常常同时含有多种离子，而在缓缓加入某种沉淀剂时，究竟是多种离子一起沉淀，还是分先后沉淀？哪种离子先沉淀？能否利用沉淀的方法进行离子的分离？对于这些问题，也可利用溶度积规则加以解决。

根据溶度积规则不难得出，当在同时含有多种离子的溶液中，缓缓加入沉淀剂时，Q_{sp} 最先超过 $K_{sp}^{\ominus}$ 的难溶电解质势必将先析出沉淀，而 Q_{sp} 后超过 $K_{sp}^{\ominus}$ 的难溶电解质后析出沉淀。这种先后沉淀的现象叫作**分步沉淀**。常常利用分步沉淀的原理进行离子的分离。但是，随着溶度积差别和离子浓度差别的变化，也可能发生同步沉淀，或沉淀顺序的改变。

【例 3-11】 一种混合溶液中含有 $2.0\times10^{-2}mol \cdot dm^{-3}$ Zn^{2+}和 $2.0\times10^{-2}mol \cdot dm^{-3}$ Cr^{3+}，若向其中逐滴加入浓 NaOH 溶液（忽略溶液体积的变化），Zn^{2+}和 Cr^{3+}均有可能形成氢氧化物沉淀。问：

（1）哪种离子先被沉淀？

（2）若要分离这两种离子，溶液的 pH 应控制在什么范围。

解：（1）已知 $K_{sp}^{\ominus}[Zn(OH)_2] = 3\times10^{-17}$、$K_{sp}^{\ominus}[Cr(OH)_3] = 6.0\times10^{-31}$

根据溶度积规则，可分别计算出生成 $Zn(OH)_2$、$Cr(OH)_3$ 沉淀所需 OH^- 的最低浓度。

对于 $Zn(OH)_2$：$Zn(OH)_2(s) \rightleftharpoons Zn^{2+}(aq) + 2OH^-(aq)$

$$c(OH^-) = \sqrt{\frac{K_{sp}^{\ominus}[Zn(OH)_2]}{c(Zn^{3+})}} = \sqrt{\frac{3\times10^{-17}}{2.0\times10^{-2}}} = 3.9\times10^{-8}(mol \cdot dm^{-3})$$

对于 $Cr(OH)_3$：$Cr(OH)_3(s) \rightleftharpoons Cr^{3+}(aq) + 3OH^-(aq)$

$$c(OH^-) = \sqrt[3]{\frac{K_{sp}^{\ominus}[Cr(OH)_3]}{c(Cr^{3+})}} = \sqrt[3]{\frac{6.0\times10^{-31}}{2.0\times10^{-2}}} = 3.1\times10^{-10}(mol \cdot dm^{-3})$$

由计算可以看出，$Cr(OH)_3$ 沉淀所需的 $c(OH^-)$小于 $Zn(OH)_2$ 沉淀所需的 $c(OH^-)$，所以 $Cr(OH)_3$ 沉淀先析出。

（2）要分离这两种离子，就意味着在 Cr^{3+}沉淀且沉淀完全时，Zn^{2+}尚未开始沉淀。当 Cr^{3+}完全沉淀时所需的 $c(OH^-)$为

$$c(OH^-)=\sqrt[3]{\frac{K_{sp}^{\ominus}[Cr(OH)_3]}{c(Cr^{3+})}}=\sqrt[3]{\frac{6.0\times10^{-31}}{1.0\times10^{-5}}}=3.9\times10^{-9}(mol\cdot dm^{-3})$$

这个值仍小于 $Zn(OH)_2$ 沉淀所需的 $c\,(OH^-)$，此时 $c\,(OH^-)$不足以使 Zn^{2+}沉淀。

$$c(H^+)=\frac{K_w^{\ominus}}{c(OH^-)}=\frac{1.0\times10^{-14}}{3.9\times10^{-9}}=2.6\times10^{-6}(mol\cdot dm^{-3})$$

即

$$pH=5.6$$

由（1）计算可知 Zn^{2+}开始沉淀时的 $c(OH^-)=3.9\times10^{-8}mol\cdot dm^{-3}$

所以

$$pOH=7.4 \qquad 则\ pH=6.6$$

即要分离这两种离子，应将溶液的 pH 控制在 5.6～6.6 范围之内。

由于各种金属硫化物的溶解度相差比较大，故常用硫离子作为沉淀剂通过分步沉淀进行金属离子的分离。硫离子可以由饱和硫化氢溶液提供，只要控制溶液的 pH，就可控制溶液中硫离子的浓度，从而达到分离金属离子的目的。

3.3.2.3 沉淀的溶解

根据溶度积规则，使沉淀溶解的必要条件是使 $Q_{sp}<K_{sp}^{\ominus}$。常采用的方法有以下几种：

（1）利用酸碱反应。加入适当的离子，与溶液中某一离子结合生成 H_2O、弱电解质或难溶于水的气体。

如固体 $Mg(OH)_2$ 可溶解于酸及铵盐，其反应如下：

$$Mg(OH)_2(s) \rightleftharpoons Mg^{2+} + 2OH^-$$
$$+$$
$$2HCl = 2Cl + 2H^+$$
$$\Vert$$
$$2H_2O$$

$$Mg(OH)_2(s) \rightleftharpoons Mg^{2+} + 2OH^-$$
$$+$$
$$2NH_4Cl = 2Cl + 2NH_4^+$$
$$\Vert$$
$$2NH_3\cdot H_2O$$

由于 H_2O 及弱电解质 $NH_3\cdot H_2O$ 的生成，降低了原平衡体系中 OH^-的浓度，使 $Mg(OH)_2$ 的 $Q_{sp}<K_{sp}^{\ominus}$，$Mg(OH)_2(s)$的沉淀-溶解平衡不断向溶解的方向移动。

又如固体 $MgCO_3$ 可溶解在盐酸溶液中，就是由于 H^+可与固体 $MgCO_3$ 溶解出的 CO_3^{2-}结合生成 CO_2 气体放出，降低了原平衡体系中 CO_3^{2-}的浓度，使 $Q_{sp}<K_{sp}^{\ominus}$，$CaCO_3(s)$的沉淀-溶解平衡向沉淀溶解的方向移动。

（2）利用氧化还原反应。如 CuS 可溶解于硝酸溶液中，是由于硝酸具有氧化性，可将 S^{2-}氧化为单质硫，从而降低了 CuS 沉淀-溶解平衡中 S^{2-}的浓度，使 $Q_{sp}<K_{sp}^{\ominus}$，CuS 沉淀溶解。

反应的总方程式为：

$$3CuS(s) + 8HNO_3 \longrightarrow 3Cu(NO_3)_2 + 3S\downarrow + 2NO\uparrow + 4H_2O$$

（3）利用配位反应。利用加入配位剂，使其与难溶电解质溶解出的金属离子形成较稳定的配离子，而降低金属离子浓度，导致沉淀-溶解平衡向沉淀溶解的方向移动，同样可以使沉淀溶解。如 AgCl 沉淀可以溶解在氨水或硫代硫酸钠溶液中；$Cu(OH)_2$ 沉淀可溶解在氨水溶液中。

3.3.2.4 沉淀的转化

对于某些沉淀，如锅炉中的锅垢 $CaSO_4$，利用上述三种方法都无法使其溶解，但如果将其转化为可利用上述方法溶解的沉淀，像 $CaCO_3$，就可以将锅炉中的锅垢清洗掉。由于 $CaCO_3$ 的溶解度比 $CaSO_4$ 的小，当用适当浓度的 Na_2CO_3 溶液处理 $CaSO_4$ 沉淀时，$CaSO_4$ 沉淀即可逐渐转化为 $CaCO_3$ 沉淀，总反应式为：

$$CaSO_4(s) + CO_3^{2-}(aq) \rightleftharpoons CaCO_3(s) + SO_4^{2-}(aq)$$

$$K^{\ominus} = \frac{c(SO_4^{2-})}{c(CO_3^{2-})} = \frac{c(SO_4^{2-})c(Ca^{2+})}{c(CO_3^{2-})c(Ca^{2+})} = \frac{K_{sp}^{\ominus}(CaSO_4)}{K_{sp}^{\ominus}(CaCO_3)} = \frac{4.93\times10^{-5}}{3.36\times10^{-9}} = 1.47\times10^{4}$$

上式也可以直接利用多重平衡规则得到。从中可见，沉淀转化反应的完全程度（即转化反应的 $K^{\ominus}$）取决于两种难溶化合物的 $K_{sp}^{\ominus}$ 的差别，相差的倍数越大，$K_{sp}^{\ominus}$ 大的沉淀就越易转化为 $K_{sp}^{\ominus}$ 小的沉淀。上例中由于 $CaSO_4(s)$转化为 $CaCO_3(s)$反应的 $K^{\ominus}$ 比较大，所以此转化反应可以进行得较完全，可通过这种方法清洗掉锅炉中的锅垢 $CaSO_4$。

3.4 配位平衡

早在 1893 年瑞士化学家维尔纳提出了配位理论，阐明了配合物中化学键的本质，并引进了配合物的内外界及配离子的概念，其意义的重要性犹如凯库勒（F.A.Kekulé，1829—1896）在 1865 年创立苯环学说一样。按照维尔纳的配位理论，配合物的内、外界之间以离子键相结合，在水溶液中，内外界之间通常能完全电离。而配合物的内界即配离子或配分子比较稳定，在水溶液中存在解离为它的组成离子和分子的解离平衡，即配位平衡（coordination equilibrium）问题。

3.4.1 配离子的稳定性

许多金属离子，特别是过渡金属离子，能够与提供孤对电子的配位体以配位共价键的形式结合成带电荷的配离子，如 Ag^+可以与配位体 NH_3 分子形成$[Ag(NH_3)_2]^+$配离子，Cu^{2+}可以与配位体 NH_3 分子形成$[Cu(NH_3)_4]^{2+}$配离子等。但这些配离子的形成是由连续的多步配位反应组成的，以$[Cu(NH_3)_4]^{2+}$配离子的形成为例，同时有如下反应平衡：

$$Cu^{2+}(aq) + NH_3(aq) \rightleftharpoons [Cu(NH_3)]^{2+}(aq)$$

$$[Cu(NH_3)]^{2+}(aq) + NH_3(aq) \rightleftharpoons [Cu(NH_3)_2]^{2+}(aq)$$

$$[Cu(NH_3)_2]^{2+}(aq) + NH_3(aq) \rightleftharpoons [Cu(NH_3)_3]^{2+}(aq)$$

$$[Cu(NH_3)_3]^{2+}(aq) + NH_3(aq) \rightleftharpoons [Cu(NH_3)_4]^{2+}(aq)$$

因此，配合物在形成过程中往往会产生多级产物。但通常情况下，当配位体的浓度相对于金属离子的浓度大大过量时，上述平衡将都向正向移动，最终主要得到$[Cu(NH_3)_4]^{2+}$，可用一总反应式来表示：

$$Cu^{2+}(aq) + 4NH_3(aq) \rightleftharpoons [Cu(NH_3)_4]^{2+}(aq)$$

此总反应的平衡常数称为配离子的形成常数（formation constant of coordinate ion），用 $K_f^{\ominus}$ 表示。此平衡常数越大，表明平衡时配离子的平衡浓度相对越大，配离子也就越稳定，所以形成常数也被称为配离子的稳定常数（stability constant of coordinate ion），以 $K_{稳}^{\ominus}$ 表示。如 $[Cu(NH_3)_4]^{2+}$ 配离子的 $K_{稳}^{\ominus}$ （略去 $c^{\ominus}$ ）：

$$K_{稳}^{\ominus} = \frac{c\{[Cu(NH_3)_4]^{2+}\}}{c(Cu^{2+}) \cdot [c(NH_3)]^4} = 1.1 \times 10^{13}$$

一般配离子的稳定常数都比较大，说明配离子比较稳定，但其稳定性也是相对的。当外界条件发生变化时，配离子也可以被破坏，即配离子平衡向配离子解离的方向移动，也就是向上述形成反应的逆反应方向移动，该逆反应的平衡常数被称作配离子的解离常数（dissociation constant of coordinate ion），用 $K_d^{\ominus}$ 表示。该常数越大，配离子越易解离，所以，解离常数又称为不稳定常数（instability constant），用 $K_{不稳}^{\ominus}$ 表示。如$[Cu(NH_3)_4]^{2+}$的解离过程为：

$$[Cu(NH_3)_4]^{2+}(aq) \rightleftharpoons Cu^{2+}(aq) + 4NH_3(aq)$$

其平衡常数为：

$$K_{不稳}^{\ominus} = \frac{c(Cu^{2+}) \cdot [c(NH_3)]^4}{c\{[Cu(NH_3)_4]^{2+}\}}$$

显然稳定常数与不稳定常数互为倒数，即：

$$K_{不稳}^{\ominus} = \frac{1}{K_{稳}^{\ominus}}$$

稳定常数的大小与配位化合物的结构、配位体的性质以及反应条件（如温度、溶剂、离子强度等）等因素密切相关。对同类型的配离子，稳定常数越大，配离子越稳定。对不同类型的配离子，其稳定性需通过计算说明。配离子的稳定常数在溶液化学、分析化学、环境科学、医药化学中都具有重要的研究和实用意义，比如可以用于解释和预测配位-解离反应进行的方向，定量分析和分离金属离子，研究溶液中离子和配位体的相互作用、迁移和转化，选择和设计新的配位化合物以获得特殊功能和性质稳定的化合物等。

一些配离子的标准稳定常数参见附录 5。

3.4.2 配离子平衡浓度的计算

同其他任何一个化学平衡一样，利用配离子的稳定常数，也可以计算配离子平衡中各种组分的平衡浓度，如金属离子的平衡浓度。由于配离子的形成是由连续的多步配位反应组成的，如果所加配位剂量不足，则体系中将同时存在多级配离子，计算各种组分的平衡浓度就比较麻烦。但在实际工作中，一般总是使用过量的配位剂，使中心离子绝大部分处在最高配位数状态，而其他低配位数的各级离子可忽略不计。这样只需用总的$K^\ominus_{稳}$进行计算，计算过程大为简化。

【例 3-12】 25℃时，在 $0.005mol \cdot dm^{-3}$ 的 $AgNO_3$ 溶液中通入氨气，使平衡溶液中氨浓度为 $1mol \cdot dm^{-3}$，求溶液中 Ag^+的浓度。此时若在 10mL 这样的溶液中加入 1mL $1mol \cdot dm^{-3}$ 的 NaCl 溶液，有无 AgCl 沉淀生成？

解：（1）已知 $K^\ominus_{稳}\{[Ag(NH_3)_2]^+\}=1.6\times10^7$，氨气通入溶液中后，会和 $AgNO_3$ 反应生成 $[Ag(NH_3)_2]^+$配离子，因为氨过量，且$[Ag(NH_3)_2]^+$较稳定，所以达平衡时未配位的 Ag^+的浓度很小。

设平衡时 $c(Ag^+) = x mol \cdot dm^{-3}$。

$$Ag^+(aq) + 2NH_3(aq) \rightleftharpoons [Ag(NH_3)_2]^+(aq)$$

平衡浓度/$mol \cdot dm^{-3}$　　x　　　1　　　　$0.005-x$

$$K^\ominus_{稳}([Ag(NH_3)_2]^+) = \frac{c\{[Ag(NH_3)_2]^+\}}{c(Ag^+)\cdot[c(NH_3)]^2} = 1.6\times10^7$$

所以
$$\frac{0.005-x}{x\times1^2} = 1.6\times10^7$$

由于 $K^\ominus_{稳}$ 较大，x 很小，$0.005-x \approx 0.005$

所以
$$x = 3.1\times10^{-10}$$

即平衡时
$$c(Ag^+) = 3.1\times10^{-10} mol \cdot dm^{-3}$$

（2）在 10mL 上述溶液中加入 1mL $1mol \cdot dm^{-3}$ 的 NaCl 溶液，则

$$c(Ag^+) = (3.1\times10^{-10}\times10/11) mol \cdot dm^{-3} = 2.8\times10^{-10} mol \cdot dm^{-3}$$
$$c(Cl^-) = (1\times1/11) mol \cdot dm^{-3} = 0.091 mol \cdot dm^{-3}$$

查表知 $K^\ominus_{sp}(AgCl) = 1.77\times10^{-10}$

因为
$$c(Ag^+)\cdot c(Cl^-) = 2.8\times10^{-10}\times0.091 = 2.5\times10^{-11} < K^\ominus_{sp}(AgCl)$$

所以无 AgCl 沉淀生成。

3.4.3 含有配离子平衡的多重平衡

在处理离子平衡问题时，常常遇到多个平衡同时存在的多重平衡问题。如酸碱平衡中多元酸的分步解离平衡、沉淀-溶解平衡中的沉淀转化反应，以及配离子的多级解离平衡等，都是多重平衡问题。在这一小节中，再讨论几个含有配离子平衡的多重平衡。处理多重平衡问题时，可利用多重平衡规则，推算出反应的平衡常数，再根据该反应的平衡常数计算溶解量或平衡浓度，并注意达到平衡时，体系中任一种物质的浓度必须同时满足所参与的化学反应的标准平衡常数关系式。

（1）配离子之间的平衡

当溶液中存在两种及两种以上能与同一种金属离子配位的配位剂或者存在两种及两种

以上能与同一配位剂配位的金属离子时，都会发生相互间的竞争及平衡转化。这种竞争及平衡转化主要取决于配离子稳定性（并非稳定常数）的大小。转化反应的平衡常数可以由多重平衡规则求得。

【例 3-13】 试求下列配离子转化反应的平衡常数。

（1）$[Ag(NH_3)_2]^+ + 2CN^- \rightleftharpoons [Ag(CN)_2]^- + 2NH_3$

（2）$[Fe(SCN)]^{2+} + 3F^- \rightleftharpoons [FeF_3] + SCN^-$

已知 $K^\ominus_{稳}\{[Ag(NH_3)_2]^+\} = 1.6\times10^7$、$K^\ominus_{稳}\{[Ag(CN)_2]^-\} = 1.3\times10^{21}$

$K^\ominus_{稳}\{[Fe(SCN)]^{2+}\} = 2.2\times10^3$、$K^\ominus_{稳}\{[FeF_3]\} = 1.1\times10^{12}$

解：（1）反应 $[Ag(NH_3)_2]^+ + 2CN^- \rightleftharpoons [Ag(CN)_2]^- + 2NH_3$

由如下两个反应加和而成：

$$[Ag(NH_3)_2]^+ \rightleftharpoons Ag^+ + 2NH_3 \qquad K^\ominus_{不稳}\{[Ag(NH_3)_2]^+\}$$

$$Ag^+ + 2CN^- \rightleftharpoons [Ag(CN)_2]^- \qquad K^\ominus_{稳}\{[Ag(CN)_2]^-\}$$

所以由多重平衡规则可得：

$$\begin{aligned} K^\ominus &= K^\ominus_{不稳}\{[Ag(NH_3)_2]^+\} \cdot K^\ominus_{稳}\{[Ag(CN)_2]^-\} \\ &= K^\ominus_{稳}\{[Ag(CN)_2]^-\} / K^\ominus_{稳}\{[Ag(NH_3)_2]^+\} \\ &= 1.3\times10^{21}/1.6\times10^7 = 8.1\times10^{13} \end{aligned}$$

（2）同样方法，可求得反应 $[Fe(SCN)]^{2+} + 3F^- \rightleftharpoons [FeF_3] + SCN^-$ 的平衡常数。

$$\begin{aligned} K^\ominus &= K^\ominus_{不稳}\{[Fe(SCN)]^{2+}\} \cdot K^\ominus_{稳}\{[FeF_3]\} \\ &= K^\ominus_{稳}\{[FeF_3]\} / K^\ominus_{稳}\{[Fe(SCN)]^{2+}\} \\ &= 1.1\times10^{12} / 2.2\times10^3 = 5.0\times10^8 \end{aligned}$$

从上例中可得，配离子间转化反应的平衡常数等于转化后和转化前配离子的稳定常数之比，此比值越大，转化反应的平衡常数就越大，反应向正向进行的倾向就越大。对于转化平衡常数较小的反应，还可通过调节两种配位剂的浓度，如增加反应物中配位剂的浓度，可使转化反应向正向移动，转化更完全。

（2）配离子平衡与沉淀-溶解平衡

许多金属离子在水溶液中生成氢氧化物、硫化物等，利用这些沉淀的生成，可以破坏溶液中的配离子。如在 $[Cu(NH_3)_4]^{2+}$ 配离子溶液中加入 Na_2S 生成 CuS 沉淀就是一例。同样，如果加入大量的 NaOH 也会生成 $Cu(OH)_2$ 沉淀而使 $[Cu(NH_3)_4]^{2+}$ 配离子破坏。反之，利用配离子的生成也可使某些沉淀溶解。例如卤化银的溶解度都比较小，如 AgCl 的 $K^\ominus_{sp}$ 为 1.77×10^{-10}，可计算得 AgCl 的饱和水溶液中 Ag^+ 和 Cl^- 的浓度为 $1.33\times10^{-5}mol \cdot dm^{-3}$（见例 3-9）。但当往该饱和溶液中加入浓氨水时，由于形成了 $[Ag(NH_3)_2]^+$，降低了溶液中 Ag^+ 的浓度，而使 AgCl 的沉淀-溶解平衡向溶解的方向移动，最终使 AgCl 沉淀全部溶解。该过程的总反应为：

$$AgCl(s) + 2NH_3(aq) \rightleftharpoons [Ag(NH_3)_2]^+(aq) + Cl^-(aq)$$

其反应平衡常数为$K^{\ominus}$。由于此反应由如下两个反应组成：

① $AgCl(s) \rightleftharpoons Ag^{+}(aq) + Cl^{-}(aq)$　　$K_1^{\ominus} = K_{sp}^{\ominus}(AgCl)$

② $Ag^{+}(aq) + 2NH_3(aq) \rightleftharpoons [Ag(NH_3)_2]^{+}(aq)$　　$K_2^{\ominus} = K_{稳}^{\ominus}\{[Ag(NH_3)_2]^{+}\}$

所以根据多重平衡规则：

$$K^{\ominus} = K_1^{\ominus} \cdot K_2^{\ominus} = K_{sp}^{\ominus}(AgCl) \cdot K_{稳}^{\ominus}\{[Ag(NH_3)_2]^{+}\}$$

$$= 1.77 \times 10^{-10} \times 1.6 \times 10^{7} = 2.8 \times 10^{-3}$$

利用此平衡常数，我们可以计算在有能与组成难溶化合物的离子形成配离子的配位剂存在的条件下，难溶化合物能溶解。

【例 3-14】 在 1L 1.0mol·dm^{-3}的氨水溶液中，能溶解多少摩尔 AgCl?

解：设能溶解 $x$mol，则溶解后溶液中$[Ag(NH_3)_2]^{+}$和 Cl^{-}都是 $x$mol·dm^{-3}，

$$AgCl(s) + 2NH_3(aq) \rightleftharpoons [Ag(NH_3)_2]^{+}(aq) + Cl^{-}(aq)$$

起始浓度/mol·dm^{-3}	1.0	0	0
平衡浓度/mol·dm^{-3}	1.0−2x	x	x

前面已求得该溶解总反应的平衡常数 $K^{\ominus} = 2.8\times10^{-3}$

所以
$$K^{\ominus} = \frac{c(Cl^{-}) \cdot c\{[Ag(NH_3)_2]^{+}\}}{[c(NH_3)]^2} = \frac{x^2}{(1.0-2x)^2} = 2.8\times10^{-3}$$

解得：$x = 4.8\times10^{-2}$mol·dm^{-3}

即在 1L 1.0mol·dm^{-3}的氨水溶液中，能溶解 4.8×10^{-2}mol AgCl。

可见，AgCl 在 1.0mol·dm^{-3}氨水的溶解度要比在纯水中的溶解度（1.33×10^{-5}mol·dm^{-3}）大近四千倍。而且由上述计算可知，氨水的浓度越大，AgCl 的溶解度就越大。

如果在上述$[Ag(NH_3)_2]^{+}$配离子溶液中再继续加入少量 KBr 溶液，则会看到淡黄色的 AgBr 沉淀生成；向 AgBr 沉淀中再加入 $Na_2S_2O_3$ 溶液，沉淀又会溶解而生成无色的$[Ag(S_2O_3)_2]^{3-}$配离子溶液；继续向溶液中加入 KI 溶液，又会看到一种黄色沉淀生成，即 AgI 沉淀；如果此时再向 AgI 沉淀中加入 KCN 溶液，黄色的 AgI 沉淀又溶解而生成无色的$[Ag(CN)_2]^{-}$配离子；最后加入 Na_2S 溶液又得到黑色的 Ag_2S 沉淀。

上述反应都是配位平衡与沉淀-溶解平衡的多重平衡问题。沉淀的生成或溶解取决于多重反应总反应的 $K^{\ominus}$ 和配位剂与沉淀剂的浓度。通常在有配离子和沉淀-溶解平衡同时存在的多重平衡中，配合物越稳定，越易形成，沉淀越易溶解；而沉淀的溶解度越小，则配合物越趋于解离，沉淀越易生成。

（3）配位平衡与酸碱平衡

许多配位体如 F^{-}、CN^{-}、SCN^{-}和 NH_3 以及有机酸根离子，都能与 H^{+}结合形成难解离的弱酸，造成配位平衡和酸碱平衡的竞争。

例如，AgCl 沉淀可溶解于氨水生成$[Ag(NH_3)_2]^{+}$，若向溶液中加入 HNO_3 时，$[Ag(NH_3)_2]^{+}$被破坏，溶液中又生成 AgCl 白色沉淀。

$$AgCl(s) + 2NH_3 \rightleftharpoons [Ag(NH_3)_2]^{+} + Cl^{-}$$

$$2HNO_3 = 2H^+ + 2NO_3^-$$

$$\updownarrow$$

$$AgCl(s) + 2NH_4^+ + 2NO_3^-$$

$[Ag(NH_3)_2]^+$被 HNO_3 破坏的总反应方程式为：

$$[Ag(NH_3)_2]^+ + Cl^- + 2H^+ \rightleftharpoons AgCl(s) + 2NH_4^+ \qquad K^\ominus$$

此反应可由如下反应组成：

① $[Ag(NH_3)_2]^+ \rightleftharpoons Ag^+ + 2NH_3$ $\qquad K^\ominus_{不稳}([Ag(NH_3)_2]^+)$

② $NH_3 + H^+ \rightleftharpoons NH_4^+$ $\qquad 1/K_a^\ominus(NH_4^+)$

③ $Ag^+ + Cl^- \rightleftharpoons AgCl(s)$ $\qquad 1/K_{sp}^\ominus(AgCl)$

①+②×2 +③即得总反应。所以由多重平衡规则可得：

$$K^\ominus = K^\ominus_{不稳}\{[Ag(NH_3)_2]^+\} \cdot [1/K_a^\ominus(NH_4^+)]^2 \cdot [1/K_{sp}^\ominus(AgCl)]$$

$$= \frac{1}{K^\ominus_{稳}\{[Ag(NH_3)_2]^+\} \cdot [K_a^\ominus(NH_4^+)]^2 \cdot K_{sp}^\ominus(AgCl)}$$

$$= \frac{[K_b^\ominus(NH_3)]^2}{K^\ominus_{稳}\{[Ag(NH_3)_2]^+\} \cdot (K_w^\ominus)^2 \cdot K_{sp}^\ominus(AgCl)}$$

$$= \frac{(1.78\times10^{-5})^2}{1.6\times10^7\times(1.0\times10^{-14})^2\times1.77\times10^{-10}} = 1.1\times10^{21}$$

上述总反应达到平衡时，系统中各个物质的平衡浓度之间的关系可由 $K^\ominus$ 确定，反应究竟是向生成沉淀的方向还是向生成配离子的方向进行，还取决于 H^+、Cl^-和 NH_3 的浓度的相对大小。所以在有能与 H^+结合的配位剂参加的配位反应及沉淀反应过程中，若要生成某一特定的产物，控制溶液的酸度是非常必要的。

思考题

1. 稀溶液有哪些依数性？产生这些依数性的根本原因是什么？

2. 将下列水溶液按照其凝固点的高低顺序排列：

$1mol \cdot kg^{-1}$ NaCl，$1mol \cdot kg^{-1}$ H_2SO_4，$1mol \cdot kg^{-1}$ $C_6H_{12}O_6$，$0.1mol \cdot kg^{-1}$ CH_3COOH，$0.1mol \cdot kg^{-1}$ NaCl，$0.1mol \cdot kg^{-1}$ $C_6H_{12}O_6$，$0.1mol \cdot kg^{-1}$ $CaCl_2$。

3. 什么是溶液的渗透现象？渗透压产生的条件是什么？如何用渗透现象解释盐碱地难以生长农作物？

4. 写出下列各种物质的共轭酸或共轭碱：

（1）H_2S （2）CN^- （3）$H_2PO_4^-$ （4）NH_4^+ （5）HCO_3^-

5. 比较浓度相同的无机多元弱酸的酸性强弱时，为什么只需比较它们的一级解离常数就可以了？指出下列各组水溶液，当两种溶液等体积混合时，哪些可以作为缓冲溶液，为什么？

（1）NaOH（$0.10mol \cdot dm^{-3}$）-HCl（$0.20mol \cdot dm^{-3}$）

（2）HCl（$0.10mol \cdot dm^{-3}$）-NaAc（$0.20mol \cdot dm^{-3}$）

（3）HCl（$0.10mol \cdot dm^{-3}$）-$NaNO_2$（$0.05mol \cdot dm^{-3}$）

（4）HNO_2（$0.30mol \cdot dm^{-3}$）-NaOH（$0.15mol \cdot dm^{-3}$）

6. 下列各种说法是否正确，为什么？

（1）两种难溶电解质，其中 $K_{sp}^{\ominus}$ 较大者，溶解度也较大。

（2）$MgCO_3$ 的 $K_{sp}^{\ominus} = 6.82\times10^{-8}$，这意味着在所有含 $MgCO_3$ 的溶液中，$c(Mg^{2+}) = (CO_3^{2-})$，而且 $c(Mg^{2+}) \cdot c(CO_3^{2-}) = 6.82\times10^{-8}$。

（3）室温下，在任何 CaF_2 水溶液中，Ca^{2+}和 F^-离子浓度的乘积都等于 CaF_2 的 $K_{sp}^{\ominus}$ 值。

7. 何谓“沉淀完全”？沉淀完全时溶液中被沉淀离子的浓度是否等于零？怎样才算达到沉淀完全的标准？

8. 欲使难溶物溶解，一般可采取哪几种措施？

9. 查得 AgCl、Ag_2CrO_4 的溶度积常数分别为 1.77×10^{-10}、1.12×10^{-12}，试判断它们在水溶液中溶解度的相对大小？

10. 在$[Cu(NH_3)_4]SO_4$和 $K_2[Fe(CN)_6]$晶体的水溶液中含有哪些离子或分子，写出解离式。

11. 根据配合物稳定常数和难溶电解质溶度积常数解释：

（1）KI 能使$[Ag(NH_3)_2]^+$溶液产生沉淀，而 KCl 则不能。

（2）AgBr 沉淀可溶于 KCN 溶液，而 Ag_2S 不溶于 KCN 溶液。

（3）$K_3[Fe(SCN)_6]$溶液中加入 NH_4F，血红色消褪。

习题

1. 是非题（判断下列叙述是否正确）

（1）无论是多元酸还是多元碱，它们的逐级解离常数总符合下列规则：$K_{i1}^{\ominus} > K_{i2}^{\ominus} > K_{i3}^{\ominus}$（　　）

（2）若将盐酸溶液和 HAc 溶液混合，溶液中 H^+总是由 HCl 提供，与 HAc 的浓度、K_a 值无关。（　　）

（3）同离子效应可以使溶液的 pH 增大，也可以使其减小，但一定会使弱电解质的解离度降低。（　　）

（4）将氨水的浓度稀释一倍，溶液的 OH^-浓度就减少到原来的 1/2。（　　）

（5）在饱和 H_2S 水溶液中存在着平衡

$$H_2S \rightleftharpoons 2H^+ + S^{2-}$$

已知平衡时 $c(H_2S) = 0.1mol \cdot dm^{-3}$，$c(H^+) = 1.03\times10^{-3}mol \cdot dm^{-3}$，$c(S^{2-}) = 1.26\times10^{-13}mol \cdot dm^{-3}$，则平衡常数为

$$K^{\ominus} = \frac{[c(H^+)]^2 \cdot c(S^{2-})}{c(H_2S)} = \frac{(2\times1.03\times10^{-3})^2\times1.26\times10^{-13}}{0.1} \qquad (\quad)$$

（6）在 PbI_2 饱和溶液中加入少量 $Pb(NO_3)_2$ 固体，将会发现有黄色 PbI_2 沉淀生成，这是

因为 $Pb(NO_3)_2$ 的存在使 PbI_2 的溶解度降低而形成沉淀。（　　）

（7）已知 $K^{\ominus}_{不稳}\{[HgCl_4]^{2-}\} = 2.0\times10^{-16}$，当溶液中 $c(Cl^-) = 0.10mol \cdot dm^{-3}$ 时，溶液中 $c(Hg^{2+})/c\{[HgCl_4]^{2-}\}$ 的比值为 2.0×10^{-12}。（　　）

（8）$K^{\ominus}_{sp}\{[Zn(OH)_2]\} = 3.0\times10^{-17}$，$K^{\ominus}_{不稳}\{[Zn(OH)_4]^{2-}\} = 5.0\times10^{-21}$，则反应

$$Zn(OH)_2 + 2OH^- \rightleftharpoons [Zn(OH)_4]^{2-}$$

的平衡常数 $K = 1.5\times10^{-37}$。（　　）

2. 选择题

（1）取相同质量的下列物质融化路面的冰雪，哪个最有效？（　　）

（A）氯化钠　　（B）氯化钙　　（C）尿素 $CO(NH_2)_2$

（2）已知 H_3AsO_4 的逐级酸常数分别为 $K^{\ominus}_{a_1}$、$K^{\ominus}_{a_2}$、$K^{\ominus}_{a_3}$，则 $HAsO_4^{2-}$ 的 $K^{\ominus}_b$ 值及其共轭酸为（　　）。

（A）$K^{\ominus}_w / K^{\ominus}_{a_2}$，$H_2AsO_4^-$　　（B）$K^{\ominus}_w / K^{\ominus}_{a_3}$，$H_2AsO_4^-$

（C）$K^{\ominus}_w / K^{\ominus}_{a_2}$，$H_3AsO_4$　　（D）$K^{\ominus}_w / K^{\ominus}_{a_3}$，$H_3AsO_4$

（3）欲配制 pH 为 3 左右的缓冲溶液，应选下列何种酸及其共轭碱？（括号内为 $pK^{\ominus}_a$ 值）（　　）

（A）HAc（4.76）　　（B）甲酸（3.75）

（C）一氯乙酸（2.87）　　（D）二氯乙酸（1.35）

（4）在 1L $0.12mol \cdot dm^{-3}$ NaAc 和 $0.10mol \cdot dm^{-3}$ HAc 混合液中加入 4g NaOH，该体系的缓冲能力将（　　）。

（A）不变　　（B）变小　　（C）变大　　（D）难以判断

（5）$PbSO_4(s)$在 1L 含有相同物质的量的下列各物质溶液中溶解度最大的是（　　）。

（A）$Pb(NO_3)_2$　　（B）Na_2SO_4　　（C）NH_4Ac　　（D）$CaSO_4$

（6）在下列溶液中，$BaSO_4$ 的溶解度最大的是（　　）。

（A）$1mol \cdot dm^{-3}$ H_2SO_4　　（B）$2mol \cdot dm^{-3}$ H_2SO_4

（C）纯水　　（D）$0.1mol \cdot dm^{-3}$ H_2SO_4

（7）在 $BaSO_4$ 饱和溶液中加入少量 $BaCl_2$ 稀溶液，产生 $BaSO_4$ 沉淀，若以 $K^{\ominus}_{sp}$ 表示 $BaSO_4$ 的溶度积常数，则平衡后溶液中（　　）。

（A）$c(Ba^{2+}) = c(SO_4^{2-}) = (K^{\ominus}_{sp})^{1/2}$

（B）$c(Ba^{2+}) \cdot c(SO_4^{2-}) > K^{\ominus}_{sp}$，$c(Ba^{2+}) = c(SO_4^{2-})$

（C）$c(Ba^{2+}) \cdot c(SO_4^{2-}) = K^{\ominus}_{sp}$，$c(Ba^{2+}) > c(SO_4^{2-})$

（D）$c(Ba^{2+}) \cdot c(SO_4^{2-}) \neq K^{\ominus}_{sp}$，$c(Ba^{2+}) < c(SO_4^{2-})$

（8）下列关于配合物 $K^{\ominus}_{稳}$ 的叙述中错误的是（　　）。

（A）对同一配合物，总的 $K^{\ominus}_{稳}$ 和 $K^{\ominus}_{不稳}$ 互为倒数

（B）应用 $K^{\ominus}_{稳}$ 可以计算配位剂过量时配合物水溶液中某组分的浓度

（C）对于同类型的配离子，可以直接用 $K^{\ominus}_{稳}$ 值大小来比较它们的稳定性

（D）以上叙述都不对

（9）已知$K^{\ominus}_{稳}\{[Ag(SCN)_2]^-\} = 3.72\times10^7$，$K^{\ominus}_{稳}\{[Ag(NH_3)_2]^+\} = 1.6\times10^7$，当$SCN^-$离子浓度为$0.1mol\cdot dm^{-3}$，其余有关物质浓度均为$1.0mol\cdot dm^{-3}$时，反应$[Ag(NH_3)_2]^+ + 2SCN^- \rightleftharpoons [Ag(SCN)_2]^- + 2NH_3$ 进行的方向为（　　）。

（A）向左进行　　（B）向右进行

（C）恰好达平衡状态　　（D）无法预测

3. 将1kg乙二醇与2kg水相混合，可制得汽车用的防冻剂，试计算：

（1）25℃时，该防冻剂的蒸气压。

（2）该防冻剂的沸点。

（3）该防冻剂的凝固点。

4. 人的体温是37℃，血液的渗透压是780.2kPa，设血液内的溶质全是非电解质，试估计血液的总浓度。

5. 烟酸（Nicotinic acid, $HC_6H_4NO_2$），是一种维生素，也是一种弱酸，其$K^{\ominus}_a$为1.4×10^{-5}。求$0.010mol\cdot dm^{-3}$烟酸溶液的H^+浓度和pH。

6. 在减缓痛苦方面，几乎没有比吗啡（$C_{17}H_{19}O_3N$）更有效的了。吗啡是一种从植物中得到的生物碱。$0.010mol\cdot dm^{-3}$吗啡溶液的pH为10.10，计算吗啡的$K^{\ominus}_b$和$pK^{\ominus}_b$。

7. 一个学生需要pH为3.90的缓冲溶液，若用甲酸及其盐配制该缓冲溶液，能否满足要求？若能，则酸根离子HCO_2^-与甲酸HCO_2H的浓度比应为多少？

8. 将未知一元弱酸溶于未知量水中，用浓度为$0.1000mol\cdot dm^{-3}$的某一元强碱去滴定。已知当用去10.00mL强碱时，溶液的pH = 4.50；当用去24.60mL强碱时，恰好完全反应。问该弱酸的解离常数是多少？

9. 分别计算Ag_2CrO_4在$0.10mol\cdot dm^{-3}$ $AgNO_3$和$0.10mol\cdot dm^{-3}$ Na_2CrO_4溶液中的溶解度。

10. 已知25℃时，PbI_2的溶度积为9.8×10^{-9}，试求：

（1）PbI_2在水中的溶解度（$mol\cdot dm^{-3}$）。

（2）饱和溶液中Pb^{2+}和I^-的浓度。

（3）在$0.01mol\cdot dm^{-3}$ KI溶液中Pb^{2+}的浓度。

11. 在100mL $0.20mol\cdot dm^{-3}$ $MnCl_2$溶液中加入100.0mL含有NH_4Cl的$0.010mol\cdot dm^{-3}$的$NH_3\cdot H_2O$溶液，计算在氨水中含有多少g NH_4Cl才不致生成$Mn(OH)_2$沉淀？

12. 在25℃时，溶液中含有离子Fe^{3+}、Fe^{2+}，它们浓度都是$0.05mol\cdot dm^{-3}$，如果要求$Fe(OH)_3$沉淀完全，而离子Fe^{2+}不生成$Fe(OH)_2$沉淀，试问溶液的pH应控制为多少？

13. 判断下列反应进行的方向，假设各离子的浓度都是$1mol\cdot dm^{-3}$：

（1）$[FeF_6]^{3-}(aq) + 6CN^-(aq) \rightleftharpoons [Fe(CN)_6]^{3-}(aq) + 6F^-(aq)$

（2）$2AgI(s) + CO_3^{2-}(aq) \rightleftharpoons Ag_2CO_3(s) + 2I^-(aq)$

14. 计算AgBr在$1.00mol\cdot dm^{-3}$ $Na_2S_2O_3$中的溶解度。500mL浓度为$1.00mol\cdot dm^{-3}$的$Na_2S_2O_3$溶液可溶解AgBr多少克？已知$K^{\ominus}_{稳}\{[Ag(S_2O_3)_2]^{3-}\} = 2.9\times10^{13}$，$K^{\ominus}_{sp}(AgBr) = 5.35\times10^{-13}$。

15. An aqueous solution of urea(尿素) had a freezing point of −0.52℃. Predict the osmotic pressure of the same solution at 37℃. Assume that themolar concentration and themolality(质量物质的量浓度 b) are numerically equal. At the temperature of the human body, 37℃, the value of $K^{\ominus}_w$ is 2.4×10^{-14}. Calculate the concentration of H^+ and OH^-, pH and pOH. What is the relation

between pH, pOH, and $K_w^\ominus$ at this temperature? Is water neutral at this temperature?

16. 5mL of 0.002mol • dm^{-3} NaCl was added into 5mL 0.02mol • dm^{-3} $AgNO_3$. Would a precipitate of silver chloride be expected to form?

17. By experiment, it is found that 9.33×10^{-5}mol of calcium carbonate, $CaCO_3$, dissolves in 1 L of aqueous solution at 25℃. What is the solubility product constant at this temperature?

18. Calculate the silver ion concentration in a solution prepared by shaking solid Ag_2S with saturated H_2S (0.10mol • dm^{-3}) in 0.15mol • dm^{-3} H_3O^+ until equilibrium is established.

第 4 章
氧化还原反应与电化学

【内容提要】

从氧化还原反应与原电池的基本概念入手，介绍原电池的表示方法、原电池的电池反应和电池半反应，能用离子-电子法配平氧化还原反应方程式；系统讲解电池电动势和电极电势的基本概念及基本理论；讨论电池电动势与吉布斯函数变的关系，能斯特方程式，电极电势的应用；阐述分解电压与超电势，电解时的电极反应；简单介绍化学电源和腐蚀电池的有关知识。

【本章要求】

（1）了解原电池的组成，会用原电池符号表示原电池；掌握离子-电子法配平氧化还原反应方程式的方法。

（2）掌握电极电势和电池电动势的概念，能用能斯特方程式计算原电池的电池电动势及电对的电极电势。

（3）掌握电池电动势与氧化还原反应的吉布斯函数变、电极的标准电极电势与标准吉布斯函数变及氧化还原反应标准平衡常数之间的关系，并掌握有关的基本计算。

（4）掌握电极电势及电池电动势的基本应用：电池电动势与反应吉布斯函数变的互算、判断氧化还原反应进行的方向和程度、判断氧化剂和还原剂的相对强弱。

（5）了解分解电压、超电势及电极极化的基本概念。

（6）了解常见的化学电源，金属腐蚀与防护原理。

氧化还原概念最早是在 18 世纪末由被誉为“近代化学奠基人之一”的法国化学家拉瓦锡（A. L. Lavoisier）在发现氧元素之后首先提出的：“氧化”是指物质与氧气化合，“还原”是指氧化物失去氧。随后化学家又认为氧化不仅指与氧化合，也包括除去氢的反应，而还原则不仅指除去氧，也包括与氢结合的反应。至 19 世纪 50 年代有了化合价的概念后，人们把化合价升高的过程叫作氧化（oxidation），把化合价降低的过程叫作还原（reduction）。到 1892 年，被誉为“物理化学之父”的德国物理化学家奥斯特瓦尔德（F. W. Ostwald）提出氧化还原反应是由电子转移引起的，把失电子的过程叫氧化，得电子的过程叫还原。例如：

$$Zn(s) + Cu^{2+}(aq) = Zn^{2+}(aq) + Cu(s)$$

在此过程中，Cu^{2+}得到两个电子发生还原反应，Cu^{2+}是氧化剂（oxidant），本身处于氧化态（oxidation state）；Cu^{2+}得到电子后转变成的 Cu 具有重新失去电子的倾向，因而处于还原态（reducing state）。同时，Zn 失去两个电子，发生氧化反应，Zn 是还原剂（reductant），本身处于还原态，相应地 Zn 失去电子后转变成的 Zn^{2+}处于氧化态。以上总的结果是电子从 Zn 转移到 Cu^{2+}。有失电子的，必有得电子的，得失电子必定同时发生，所以合称为氧化还原反应（redox reaction）。物质的氧化态和还原态的这种共轭关系类似于酸碱共轭关系，只不过在氧化还原反应中是电子的转移，而在酸碱反应中是质子的传递。

在一定条件下，氧化还原反应中转移的电子若能定向移动就能形成电流，从而可以将化学能转化为电能。反之，利用电流还可以促使非自发氧化还原反应发生，从而把电能转化为化学能。研究化学能和电能相互转化规律的学科即为电化学（electrochemistry）。完成这样的电化学过程，必须借助于适当的电化学装置。人们把将化学能转化为电能的装置叫原电池（galvanic cell）；将电能转化为化学能的装置叫电解池（electrolytic cell）。原电池和电解池统称为化学电池（electrochemical cell）。本章主要介绍氧化还原反应和电化学的有关内容。

4.1 氧化还原反应与原电池

4.1.1 原电池及其组成

早在 1786 年，意大利科学家伽伐尼（Luigi Galvani，1737—1798）在一次偶然的机会中发现，放在两块不同金属之间的蛙腿会发生痉挛现象，他认为这是一种生物电现象。1791 年意大利物理学家伏特（A. Vlota，1745—1827）得知了这一发现，并对其产生了极大的兴趣，进行了一系列实验。他用两种金属接成一根弯杆，一端放在嘴里，另一端和眼睛接触，在接触的瞬间就有光亮的感觉产生；他用舌头舔着一枚金币和一枚银币，然后用导线把硬币连接起来，就在连接的瞬间，舌头有发麻的感觉。因此他认为伽伐尼电并非动物生电，而在本质上是一种物理的电现象，蛙腿本身不放电，是外来电刺激使蛙腿神经兴奋而发生痉挛。后来为了验证他自己的观点，他用锌片和铜片插入盛有盐水的容器中，在锌片和铜片的两端即可测出电压，甚至他将锌片和铜片插在柠檬中也可产生电压，这就是最早的“柠檬电池”，从而证明了只要有两片不同的金属和溶液存在，不用动物体也可以有电产生。在此基础上，1800 年他又通过实验进一步证明了他的观点：他把银和锌的小圆片相互重叠成堆，并用食盐水浸透过的厚纸片把各对圆片互相隔开，在头尾两圆片上连接导线，当这两条导线接触时，产生火花放电。这就是科学史上著名的伏特电堆（也称为伏打电堆或伏打电池）。

同一年，英国化学家尼科尔森（William Nicholson，1753—1815）在得知了伏打电池后，同解剖学家卡利斯尔（Anthony Carlisle，1768—1840）一起利用银币和锌片各 36 枚重叠起来制成电池。当他们将两根连接银币和锌片的导线放在水中时，发现与锌连接的金属丝上产生氢气，而与银连接的金属丝上产生氧气。这样，他们成为电解水的先驱者。随后，戴维用电解的方法制出了金属钾和钠。直到 1833 年，法拉第才提出著名的法拉第电解定律。19 世纪初，化学家们开始使用伏特电池发出的电流做实验，从而促使电化学研究有了一个巨大的发展。

原电池真正被广泛应用还是在 1836 年英国化学家丹尼尔（J. F. Daniell，1790—1845）提出丹尼尔电池以后。该电池的基本原理与伏特电池基本相同，所不同的是每个金属分别插在它们自己的金属离子溶液中组成两个半电池（half cell），被称作两个电极（electrode），中间通过一个盐桥将两个半电池相连，如图 4-1 所示。用导线将两个电极接通后，安培计指针发生偏转，表明有电流通过，且通过指针偏转方向可以知道，电流由铜电极流向锌电极。即反应过程中，锌片由于放出电子发生氧化反应而逐渐溶解，本身成为 Zn^{2+}进入 $ZnSO_4$ 溶液中，电子从锌片经导线流向铜片；而 $CuSO_4$ 溶液中的 Cu^{2+}在铜片上得到电子发生还原反应，变为铜而析出。电极反应写作：

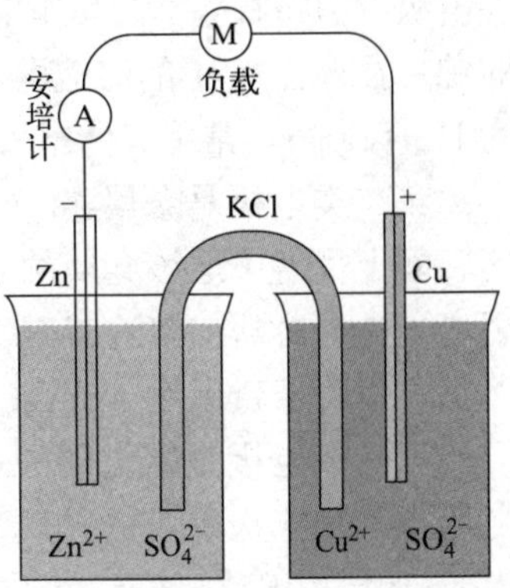

图 4-1　Daniell 原电池示意图

$$\text{Zn 极} \quad Zn \longrightarrow Zn^{2+} + 2e^-$$

$$\text{Cu 极} \quad Cu^{2+} + 2e^- \longrightarrow Cu$$

总反应方程式为：

$$Zn(s) + Cu^{2+}(aq) \longrightarrow Zn^{2+}(aq) + Cu(s)$$

根据热力学数据计算可知，该反应的 $\Delta_r G_m^{\ominus} = -212kJ \cdot mol^{-1}$，是一个典型的自发反应。如果将锌片直接插入 $CuSO_4$ 溶液中，反应的结果是铜在锌片上析出，化学能基本上转变为热能放出，而得不到电流。但同一个自发进行的反应在原电池中进行时，则可将化学能转变为电能。后来，人们利用能自发进行的化学反应制得了各种各样的电池。

由伏特电池和丹尼尔（Daniell）电池可见，一个原电池必须由两个基本部分组成：两个电极和电解质溶液。对于给出电子发生氧化反应的电极，如丹尼尔电池中的 Zn 极，由于其电势较低，被称为负极（negative electrode）；而接受电子发生还原反应的一极，如 Cu 极，由于其电势较高，而称作正极（positive electrode）。如果两个电极同时插在同一个电解质溶液中，就称作单液电池（one-fluid cell）；若两个电极分别插在两个电解质溶液中，就称作双液电池（double-fluid cell），如丹尼尔电池就是双液电池。对于双液电池，如果不接通溶液内电路，两个溶液中就会由于电极上所发生的氧化反应或还原反应，而使两溶液分别积累正电荷或负电荷，从而阻止电子继续从负极通过导线流向正极，反应终止。为此，对于双液电池，为保持溶液呈电中性，使电流持续产生，必须在两溶液中放一个盐桥（salt bridge），使内电路接通。盐桥是一只装满饱和电解质（如 KCl 或 NH_4NO_3）溶液（用胶冻状的琼脂固定）的倒置 U 形管。

从 Daniell 电池中还可以看出，每个电极必须同时存在某一物质的氧化态和还原态，如 Zn 电极的氧化态 Zn^{2+}和还原态 Zn，Cu 电极的氧化态 Cu^{2+}和还原态 Cu。把组成电极的一对氧化态和还原态物质称为一对氧化还原电对（redox couple），简称电对，通常表示为：氧化态/还原态（或 Ox/Red）。

按照氧化态、还原态物质状态的不同，电极可以分为三类。

第一类电极是金属电极和气体电极。金属电极是由金属与其离子的溶液组成，如丹尼尔电池中锌电极和铜电极分别由锌与硫酸锌溶液、铜与硫酸铜溶液组成，简记为 $Zn^{2+}|Zn$ 和 $Cu^{2+}|Cu$。气体电极是由气体与其离子的溶液及能够吸附该气体的惰性电极所构成。常用的惰

性电极有铂和石墨等，其作用只是导体，本身并不参加电极反应。如氢电极就是由将镀有铂黑的铂片插入含有 H^+的溶液中，并向铂片上不断地通氢气而构成，如图 4-2 所示，用符号表示即为 $H^+|H_2(g)|Pt$。常用气体电极还有氧电极和氯电极等，分别表示为 $Pt|O_2(g)|OH^-$、$Pt|Cl_2(g)|Cl^-$。

第二类电极是金属-金属难溶盐电极及金属-金属难溶氧化物电极。电极的结构是在金属的表面上覆盖一层该金属的难溶盐或难溶氧化物，再将其插入含有与该金属难溶盐具有相同阴离子的易溶盐的溶液或碱性溶液中。如 Ag-AgCl 电极就是较常用的这一类电极，如图 4-3 所示，用符号表示为 $Ag|AgCl(s)|Cl^-$。

第三类电极是氧化还原电极。任一电极皆为氧化还原电极，这里所说的氧化还原电极是专指参加电极反应的物质均在同一个溶液中，电极的极板必须借助于惰性电极（如 Pt 电极），如电极 Fe^{3+}，$Fe^{2+}|Pt$（如图 4-4 所示）、Cu^{2+}，$Cu^+|Pt$ 和 MnO_4^-，$Mn^{2+}|Pt$ 等均为氧化还原电极。

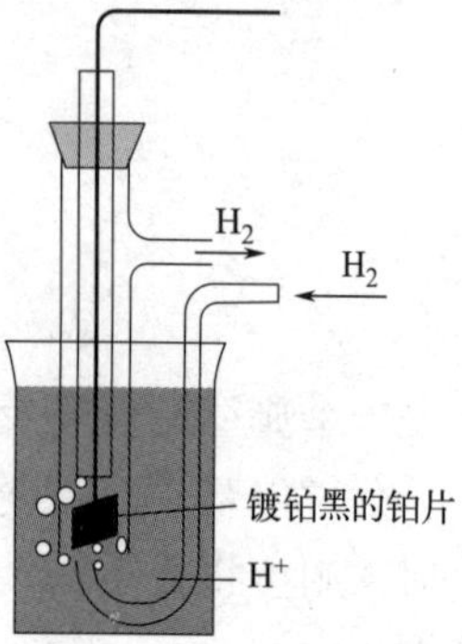

图 4-2 氢电极示意图

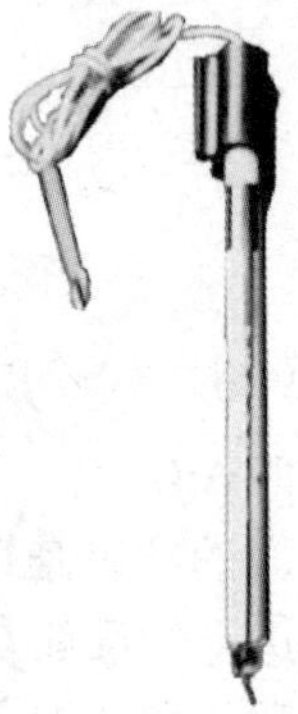

图 4-3 Ag-AgCl 电极

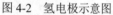

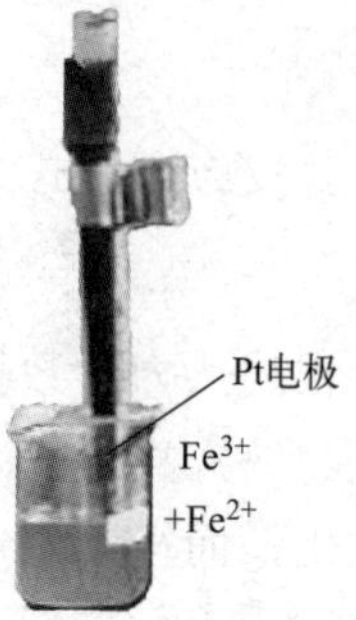

图 4-4 氧化还原电极

4.1.2 原电池的半反应式与氧化还原反应方程式的配平

任何原电池都由两个电极部分组成，每个电极部分被称作一个半电池，每个半电池所发生的氧化反应或还原反应，即电极反应被称作原电池的半反应（half reaction）。利用半反应式可以配平氧化还原反应，这种方法被称为配平氧化还原反应方程式的半反应式法或离子-电子法。该方法的具体步骤如下：

（1）以离子的形式表示出反应物和氧化还原产物；

（2）把一个氧化还原反应拆分成两个半反应，一个表示氧化剂的被还原，另一个表示还原剂的被氧化；

（3）分别配平每个半反应式，使两边的各种元素原子总数和电荷总数分别相等；

（4）按氧化剂得电子总数和还原剂失电子总数必须相等的原则，将两个半反应式各乘以适当的系数，使得失电子数相等，然后合并两个半反应，即得总反应方程式。

【例 4-1】 将 $FeSO_4$ 溶液加入酸化后的 $KMnO_4$ 溶液中，$KMnO_4$ 的紫色褪去，完成并配平该化学反应方程式。

解：第一步 以离子的形式表示出反应物和氧化还原产物。将 $FeSO_4$ 溶液加入酸化后的 $KMnO_4$ 溶液中，$KMnO_4$ 的紫色褪去，生成了 Mn^{2+}，而 Fe^{2+}被氧化成 Fe^{3+}，表示为

$$Fe^{2+} + MnO_4^- \longrightarrow Fe^{3+} + Mn^{2+}$$

第二步　把上述反应拆成两个半反应

$$MnO_4^- \longrightarrow Mn^{2+} \quad （还原反应）$$

$$Fe^{2+} \longrightarrow Fe^{3+} \quad （氧化反应）$$

第三步　分别配平两个半反应式，使两边的各种元素原子总数和电荷总数均相等，由于反应在酸性条件下进行，对于有氢或氧参加的反应，可以通过加 H^+或 H_2O 来调整半反应式两边的氢、氧原子个数。

$$MnO_4^- + 8H^+ + 5e^- = Mn^{2+} + 4H_2O$$

$$Fe^{2+} = Fe^{3+} + e^-$$

在第一个半反应中，由于反应物中多 4 个 O，在酸性条件下可通过加 8 个 H^+生成 4 个 H_2O 而使两边的氢、氧原子个数相等。

第四步　按氧化剂和还原剂得失电子总数必须相等的原则将两个半反应各乘以适当系数，使得失电子总数等于它们各自得失电子数的最小公倍数，然后再将两个半反应方程式相加，即得配平了的总的反应（电池反应）方程式，即

$$\begin{array}{lr} MnO_4^- + 8H^+ + 5e^- = Mn^{2+} + 4H_2O & \times 1 \\ +\qquad\qquad Fe^{2+} = Fe^{3+} + e^- & \times 5 \\ \hline MnO_4^- + 8H^+ + 5Fe^{2+} = Mn^{2+} + 5Fe^{3+} + 4H_2O & \end{array}$$

【例 4-2】 配平 $ClO^- + Cr(OH)_4^- \longrightarrow Cl^- + CrO_4^{2-}$（碱性介质）。

解： 配平步骤同上

第一步　$$ClO^- + Cr(OH)_4^- \longrightarrow Cl^- + CrO_4^{2-}$$

第二步　$$ClO^- \longrightarrow Cl^- \quad （还原反应）$$

$$Cr(OH)_4^- \longrightarrow CrO_4^{2-} \quad （氧化反应）$$

第三步　$$ClO^- + H_2O + 2e^- = Cl^- + 2OH^-$$

$$Cr(OH)_4^- + 4OH^- = CrO_4^{2-} + 4H_2O + 3e^-$$

在第一个半反应中，由于反应物中多 1 个 O，在碱性条件下只能通过加 1 个 H_2O 生成 2 个 OH^-而使两边的氢、氧原子个数相等。而在第二个半反应中，反应物中多 4 个 H，在碱性条件下，可通过加 4 个 OH^-生成 4 分子水而使两边的氢、氧原子个数相等。

第四步

$$\begin{array}{lr} ClO^- + H_2O + 2e^- = Cl^- + 2OH^- & \times 3 \\ +\quad Cr(OH)_4^- + 4OH^- = CrO_4^{2-} + 4H_2O + 3e^- & \times 2 \\ \hline 3ClO^- + 2Cr(OH)_4^- + 2OH^- = 3Cl^- + 2CrO_4^{2-} + 5H_2O & \end{array}$$

从上述例题中可见，利用半反应式法配平氧化还原反应的关键是配平半反应式，而配平半反应式的关键，一是根据反应物和产物确定半反应得到或失去电子的数目，二是反应式两边氢、氧原子个数的调整。由于反应介质不同，反应物较产物中少 O 还是多 O 的情况也不同，所以调整 H、O 原子个数的方法也就不同。如例 4-1 中，在酸性条件下，反应物中多 O，可通过加 H^+生成水来调整；而在例 4-2 中，在碱性条件下，反应物中再多 O 时就不能靠加 H^+

来调整，而只能靠加 H_2O 生成 OH^-来调整。另外还有反应物中少 O 的情况，调整 H、O 原子个数的方法也有所不同。下面将几种调整 H、O 原子的方法总结于表 4-1 中。

表 4-1　不同介质中氧化还原半反应中氢、氧原子的调整方法

介质种类	反应物中	
	多一个 O 原子	少一个 O 原子
酸	结合$[O] + 2H^+ \longrightarrow H_2O$	提供$[O] + H_2O \longrightarrow 2H^+$
碱	结合$[O] + H_2O \longrightarrow 2OH^-$	提供$[O] + 2OH^- \longrightarrow H_2O$
中性	结合$[O] + H_2O \longrightarrow 2OH^-$	提供$[O] + H_2O \longrightarrow 2H^+$

4.1.3　原电池的表示方法

为了表示方便，原电池可以用原电池符号（cell notation）来表示。在书写时通常采用如下规定：将发生氧化反应的负极写在左边，发生还原反应的正极写在右边；按原电池中各种物质实际接触顺序用化学式从左到右依次排列，并列出各个物质的组成及聚集状态（气、液、固），溶液应注明浓度，气体则应标明分压；用“|”表示不同相之间的界面，用“||”表示由盐桥连接着两种不同的溶液的界面。

如丹尼尔电池可表示为：

$$(-)Zn|ZnSO_4(c_1)||CuSO_4(c_2)|Cu(+)$$

式中，c_1、c_2 分别表示 $ZnSO_4$、$CuSO_4$ 两种溶液的浓度。

任何一个自发进行的氧化还原反应都可以制成原电池，使氧化还原反应在原电池中进行，从而将化学能转变为电能。例如，银与碘离子在酸性溶液中的反应为：

$$2Ag(s) + 2H^+(aq) + 2I^-(aq) \longrightarrow 2AgI(s) + H_2(g)$$

可将此氧化还原反应分解为两个半反应：

还原反应：　$2H^+(aq) + 2e^- \longrightarrow H_2(g)$

氧化反应：　$2Ag(s) + 2I^-(aq) \longrightarrow 2AgI(s) + 2e^-$

从而确定两个相应的电极：

$$H^+(aq)|H_2(g)|Pt，I^-(aq)|AgI(s)|Ag$$

然后根据失电子的为负极写在电池符号的左边，得电子的为正极写在电池符号的右边，即得原电池的符号：

$$(-)Ag|AgI(s)|I^-(c_1)||H^+(c_2)|H_2(p_1)|Pt(+)$$

4.2　电极电势与电池电动势

4.2.1　电极电势与电池电动势的产生

按图 4-1 装置，当用导线把丹尼尔原电池的两个电极连接起来时，安培计指针就会偏转。

这表明在两个电极之间存在电势差，也就是说两个电极的电势不同。什么是电极电势？它是如何产生的？早在1889年，德国化学家能斯特在解释金属活动顺序表时提出了一个金属在溶液中的双电层理论（electrode double layer theory），并用此理论定性地解释了电极电势产生的原因。下面以锌电极为例来说明。

当把金属锌放在锌离子溶液中时，会同时出现两种相反的趋向。一方面，锌表面上的锌离子由于受极性很大的水分子的作用，有离开金属锌表面而溶解于溶液中的趋向，金属锌的表面由于失去锌离子而带负电；另一方面，溶液中的锌离子碰撞到锌的表面受电子的吸引也可沉积到金属表面上。此两过程可表示如下：

$$Zn \underset{\text{沉积}}{\overset{\text{溶解}}{\rightleftharpoons}} Zn^{2+} + 2e^-$$

当溶解与沉积的速率相等时，则达到一种动态平衡。由于锌较活泼，其溶解趋势大于沉积趋势，结果锌表面因自由电子过剩而带负电荷，锌附近溶液则具有带正电荷的剩余电量，而在锌片和溶液间形成了双电层，如图4-5所示。与锌相比，对于活泼性较差的金属，如铜，当达到平衡时，沉积趋势大于溶解趋势，使金属带正电荷，而附近的溶液带负电荷，也构成双电层。像这种形成的双电层之间的电势差就是电极的电极电势（electrode potential）。其他类型的电极与金属电极类似，由于在电极与溶液之间形成双电层产生电势差而具有电极电势。

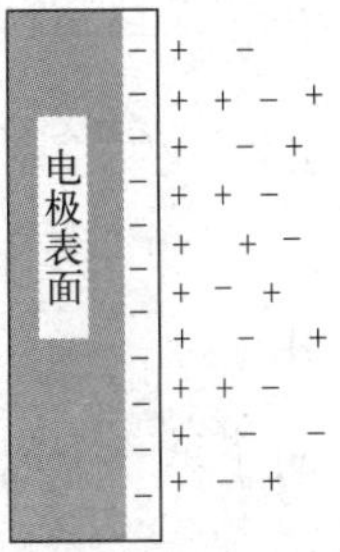

图4-5　双电层示意图

不同的电极形成双电层的电势差不同，电极电势就不同。电极电势用 E(氧化态/还原态)表示，如 $E(Cu^{2+}/Cu)$或 $E(Zn^{2+}/Zn)$。当两个电极电势不同的电极组合时，电子将从负极流向正极，从而产生电流。例如，在 Daniell 电池中，若两种溶液的浓度相等，则因锌比铜活泼，在锌极上集聚的电子要比铜极上的多，电极电势相对较低，用导线连接时，就有一定数量的电子流向铜极。锌极上电子的减少和铜极上电子的增加，破坏了两极的双电层。这样，锌极上又会有一定数量的锌离子溶入溶液中，同时也有相应数量的铜离子在铜极上获得增加的电子而析出。因此，就使电子再由锌极流向铜极，并使锌的溶解和铜的析出过程继续下去，原电池就持续不断地产生电流。显然，此电流的产生是两个电极间存在电势差所致。

在接近零电流条件下，原电池两极之间的平衡电势差就是原电池的电动势（electromotive force，简写为 emf），常用 E 表示，单位是 V。电极电势高的为正极（$E_{正}$或 E_+），电极电势低的为负极（$E_{负}$或 E_-），则电池的电动势 E 为：

$$E = E_+ - E_- \tag{4-1}$$

4.2.2　电极电势的确定和标准电极电势

不同的电极其电极电势不同，但迄今为止，人们还无法直接测出单个电极电势的绝对值。因为用电位差计直接测出的是电池两极的电势差，而不是单个电极的电势。实际上，人们并不关心单个电极的绝对电极电势的大小，而更关心的是不同电极的电势相对大小，类似于在了解物质的焓（H）或吉布斯函数（G）时，更需要知道的是 ΔH 或 ΔG，而不是其绝对值一样。为了比较不同电极的电极电势之间的相对大小，人们通常选择一个参照系（标准电极），并将其电极电势人为地规定为零，然后将任一电极与它组成原电池，测定电动势，这样就可确定任一电极的电极电势的相对值。

按 IUPAC 规定，采用标准氢电极（standard hydrogen electrode）作为衡量其他电极电势的基准，并将其电极电势定义为零。标准氢电极的组成和装置如图 4-2 所示，当 H^+及 $H_2(g)$ 均处于标准态，即 H^+浓度为 $1mol \cdot dm^{-3}$、氢气为纯净的且其压力为标准压力 $p^{\ominus}$时，就组成标准氢电极，可用符号表示为：

$$H^+(1mol \cdot dm^{-3})|H_2(100kPa)|Pt \qquad E^{\ominus}(H^+/H_2) = 0V$$

$E^{\ominus}$ 右上角的“$\ominus$”为标准态符号，“$E^{\ominus}$”表示标准电极电势（standard electrode potential），即电极的各物质均处于标准态时的电极电势。

测定其他电极的电极电势时，可将待测电极与标准氢电极组成原电池，测定此原电池的电动势，即可确定该电极的电势。若待测电极处于标准态，则测得的电极电势就为该电极的标准电极电势。用符号 $E^{\ominus}$（氧化态/还原态）表示。

如测定锌电极和铜电极的标准电极电势时，可测定如下电池的电动势。电极的正、负极可由电位差计指针的偏转方向来确定。

$$(-)Zn|Zn^{2+}(1mol \cdot dm^{-3})||H^+(1mol \cdot dm^{-3})|H_2(100kPa)|Pt(+) \qquad E^{\ominus} = 0.7618V$$

$$(-)Pt|H_2(100kPa)|H^+(1mol \cdot dm^{-3})||Cu^{2+}(1mol \cdot dm^{-3})|Cu(+) \qquad E^{\ominus} = 0.3419V$$

由于

$$E = E_{正} - E_{负}$$

对于第一个电池

$$E^{\ominus} = E^{\ominus}(H^+/H_2) - E^{\ominus}(Zn^{2+}/Zn) = 0.7618V$$

所以

$$E^{\ominus}(Zn^{2+}/Zn) = E^{\ominus}(H^+/H_2) - 0.7618V$$

$$= 0V - 0.7618V = -0.7618V$$

对于第二个电池

$$E^{\ominus} = E^{\ominus}(Cu^{2+}/Cu) - E^{\ominus}(H^+/H_2) = 0.3419V$$

所以

$$E^{\ominus}(Cu^{2+}/Cu) = 0.3419V + E^{\ominus}(H^+/H_2)$$

$$= 0.3419V + 0V = 0.3419V$$

可见，电极的电势可以是正值，也可以是负值。正负值是相对于标准氢电极为零而言的。锌电极的 $E^{\ominus}(Zn^{2+}/Zn) = -0.7618V$，意味着锌电极的标准电极电势比标准氢电极低 0.7618V；同理，铜电极的 $E^{\ominus}(Cu^{2+}/Cu) = 0.3419V$，意味着铜电极的标准电极电势比标准氢电极高 0.3419V。

在实际测定中，由于标准氢电极的条件要求十分严格，使用不方便，常采用某些电极电势非常稳定且使用非常方便的参比电极（reference electrode）代替标准氢电极进行测定。最常用的参比电极是甘汞电极（calomel electrode）（如图 4-6 所示）。甘汞电极属于金属-金属难溶盐电极，是由少量汞、甘汞（Hg_2Cl_2）和氯化钾制成糊状物，放入氯化钾溶液中而制成的，用铂丝导电。对应的电极反应为：

$$Hg_2Cl_2(s) + 2e^- \longrightarrow 2Hg(l) + 2Cl^-(aq)$$

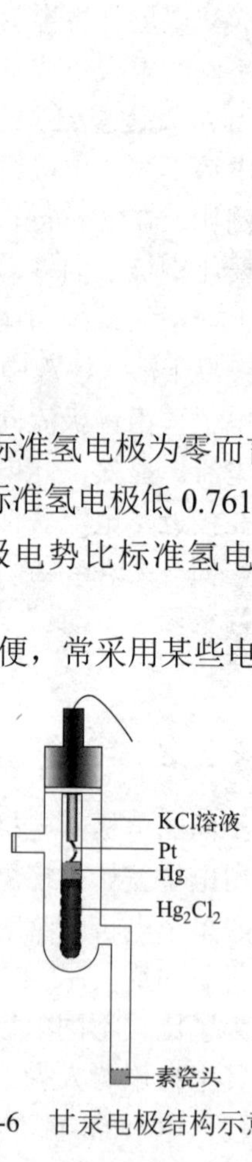

图 4-6　甘汞电极结构示意图

甘汞电极的电极电势与 KCl 溶液的浓度和温度有关，其中 KCl 浓度达饱和时的甘汞电极即饱和甘汞电极（saturated calomel electrode）是最常用的，用符号 SCE 表示。298.15K 时饱和甘汞电极的电极电势为 0.2412V。其他浓度下的电极电势见表 4-2。

表 4-2　甘汞电极的电极电势与 KCl 浓度的关系

KCl 溶液浓度	E（25℃）/V
$0.1mol \cdot dm^{-3}$	0.3337
$1mol \cdot dm^{-3}$	0.2801
饱和溶液	0.2412

根据上述方法，可以测定出各种电极的标准电极电势。通常列成标准电极电势表（见附录 6）以供查用。

使用表中的数据时，应注意如下几点：

（1）电极反应中各物质均为标准态，温度一般为 298.15K。

（2）表中电对按氧化态/还原态顺序书写，电极反应按还原反应书写，即

$$\text{氧化态} + ne^- \longrightarrow \text{还原态}$$

所以这种电势被称为标准还原电势或还原氢标电势。电极电势的高低表明电子得失的难易，同时表明了氧化还原能力的强弱。

（3）标准电极电势的数值由物质本性决定，不因物质数量或浓度的变化而变化，既不具有加和性，也不因电极反应式中计量数的变化而变化。例如：

$$Ag^+ + e^- \longrightarrow Ag$$

$$2Ag^+ + 2e^- \longrightarrow 2Ag$$

其 $E^\ominus(Ag^+/Ag)$都是 0.7996V。

4.2.3　浓度对电极电势的影响

电极电势的大小主要与电极的本性有关，此外还与温度、溶液的浓度及气体的分压等因素有关。附录 6 中所列的数据是在 298.15K、各物质均处在标准态时的数据，而实际反应过程中，大多数溶液中的反应虽然都是在室温或接近室温下进行的，但各个物质却不一定都处在标准态，而导致电池电动势 E 与 $E^\ominus$ 有较大的差别。1889 年，德国化学家能斯特通过热力学理论推导出电池电动势随反应中各物质的浓度或气体物质的压力变化而变化的关系式，即电化学中著名的能斯特方程式（Nernst equation），也被称为原电池的基本方程。

$$E = E^\ominus - \frac{RT}{nF}\ln Q \tag{4-2}$$

或

$$E = E^\ominus - \frac{2.303RT}{nF}\lg Q \tag{4-3}$$

式中，E 为反应处于任一状态时电池的电动势；$E^\ominus$ 为标准电池电动势（即 $E_+^\ominus - E_-^\ominus$）；$R$ 是气体常数，$8.314J \cdot mol^{-1} \cdot K^{-1}$；$F$ 为法拉第常数，$96485C \cdot mol^{-1}$；n 为氧化还原反应中得失电子总数；T 为热力学温度；Q 为反应商。

当 $T = 298.15K$（25℃）时，将 298.15K 及 R 和 F 的数值代入上式，可得：

$$E = E^\ominus - \frac{0.0592}{n}\lg Q \tag{4-4}$$

当浓度发生变化时，反应商 Q 发生变化，电池电动势 E 随之发生变化。式（4-2）～式（4-4）表示了浓度对电池电动势的影响，都被称作电池电动势的能斯特方程式。

对于电极半反应，能斯特方程式同样适用，只不过式中的 Q 指的是电极半反应的反应商，E 是电极电势，$E^{\ominus}$ 是标准电极电势。因为 $E^{\ominus}$ 是还原氢标电势，所以电极反应都要以还原反应表示。如若以 Ox 代表氧化态，用 Red 表示还原态，则任一电极反应表示为：

$$a\,\text{Ox} + ne^{-} \longrightarrow b\,\text{Red}$$

将式（4-3）应用到这个半反应，可得电极电势的能斯特方程为：

$$E(\text{Ox/Red}) = E^{\ominus}(\text{Ox/Red}) - \frac{2.303RT}{nF}\lg\frac{[c(\text{Red})/c^{\ominus}]^{b}}{[c(\text{Ox})/c^{\ominus}]^{a}}$$

或

$$E(\text{Ox/Red}) = E^{\ominus}(\text{Ox/Red}) + \frac{2.303RT}{nF}\lg\frac{[c(\text{Ox})/c^{\ominus}]^{a}}{[c(\text{Red})/c^{\ominus}]^{b}} \tag{4-5}$$

25℃时，

$$E(\text{Ox/Red}) = E^{\ominus}(\text{Ox/Red}) + \frac{0.0592}{n}\lg\frac{[c(\text{Ox})/c^{\ominus}]^{a}}{[c(\text{Red})/c^{\ominus}]^{b}} \tag{4-6}$$

式（4-5）及式（4-6）表示了浓度对电极电势的影响，称为电极电势的能斯特方程式，它和电池电动势的能斯特方程本质上是一样的。

用能斯特方程计算电对的电极电势及电池电动势时，应注意以下几点：

（1）若参加反应的物质为固体或纯液体，则其浓度为常数，可视为 1；若为气体，则用其分压进行计算，并要将分压作标准化处理（即分压除以 $p^{\ominus}$）。

（2）方程式中 c(Ox)、c(Red)是指所有参加反应的反应物或生成物的浓度，并非只有电子得失的物质的浓度，浓度的指数等于电池反应或电极反应中各物质的计量系数。为此，对于有 H^{+} 或 OH^{-}参加的反应，酸度的变化将严重影响电极电势及电池电动势的数值，从而改变物质的氧化或还原能力的强弱，甚至改变氧化还原反应的方向。例如，对于如下电极反应（假定 MnO_4^-和 Mn^{2+}的浓度均为 $1\text{mol}\cdot\text{dm}^{-3}$）：

$$MnO_4^- + 8H^+ + 5e^- \longrightarrow Mn^{2+}\text{（aq）} + 4H_2O \qquad E^{\ominus}(MnO_4^-/Mn^{2+}) = 1.507\text{V}$$

$$E(MnO_4^-/Mn^{2+}) = E^{\ominus}(MnO_4^-/Mn^{2+}) + \frac{0.0592}{5}\lg\frac{[c(MnO_4^-)/c^{\ominus}][c(H^+)/c^{\ominus}]^{8}}{[c(Mn^{2+})/c^{\ominus}]}$$

$\text{pH} = 0$［即 $c(H^+) = 1\text{mol}\cdot\text{dm}^{-3}$］时的电极电势为 1.507V，当 $\text{pH} = 5$ 时

$$E(MnO_4^-/Mn^{2+}) = 1.507 + \frac{0.0592}{5}\lg\frac{(10^{-5})^{8}}{1} = 1.034(\text{V})$$

可见，酸度降低后，$E(MnO_4^-/Mn^{2+})$明显降低，使 MnO_4^-的氧化能力显著下降，所以 MnO_4^-在强酸性条件下的氧化能力强。其他氧化性的酸的酸根离子的氧化性，如 NO_3^-，ClO^-等的氧化性也随酸度下降而下降。

另外由能斯特方程式还可以看出，对于两个相同的氧化还原电对，当氧化态或还原态的浓度不同时，其电极电势不同，这样的两个电极组成电池也能输出电流。像这种由两个种类相同而电极反应物浓度（或压力）不同的电极所组成的电池叫作浓差电池（concentration cell），

可分为双液浓差电池和单液浓差电池。

对于双液浓差电池，如 $Ag(s)|AgNO_3(c_1)||AgNO_3(c_2)|Ag(s)$

正极　　$Ag^+(c_2) + e^- \longrightarrow Ag(s)$

负极　　$Ag(s) \longrightarrow Ag^+(c_1) + e^-$

电池总反应为　　$Ag^+(c_2) \longrightarrow Ag^+(c_1)$

由能斯特方程式可知，该电池的电动势为：

$$E = -\frac{RT}{F}\ln\frac{c_1}{c_2}$$

对于单液浓差电池，如 $Pt|H_2(p_1)|H^+(c)|H_2(p_2)|Pt$

正极　　$2H^+(c) + 2e^- \longrightarrow H_2(p_2)$

负极　　$H_2(p_1) \longrightarrow 2H^+(c) + e^-$

电池总反应为　　$H_2(p_1) \longrightarrow H_2(p_2)$

由能斯特方程式可知，该电池的电动势为：

$$E = -\frac{RT}{2F}\ln\frac{p_2}{p_1}$$

浓差电池由于正、负两极种类相同，其标准电池电动势 $E^{\ominus} = 0$，所以电池电动势只取决于两电极的浓度（或压力）差。

4.3　电极电势与电池电动势的应用

4.3.1　电池电动势与吉布斯函数变的关系

原电池可以产生电动势，溶液中的离子在电动势的作用下定向移动即形成电流，从而做电功。假设所移动的电量为 q，则所做的电功 W 为：

$$W = -qE \tag{4-7}$$

式中，“−”表示系统对环境做功。根据法拉第定律，1mol 电子所带电量为 96485C，用 F 表示，若在氧化还原反应中得失电子总数为 $n$mol，则转移的总电量 q 为 nF，所做电功 W 为：

$$W = -qE = -nFE \tag{4-8}$$

根据热力学原理，对于一个能自发进行的反应，在等温、等压条件下，其吉布斯函数变 $\Delta_r G_m < 0$，而反应吉布斯函数的减少（$-\Delta_r G_m$）等于系统所做的最大非体积功$-W_{max}$，即：

$$\Delta_r G_m = W_{max}$$

若设计一个原电池使一个能自发进行的氧化还原反应在其中进行，把化学能转变为电能，此时最大的非体积功即为电功，等于$-nFE$。则：

$$\Delta_r G_m = -nFE \tag{4-9}$$

若反应物和产物均处在标准态，则：

$$\Delta_r G_m^\ominus = -nFE^\ominus \tag{4-10}$$

式（4-9）和式（4-10）的左边是代表热力学的物理量，而右边 E 及 $E^\ominus$ 是代表电化学的重要物理量，所以这两个公式将热力学和电化学有机地联系起来，被称为热力学和电化学的“桥梁公式”。

再结合热力学公式 $\Delta_r G_m^\ominus = -RT\ln K^\ominus$，还可计算出氧化还原反应的平衡常数，从而了解氧化还原反应进行的限度。

$$\Delta_r G_m^\ominus = -nFE^\ominus = -RT\ln K^\ominus$$

所以

$$\ln K^\ominus = \frac{nFE^\ominus}{RT} \tag{4-11}$$

或

$$\lg K^\ominus = \frac{nFE^\ominus}{2.303RT} \tag{4-12}$$

当 $T = 298.15\text{K}$ 时

$$\lg K^\ominus = \frac{nE^\ominus}{0.0592} \tag{4-13}$$

图 4-7 总结了 $E^\ominus$ 和 $\Delta_r G_m^\ominus$ 及 $K^\ominus$ 之间的各种关系。

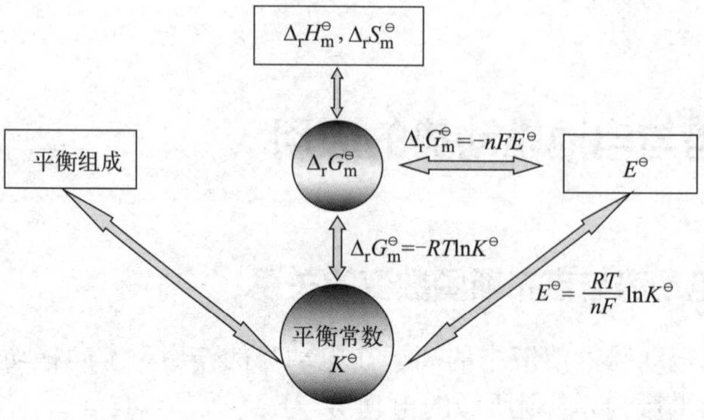

图 4-7　$E^\ominus$ 和 $\Delta_r G_m^\ominus$ 及 $K^\ominus$ 之间的各种关系

另外，对电极半反应而言，其标准电极电势 $E^\ominus$（氧化态/还原态）与电极反应的 $\Delta_r G_m^\ominus$ 之间也有下列关系：

$$\Delta_r G_m^\ominus = -nFE^\ominus\ (\text{氧化态/还原态}) \tag{4-14}$$

4.3.2　电极电势与电池电动势的应用举例

利用 4.3.1 中的重要关系式，再结合能斯特方程式，可以解决许多化学中的问题，现总结如下。

（1）电池电动势与反应吉布斯函数变的互算

根据“桥梁公式”，可以通过设计原电池，由标准电池电动势计算某反应的标准吉布斯函数变，反之，利用热力学数据，也可以计算电池电动势或电极电势。

【例 4-3】 利用标准电极电势计算反应

$$2Ag^+(aq)+Zn(s) \longrightarrow 2Ag(s)+Zn^{2+}(aq)$$

在 25℃时的标准摩尔吉布斯函数变。

解：将该氧化还原反应设计为原电池：

$$(-)Zn|Zn^{2+}(aq)||Ag^+(aq)|Ag(+)$$

电极反应为：

正极　$2Ag^+(aq)+2e^- \longrightarrow 2Ag(s)$　　$E^\ominus(Ag^+/Ag)=0.7996V$

负极　$Zn(s) \longrightarrow Zn^{2+}(aq)+2e^-$　　$E^\ominus(Zn^{2+}/Zn)=-0.7618V$

所以标准电池电动势为 $E^\ominus=E_+^\ominus-E_-^\ominus=E^\ominus(Ag^+/Ag)-E^\ominus(Zn^{2+}/Zn)$

$$=0.7996V-(-0.7618V)=1.5614V$$

$$\Delta_r G_m^\ominus=-nFE^\ominus=(-2\times96485\times1.5614)J\cdot mol^{-1}=-3.0130\times10^5 J\cdot mol^{-1}$$

即 25℃时反应 $2Ag^+(aq)+Zn(s) \longrightarrow 2Ag(s)+Zn^{2+}(aq)$的标准摩尔吉布斯函数变为 $-301.30kJ\cdot mol^{-1}$。

【例 4-4】 利用标准摩尔生成吉布斯函数的数值，计算由锌电极和氯电极组成的原电池的标准电池电动势。电池反应为：

$$Zn(s)+Cl_2(g) \longrightarrow Zn^{2+}(aq)+2Cl^-(aq)$$

解：查附录 2 得到标准摩尔生成吉布斯函数的数值

	$Zn(s)$	+	$Cl_2(g)$	$\longrightarrow$	$Zn^{2+}(aq)$	+	$2Cl^-(aq)$
$\Delta_f G_m^\ominus/kJ\cdot mol^{-1}$	0		0		-147.1		-131.2

所以　　$\Delta_r G_m^\ominus=-147.1+2\times(-131.2)-0=-409.5kJ\cdot mol^{-1}$

代入式（4-10）　　$-409.5\times10^3=-2\times96485E^\ominus$

所以　　$E^\ominus=2.12V$

利用式（4-14）也可间接计算某一电极的电极电势，特别是易与水作用的、难于测定的活泼元素的电极，如钠电极，其电极电势即可用此法计算得到。

【例 4-5】 可查得 $\Delta_f G_m^\ominus(Na^+)=-261.9kJ\cdot mol^{-1}$，求钠电极的标准电极电势。

解：钠电极的电极反应（注意：必须写成还原反应）为：

	Na^+	+	e^-	$\longrightarrow$	Na
$\Delta_f G_m^\ominus/kJ\cdot mol^{-1}$	-261.9				0

所以　　$\Delta_r G_m^\ominus=0-(-261.9)=261.9kJ\cdot mol^{-1}$

代入式（4-14）得

$$261.9\times10^3 = -1\times96485\times E^{\ominus}(Na^+/Na)$$

所以 $$E^{\ominus}(Na^+/Na) = -2.71V$$

（2）判断氧化剂和还原剂的相对强弱

根据电极电势的大小可定量判断氧化剂的氧化能力和还原剂的还原能力的相对强弱。通常当各个物质都处于标准态时，可直接利用标准电极电势的大小进行比较，但当各个物质处于非标准态时，就要先由能斯特方程式算出给定条件下各电极的电极电势，然后再进行比较。

电极电势越正或越大（代数值），表明该电对氧化态物质结合电子的能力越强，即氧化能力越强；反之，电极电势越小（或越负），则表明该电对还原态物质失去电子的能力越强，即还原态的还原能力越强。对于金属元素来说，对应金属电极的电极电势越大，金属（还原态）的还原性就越弱，而相应的金属离子（氧化态）的氧化性就越强。电极电势由大到小的顺序与金属的活泼顺序完全相同，这从理论上解释了金属的活泼顺序。

【例 4-6】实验室现有三种氧化剂 $K_2Cr_2O_7$、$KMnO_4$、$Fe_2(SO_4)_3$。为了使含有 Cl^-、Br^-、I^-三种离子的混合溶液中的 I^-氧化为 I_2，而 Cl^-、Br^-不被氧化，应选用哪一种氧化剂？

解：已知

$I_2 + 2e^- \longrightarrow 2I^-$　　$E^{\ominus}(I_2/I^-) = 0.5355V$

$Br_2 + 2e^- \longrightarrow 2Br^-$　　$E^{\ominus}(Br_2/Br^-) = 1.066V$

$Cl_2 + 2e^- \longrightarrow 2Cl^-$　　$E^{\ominus}(Cl_2/Cl^-) = 1.3583V$

$MnO_4^- + 8H^+ + 5e^- \longrightarrow Mn^{2+} + 4H_2O$　　$E^{\ominus}(MnO_4^-/Mn^{2+}) = 1.507V$

$Cr_2O_7^{2-} + 14H^+ + 6e^- \longrightarrow 2Cr^{3+} + 7H_2O$　　$E^{\ominus}(Cr_2O_7^{2-}/Cr^{3+}) = 1.232V$

$Fe^{3+} + e^- \longrightarrow Fe^{2+}$　　$E^{\ominus}(Fe^{3+}/Fe^{2+}) = 0.771V$

如果选用 $KMnO_4$ 溶液作为氧化剂，则因为

$$E^{\ominus}(MnO_4^-/Mn^{2+}) > E^{\ominus}(Cl_2/Cl^-) > E^{\ominus}(Br_2/Br^-) > E^{\ominus}(I_2/I^-)$$

故 $KMnO_4$ 溶液能将 I^-、Br^-、Cl^-氧化成 I_2、Br_2、Cl_2；

如选用 $K_2Cr_2O_7$ 作氧化剂，因

$$E^{\ominus}(Cr_2O_7^{2-}/Cr^{3+}) > E^{\ominus}(Br_2/Br^-) > E^{\ominus}(I_2/I^-)$$

而 $$E^{\ominus}(Cr_2O_7^{2-}/Cr^{3+}) < E^{\ominus}(Cl_2/Cl^-)$$

故 $K_2Cr_2O_7$ 溶液能氧化 I^-、Br^-，而不能氧化 Cl^-；

如选用 $Fe_2(SO_4)_3$ 作氧化剂，因

$$E^{\ominus}(Fe^{3+}/Fe^{2+}) > E^{\ominus}(I_2/I^-)$$

而 $$E^{\ominus}(Fe^{3+}/Fe^{2+}) < E^{\ominus}(Br_2/Br^-) < E^{\ominus}(Cl_2/Cl^-)$$

故 $Fe_2(SO_4)_3$ 溶液只能氧化 I^-成 I_2，而不能氧化 Br^-、Cl^-。

所以按题意应选用 $Fe_2(SO_4)_3$ 作为氧化剂。

（3）**判断氧化还原反应进行的方向**

任何氧化还原反应均能组装成原电池，根据 $\Delta_r G_m = -nEF$，当：

$E>0$，即 $E_+>E_-$时，$\Delta_r G_m<0$，反应正向进行；

$E<0$，即 $E_+<E_-$时，$\Delta_r G_m>0$，反应逆向进行；

$E=0$，即 $E_+=E_-$时，$\Delta_r G_m=0$，反应达到平衡。

为此计算原电池电动势或比较两电极的电极电势，就可以判断氧化还原反应的方向。只要电极电势大的电对的氧化态物质与电极电势小的还原态物质发生反应，就能自发进行。和在判断氧化剂或还原剂的相对强弱时一样，如反应物中各物质均处于标准态，则可用标准电池电动势或标准电极电势来判断，否则需按能斯特方程式计算出任一条件下的电池电动势或电极电势后再进行判断。

【例 4-7】 用碘量法测定 Cu^{2+}的质量分数是基于如下反应：

$$2Cu^{2+} + 4I^- \xlongequal{} 2CuI\downarrow + I_2$$

即在待测的 Cu^{2+}溶液中先加入过量的 KI，按上述反应定量地生成单质 I_2，然后用标准的硫代硫酸钠溶液滴定生成的 I_2，根据滴定时所消耗的硫代硫酸钠的量即可计算出被测 Cu^{2+}的量。已知

$$E^{\ominus}(Cu^{2+}/Cu^+) = 0.153V，\quad E^{\ominus}(I_2/I^-) = 0.5355V$$

若从标准电极电势判断，应当是 I_2 氧化 Cu^+。事实上，Cu^{2+}氧化 I^-的反应进行得很完全，假设溶液中 I^-和 Cu^{2+}的浓度均为 $1mol \cdot dm^{-3}$，试通过计算说明这一事实。

解： 在各个物质都处于标准态时，我们可以按标准电极电势的大小判断反应方向，但对于电对 Cu^{2+}/Cu^+，在有 I^-存在时，由于 Cu^+生成 CuI 沉淀而使平衡时 Cu^+的浓度大大降低，处于非标准态，所以应按能斯特方程式计算出该电对在此条件下的电极电势。当溶液中 I^-的浓度为 $1mol \cdot dm^{-3}$时，Cu^+的浓度可由 CuI 的 $K_{sp}^{\ominus}$ 计算得到。因此在 I^-存在下，Cu^{2+}/Cu^+电对的电极电势的计算方法为

$$E(Cu^{2+}/Cu^+) = E^{\ominus}(Cu^{2+}/Cu^+) + 0.0592\lg\frac{c(Cu^{2+})/c^{\ominus}}{c(Cu^+)/c^{\ominus}}$$

$$= E^{\ominus}(Cu^{2+}/Cu^+) + 0.0592\lg\frac{c(Cu^{2+})/c^{\ominus}}{\dfrac{K_{sp}^{\ominus}(CuI)}{c(I^-)/c^{\ominus}}} = 0.153V + 0.0592\lg\frac{1}{1.27\times10^{-12}}V$$

$$= 0.857V$$

由计算结果可见，还原态 Cu^+浓度的降低，使电对 Cu^{2+}/Cu^+的电极电势由标准态时的 0.153V 升高到 0.857V，大于 $E^{\ominus}(I_2/I^-) = 0.5355V$，所以 Cu^{2+}能使 I^-氧化为 I_2，即反应 $2Cu^{2+} + 4I^- \xlongequal{} 2CuI\downarrow + I_2$ 能自发进行。

上例说明了沉淀的形成对电极电势及反应方向的影响，另外当氧化态或还原态形成弱电解质或配合物时，同样会改变平衡时氧化态或还原态的浓度，从而改变电极电势的大小，使氧化态的氧化能力及还原态的还原能力也随之发生改变，甚至还会改变反应方向。

【例 4-8】 用碘量法测定 Cu^{2+}的质量分数时，由于 $E^{\ominus}(Fe^{3+}/Fe^{2+}) = 0.771V > E^{\ominus}(I_2/I^-) = 0.5355V$，所以 Fe^{3+}也能氧化 I^-，即发生如下反应

$$2Fe^{3+} + 2I^- \!=\!=\!= 2Fe^{2+} + I_2$$

从而干扰 Cu^{2+}的测定。如果在溶液中加入 NaF，则 Fe^{3+}与 F^-形成稳定的配合物，Fe^{3+}/Fe^{2+}电对的电极电势显著降低，就不再能氧化 I^-，从而消除了 Fe^{3+}的干扰。试通过计算说明这一事实。已知$[FeF_3]$的 $K^{\ominus}_{稳}$ 为 1.1×10^{12}，假设 F^-的平衡浓度为 $0.04mol \cdot dm^{-3}$，$[FeF_3]$和 Fe^{2+}的平衡浓度均为 $1.0mol \cdot dm^{-3}$。

解：对于电对 Fe^{3+}/ Fe^{2+}在有 F^-存在时， Fe^{3+}由于生成$[FeF_3]$配合物而使平衡时 Fe^{3+}的浓度大大降低，处于非标准态。所以应按能斯特方程式计算出该电对在有 F^-存在时的电极电势。Fe^{3+}的平衡浓度可通过$[FeF_3]$的 $K^{\ominus}_{稳}$ 算出。

$$c(Fe^{3+}) = \frac{c(FeF_3)}{K^{\ominus}_{稳} \cdot [c(F^-)]^3} = \frac{1}{1.1\times10^{12}\times(0.04)^3} = 1.42\times10^{-8}\ mol \cdot dm^{-3}$$

将此浓度代入能斯特方程式得

$$E(Fe^{3+}/Fe^{2+}) = E^{\ominus}(Fe^{3+}/Fe^{2+}) + 0.0592 lg\frac{c(Fe^{3+})/c^{\ominus}}{c(Fe^{2+})/c^{\ominus}}$$

$$= 0.771V + 0.0592 lg\frac{1.42\times10^{-8}}{1}V = 0.306V$$

由计算结果可见，由于氧化态 Fe^{3+}的浓度降低，使电对 Fe^{3+}/Fe^{2+}的电极电势由标准态时的 0.771V 降低到 0.306V，小于 $E^{\ominus}(I_2/I^-) = 0.5355V$，所以 Fe^{3+}不能再氧化 I^-为 I_2，从而消除了 Fe^{3+}的干扰。

（4）判断氧化还原反应进行的程度

从式（4-11）～式（4-13）可以看出，$E^{\ominus}$ 值越大，$K^{\ominus}$ 值也越大，表明反应进行得越完全；反之，反应越不完全。因此，可以用 $E^{\ominus}$ 的大小，计算一个氧化还原反应的平衡常数，进而判断氧化还原反应进行的程度。

【例 4-9】 计算【例 4-3】中所示反应的平衡常数。

解：已求得电池反应 $2Ag^+(aq) + Zn(s) \longrightarrow 2Ag(s) + Zn^{2+}(aq)$的标准电池电动势 $E^{\ominus} = 1.5614V$，所以

$$lg K^{\ominus} = \frac{nE^{\ominus}}{0.0592} = \frac{2\times1.5614}{0.0592} = 52.75$$

$$K^{\ominus} = 5.62\times10^{52}$$

【例 4-10】 已知 $E^{\ominus}(AgCl/Ag) = 0.2223V$，利用电化学方法求反应 $Ag^+ + Cl^- \!=\!=\!= AgCl\downarrow$ 在 25℃时的平衡常数 $K^{\ominus}$ 及 $K^{\ominus}_{sp}(AgCl)$。

解：为了利用电化学方法求反应的平衡常数，就必须先将所给反应设计为原电池，求出电池的$E^{\ominus}$，进而可求得反应的$K^{\ominus}$。由于所给反应不是氧化还原反应，所以要通过在反应式的两边分别加一物质，使出现氧化还原电对，从而确定组成原电池的电极及电解质溶液。如在反应式两端分别加上 Ag，则原反应变为：

$$Ag^+ + Cl^- + Ag \longrightarrow AgCl\downarrow + Ag$$

负极　　$Ag + Cl^- \longrightarrow AgCl\downarrow + e^-$　　$E^{\ominus}(AgCl/Ag) = 0.2223V$

正极　　$Ag^+ + e^- \longrightarrow Ag$　　$E^{\ominus}(Ag^+/Ag) = 0.7996V$

电池总反应为　　$Ag^+ + Cl^- \longrightarrow AgCl\downarrow$

与所给反应相同，所以该电池反应的标准电池电动势$E^{\ominus}$为：

$$E^{\ominus} = E^{\ominus}(Ag^+/Ag) - E^{\ominus}(AgCl/Ag)$$

$$= 0.7996V - 0.2223V = 0.5773V$$

所以　　$$\lg K^{\ominus} = \frac{nE^{\ominus}}{0.0592} = \frac{1\times 0.5773}{0.0592} = 9.75$$

$$K^{\ominus} = 5.62\times 10^{9}$$

则　　$$K_{sp}^{\ominus}(AgCl) = 1/K^{\ominus} = 1.78\times 10^{-10}$$

4.4 电解

4.4.1 电解池与原电池的异同

电解池和原电池通称为化学电池，如图 4-8 所示。从组成上来看，它们都由两个电极和电解质溶液组成，但从原理上讲，它们是两种不同的电池，原电池将化学能转变为电能，而电解池则将电能转变为化学能。另外，在使用原电池时，习惯上常用正极、负极来称两个电极，而在电解过程中，对于电解池的两极，人们又常习惯于将它们分别称为阴极（cathode）和阳极（anode）。电化学中规定，不论是电解池还是原电池，凡发生氧化反应的电极为阳极，发生还原反应的电极为阴极；又依据电势的高低，电势高的为正极，电势低的为负极。所以，在原电池中，电势低的负极发生氧化反应为阳极，电势高的正极发生还原反应为阴极，即负

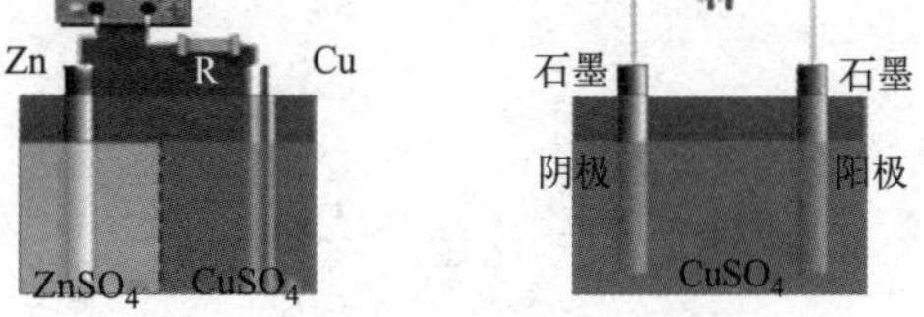

图 4-8　原电池与电解池的比较

极为阳极，正极为阴极；而在电解池中，电极的极性与电极本身的性质无关，仅由外电源决定，与电源正极相连的一极，电势高，发生氧化反应为阳极，与电源负极相连的一极，电势低，发生还原反应为阴极，即与外电源正极相连的为阳极，与外电源负极相连的为阴极。

4.4.2 分解电压与超电势

电解时，直流电源将电压施于电解池的两极，但到底应该施加多大的电压才能使电解顺利进行呢？下面用电解 $0.5\text{mol}\cdot\text{dm}^{-3}$ 的 H_2SO_4 溶液为例来说明。

在 H_2SO_4 溶液中插入两个铂电极，按照图 4-9 所示的装置与电源连接。图中 *G* 为安培计，*V* 为伏特计，*R* 为可变电阻。移动可变电阻的接触点的位置可以改变两极间的电压。在外加电压很小时，通过电解池的电流几乎为零，电极上也没有气泡产生。外加电压增加到某一数值后，电压增加，电流也迅速增加，两极上不断有气泡逸出，此时电解反应持续进行。此过程中电流 *I* 与外加电压 *V* 的关系如图 4-10 所示。图中 *D* 点所对应的电压，是使电解质在两极不断地进行分解所需的最小外加电压，称为分解电压（decomposition voltage）。

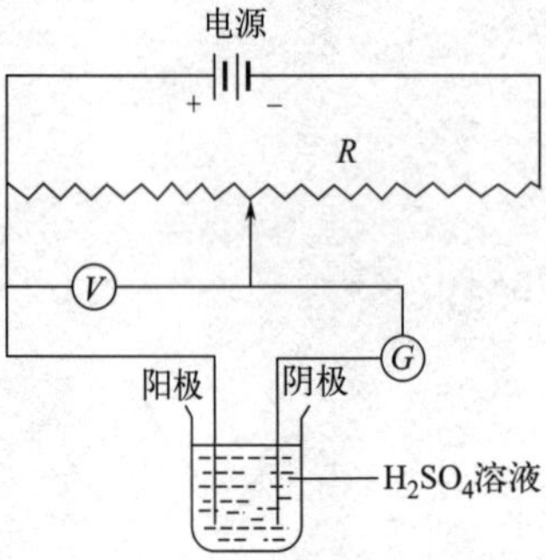

图 4-9 测定分解电压装置示意图

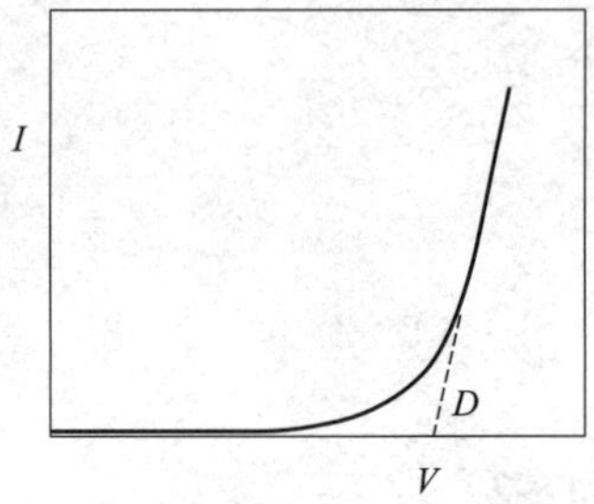

图 4-10 测定分解电压的电流-电压曲线

为什么两极间外加电压要达到分解电压时，电解反应才能不断进行呢？电解 $0.5\text{mol}\cdot\text{dm}^{-3}$ 的 H_2SO_4 溶液时，两极的反应如下：

$$\text{阴极：}2H^+ + 2e^- \longrightarrow H_2(g)$$

$$\text{阳极：}2OH^- \longrightarrow H_2O(l) + \frac{1}{2}O_2(g) + 2e^-$$

由于是酸性溶液，且存在下列平衡：

$$2H_2O \rightleftharpoons 2OH^- + 2H^+$$

所以电解池的阳极反应可写作：

$$H_2O \longrightarrow 2H^+ + \frac{1}{2}O_2(g) + 2e^-$$

总的电解反应为：

$$H_2O \longrightarrow H_2(g) + \frac{1}{2}O_2(g)$$

电解产物 $H_2(g)$、$O_2(g)$与硫酸溶液形成下列原电池：

$$Pt|H_2(g)|H_2SO_4(0.5mol \cdot dm^{-3})|O_2(g)|Pt$$

此原电池的反应为：

$$H_2(g) + \frac{1}{2}O_2(g) \longrightarrow H_2O(l)$$

为电解反应的逆过程。电动势与外加电压的方向相反，其最大值可通过计算得到。当温度为 25℃，$p(H_2) = p(O_2) = p^{\ominus} = 100kPa$ 时

$$E = E^{\ominus}(O_2/H_2O) - E^{\ominus}(H^+/H_2) - \frac{0.0592}{2}\lg\frac{1}{\frac{p(H_2)}{p^{\ominus}}\left[\frac{p(O_2)}{p^{\ominus}}\right]^{\frac{1}{2}}}$$

$$= E^{\ominus}(O_2/H_2O) - E^{\ominus}(H^+/H_2) = 1.229V$$

可见，只有外加电压大于此电池电动势时电解才能进行，这个电压被称为水的理论分解电压，用 $E_{理论}$表示。

实际上要使水的分解反应持续不断进行，外加电压必须在 1.7V 左右，比理论分解电压要高。产生这一现象的原因，是因为导线、接触点以及电解质溶液都有一定的电阻，都将产生相应的电压降。但更重要的是，在计算 $E_{理论}$时，电极反应均达到平衡状态，而在实际电解过程中有电流通过电解池时，溶液中离子的扩散速度比较慢，或因电极反应速度比较慢，使得电极反应不能随时达到平衡，从而导致实际电极电势对平衡电极电势的偏离。把这种实际电极电势偏离平衡电极电势的现象称为极化（polarization），把实际电极电势与平衡电极电势的差值称为超电势（overpotential），用 η 表示。因极化的结果使阳极电势更正（高），阴极电势更负（低），所以实际分解电压为：

$$E_{实} = E_{理论} + \eta + IR \tag{4-15}$$

IR 是溶液的电阻引起的电压降。影响超电势的因素很多，如电极材料、电极的表面状态、电流密度（单位电极面积对应的电流强度）、温度、电解质溶液的性质和浓度，以及溶液中的杂质等。一般析出金属时的超电势很小，可以不考虑，而析出气体时的超电势较大，不能忽略。

4.4.3 电解时的电极反应

在电解含有若干种电解质的水溶液时，溶液中的金属离子包括 H^+趋向阴极，阴离子包括 OH^-则趋向阳极。当外加电压逐渐增大时，哪种离子首先进行电极反应？各种离子在两极上的析出顺序如何？这种先后顺序要根据实际电解中极化后的电极电势来判断，即要考虑超电势。具体来说，考虑了超电势后，实际电极电势最大的先到阴极放电（得电子）被还原，实际电极电势最小的先到阳极放电（失电子）被氧化。

【例 4-11】 25℃时用锌电极作为阳极电解 $0.5mol \cdot dm^{-3}$ 的 $ZnSO_4$ 水溶液，若在某一电流密度下，氢气在锌电极上的超电势为 0.7V，在常压下电解时，阴极上析出的物质是 H_2 还是 Zn？

解： 在阴极上可能发生下列反应

$$Zn^{2+} + 2e^- \longrightarrow Zn(s)$$

$$2H^+ + 2e^- \longrightarrow H_2(g, 101.325kPa)$$

$$E(Zn^{2+}/Zn) = E^{\ominus}(Zn^{2+}/Zn) + \frac{0.0592}{2}\lg\frac{c(Zn^{2+})}{c^{\ominus}}$$

$$= -0.7618V + \frac{0.0592}{2}\lg\frac{0.5}{1}V = -0.771V$$

若有 $H_2(g)$析出时，设其压力为 101.325kPa。$ZnSO_4$ 水溶液可近似视为中性，即 $c(H^+) = 10^{-7}mol \cdot dm^{-3}$，则氢气析出的理论电极电势为：

$$E(H^+/H_2, 理论) = E^{\ominus}(H^+/H_2) + \frac{0.0592}{2}\lg\frac{[c(H^+)/c^{\ominus}]^2}{p(H_2)/p^{\ominus}}$$

$$= 0 + \frac{0.0592}{2}\lg\frac{(10^{-7})^2}{101.325/100}V = -0.415V$$

由于在锌电极上析出锌的超电势可以忽略，故只需考虑氢气在锌电极上的超电势，且超电势使阴极电势更负，所以实际析出电势

$$E(Zn^{2+}/Zn) = -0.771V$$

$$E(H^+/H_2) = E(H^+/H_2，理论) - \eta$$

$$= -0.415\ V - 0.7\ V = -1.115\ V$$

由于 $E(Zn^{2+}/Zn) > E(H^+/H_2)$，故 Zn^{2+}将优先在阴极上得电子析出 Zn。

由此可见，由于超电势的存在，电解时，利用氢气在大多数金属上有超电势，使得氢气不析出而让比氢气活泼的金属先析出，从而使在水溶液中镀 Zn、Sn 和 Ni 等成为可能。

4.5　常见的化学电池

原电池可以将化学能转变为电能。一方面可以利用这一点来制备化学电源（chemical mains），如人们日常生活中使用的干电池（dry cell）、蓄电池（storage cell）及能提供能源的燃料电池（fuel cell）等都是化学电源。另一方面，原电池也有它的危害，如暴露在潮湿空气中的金属，由于与杂质物质组成原电池而加快了金属的腐蚀，这种电池被称为腐蚀电池(corrosion cell)，由此而造成的腐蚀被称为电化学腐蚀（electrochemical corrosion）。下面简单介绍常见的化学电源与腐蚀电池的原理。

4.5.1　化学电源

化学电源已有 100 多年的发展历史。在丹尼尔提出丹尼尔原电池后，1856 年，普兰特（Gaston Planté，1834—1889）试制成功了铅蓄电池，更进一步促进了原电池的应用。1868 年法国工程师勒克朗谢（G. Leclanche）又研制成功了以 NH_4Cl 为电解质溶液的锌锰干电池，随后 1895 年琼格（Junger）发明了镉-镍蓄电池，1900 年爱迪生（Adison）创造了铁-镍蓄电

池，使原电池的应用更为广泛。在100多年的发展过程中，新系列的化学电源不断出现，化学电源的性能得到不断改善。进入20世纪70年代，由于能源危机的出现，燃料电池作为新能源得到了相应的发展；到了80年代，科学技术的发展、电子器械、医疗器械、通信设备的普及，要求化学电源必须体积小、能量密度高、储存性能好，使得一些密封性能高、能量密度高的小型及微型电池（如镉-镍电池、锂电池等）应运而生。下面对目前常用的一次电池、二次电池和燃料电池分别作简单介绍。

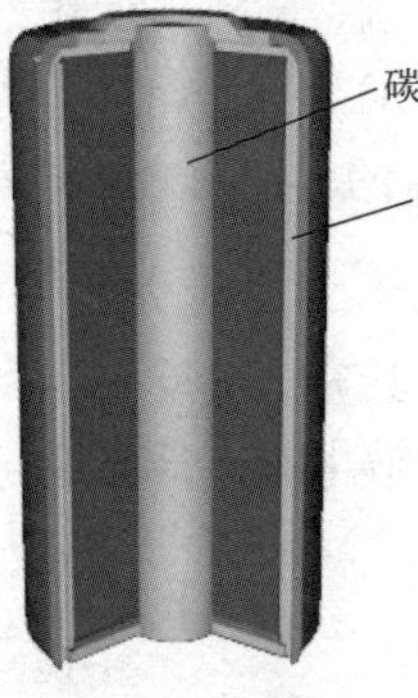

图4-11　锌锰干电池

（1）一次电池

一次电池（primary battery）是指电力耗尽后不能通过外来电源充电使其再生的电池，如前面所提到的丹尼尔原电池就是一次电池。另外，日常用于手电筒、半导体、录音机等的干电池也是一次电池，其中最普遍使用又便宜的1.5V电池是锌锰干电池。如图4-11所示，电池外壳为锌皮，是电池的负极。中间碳棒为正极，在两电极间充满 MnO_2（57%）、炭黑（21%）、NH_4Cl（8%）、$ZnCl_2$（1%）、H_2O 的糊状物。电池可表示为：

$$(-)Zn|ZnCl_2,\ NH_4Cl(\text{糊状})|MnO_2|C(+)$$

当电池放电时，电极反应为：

负极　$Zn(s) \longrightarrow Zn^{2+} + 2e^-$

正极　$2MnO_2(s) + 2H_2O + 2e^- \longrightarrow 2MnOOH\ (s) + 2OH^-$

放电过程中离子反应：

$$Zn^{2+} + 2NH_4Cl + 2OH^- \longrightarrow Zn(NH_3)_2Cl_2 + 2H_2O$$

电池总反应为：

$$Zn + 2MnO_2(s) + 2NH_4Cl \longrightarrow 2MnOOH\ (s) + Zn(NH_3)_2Cl_2$$

在电池工作时，由于 Zn^{2+} 能生成配合物 $Zn(NH_3)_2Cl_2$，抑制 Zn^{2+} 浓度的增大，从而保持电池的电势值。

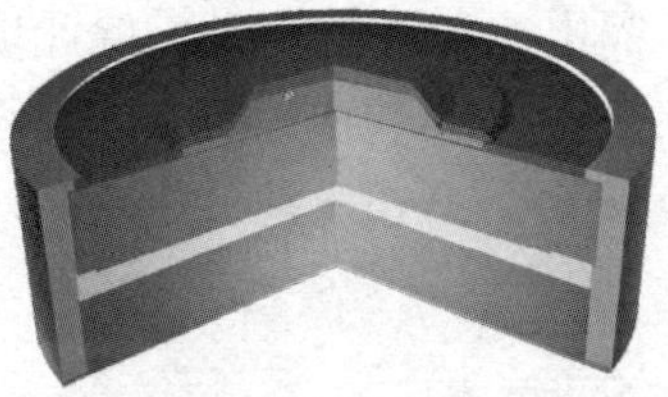
图4-12　微型汞电池

若用KOH代替 NH_4Cl，就可得到碱性锌锰电池，由于该电池的性能要优于普通锌锰干电池的5倍或更高，目前一次电池的绝大部分市场已被该电池所占有。

若将碱性锌锰电池中的 MnO_2 换为HgO，则为锌-氧化汞电池。例如，最早的微型汞电池（如图4-12）是1945年由S. 鲁宾研制的，由Zn（负极）和HgO（正极）组成，电解质为KOH浓溶液，电极反应为：

负极　$Zn(s) + 2OH^-(aq) \longrightarrow ZnO(s) + H_2O + 2e^-$

正极　$HgO(s) + H_2O + 2e^- \longrightarrow Hg(l) + 2OH^-(aq)$

电池总反应　$Zn(s) + HgO(s) \longrightarrow ZnO(s) + Hg(l)$

其电动势为1.35V，特点是在有效使用期内电势稳定。

此外，目前新型纽扣电池多数属于锂化学体系，以金属锂为负极，铬酸银为正极，电解质是高氯酸锂，电动势为3.2V，广泛用于电子表、照相机和计算器等。

（2）二次电池

二次电池（secondary battery）是指可通过外来电源充电使之再生的电池，因其兼有储存电能的作用，故通称为蓄电池（storage cell），常用的有铅蓄电池、镍-镉电池、镍-氢电池、锂电池等。其主要用作启动电源、移动电源、小型仪器设备用电源、空间电源等，被广泛用于宇航、国防、运输系统、电子仪器和日常生活。

① 铅蓄电池。典型的铅蓄电池结构如图 4-13 所示，负极是由一组 Pb 板组成，正极是涂 PbO_2 的另一组板，电解质为硫酸溶液，可用下式表示：

$$(-)Pb|PbSO_4(s)|H_2SO_4(aq)|PbSO_4(s)|PbO_2|Pb(+)$$

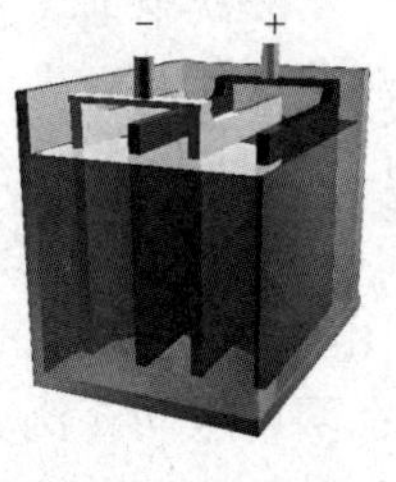

图 4-13　铅蓄电池

其充放电反应为：

放电时，蓄电池起原电池作用。

负极　$Pb + SO_4^{2-} \longrightarrow PbSO_4 + 2e^-$

正极　$PbO_2 + 4H^+ + SO_4^{2-} + 2e^- \longrightarrow PbSO_4 + 2H_2O$

总反应　$Pb + PbO_2 + 2H_2SO_4 \longrightarrow 2PbSO_4 + 2H_2O$

充电时，蓄电池起着电解池的作用。

阴极　$PbSO_4 + 2e^- \longrightarrow Pb + SO_4^{2-}$

阳极　$PbSO_4 + 2H_2O \longrightarrow PbO_2 + 4H^+ + SO_4^{2-} + 2e^-$

总反应　$2PbSO_4 + 2H_2O \longrightarrow Pb + PbO_2 + 2H_2SO_4$

由此可见，放电反应和充电反应互为逆反应，使电池充电成为可能。该蓄电池的电动势为 2.0V，当电动势下降到 1.8V 时需要重新充电。该蓄电池的充放电性能优良，主要用于启动交通工具，但却具有电池质量过大、腐蚀性的 H_2SO_4 易溢出的缺点。新式铅蓄电池应用 Pb-Ca 合金为负极，优点是电池不需要排液，可做成封闭式，防止硫酸溢出。

现代各项尖端技术的发展，迫切需要研制体积小、质量轻、容量大、保存时间长的各种新的化学电源，如镍-镉电池、镍-氢电池、锂电池等都是为满足上述要求应运而生的。

② 镍-镉电池、镍-氢电池。镍-镉电池和镍-氢电池都是以氢氧化镍为正极活性物质的碱性蓄电池，负极活性物质是不同形态的镉、氢，故分别称为镍-镉电池和镍-氢电池。除此以外，当负极活性物质改变时，还有其他的碱性蓄电池，如镍-铁电池、镍-锌电池等，但使用最多的还是镍-镉电池和镍-氢电池。这类电池结构有开口和密封两种。开口电池放电率高，价格低；而密封电池无须维护，可以任意使用。

镍-镉蓄电池可表示为：

$$(-)Cd|KOH(w = 0.20)|NiO(OH)|C(+)$$

其充放电反应为：

$$2NiO(OH) + Cd + 2H_2O \underset{\text{充电}}{\overset{\text{放电}}{\rightleftharpoons}} 2Ni(OH)_2 + Cd(OH)_2$$

该电池的额定电压 1.25 V。电解质溶液是质量分数 $w = 20\% \sim 30\%$的 KOH（或 NaOH）水溶液，它们不参加电池反应，只起导电作用，但放电时消耗水，充电时生成水，充放电过程中密度和组成无明显变化。镍-镉蓄电池的突出优点是寿命长，使用维护方便，循环寿命可达 2000 次以上。

与镍-镉电池相比较，镍-氢蓄电池的反应只是负极充放电过程中的生成物不同，它是在发现了储氢合金能够用电化学的方法可逆地吸收和放出氢，并能用作可逆储氢电极之后，才得到快速发展的。其负极采用混合稀土储氢合金（如 $LaNiH_x$）或钛-镍合金（MH_x）代替镍-镉电池中的镉电极，这种电池可表示为：

$$(-)MH_x|KOH|NiO(OH)|C(+)$$

其充放电反应为：

负极　$MH_x + xOH^- \rightleftharpoons M + xH_2O + xe^-$

正极　$NiO(OH) + H_2O + e^- \rightleftharpoons Ni(OH)_2 + OH^-$

电池反应　$MH_x + xNiO(OH) \underset{充电}{\overset{放电}{\rightleftharpoons}} xNi(OH)_2 + M$

镍-氢电池的额定电压与镍-镉电池的相同，都是 1.25V，但同镍-镉电池相比，镍-氢电池有如下优点：a. 与同体积的镍-镉电池相比，容量可以增加一倍，并且充放电循环次数达到 500 次以后，其容量并无明显减弱；b. 不用价格很昂贵的有毒物质——金属镉，因此在其生产、使用以及废弃后，均不会污染环境，有“绿色电池”之称；c. 无记忆效应，可随时充电，而且充电前不需要先放空电，使用非常方便。

③ 锂电池。锂电池是以电负性最弱、质量最轻的金属锂作为电池负极，再配以正电性较高的化合物（如 FeS_2、V_2O_5 等）作为正极材料，以非水溶剂和电解质作为电解液。若将作为锂电池负极活性物质的锂换为锂离子（可嵌入石油焦炭或石墨和层状石墨混合碳材料中），正极材料换为锂-金属氧化物（如锂-钴氧化物、$LiCoO_2$、锂-镍氧化物、$LiNiO_2$），则可得到锂离子电池，即通常所说的“锂电池”。在锂离子电池中，由于存在浓度差别，放电时，锂离子从负极迁移到正极；充电时，锂离子又从正极迁移到负极，像“摇椅”一样来回循环，因此也有人称它为“摇椅式电池”，其工作电压可达 3.6V，约为镍-镉电池和镍-氢电池的 3 倍。另外，锂离子电池质量更轻、体积更小，且内阻小、自身放电小、比能量高，平均能量是镍-镉电池的 2.6 倍，是镍-氢电池的 1.75 倍。这样不仅节约了空间，降低了成本，而且该电池既无记忆效应也无污染。因此，目前被广泛应用于仪器仪表、小型电子设备、移动电话、马达驱动器、照相机、遥控装置、摄像设备、人体植入式医疗装置等方面。

（3）燃料电池

燃料电池（fuel cell）是一类连续地将燃料氧化过程的化学能直接转化为电能的化学电池。与一般电池不同，它不是把还原剂、氧化剂物质全部储存在电池内，而是在工作时不断从外界输入氧化剂和还原剂，同时将电极反应产物不断排出电池。科学家预言，燃料电池将成为未来世界上获得电力的重要途径之一。

最原始和简单的燃料电池是碱性氢氧燃料电池，如图 4-14 所示，可用下式表示：

$$(-)C|H_2(g)|NaOH(aq)|O_2(g)|C(+)$$

负极　$H_2 + 2OH^- \longrightarrow 2H_2O + 2e^-$

正极　$O_2 + 2H_2O + 4e^- \longrightarrow 4OH^-$

总反应　$2H_2 + O_2 \longrightarrow 2H_2O$

从反应可见燃烧产物为 H_2O，因此对环境无污染。

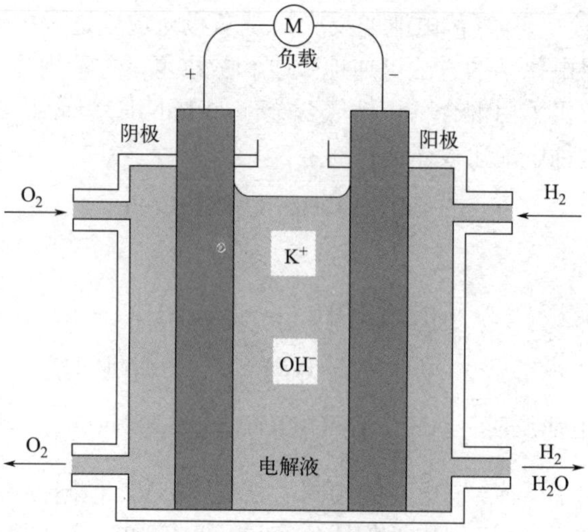

图 4-14　氢氧燃料电池示意图

燃料电池理论上可在接近 100%的热效率下运行，具有很好的经济性、装置不含或含有很少的运动部件、无噪声、工作可靠、较少需要维修等优点。

4.5.2　腐蚀电池

腐蚀对于金属物质来说是一种非常普遍的现象，如铁生锈、银变暗、铜表面出现铜绿、地下金属管道受腐蚀而穿孔等现象都属于金属腐蚀。国内外普查资料统计显示，每年因腐蚀而造成的损失约占各国 GDP 的 3%～5%，相当惊人。因此，研究金属腐蚀和防腐是一项非常重要而且迫切的工作。

金属的腐蚀除了直接与化学物质（如干燥空气中的 O_2、H_2S、SO_2、Cl_2 等）接触而在金属表面生成相应的氧化物、硫化物、氯化物等导致金属表面破坏即化学腐蚀外，更严重的金属腐蚀还是由电化学作用而引起的电化学腐蚀（electrochemical corrosion）。其特点是形成了腐蚀电池（corrosion cell）。金属在潮湿大气中的腐蚀、在土壤及海水中的腐蚀和在电解质溶液中的腐蚀都是由于形成腐蚀电池而发生的电化学腐蚀。腐蚀电池与一般的原电池一样，必须由两个电极和电解质溶液组成。在腐蚀电池中，较活泼的金属易失去电子而作为负极，由于失电子发生氧化反应，通常称其为阳极；较不活泼的杂质物质为正极，由于发生还原反应而称作阴极。可见，腐蚀电池中阳极总是溶解而损失，所以被腐蚀的必定是阳极金属。对于腐蚀电池所造成的金属腐蚀，根据阴极反应的不同可分为析氢腐蚀、吸氧腐蚀和差异充气腐蚀。

（1）析氢腐蚀

在酸性介质中，金属及其制品发生析出 H_2 的腐蚀称为析氢腐蚀。例如，将铁浸在无氧的酸性介质中，如钢铁酸洗时，铁作为阳极而腐蚀，钢铁中的石墨、渗碳体等杂质作为阴极，在酸性介质中发生如下电池反应：

阳极（Fe）　$Fe \longrightarrow Fe^{2+} + 2e^-$

阴极（杂质）　$2H^+ + 2e^- \longrightarrow H_2(g)$

总反应　$Fe + 2H^+ \longrightarrow Fe^{2+} + H_2(g)$

（2）吸氧腐蚀

若钢铁处于弱酸性或中性介质中，在氧气存在下，O_2/OH^-电对的电极电势大于H^+/H_2电对的电极电势，阴极上是氧得到电子。

阳极　$Fe \longrightarrow Fe^{2+} + 2e^-$

阴极　$O_2 + 2H_2O + 4e^- \longrightarrow 4OH^-$

总反应　$2Fe + O_2 + 2H^+ \longrightarrow 2Fe(OH)_2$

生成的$Fe(OH)_2$在空气中再进一步被氧化为铁锈$Fe_2O_3 \cdot xH_2O$。这种腐蚀过程因需消耗氧，故称为吸氧腐蚀。日常所遇到的大量腐蚀现象都是在有氧存在，且 pH 接近中性条件下发生的吸氧腐蚀。

（3）差异充气腐蚀

当金属插入水或泥沙中时，由于金属与含氧量不同的液体接触，各部分的电极电势不一样。氧电极的电势与氧的分压有关：

$$E(O_2/OH^-) = E^{\ominus}(O_2/OH^-) + \frac{0.0592}{4}\lg\frac{[p(O_2)/p^{\ominus}]}{[c(OH^-)/c^{\ominus}]^4}$$

在溶液中氧的浓度小的地方，电极电势低，成为阳极，金属发生氧化而溶解腐蚀；氧浓度较大的地方，电极电势较高而成为阴极，使金属不会受到腐蚀。像这种由于金属处在含氧量不同的介质中所引起的腐蚀称为差异充气腐蚀，其结果是金属在充气少的部位发生较严重的腐蚀。例如，水滴落在金属表面，并长期保留，由于水滴边缘有较多的氧气，而水滴中心与金属接触的部位含氧较少，所以因腐蚀而穿孔的部位应在水滴中心，而不是边缘。又如钢铁管道通过沙土和黏土，常常在埋入黏土部分的钢铁管道腐蚀快，这是因为黏土湿润，含氧量少，而沙土干燥多孔，含氧量高（如图 4-15）。同样，插入水中的金属设备，也常因水中溶解氧比空气中少，使紧靠水面下的部分电极电势较低而成为阳极易被腐蚀，工程上常称之为水线腐蚀。

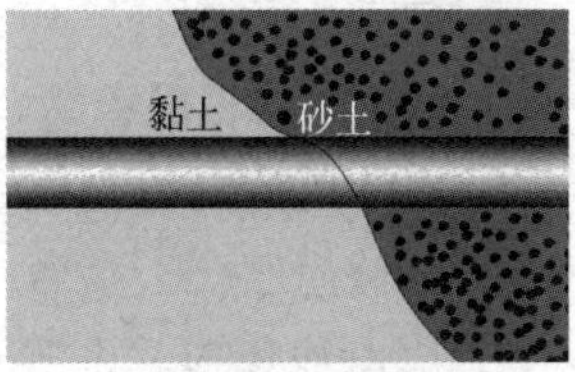

图 4-15　钢管的差异充气腐蚀

（4）腐蚀的防护

金属的电化学腐蚀是由于形成腐蚀电池发生氧化而引起的，则防腐要从防止腐蚀电池形成，或一旦形成腐蚀电池，让被保护金属作为阴极，以及将 Fe 远离腐蚀区等方面着手。常用的有效措施有以下几个：

① 正确选用金属材料，合理设计金属结构。选用金属材料时，应以在具体环境和条件下不易腐蚀为原则。设计金属结构时，应避免电势差大的金属材料相接触。

② 电化学保护法。电化学保护法分为阳极保护法（anodic protection）和阴极保护法（cathodic protection）。其中阳极保护法是使被保护的金属作为腐蚀电池的阴极，用较活泼金属与被保护金属连接，较活泼金属作为腐蚀电池的阳极而被腐蚀，使被保护金属因不发生反应而得到保护，也称为牺牲阳极保护法。阴极保护法是利用外加电流，将被保护的金属与外电源负极相连，变为阴极，废钢或石墨作为阳极，使金属得到保护，此方法也称为外加电流阴极保护法。

③ 覆盖层保护法。该法大致可分为两类：覆盖金属保护层和覆盖非金属保护层。

覆盖金属保护层的常用方法有电镀、喷镀、化学镀、浸镀、真空镀等。如镀 Ni、Cr、Zn 和 Sn 等。如果镀层是完整的，则都能起到相同的保护作用。一旦镀层有破损，则有两种情况：如果镀层比铁活泼，如镀锌铁皮（俗称白铁皮），一旦形成腐蚀电池，Zn 为阳极，Fe 为阴极，镀层 Zn 仍有保护作用；如果镀层不如 Fe 活泼，如镀锡薄板（俗称马口铁），则 Fe 为阳极，Sn 为阴极，Fe 将被腐蚀得更快。但是，Sn^{2+}常与有机酸形成配离子，使其电势变得比 Fe 还低，所以罐头食品常用镀锡铁做包装。

覆盖非金属保护层的方法很多，常用的方法是将涂料、塑料、搪瓷、高分子材料等涂覆在金属表面，以形成覆盖层使被保护金属与介质隔开。

④ 缓蚀剂法。该法是在腐蚀介质中加入少量能抑制或减缓腐蚀的物质即缓蚀剂（corrosion inhibitor）以防止腐蚀的方法。常用的缓蚀剂有有机缓蚀剂和无机缓蚀剂之分。有机缓蚀剂一般是含有 S、N、O 的有机化合物，其缓蚀作用主要是利用其能被金属表面强烈吸附的特性而实现的。无机缓蚀剂如铬酸盐、重铬酸盐、磷酸盐、碳酸氢盐等，它们主要是在金属表面形成氧化膜和沉淀物等保护膜而起到缓蚀作用。

思考题

1. 什么叫原电池？它由哪几部分组成？如何用符号表示一个原电池？

2. 离子-电子法配平氧化还原反应方程式的原则是什么？有什么步骤？

3. 电极有哪几种类型？请各举出一例。

4. 何谓电极电势？何谓标准电极电势？标准电极电势的数值是怎样确定的？其符号和数值大小有什么物理意义？

5. 电池反应的得失电子数是否影响 E（电极）、E、$E^{\ominus}$ 和 $\Delta_r G_m^{\ominus}$？

6. 举例说明什么是参比电极。是不是所有参比电极的电极电势均为 0V？

7. 原电池反应式书写形式不同是否会影响该原电池的电动势和反应的标准吉布斯函数变 $\Delta_r G_m^{\ominus}$ 值？

8. 怎样判断氧化剂和还原剂的氧化、还原能力的强弱？为什么许多物质的氧化、还原能力和溶液的酸碱性有关？

9. 根据标准电极电势值，判断下列各种物质哪些是氧化剂、哪些是还原剂，并排出它们氧化能力和还原能力的大小顺序。

$$Fe^{2+}、MnO_4^-、Cl^-、S_2O_8^{2-}、Cu^{2+}、Sn^{2+}、Fe^{3+}、Zn$$

10. 什么是分解电压？为什么实际分解电压总要比理论分解电压高？

11. 用标准电极电势的概念解释下列现象：

（1）在 Sn^{2+}盐溶液中加入锡能防止 Sn^{2+}被氧化。

（2）Cu^+在水溶液中不稳定。

（3）加入 $FeSO_4$，使 $K_2Cr_2O_7$ 溶液的红色褪去。

12. 常见的化学电源有哪几种类型？写出铅蓄电池放电及充电时的两极反应。

13. 金属电化学腐蚀的特点是什么？防止或延缓腐蚀的方法有哪些？

14. 为了防止铁生锈，分别电镀上一层锌和一层锡，两者的防腐效果是否一样？

15. 解释或回答下列问题：

（1）含杂质主要为 Cu、Fe 的粗锌比纯锌更容易在硫酸中溶解。

（2）在水面附近的金属比在水中的金属更易腐蚀。

（3）铜制水龙头与铁制水管组合，什么部位易遭腐蚀？为什么？

16. 在一磨光的铁片上，滴上一滴含有少量酚酞的 $K_3[Fe(CN)_6]$和 NaCl 溶液，十几分钟后有何现象？试解释原因。

习题

1. 是非题（判断下列叙述是否正确）

（1）在判断原电池正负极时，电极电势代数值大的电对做原电池正极，代数值小的电对做原电池的负极。（　　）

（2）在书写电池半反应时，可以有多种书写形式，如：

① $Ag_2S + 2e^- \longrightarrow 2Ag + S^{2-}$

② $\frac{1}{2}Ag_2S + e^- \longrightarrow Ag + \frac{1}{2}S^{2-}$

③ $2Ag + S^{2-} \longrightarrow Ag_2S + 2e^-$

④ $Ag + \frac{1}{2}S^{2-} \longrightarrow \frac{1}{2}Ag_2S + e^-$

无论采用何种形式，只要电极反应的条件相同，上述各电极反应的电势值均相同。（　　）

（3）能组成原电池的反应都是氧化还原反应。（　　）

（4）若将氢电极置于 pH = 7 的溶液中（p_{H_2} = 100kPa），此时氢电极的电势值为−0.414V。（　　）

（5）金属铁可以置换 Cu^{2+}，所以 $FeCl_3$ 溶液不能与金属铜反应。（　　）

（6）对于实际浓差电池（−）$Ag|AgNO_3(aq, c_1)||AgNO_3(aq, c_2)|Ag(+)$，据能斯特方程式可知 $c_2 > c_1$。（　　）

（7）金属表面因 O_2 分布不均匀遭受腐蚀时，腐蚀是发生在 O_2 浓度较大的部位。（　　）

（8）海水中发生的腐蚀是典型的析氢腐蚀。（　　）

2. 选择题

（1）对于原电池$(-)Fe|Fe^{2+}||Cu^{2+}|Cu(+)$，随反应的进行，电动势将（　　）。

（A）变大　　（B）变小　　（C）不变　　（D）等于零

（2）20000C 的电量相当于（　　）摩尔电子的电量。

（A）0.0207　　（B）2.07×10^{20}　　（C）0.207　　（D）2.07

（3）下列两反应在标准态时均能正向进行：

$$Cr_2O_7^{2-} + 6Fe^{2+} + 14H^+ = 2Cr^{3+} + 6Fe^{3+} + 7H_2O$$

$$2Fe^{3+} + Sn^{2+} = 2Fe^{2+} + Sn^{4+}$$

其中最强氧化剂和最强还原剂分别为（　　）。

（A）$Cr_2O_7^{2-}$、Sn^{2+}　　（B）Cr^{3+}、Sn^{4+}　　（C）$Cr_2O_7^{2-}$、Fe^{2+}　　（D）Fe^{3+}、Sn^{2+}

（4）已知电极反应 $ClO_3^- + 6H^+ + 6e^- \longequal Cl^- + 3H_2O$ 的 $\Delta_r G_m^\ominus = -839.6kJ \cdot mol^{-1}$，则 $E^\ominus(ClO_3^-/Cl^-)$值为（　　）。

（A）1.45V　　（B）0.73V　　（C）2.90V　　（D）−1.45V

（5）将下列电极反应中有关离子浓度减小一半，而 $E^\ominus$ 值增加的是（　　）。

（A）$Cu^{2+} + 2e^- \longequal Cu$　　（B）$I_2 + 2e^- \longequal 2I^-$

（C）$2H^+ + 2e^- \longequal H_2$　　（D）$Fe^{3+} + e^- \longequal Fe^{2+}$

（6）有一个原电池由两个氢电极组成，其中有一个标准氢电极，为得到最大电动势，另一个电极浸入的酸性溶液［设 $p(H_2) = 100kPa$］应为（　　）。

（A）$0.1mol \cdot dm^{-3}$ HCl

（B）$0.1mol \cdot dm^{-3}$ HAc

（C）$0.1mol \cdot dm^{-3}$ H_3PO_4

（D）$0.1mol \cdot dm^{-3}$ HAc +$0.1mol \cdot dm^{-3}$ NaAc

（7）已知某氧化还原反应的 $\Delta_r G_m^\ominus$、$K^\ominus$、$E^\ominus$，下列对三者值判断合理的一组是（　　）。

（A）$\Delta_r G_m^\ominus > 0$，$E^\ominus < 0$，$K^\ominus < 0$　　（B）$\Delta_r G_m^\ominus > 0$，$E^\ominus < 0$，$K^\ominus > 1$

（C）$\Delta_r G_m^\ominus < 0$，$E^\ominus > 0$，$K^\ominus > 1$　　（D）$\Delta_r G_m^\ominus < 0$，$E^\ominus > 0$，$K^\ominus < 1$

（8）暴露于潮湿的大气中的钢铁，其腐蚀主要是（　　）。

（A）化学腐蚀　　（B）吸氧腐蚀

（C）析氢腐蚀　　（D）阳极产生 CO_2 的腐蚀

（9）电解时，在阳极上首先发生氧化作用而放电的是（　　）。

（A）标准电极电势最大的电对的还原态

（B）标准电极电势最小的电对的还原态

（C）考虑极化后，实际电极电势最大的电对的还原态

（D）考虑极化后，实际电极电势最小的电对的还原态

3. 用离子-电子法配平下列方程式（必要时添加反应介质）。

（1）$K_2MnO_4 + K_2SO_3 + H_2SO_4 \longrightarrow K_2SO_4 + MnSO_4 + H_2O$

（2）$NaBiO_3(s) + MnSO_4 + HNO_3 \longrightarrow HMnO_4 + Bi(NO_3)_3 + Na_2SO_4 + NaNO_3 + H_2O$

（3）$Zn + NO_3^- + H^+ \longrightarrow Zn^{2+} + NH_4^+ + H_2O$

（4）$Ag + NO_3^- + H^+ \longrightarrow Ag^+ + NO + H_2O$

（5）$Al + NO_3^- + OH^- + H_2O \longrightarrow [Al(OH)_4]^- + NH_3$

4. 根据下列反应设计原电池，用电池符号表示，并写出对应的半反应式。

（1）$2Ag^+ + Cu(s) \longrightarrow 2Ag(s) + Cu^{2+}$

（2）$Pb^{2+} + Cu(s) + S^{2-} \longrightarrow Pb(s) + CuS(s)$

（3）$Pb(s) + 2H^+ + 2Cl^- \longrightarrow PbCl_2(s) + H_2(g)$

5. 指出下列原电池反应的正负极，写出电极反应和电池反应，并计算 25℃时原电池的电动势。

（1）$Cu|Cu^{2+}(1mol \cdot dm^{-3})||Zn^{2+}(0.001mol \cdot dm^{-3})|Zn$

（2）Hg，$Hg_2Cl_2|Cl^-(0.1mol \cdot dm^{-3})||H^+(1mol \cdot dm^{-3})|H_2$（$p_{H2} = 100kPa$）|Pt

（3）$Pt|Fe^{2+}(0.1mol \cdot dm^{-3})$，$Fe^{3+}(1.0mol \cdot dm^{-3})||MnO_4^-(0.1mol \cdot dm^{-3})$，$H^+$（$0.1mol \cdot dm^{-3}$），$Mn^{2+}$（$0.1mol \cdot dm^{-3}$）|Pt

（4）$Pb|Pb^{2+}(0.1mol \cdot dm^{-3})||S^{2-}(0.1mol \cdot dm^{-3})|CuS$，Cu

6. 由标准氢电极和镍电极组成原电池，镍为负极。若 $c(Ni^{2+}) = 0.010mol \cdot dm^{-3}$ 时，电池的电动势为 0.2955V，计算镍电极的标准电极电势。

7. 试判断下列反应能否按指定方向进行。

（1）$Fe^{2+} + Cu^{2+} \longrightarrow Cu(s) + Fe^{3+}$，参加反应的各离子浓度均为 $1mol \cdot dm^{-3}$。

（2）$2Br^- + Cu^{2+} \longrightarrow Cu(s) + Br_2(l)$，其中，$c(Br^-) = 1.0mol \cdot dm^{-3}$；$c(Cu^{2+}) = 0.1mol \cdot dm^{-3}$。

8. 在 298.15K 时，有下列反应

$$H_3AsO_4 + 2I^- + 2H^+ \Longrightarrow H_3AsO_3 + I_2(s) + H_2O$$

（1）计算由该反应组成的原电池的标准电池电动势。

（2）计算该反应的标准摩尔吉布斯函数变，并指出在标准态时该反应能否自发进行。

（3）若溶液的 pH = 7，而 $c(H_3AsO_4) = c(H_3AsO_3) = c(I^-) = 1mol \cdot dm^{-3}$，则该反应的 $\Delta_r G_m$ 是多少？此时反应进行的方向如何？

9. 现有下列原电池 $Pb|Pb^{2+}(1mol \cdot dm^{-3})||Cu^{2+}(1mol \cdot dm^{-3})|Cu$

（1）指出原电池正极、负极，写出正极、负极反应，原电池反应，计算原电池电动势。

（2）在此原电池的右半电池中加入 Na_2S，使 S^{2-}离子浓度达 $1mol \cdot dm^{-3}$，确定新原电池正极、负极，写出电极反应、原电池反应、原电池符号，计算新原电池的电动势。

10. 已知 $E^{\ominus}(Ag^+/Ag) = 0.7996V$，$K_{sp}^{\ominus}(Ag_2CrO_4) = 1.12\times10^{-12}$，计算电极反应

$$Ag_2CrO_4 + 2e^- \longrightarrow 2Ag + CrO_4^{2-}$$

的标准电极电势以及当 $c(CrO_4^{2-}) = 0.10mol \cdot dm^{-3}$ 时该电极反应的电势值。

11. 对于反应 $Ag^+(aq) + Fe^{2+}(aq) \longrightarrow Ag(s) + Fe^{3+}(aq)$

（1）已知该反应所对应的电池的标准电池电动势为 0.030V，计算 25℃时该反应的平衡常数。

（2）当等体积且浓度均为 $1.0mol \cdot dm^{-3}$ 的 Ag^+和 Fe^{2+}混合时，达平衡后，Fe^{2+}的平衡浓度为多大？

12. 由两个氢电极 $H_2(100kPa)|H^+(0.10mol \cdot dm^{-3})|Pt$ 和 $H_2(100kPa)|H^+(x mol \cdot dm^{-3})|Pt$ 组成原电池，测得该原电池的电动势为 0.016V。若后一电极作为该原电池的正极，求组成该电极的溶液中 H^+的浓度 x 的值。

13. 由标准钴电极和标准氯电极组成原电池，测得其电动势为 1.63V，此时钴电极为负极。现已知氯的标准电极电势是 1.36V，试问：

（1）此电池反应的方向如何？用反应方程式表示。

（2）钴的标准电极电势是多少（不查表）？

（3）当氯气的压力增大或减小时，电池的电动势将如何变化？

（4）当 Co^{2+} 离子浓度降低到 $0.010mol \cdot dm^{-3}$ 时，电池电动势为多少？

14. Write the notation for a cell in which the electrode reactions are

$$2H^+(aq) + 2e^- \longrightarrow H_2(g)$$

$$Zn(s) \longrightarrow Zn^{2+}(aq) + 2e^-$$

15. Determining the relative strengths of oxidizing and reducing agents.

(a) Order the following oxidizing agents by increasing strength under sdandard-state conditions:

$Cl_2(g)$, $H_2O_2(aq)$, $Fe^{3+}(aq)$.

(b) Order the following reducing agents by increasing strength under sdandard-state conditions: $H_2(g)$, Al (s), Cu (s).

16. Consider the following reactions. Are they spontaneous in the direction written,under standard conditions at 25℃?

(a) $Sn^{4+}(aq) + 2Fe^{2+}(aq) \longrightarrow Sn^{2+}(aq) + 2Fe^{3+}(aq)$

(b) $4MnO_4^-(aq) + 12H^+(aq) \longrightarrow 4Mn^{2+}(aq) + 5O_2 + 6H_2O(l)$

17. What is the standard emf you would obtain from a cell at 25℃ using an electrode in which $I^-(aq)$ is in contact with I_2 (s) and an electrode in which a chromium strip dips into a solution of $Cr^{3+}(aq)$?

18. Copper(Ⅰ) ion can act as both an oxidizing agent and a reducing agent. Hence, it can react with itself.

$$Cu^+(aq) \longrightarrow Cu(s) + Cu^{2+}(aq)$$

Calculate the standard equilibrium constant at 25℃ for this reaction, using appropriate values of electrode potentials.

第 5 章
化学反应速率

【内容提要】

在介绍化学反应速率概念的基础上，讨论了化学反应速率的理论（碰撞理论、过渡态理论），重点讨论了浓度（压力）、温度、催化剂等外界因素对化学反应速率的影响。

【本章要求】

（1）掌握反应速率与基元反应的概念。

（2）掌握浓度（压力）、温度、催化剂与化学反应速率的关系及其对反应速率的影响。

（3）了解碰撞理论和过渡态理论的基本要点，能用活化能和活化分子的概念解释浓度、温度和催化剂对化学反应速率的影响。

物质能否发生化学反应以及它们的反应能力大小，是一个古老的化学理论课题。早期的化学家们一直以“化学亲合力”“化学力”“作用力”等含糊不清的概念来表述和解释这些问题。直到 19 世纪初，人们仍不能将物质发生化学反应的可能性和实际发生化学反应时的化学反应速率（现实性）正确区分开。

第 2 章中讨论的化学热力学所解决的问题是化学反应的自发性或方向以及化学反应进行的程度，即讨论化学反应能否发生和可能达到的限度，也就是说讨论过程的趋向性和限度问题。但是可能性不等于现实性。如果两个水池里的水存在水位差，则热力学告诉我们高位水池里的水有流向低位水池的趋势（方向性），若使它们相通，那么它们最终将取得一致的水位（平衡状态，限度）。然而热力学却不能说明什么时候能达到这种平衡状态，如果管道很细，则这个过程可能要经历较长时间，这就涉及速率的问题。

化学反应也一样，有些化学反应进行得很快，如酸碱中和反应，有的甚至瞬间完成，如爆炸；另一些反应则进行得较为缓慢，如许多有机化合物之间的反应。再比如从热力学方面看，H_2 和 O_2 化合生成水的反应具有显著的自发倾向（$K^{\ominus}$ 很大），但热力学却不能回答这个反应将以多快的速率进行的问题。实际上 H_2 和 O_2 的混合气体在室温下可以长期存在而不发生显著的变化，也不能回答 H_2 和 O_2 经过哪些步骤或历程结合成 H_2O 分子的问题。

在实际工作中，对一些化学反应，特别是对工农业生产有利的化学反应，需采取措施来增大反应速率以提高劳动生产率，如钢铁冶炼，氨、树脂、橡胶的合成等；但对另一些反应，则要设法抑制其进行，如金属的腐蚀、塑料和橡胶制品的老化等。要研究化学反应的速率问题，则要依赖化学动力学（chemical kinetics）。

1850 年，法国的威尔汉密（L. Wilhemy，1812—1864）用旋光计研究了蔗糖在不同浓度、温度和酸催化下的转化，得出转化速率的数学表示式，并指出其他同类型反应的方程形式也相同，开启了化学动力学早期的定量研究。

从 1877 年之后，范特霍夫开始注意研究化学动力学和化学亲合力问题。1884 年，他出版了《化学动力学研究》一书，这本书着重讨论了化学反应速率及其变化规律。他创造性地把反应速率分为单分子反应速率、双分子反应速率和多分子反应速率三种不同类型。此后，众多科学家在化学动力学领域辛勤耕耘，并取得了累累硕果。范特霍夫也因发现了溶液中的化学动力学法则以及在渗透压规律、立体化学和化学平衡理论方面的贡献，成为首位诺贝尔化学奖的获得者。

近代化学动力学是研究化学反应过程的速率和反应历程的物理化学分支学科。它的研究对象是物质性质随时间变化的非平衡动态系统。在化学热力学的研究中时间不是变量（关注始和终态），但在化学动力学的研究中时间是一个重要变量。

化学动力学的研究方法主要有两种：一种是经典化学动力学研究方法，它是从化学动力学的原始实验数据——浓度与时间的关系出发，经过分析获得某些反应动力学参数——反应速率常数、活化能、指前因子等。这些参数可以用来表征反应系统的速率，是探讨反应机理的有效数据。另一种方法是分子反应动力学研究方法，原则上，如果能从量子化学理论计算出反应系统的正确势能面，并应用力学定律计算具有代表性的点在其上的运动轨迹，就能计算出反应速率和化学动力学参数。但是，除了少数很简单的化学反应以外，量子化学的计算至今还不能得到反应系统可靠的、完整的势能面。因此，现行的反应速率理论仍不得不借用经典统计力学的处理方法。本章将主要介绍反应速率方面的知识，对反应机理只作简单介绍。

5.1 化学反应速率及其表示方法

为了比较反应的快慢，需要明确化学反应速率的概念，规定它的单位。化学反应速率（reaction rate）是指在一定条件下，由反应物转变成生成物的快慢程度。化学反应速率以单位时间内反应物的浓度的减少或生成物的浓度的增加来表示。其中，浓度的单位以 $mol \cdot dm^{-3}$ 表示，时间的单位以 s（秒）、min（分钟）或 h（小时）等表示。化学反应速率的定义式为：

$$v = v_B^{-1} dc_B / dt \tag{5-1}$$

式中，v_B 为反应式中物质 B 的化学计量系数；dc_B / dt 表示由化学反应引起的物质 B 的浓度（c_B）随时间（t）的变化速率，此值可正可负，但反应速率 v 总为正值。

上式中的 v 为化学反应的瞬间速率，若要计算某反应在一个时间段内的平均速率，可用下式计算：

$$\overline{v} = v_B^{-1} \Delta c_B / \Delta t \tag{5-2}$$

例如，某给定条件下，氮气与氢气在密闭容器中合成氨，各物质浓度的变化如下：

	N_2	+	$3H_2$	$\rightleftharpoons$	$2NH_3$
起始时浓度/mol · dm^{-3}	1.0		3.0		0
2s 后浓度/mol · dm^{-3}	0.8		2.4		0.4
Δc_B/mol · dm^{-3}	−0.2		−0.6		+0.4

所以，该反应在这 2 秒内的平均反应速率（$\bar{v}$）为：

$$\bar{v} = v_B^{-1}\Delta c_B / \Delta t = (-1)^{-1}\left(\frac{-0.2\text{mol} \cdot \text{dm}^{-3}}{2\text{s}}\right)$$

$$= (-3)^{-1}\left(\frac{-0.6\text{mol} \cdot \text{dm}^{-3}}{2\text{s}}\right)$$

$$= (+2)^{-1}\left(\frac{-0.4\text{mol} \cdot \text{dm}^{-3}}{2\text{s}}\right)$$

$$= 0.1\text{mol} \cdot \text{dm}^{-3} \cdot \text{s}^{-1}$$

可以看出同一时间段内的平均反应速率可以采用任意一个反应物或生成物的浓度增量来计算，所得结果都是相同的。$\Delta t \to 0$ 时的平均速率极限即为在某一时刻（瞬间）的反应速率。

5.2 反应速率理论

5.2.1 碰撞理论

化学反应速率千差万别，除了外界因素外，其本质原因是什么？原始的反应物分子如何转变成生成物分子？或者说，化学反应是如何发生的？能否从理论上定量计算反应速率？为了解决这些问题，本节将简要介绍反应速率理论。

德国的特劳兹（Max Trautz，1880—1960）和英国化学家威廉 · 路易斯（William Lewis，1869—1963）分别于 1916 年和 1918 年各自独立提出碰撞理论（collision theory）（由于在第一次世界大战期间处于交战双方，所以他俩并不认识）。

该理论以阿伦尼乌斯关于"活化状态"和""活化能"的概念为基础，并在比较完善的分子运动理论基础上建立起来的。该理论基于一种合理的思想，即反应之所以能够发生是由于反应物之间碰撞的结果。然而根据气体分子运动论的理论计算，单位时间内分子碰撞的次数是非常大的，如果每次碰撞都能够发生反应，任何气体反应都将在瞬间完成，这与实验事实不符。比如，在 713K 下 $H_2(g)$与 $I_2(g)$生成 HI(g)的反应，若 $H_2(g)$和 $I_2(g)$的浓度均为 0.02mol · dm^{-3}，则碰撞频率高达 1.27×10^{29} 次 · cm^{-3} · s^{-1}，而实际上每发生 10^{13} 次碰撞才能有一次发生反应。

这是为什么呢？碰撞理论认为只有那些具有足够能量的反应物分子（或原子）的碰撞才有可能发生反应，并把能够导致反应发生的碰撞称为有效碰撞（effective collision），能够发生有效碰撞的分子称为活化分子（activated molecule）。显然，活化分子与普通分子相比具有更高的能量。现在，一般把活化分子所具有的平均能量（$\overline{E^*}$）与反应物分子的平均能量（$\bar{E}$）之差称为活化能（activation energy，E_a）。即

$$E_a = \overline{E^*} - \bar{E}$$

活化能自 1889 年阿伦尼乌斯提出以来，围绕着对这个概念的理解，出现了多种版本。对活化能进行学术探讨超越了本书的范围，读者可结合以下几方面来理解这个概念。

① 活化能是普通分子转变为活化分子所需要逾越的能量障碍，即普通分子需要获得一定的能量才能变成活化分子。获得这种能量的方式可以是受热、接受辐射等。如反应物分子在受热时，分子运动的动能增加，更多的分子变成活化分子，从而增加有效碰撞的概率，提高反应速率。

② 从一般意义而言，活化能越小的反应，普通分子变成活化分子越容易，反应速率越快。

③ 各种版本对活化能的解释虽不尽相同，但活化能的数值相差不大。

④ 活化能的数值一般认为与温度关系不大。

5.2.2 过渡态理论

1932—1935 年，美国普林斯顿大学的 H 艾林（Henry Eyring，1901—1981）、英国曼切斯特大学的 J. C. 波拉尼（Michael Polanyi，1891—1976）和 M. G. 埃文斯（Meredith Gwynne Evans）等人应用统计力学和量子力学理论建立过渡态理论（transition state theory，TST），也称为活化配合物理论（activated complex theory，简称 ACT）。他们认为反应要发生，不仅具有足够能量的分子要碰撞，而且碰撞的取向要适当，然后高能量的分子借助能量传递，使反应物分子的化学键减弱、断裂。在此过程中反应物分子间先形成一个高能量的过渡态（transition state），又叫活化配合物（activated complex），活化配合物中的价键结构处于原有化学键被削弱、新化学键正在形成的一种过渡状态，其势能较高，极不稳定，会很快分解为生成物分子（也可能转变为反应物分子），同时释放能量。可用简式表示如下：

$$\underset{\text{反应物}}{\mathrm{A{-}B + C}} \rightleftharpoons \underset{\text{活化配合物}}{\mathrm{A\cdots B\cdots C}} \rightleftharpoons \underset{\text{生成物}}{\mathrm{A + B{-}C}}$$

可将反应过程中系统势能的变化用图 5-1 表示：

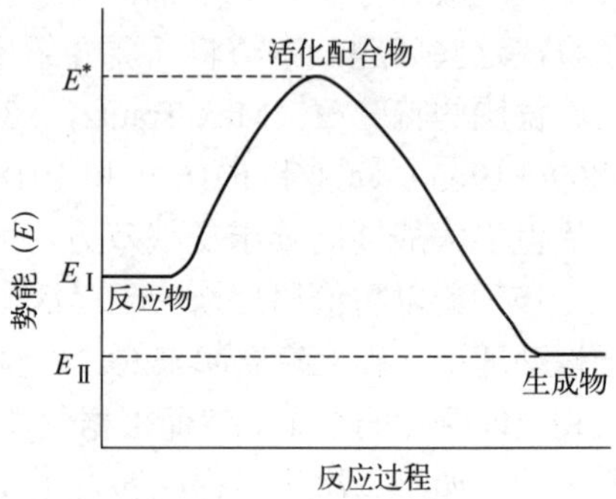

图 5-1　反应过程中势能变化示意图

图 5-1 中 E_{I} 和 E_{II} 分别表示反应物系统和生成物系统的平均能量，E^*表示活化配合物的能量。在反应中存在下列能量关系：

$$E_{a,正} = E^* - E_{\text{I}}$$

$$E_{a,逆} = E^* - E_{\text{II}}$$

$$Q_{V,正} = \Delta U_{正} = E_{a,正} - E_{a,逆}$$

$$Q_{V,逆} = \Delta U_{逆} = E_{a,逆} - E_{a,正}$$

即正（逆）向反应的活化能分别等于活化配合物的能量与反应物（生成物）系统平均能量之差；正（逆）向反应的等容热效应等于正（逆）向反应的活化能减去逆（正）向反应的活化能。上图中正向反应的内能变 $Q_{V,正} = \Delta U_{正} < 0$，所以正向反应为放热反应。

因此，在过渡态理论中，所谓活化能实质上是反应进行时必须克服的能量障碍（“能垒”）。由此可见，虽然过渡态理论中活化能的定义与分子碰撞理论不同，但两者的活化能数值差别很小。

5.3 影响反应速率的外界因素

化学反应速率首先取决于化学反应的性质，这是影响反应速率的内因。例如，溶液中的离子反应通常较快，异相反应（气-固反应、气-液反应、不相溶的液-液反应等）通常较慢。即便都是在溶液中进行，不同的反应，速率也不相同，离子交换反应相对较快，氧化还原反应相对较慢。对给定的化学反应来说，其反应速率还要受到反应进行时所处条件的影响，这些条件主要包括浓度（或压力）、温度和催化剂等。

5.3.1 浓度对反应速率的影响

众所周知，燃料或钢铁在纯氧中的氧化反应比在空气中反应更剧烈，即反应物中氧气的浓度增大，反应速率也增大。大量的实验表明，化学反应速率随反应物浓度的增加而增大。那么反应速率与反应物浓度之间到底有没有定量关系呢？又有怎样的定量关系呢？

（1）反应机理的概念

很多化学反应不是一步就完成的，因此在研究化学反应速率时，常常需要了解反应机理（reaction mechanism），又称反应历程（reaction path），即需要了解在化学反应过程中从反应物变为生成物所经历的具体途径。

例如，人们熟知的化学反应：

$$Br_2(g) + H_2(g) \longrightarrow 2HBr(g)$$

此反应式表示的是一个宏观的总反应。实际上，该反应并不是一步完成的，而是经历了如下 5 个步骤：

① $Br_2 \longrightarrow 2Br$

② $Br + H_2 \longrightarrow HBr + H$

③ $H + Br_2 \longrightarrow HBr + Br$

④ $H + HBr \longrightarrow H_2 + Br$

⑤ $Br + Br \longrightarrow Br_2$

上述 5 个步骤的每一步的生成物都是由反应物直接转化而成。这种由反应物分子（或离子、原子、自由基等）直接作用而生成产物的反应称为基元反应（elementary reaction）。由 1 个基元反应组成的总反应称为简单反应，如 $2NO_2 \longrightarrow 2NO + O_2$；由 2 个或 2 个以上基元反应所组成的总反应称为复杂反应，如上述溴和氢气的反应是由 5 个基元反应所组成的复杂反应。

（2）质量作用定律和速率方程

经验告诉我们，当反应物浓度小时，反应进行得慢，而当反应物浓度增大时，反应速率一般都要加快。研究浓度对反应速率的影响的方法之一是：在保持其他反应物浓度不变的情况下，测定某个反应物浓度与初速率（t=0 时的反应速率）的函数关系，依此类推，最终得到反应速率与所有反应物浓度之间关系的函数式，该函数式称为速率方程（rate equation）。比如对于下列反应：

$$aA + bB \longrightarrow gG + dD$$

首先，假定其速率方程式为：

$$v = kc_A^x c_B^y \qquad (5\text{-}3)$$

式中，k 称为速率常数（rate constant）；x 和 y 分别叫作反应物 A 和 B 的反应级数（reaction order），$x+y$ 是该化学反应的总级数。若 $x+y$ 等于几，则该反应就是几级反应。

其次，在保持反应物 A 的浓度不变的情况下改变反应物 B 的浓度，进而求出 y，比如，当 B 的浓度增加到原来的 n 倍时，如果反应速率 v 也增加到原来的 n 倍，则 y=1；若增加到原来的 n^2 倍，则 y=2。同理，在保持 B 的浓度不变的情况下改变 A 的浓度，可求出 x。如此便可求出反应的速率方程。

人类在很早的时候就开始研究浓度与反应速率的关系，1864 年挪威的古尔德贝格（C. M. Guldberg，1836—1902）和瓦格（P. Waage，1833—1900）便总结出：在给定温度下，反应速率与反应物浓度（以计量系数为指数）的乘积成正比，这个定量关系叫作质量作用定律（mass action law）。1888 年，奥斯特瓦尔德（F. W. Ostwald，1853—1932）提出稀释定律，最先将质量作用定律应用于电离，这在历史上起到了重要作用。后来的大量实验证明，质量作用定律只适用于基元反应。也就是说，对于基元反应或只包含 1 个基元反应的简单反应，可根据反应方程式直接写出它们的速率方程。例如下列反应：

$$a\text{A} + b\text{B} \longrightarrow g\text{G} + d\text{D}$$

如果该反应是基元反应，则它的速率方程就可以写成：

$$v = kc_A^a c_B^b \qquad (5\text{-}4)$$

值得注意的是：如果通过上述实验方法求出的 x 和 y 恰好分别等于方程式中反应物 A 和 B 前的系数，也不能就此说明该反应一定是基元反应；但若有一个不等（$x \neq a$，或 $y \neq b$）则肯定不是基元反应。

对于复杂反应，除了根据上述实验方法求取速率方程外，如果已知反应机理，也可通过理论推导得到速率方程。如：已知反应，

$$I_2 + H_2 \longrightarrow 2HI$$

是经由下列 2 个基元反应完成的：

$$① \ I_2 \longrightarrow 2I（快）$$

$$② \ 2I + H_2 \longrightarrow 2HI（慢）$$

第一步是快反应，很快达到平衡（实际上，由于第二步反应虽然慢，但也一直在进行，所以并不存在真正的平衡，此处是近似），此时：

$$\frac{\left(\dfrac{c_I}{c^\ominus}\right)^2}{\left(\dfrac{c_{I_2}}{c^\ominus}\right)} = k_1$$

省去 $c^\ominus$ 得，　　$c_I^2 = k_1 c_{I_2}$　（k_1 近似是个常数）

第二步是各步反应中最慢的一步，称为速率控制步骤（rate determining step）或称为速率控制反应（rate determining reaction），它决定了整个反应的速率，所以总反应速率：

$$v = k_2 c_{H_2} c_I^2$$

将 $c_I^2 = k_1 c_{I_2}$ 代入，并将 2 个常数合并，则：

$$v = k c_{H_2} c_{I_2}$$

不管通过哪种形式得到的速率方程，均可用于了解在给定条件下，该反应在任意反应物浓度下的反应速率。这里强调在给定条件下，就是因为当条件改变时，速率方程可能发生变化，原因是速率常数可能发生变化，甚至可能因反应机理改变而反应物浓度的指数发生变化。

绝大多数的化学反应都不是一步就完成的，而是复杂反应，相应的反应级数可以是整数，也可以是分数或小数。对于零级反应（zero order reaction），其反应速率与反应物浓度的零次方成正比，也就是说，速率是一个常数。许多发生在固体表面的反应是零级的，如氧化亚氮在细颗粒金表面的热分解就是一实例：

$$N_2O(g) \xrightarrow{Au} N_2(g) + \frac{1}{2}O_2(g)$$

$$v = k(c_{N_2O})^0 = k \qquad (5\text{-}5)$$

和任何的零级反应一样，N_2O 的分解以匀速进行，即任一反应物在单位时间内浓度的减少值是个常数。一般地，假如某反应物起始（t=0）时的浓度为 c_0，反应时间 t 时的浓度为 c，则：

$$c = c_0 - kt \qquad (5\text{-}6)$$

其中，k 为该反应物单位时间内浓度的减少值。

绝大多数的反应并不是零级反应，它们的反应速率随反应物浓度的变化而变化，其中一级反应（first order reaction）极为常见，典型的例子是五氧化二氮的分解：

$$2N_2O_5(g) \longrightarrow 4NO_2(g) + O_2(g)$$

速率方程为 $v = k c_{N_2O_5}$，67℃时，此反应的速率常数 $k = 0.35\,\text{min}^{-1}$。

一级反应的速率方程可用一般式表示为：

$$v = kc \qquad (5\text{-}7)$$

如果反应开始（t=0）时的浓度为 c_0，反应进行到任一时刻 t 时的浓度为 c，则根据反应速率的定义式：

$$v = v_B^{-1}\mathrm{d}c / \mathrm{d}t = k'c$$

当用反应物表达反应速率时，v_B 是负值，将其数值部分并入 k'，得到：

$$-\mathrm{d}c / c = kt$$

积分

$$-\int_{c_0}^{c} \frac{\mathrm{d}c}{c} = \int_0^t k\mathrm{d}t$$

$$\ln\frac{c_0}{c} = kt \qquad (5\text{-}8)$$

这就是一级反应的速率方程。反应物浓度由以 c_0 消耗到 $c=\frac{1}{2}c_0$ 所需要的反应时间称为半衰期（half-life），以 $t_{\frac{1}{2}}$ 表示。由上式可得：

$$t_{\frac{1}{2}}=\frac{\ln 2}{k}=\frac{0.6932}{k} \tag{5-9}$$

可以看出，一级反应的半衰期与反应物的起始浓度 c_0 无关。例如，浓度从 c_0 降到 $c_0/2$，或从 $c_0/2$ 降到 $c_0/4$，以及从 $c_0/4$ 降到 $c_0/8$，等等，所需时间都相同，均为 $t_{\frac{1}{2}}$。这是一级反应的一个重要特征，所以半衰期在一级反应中较常使用。也正因为一级反应的半衰期与反应物的起始浓度无关，所以可从半衰期的大小直接看出反应的快慢。放射性同位素的衰变反应多为一级反应，通常用半衰期来表示它的衰变速率，而不是用速率常数，如放射性 ^{138}Cs 的半衰期只有 32.2 分钟，而 2011 年日本福岛核事故泄漏的 ^{137}Cs 半衰期长达 30.17 年。一级反应还有一个特征就是其速率常数的单位是［时间］$^{-1}$，如 s^{-1}、min^{-1}。

反应级数是经验性的概念，用来描述反应速率与反应物浓度之间的关系，可以用反应机理来分析反应级数的大小。反应级数可以是整数、分数、小数，也可以为零，甚至可以为负数。反应级数与反应分子数没有必然联系，反应分子数只能是整数。对于简单反应（基元反应）的反应级数和反应分子数可能是一致，可以由反应机理分析得出；对于复杂反应的反应级数和反应分子数没有直接反映关系，一般由实验数据分析得出。

【例 5-1】 有一化学反应：$a\text{A} + b\text{B} \Longrightarrow \text{C}$，在 298.15K 时，将 A、B 溶液按不同浓度混合反应，得到以下实验数据：

A 的起始浓度/mol • dm^{-3}	B 的起始浓度/mol • dm^{-3}	初速率/mol • dm^{-3} • s^{-1}
1.0	1.0	1.2×10^{-2}
2.0	1.0	2.3×10^{-2}
4.0	1.0	4.8×10^{-2}
1.0	1.0	1.2×10^{-2}
1.0	2.0	4.8×10^{-2}
1.0	4.0	1.9×10^{-1}

求该反应的速率方程式和速率常数。

解： 反应的速率方程式可写为：$v=kc_A^m c_B^n$，分析实验数据，找出 m、n 的值。前面 3 次实验，B 的浓度保持不变，而改变 A 的浓度。当 A 的浓度增大为原来的 x 倍时，反应速率也增加为原来的 x 倍，从实验结果中可以看出，反应速率与 A 的浓度成正比，即 m=1。后面 3 次实验保持 A 的浓度不变而改变 B 的浓度，当 B 的浓度增大为原来的 x 倍时，反应速率增大为原来的 x^2 倍，说明反应速率与 B 浓度的平方成正比，n=2。因此，该反应的速率方程式为 $v=kc_A c_B^2$，它是一个三级反应。代入任一组数据，即可求出速率常数。

$$k=\frac{1.2\times10^{-2}}{1\times1^2}\text{dm}^6\cdot\text{mol}^{-2}\cdot\text{s}^{-1}=1.2\times10^{-2}\,\text{dm}^6\cdot\text{mol}^{-2}\cdot\text{s}^{-1}$$

则该反应的速率方程为

$$v = 1.2\times10^{-2} c_A c_B^2$$

【例 5-2】 298.15K 时 N_2O_5（g）分解作用半衰期为 5 小时 42 分钟，此值与 N_2O_5 的起始压力无关。试求：（1）速率常数。（2）作用完成 90%所需的时间（以小时为单位）。

解：（1）因为半衰期与起始压力无关。所以是一级反应。 根据一级反应半衰期公式得

$$k = \frac{0.6932}{t_{\frac{1}{2}}} = \frac{0.6932}{5.7} = 0.122(\mathrm{h}^{-1})$$

（2）根据式 $\ln\frac{c_0}{c} = kt$ 得

$$\ln\frac{1}{0.1} = 0.122t$$

所以 $$t = 18.9(\mathrm{h})$$

5.3.2 温度对反应速率的影响

大多数化学反应的反应速率随着温度的升高而加快。这是温度升高时，反应系统中活化分子的百分数增加，导致有效碰撞的次数增加。将食物储存在冰箱里，就是为了降低反应速率，防止食物腐败。氢气和氧气在室温下反应极慢，以致几年都观察不出反应的发生，但如果温度升高到 873K，则立即发生剧烈反应，甚至爆炸。

1884 年，范特霍夫根据温度对反应速率影响的实验，归纳得到一近似规则：温度每升高 10℃，一般反应的速率大约增加 2～4 倍，这个规则被称为范特霍夫规则。

范特霍夫规则只能粗略估计温度对反应速率的影响，而不能说明为什么升高同样的温度，不同的反应，其反应速率增大的程度却不同。1889 年阿伦尼乌斯总结出另一个经验公式——阿伦尼乌斯公式：

$$k = A\mathrm{e}^{-\frac{E_a}{RT}} \tag{5-10}$$

式中，E_a 为反应的活化能；R 为摩尔气体常数；T 为绝对温度；A 为指前因子（pre-exponential factor）或称为频率因子（frequency factor），是反应的特征常数，其数值与反应物分子间的碰撞有关而与浓度无关，与反应温度关系不大。

从上式可以看出，速率常数与反应的活化能及反应温度有关。将上式改写成对数形式：

$$\ln k = \ln A - \frac{E_a}{RT} \tag{5-11}$$

显然，$\ln k$ 与温度的倒数 $1/T$ 之间为线性关系。若以 $\ln k$ 为纵坐标，以 $1/T$ 为横坐标作图，可得一直线，该直线的斜率为 $-E_a/R$，直线在纵轴上的截距即为 $\ln A$。由此就可以求出反应的活化能 E_a 和指前因子 A。

例如下列生成HI(g)的反应和N_2O_5(g)的分解反应在不同温度下的速率常数如表5-1：

表5-1　不同温度下的速率常数

$H_2(g) + I_2(g) \rightleftharpoons 2HI(g)$		$N_2O_5(g) \rightleftharpoons 2NO_2(g) + \frac{1}{2}O_2$	
温度 T/K	速率常数 k/$mol^{-1}\cdot dm^3\cdot s^{-1}$	温度 T/K	速率常数 k/s^{-1}
556	4.45×10^{-5}	273	7.87×10^{-7}
575	1.37×10^{-4}	293	1.76×10^{-5}
629	2.52×10^{-3}	298	3.38×10^{-5}
666	1.41×10^{-2}	308	1.35×10^{-4}
700	6.43×10^{-2}	318	4.98×10^{-4}
781	1.35	328	0.0015

注意：生成HI的反应为2级反应，速率常数k的单位为$mol^{-1}\cdot dm^3\cdot s^{-1}$；$N_2O_5$的分解反应是1级反应，故速率常数$k$的单位为$s^{-1}$，可见反应级数不同，速率常数的单位也不同。

略去单位，将生成HI的反应的ln$k$对1/T作图（图5-2）。

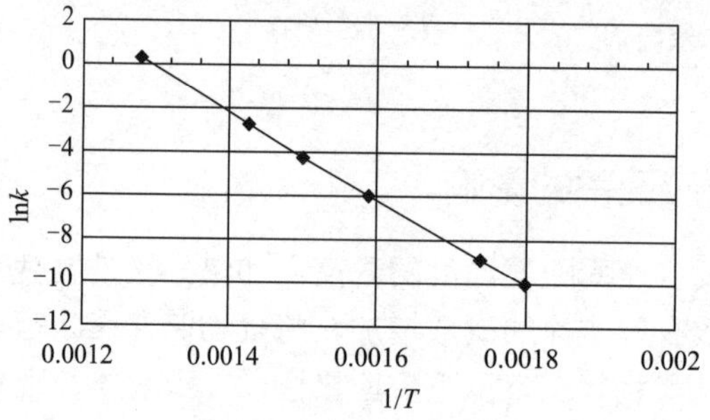

图5-2　生成HI(g)的反应ln$k$与1/T关系图

由图可以求出斜率

$$-\frac{E_a}{R}=\frac{-10-(-2)}{0.0018-0.0014}=-20000(K)$$

$$E_a=-8.314J\cdot mol^{-1}\cdot K^{-1}\times(-20000K)=166280J\cdot mol^{-1}=166.28kJ\cdot mol^{-1}$$

然后将E_a值及图中任意一组ln$k$～1/T数值代入式（5-10）中，如将T=666K，k=1.41×$10^{-2}mol^{-1}\cdot dm^3\cdot s^{-1}$及上面求得的$E_a$值代入即可求得$A$：

$$\ln A=\ln k-\frac{E_a}{RT}=\ln1.41\times10^{-2}-\frac{-20000}{666}$$

$$\ln A=25.768$$

$$A=1.552\times10^{11}mol^{-1}\cdot dm^3\cdot s^{-1}$$

实际上，当实验数据比较少时，也可以不必作图，而采取直接计算法进行求算。只要测定温度T_1、T_2时的速率常数k_1、k_2，即可计算出反应的活化能；或者已知活化能和一定温度（T_1）下的反应速率常数k_1，即可求出另一温度（T_2）下的速率常数k_2来。

温度为T_1时：

$$\ln k_1=\ln A-\frac{E_a}{R}\cdot\frac{1}{T_1}$$

温度为 T_2 时：

$$\ln k_2 = \ln A - \frac{E_a}{R} \cdot \frac{1}{T_2}$$

两式相减并整理得：

$$\ln \frac{k_2}{k_1} = \frac{E_a}{R}\left(\frac{T_2 - T_1}{T_1 T_2}\right) \tag{5-12}$$

在浓度不变的情况下，反应速率与速率常数成正比。若假设温度为 T_1 时，反应的速率常数和反应速率分别为 k_1 和 v_1；温度为 T_2 时，反应的速率常数和反应速率分别为 k_2 和 v_2，则：

$$\frac{v_2}{v_1} = \frac{k_2 \cdot c_A^x \cdot c_B^y}{k_1 \cdot c_A^x \cdot c_B^y} = \frac{k_2}{k_1}$$

所以：

$$\ln \frac{v_2}{v_1} = \ln \frac{k_2}{k_1} = \frac{E_a}{R}\left(\frac{T_2 - T_1}{T_1 T_2}\right) \tag{5-13}$$

通过以上讨论，可以得出结论：

（1）对特定的化学反应而言，在浓度一定的情况下，反应速率取决于反应的速率常数 k，后者又与温度和反应的活化能有关。

（2）一般说来，活化能 E_a 为正值，所以，同一个化学反应，升高温度，反应的速率常数 k 增大（这与升高温度，吸热反应的平衡常数增大，放热反应平衡常数减小不同），反应速率加快。

（3）因为不同的化学反应的活化能 E_a 不同，所以升高相同的温度，对不同的化学反应，反应速率增大的程度不同。可以证明，活化能 E_a 大的化学反应的速率增加的倍数比活化能小的化学反应的速率增加的倍数要大，即活化能大的化学反应对温度的升高更敏感，这解释了范特霍夫规则没能解释的问题。

（4）在相同的温度下，根据式（5-10）或式（5-11），对指前因子 A 相近的化学反应来说，活化能 E_a 值越大，其速率常数 k 值越小，反应速率越小；反之，E_a 值越小，反应速率越大。如某反应活化能降低 $10\text{kJ} \cdot \text{mol}^{-1}$，则其速率可增加 50 倍。

一般化学反应的活化能 E_a 大约在 $42 \sim 420\text{kJ} \cdot \text{mol}^{-1}$ 之间，而大多数化学反应是在 $62 \sim 250\text{kJ} \cdot \text{mol}^{-1}$ 之间。当活化能小于 $42\text{kJ} \cdot \text{mol}^{-1}$ 时，反应的速率很快，甚至不能用一般方法测定，如中和反应等；当活化能大于 $420\text{kJ} \cdot \text{mol}^{-1}$ 时，反应的速率将非常慢。

（5）对可逆反应而言，温度对正逆反应影响是一致的，即升温能同时加快正逆反应，而降温也能同时减慢正逆反应，只不过变化幅度不同。

【例 5-3】 338K 时 N_2O_5 气相分解反应的速率常数为 0.292min^{-1}，活化能为 $103.3\text{kJ} \cdot \text{mol}^{-1}$，求 353 K 时的速率常数 k 及半衰期 $t_{\frac{1}{2}}$。

分析：由式（5-12）可求得 353K 时的速率常数 k。另外，由速率常数的单位为 min^{-1}，可知该反应为一级反应，代入一级反应的半衰期公式 $t_{\frac{1}{2}}=0.6932/k$ 可求得 353K 温度下的半衰期。

解：（1）求 353K 时的速率常数

$$T_1=338K、T_2=353K、k_1=0.292\text{min}^{-1}、E_a=103.3\text{kJ}\cdot\text{mol}^{-1}$$

根据公式代入实验值，

$$\ln\frac{k_2}{0.292}=\frac{103.3\times10^3}{8.314}\left(\frac{353-338}{338\times353}\right)$$

解得 $k_2=1.392\ \text{min}^{-1}$

（2）求反应在 353 K 时的半衰期 $t_{\frac{1}{2}}$

根据公式 $t_{\frac{1}{2}}=0.6932/k$ 代入 $k_2=1.392\text{min}^{-1}$，

解得 $t_{\frac{1}{2}}=0.498\text{min}$

5.3.3 催化剂对反应速率的影响

催化是自然界中普遍存在的现象，催化作用几乎遍及化学反应整个领域。催化工艺是现代化学工业的基石，人的生命活动也与催化反应有密切联系。研究催化还有重要的理论意义，有助于揭示物质及其变化的基本性质。

早在公元前，中国已会用酒曲造酒。按现代的说法，酒曲是生物酶的催化剂。18 世纪中叶，铅室法中利用氮氧化物的氧的传递作用制硫酸可认为是工业上采用催化剂的开始。首次对催化现象进行总结，并给出一个新术语“催化作用”的人是瑞典化学大师贝采里乌斯（Jöns Jacob Berzelius，1779—1848）。1833 年，英国的法拉第（Michael Faraday，1791—1867）提出固体表面吸附是加速化学反应的原因，这是催化作用研究的萌芽。

1836 年，贝采里乌斯发表了论文《关于在有机化合物中起着作用的新力的一些看法》，这篇论文的重要意义是：它第一次把各种不同的催化现象都连成一个整体。贝采里乌斯首先看到这些过程的共同特点是反应是由一些物质的存在引起的，但这些物质的组成部分并不出现在最后的产物中。他还指出，这些物质的这一性质过去被认为是一种例外现象，现在却证明是它们共有的。而对不同的物体来说，作用是不一样的，这种性质可以应用到实际中。

1850 年，法国的威尔汉密在研究蔗糖的转化时采用了酸催化的方法。1875 年，德国的文克勒（C. Winkler，1838—1904）用铂石棉催化制造硫酸，为硫酸接触法的工业化奠定了技术基础。

被认为是现代物理化学之父的德国化学家奥斯特瓦尔德从 19 世纪 90 年代起，通过各种强酸对酯类水解反应和糖的转化反应速率的加快现象的研究，发现了氢离子的催化作用。他还从多方面研究了催化过程。这一时期他发表了一系列关于催化作用的著作。他在 1892 年给阿伦尼乌斯的信中写道：我们到处都遇到催化作用，因此有必要认真加以研究。在解释为什么 19 世纪 90 年代把化学动力学和催化作用提到物理化学研究工作的首位时，奥斯特瓦尔德写道：对于技术来说，了解控制化学反应速度的规律是极其重要的，因为只有了解这些规律才有可能掌握应用在每种情况下的反应。这一点对于缓慢进行的反应特别重要，以便加速这些反应。1894 年他撰文指出，吉布斯的理论使得有必要假设催化剂加速了物质的反应而不改变物质内部的能量关系。1901 年奥斯特瓦尔德提出催化剂是改变化学反应速率的物质，而不出现在最终产物中，他提出关于催化剂的观点，并指明催化剂在理论和实践中的重要性。他深入研究了催化机理，由于在催化研究、化学平衡和化学反应速率方面的卓越贡献，他获得了 1909 年诺贝尔化学奖。

1904 年，英国科学家哈顿（A. Harden，1865—1940），分解得到非蛋白质小分子“辅酶”，这是酶催化不可缺少的物质。

1913 年，哈伯（F. Haber）等经历了两万多次的配方实验，发明了“熔铁催化剂”和高压催化合成的方法，实现了合成氨的大规模生产，这是催化工艺发展史上的重要里程碑。此后，催化科学得到迅速发展。

催化剂（catalyst）的现代表述为：能够改变化学反应速率，而本身的组成、质量和化学性质在反应前后保持不变的物质。按照催化剂与反应物的聚集状态和相溶性，可将催化过程分为均相催化（homogeneous catalysis）和多相催化（heterogeneous catalysis）。

均相催化是指催化剂和反应物在同一个相中，包括气相催化和液相催化。如前所述酯和蔗糖在酸的催化下进行的反应。均相催化的反应速率不仅与反应物的浓度有关，还与催化剂的浓度有关。

多相催化反应主要是液体反应物或气体反应物在固体催化剂表面进行的反应，其中以气体在固体催化剂表面的反应较为常见。多相催化剂的活性与其组成、结构和表面状态密切相关。一般来说，催化剂的粒子越细或表面积越大，表面缺陷越多，其催化活性越好。多相催化剂可连续进行催化；产物易于分离，使用温度范围宽，故许多工业反应都采用多相催化，或将均相催化剂附载于多孔的载体上，如将酶附载于若干不溶性载体上，获得固定化酶，应用很广。

在影响反应速率的主要外界因素中，催化剂的作用要比浓度（包括气体反应物的分压）、温度显著得多。

为什么催化剂能提高反应速率呢？研究表明，催化剂能降低反应的活化能。在反应物转变为生成物的过程中，反应物分子必须越过一个能垒，需要克服活化能，到达“山顶”——过渡态。如图 5-3，使用催化剂前后，活化能由 $E_{a,正}=E_3-E_1$ 改变为 $E_{a,正}=E_4-E_1$，所要越过的能垒降低了。显然，跨越的能垒越小，即活化能越低，分子活化越容易，反应速率也就越快。使用催化剂后，活化能降低了。

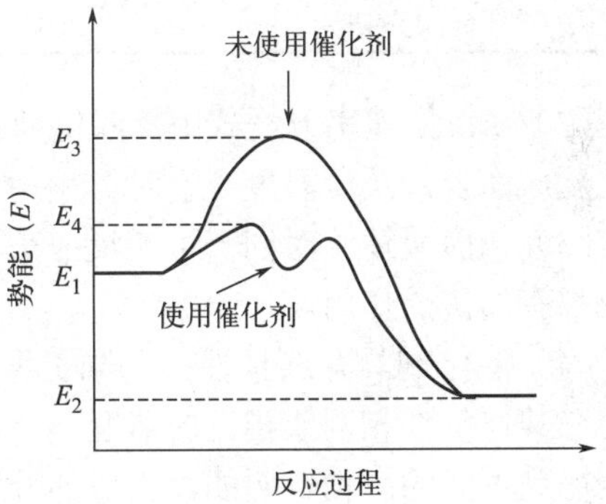

图 5-3　催化剂改变反应历程降低活化能示意图

$$\Delta E_{a,正}=(E_3-E_1)-(E_4-E_1)=E_3-E_4$$

当然，逆反应的活化能也相应地由使用催化剂前的 $E_{a,逆}=E_3-E_2$ 改变为使用后的 $E_{a,逆}=E_4-E_2$，活化能降低值。

$$\Delta E_{a,逆}=(E_3-E_2)-(E_4-E_2)=E_3-E_4$$

可见，催化剂的使用同等程度地降低了正逆反应的活化能。也就是说，使用催化剂后，正、逆反应的速率都得到了提高，而且提高的倍数相等。

在理解催化剂与反应速率的关系时，应注意以下几点：

（1）催化剂提高反应速率是通过降低反应的活化能来实现的。催化剂可以参加化学反应，并改变原来的反应途径。催化剂在参与化学反应时，先生成中间化合物，而这种中间化合物通过以下两种途径重新产生出催化剂并形成产物：

$$a.\ A + C \longrightarrow AC \longrightarrow D + F + C$$

$$b.\ A + C \longrightarrow AC$$

$$AC + B \longrightarrow AB + C$$

其中，C 为催化剂；A、B 为反应物；D、F、AB 为生成物。

例如，合成氨在温度为 800.15K 的条件下反应，无催化剂时活化能 E_a=335kJ · mol^{-1}，当用铁作催化剂时，其反应机理及活化能如下：

第一步 $N_2 + 2Fe \longrightarrow 2N\cdots Fe \qquad E_a = 126 \sim 167 kJ \cdot mol^{-1}$

第二步 $2N\cdots Fe + \frac{3}{2}H_2 \longrightarrow NH_3 + Fe \qquad E_a = 12.6 kJ \cdot mol^{-1}$

表 5-2 给出了部分反应在使用催化剂前后的活化能数值的比较，从表中可以看出，催化反应的活化能一般比非催化反应的活化能降低平均约 80kJ · mol^{-1}。

表 5-2　催化和非催化反应的活化能数值比较

反应	E_a（非催化）/kJ · mol^{-1}	催化剂	E_a（催化）/kJ · mol^{-1}
$2N_2O \longrightarrow 2N_2 + O_2$	245	Au	134
		Pt	111
$2NH_3 \longrightarrow N_2 + 3H_2$	78	W	39
		Fe	38～42
$O_2 + 2SO_2 \longrightarrow 2SO_3$	60	Pt	15

（2）在反应速率方程式中，催化剂对反应速率的影响体现在反应速率常数（k）上。对确定的反应而言，反应温度一定时，采用不同的催化剂一般有不同的 k 值。

（3）如前所述，对同一可逆反应来说，催化剂降低了正、逆反应的活化能，即对正、逆反应都有加快的作用。

（4）催化剂具有选择性。不同类型的化学反应需要不同的催化剂；对于同样的反应物，即使在其他条件相同或相近的情况下，选用不同的催化剂，反应速率可能是不同的(见上表)，甚至得到不同的产物。例如，乙醇的分解反应有以下几种情况：

$$C_2H_5OH\begin{cases}\xrightarrow{Cu,200\sim250℃} CHCHO + H_2\\ \xrightarrow{Al_2O_3,350\sim360℃} C_2H_4 + H_2O\\ \xrightarrow{Al_2O_3,350\sim360℃} C_2H_5OC_2H_5 + H_2O\\ \xrightarrow{ZnO\cdot Cr_2O_3,400\sim450℃} CH_2{=}CH{-}CH{=}CH_2 + H_2O + H_2\end{cases}$$

（5）催化剂不能改变系统的热力学性质。催化剂不能改变系统的 ΔU、ΔH、ΔS、ΔG 及平衡常数 $K^\ominus$ 等热力学性质。使用催化剂可以缩短到达平衡所需要的时间，但不能改变反应的方向以及反应进行的程度——平衡的位置；也不能改变反应的热效应，因为在等温、等容及不做非体积功的情况下，反应的热效应等于系统的内能变，即 $Q_{V,正}=\Delta U$，而内能是状态函数，内能变只与系统的始终态有关，与过程经历的路径无关，由图 5-3 可看出：

$$Q_{V,正}=\Delta U=E_{a,正}-E_{a,逆}$$

使用催化剂前后，热效应均等于 E_2-E_1。

（6）催化剂有正、负之分。能加快反应速率的称为正催化剂，能减慢反应速率的称为负催化剂。例如合成氨生产中使用的铁催化剂，硫酸生产中使用的 V_2O_5，以及促进生物体化学反应的各种酶（淀粉酶、蛋白酶、脂肪酶等）均为正催化剂；减缓金属腐蚀的缓蚀剂，防止橡胶、塑料老化的防老化剂等均为负催化剂。通常所说的催化剂一般是指正催化剂。

5.3.4 影响多相反应速率的因素

多相反应（heterogeneous reaction）包括气-固反应、液-固反应、固-固反应以及液-液反应等。在工程上实际遇到的许多化学反应是多相反应，如固体或液体燃料的燃烧、金属的氧化或腐蚀、金属在酸中的溶解、水泥和玻璃的制造等。多相反应多数是在相的界面上进行的，只有少数多相反应主要发生在不同的相中。多相反应多由扩散、吸附和化学反应等步骤组成。如固体表面上进行的气体反应，一般可以分为下列几步：（1）气体分子扩散到固体表面；（2）气体分子被吸附在固体表面；（3）被吸附物质在固体表面进行化学反应；（4）生成物从固体表面脱附（解吸）；（5）生成物通过扩散离开固体表面。

由此可见，多相反应的反应速率除与浓度（压力）、温度和催化剂有关外，还与相界面（接触面积）大小、界面的物理和化学性质，以及有无新的相产生等因素有关。

反应物的量一定时，若固体反应物粉碎度、液体反应物分散度越高，反应粒子越小，反应物表面积越大，有效碰撞机会越多，则反应速率越大。例如，刨花比木柴易于燃烧，锌粉与盐酸的反应比锌粒与盐酸的反应要快得多。因此，在生产中常把固体反应物粉碎成小颗粒或磨成细粉、拌匀后，再进行反应；将液体反应物喷淋、雾化，使其与气态反应物充分混合、接触，或将不互溶的液态反应物乳化成乳液来增大相与相之间的接触面，以提高反应速率。在多相反应中，接触面增大，会使反应速率显著增大。因此，对于一些破坏性的反应，例如面粉厂中易发生的“尘炸”反应（大量飘散在厂房内的面粉小颗粒与空气高度混合，遇火燃烧、爆炸），则务必要在车间安装防尘、防火、防爆装置。纺织厂的细纤维、煤矿中的粉尘等与空气混合，超过安全系数再遇明火就会迅速氧化而燃烧，甚至引起爆炸事故，应当特别注意通风和防火。

此外，多相反应速率还受扩散作用的影响。扩散可以使还没有起作用的反应物不断地进入相界面，同时使生成物不断地离开界面扩散出去，从而提高反应速率。以气-固反应为例，煤在燃烧时，鼓风机可使氧气不断靠近煤的表面，同时使生成的二氧化碳不断从煤的表面离去，从而使炉火烧得更旺。液-固反应也常用搅拌来促进扩散，提高反应速率（搅拌在工业生产中还同时起到促进传热的作用）。溶液中进行的反应有时还用振荡的方法促进扩散。

综上所述，除了化学反应的本性外，反应物的浓度及表面积的大小、扩散速率、反应压力及温度，尤其是催化剂，都有可能影响反应速率。此外，超声波、激光以及高能射线的作用，也可能影响某些化学反应的速率。

*5.4 链反应

有许多反应，其反应历程相当复杂，只要用任何一种方法使反应开始，它就可以自动地、迅速地进行下去，有时甚至以爆炸形式出现，这类反应称为链反应。

1913 年，德国化学家博登斯坦（Max Ernst August Bodenstein，1871—1942）在研究卤素（Cl_2、Br_2）和 H_2 的光化学反应时，发现光合成 HCl 反应具有超强的量子效率，于是他提出了链反应的概念。他认为，当光照射到 H_2-Cl_2 系统时，Cl_2 由于吸收光子 $h\nu$而活化，形成一个氯的活性中间体，该中间体能与 H_2 反应生成 HCl 和一个氢的活性中间体，该中间体能与 Cl_2 反应继续生成氯化氢和氯的活性中间体。这样重复下去，每一次光照形成的第一个活性中间体都形成一条“链”，在链的每一个环节都有 HCl 生成，如果链很长，量子效率就很高。博登斯坦对链反应的发现标志着化学动力学发展到了一个新阶段。

博登斯坦虽然提出了在 HCl 光合成链式反应中出现活性中间体，但这中间体是什么，他还不清楚。真正对 HCl 光合成链式反应机理作出正确解释的是他的老师能斯特（1916 年）。他认为过程中的活性中间体就是氯和氢的自由原子。HCl 光合成链式反应的历程可表示如下：

$$Cl_2 + h\nu \longrightarrow 2 \cdot Cl \qquad ①$$

$$Cl + H_2 \longrightarrow HCl + \cdot H \qquad ②$$

$$\cdot H + Cl_2 \longrightarrow HCl + \cdot Cl \qquad ③$$

一旦发生 $\cdot Cl + \cdot Cl \longrightarrow Cl_2$，则链反应宣告结束（现在人们知道，$\cdot H + \cdot H \longrightarrow H_2$ 或 $\cdot H + \cdot Cl \longrightarrow HCl$，也都可以使链反应终止）。能斯特敢于指出活性中间体就是氯原子和氢原子是需要勇气的，因为此前人们认为自由状态氯原子和氢原子是不能单独存在的。博登斯坦关于链反应的发现继续吸引了一些化学家的注意。此后，这一领域的研究开始活跃起来。

1927—1928 年，链反应的研究获得突破性进展，主要是由苏联的谢苗诺夫学派和英国的欣歇伍德学派分别完成的。物理学家和化学家谢苗诺夫（Nikolay Nikolayevich Semyonov，俄文：Никола́й Никола́евич Семёнов，1896—1986）和化学家欣歇伍德（Cyril Norman Hinshelwood，1897—1967）也因研究化学反应动力学的贡献而共获 1956 年诺贝尔化学奖。

已经证明，链反应是在热、辐射或其他作用下产生的某些自由基引发并传递的反应。自由基是带有未成对电子的原子或原子团，如 H·、·Cl、·OH 等。自由基在反应中有两个重要作用：一是它们非常活泼，极不稳定，可引起其他稳定分子发生反应；二是自由基与稳定分子反应时又经常产生新的自由基。所有的链反应都包含三个基本步骤。

① 链引发（chain initiation）是指处于稳定态的分子（常为引发剂）吸收了外界的能量，（如加热、光照），使它分解成自由基等活性传递物，如上述 HCl 光合成链式反应步骤①。这一步一般较慢，是链反应的速率控制步骤，其活化能相当于所断键的键能。

② 链传递（chain propagation）又叫链增长，是指链引发所产生的活性传递物与另一稳定分子作用，在形成产物的同时又生成新的活性传递物，使反应如链条一样不断发展下去，如上述步骤①和②。链传递过程也就是反应产物不断形成的过程，也是旧的自由基不断消亡，新的自由基不断生成的过程。

③ 链终止（chain termination）：当自由基被消除时链就终止，其终止方式可以是自由基相互结合成稳定分子或将能量传给容器壁而失去活性。

在上述第②步链传递过程中，如果一个自由基与一个稳定的反应物分子作用的同时，产生一个新的自由基，则这样的链反应称为直链反应（straight chain reaction）；若一个自由基消亡的同时产生几个自由基，则链传递过程形如树枝状向外发散，这样的链反应称为支链反应（branched chain reaction）。支链反应有较多的自由基同时作用，反应速率较直链反应更快，往往易导致爆炸。而链反应的理论研究成果很快就被应用于制造原子弹（原子弹爆炸属典型的支链反应）。矿井中甲烷的浓度过高，与空气（或氧气）的混合物达到一定范围（爆炸界限）时，此时若遇明火就会发生爆炸。这样的重大安全事故曾经发生过很多起，经常导致重大人员伤亡，近年来由于技防（主要是设备）和人防都比较到位，这样的事故已大幅减少。

5.5 化学反应速率与化学平衡原理综合应用的基本思路

化学动力学和化学热力学的研究范畴是不同的。化学平衡研究的是可逆反应所能达到的最大限度，以及哪些因素会影响平衡的移动，属于热力学研究的范畴。一些反应，平衡常数大，即反应限度大的化学反应，不一定能以很快的速率进行。例如，在 298.15K、标准态下，H_2 和 O_2 化合生成 H_2O 的反应，$\Delta_r G_m^{\ominus}(298.15K) = -237.18kJ \cdot mol^{-1}$，$K^{\ominus} = 3.7\times10^{41}$，反应向右的趋势很大，然而其反应速率却极小，以致多少年以后，也看不出明显的反应结果。另一些反应，虽然平衡常数很小，但反应速率却很大，很快就达到了平衡。

通过前面的讨论，人们已经知道，平衡是有条件的，浓度、压力、温度等均可能使平衡发生移动，选择合适的条件，能使反应进行得更为完全、彻底，或者能使贵重的或有毒的原料的转化率提高。另外，反应速率也受浓度、压力、温度、催化剂等因素的影响，合适的条件有助于加快反应速率，从而提高生产效率。在这些因素中，除催化剂只影响反应速率，对化学平衡没有影响外，浓度、压力、温度均可能同时影响化学平衡和反应速率，而它们对化学平衡和反应速率的影响有时是相互冲突的。例如，升高反应温度能提高反应速率，然而，温度对平衡的影响却因放热反应和吸热反应而不同，如果反应是放热的，那么升高温度，就将使反应更不完全（平衡常数减小）。这种情况下就要兼顾平衡问题和速率问题，需要综合考虑。合成氨过程中工艺条件的选择。

合成氨的反应如下：

$$N_2(g) + 3H_2(g) \rightleftharpoons 2NH_3(g)$$

常温下，该反应是一个气体分子数减少、熵减、放热的反应。通过热力学的计算得到：

$$\Delta_r H_m^{\ominus} = -91.8kJ \cdot mol^{-1}$$

$$\Delta_r S_m^{\ominus} = -198.1J \cdot mol^{-1} \cdot K^{-1}$$

$$\Delta_r G_m^{\ominus}(298.15K) = -32.8kJ \cdot mol^{-1}$$

$$K^{\ominus}(298.15K) = 5.58\times10^{5}$$

标准态下，该反应自发进行的温度条件为：

$$T < \frac{\Delta_r H_m^{\ominus}(298.15\text{K})}{\Delta_r S_m^{\ominus}(298.15\text{K})} = \frac{-91.8 \times 10^3}{-198.1}\text{K} = 463\text{K}$$

根据以上热力学数据可知，从对化学平衡有利（使反应更完全）及有助于提高反应速率考虑，各自应该选择的条件为：

从化学平衡的角度考虑，应该选择：低温（正反应放热）、高压（正反应气体分子数减少）、不断取走氨气（减少生成物浓度）。

而从动力学出发，为提高反应速率，应选择：高温、高压、催化剂。

由此可见，选择高压对两者均有利；使用催化剂有助于提高反应速率并对化学平衡无影响；而在温度的要求上两者发生冲突。此时若采用低温，平衡常数大，反应更完全，但反应速率低，不利于提高生产效率；若采用高温，虽然有助于提高反应速率，但反应不完全，同样不利于提高生产效率。工业合成氨生产工艺的选择思路是：

① 适当升高温度（673～793K），结合使用铁催化剂以提高反应速率；

② 采用除温度以外的其他方法提高氨合成率，如适当升高压力，不断取走氨气（冷却液化后分离）等。

通过对合成氨工艺条件选择思路的讨论可知，在化工生产中确定最佳工艺条件的基本步骤如下：

① 应用标准摩尔吉布斯函数变判断反应可否自发（$\Delta_r G_m^{\ominus} < 0$），并求出自发进行的温度范围。

② 应用平衡原理（吕•查德里原理）列出有助于反应更完全进行的条件及有助于提高贵重、有毒原料转化率的工艺条件；同时应用动力学原理列出有助于提高反应速率的工艺条件。

③ 对平衡和速率都有利的条件（如对吸热反应，升高温度既有利于平衡也有利于提高反应速率）或对一方有利而对另一方无影响的条件（如催化剂有利于提高反应速率而对平衡无影响）可直接选取。对于那些平衡和速率有冲突的条件，则要综合考虑。

当然，在具体选择生产条件时，还要结合工厂的实际情况。

总体一句话就是要将可能性与现实性结合起来。

思考题

1. 化学反应速率是如何定义的？
2. 碰撞理论和过渡态理论的基本要点分别是什么？两者有什么区别？
3. 影响反应速率的因素有哪些？
4. 如何加快均相和多相反应的反应速率？
5. 速率常数受哪些因素的影响？浓度和压力会影响速率常数吗？
6. 什么是反应级数？零级反应和一级反应各有什么特征？
7. 为什么说使用催化剂不会改变系统的热力学性质？
8. 为什么不同的反应升高相同的温度，反应速率提高的程度不同？ 什么样的反应速率提高得更多？
9. 是不是对于所有的化学反应，增加任意一种反应物的浓度都会提高反应速率吗？为什么？

10. 何为反应机理？你认为要想了解反应机理，最关键的是要怎么做？

11. 试解释浓度、压力、温度和催化剂加快反应的原因。

12. 质量作用定律适用于什么样的反应？

习题

1. 是非题（判断下列叙述是否正确）

（1）反应速率常数仅与温度有关，与浓度、催化剂等均无关系。（　　）

（2）反应的活化能越大，在一定温度下反应速率也越大。（　　）

（3）某反应分几步进行，则总反应速率取决于最慢一步的反应速率。（　　）

（4）催化剂能提高化学反应的转化率。（　　）

（5）催化剂能加快逆反应。（　　）

（6）反应的级数取决于反应方程式中反应物的化学计量数的和。（　　）

（7）使用催化剂后与使用催化剂前相比，反应的速率、反应历程甚至反应产物都可能发生改变。（　　）

（8）可逆反应中，吸热方向的活化能一般大于放热方向的活化能。（　　）

（9）一个反应分几步进行，即为几级反应。（　　）

（10）质量作用定律是一个适用于所有化学反应的普遍规律。（　　）

2. 选择题

（1）升高温度可以增加反应速率，主要是因为（　　）。

（A）增加了分子总数　　（B）增加了活化分子百分数

（C）降低了反应的活化能　　（D）促使反应向吸热方向移动

（2）有三个反应，其活化能（$kJ \cdot mol^{-1}$）分别为：A 反应 320，B 反应 40，C 反应 80。当温度升高相同数值时，以上反应的速率增加倍数的大小顺序为（　　）。

（A）A＞C＞B　　（B）A＞B＞C

（C）B＞C＞A　　（D）C＞B＞A

（3）在反应活化能测定实验中，对某一反应通过实验测得有关数据，按 $\lg k$ 对 $1/T$ 作图，所得直线的斜率为−3655.9，该反应的活化能 E_a 为（　　）。

（A）$76kJ \cdot mol^{-1}$　　（B）$70kJ \cdot mol^{-1}$

（C）$76\ J \cdot mol^{-1}$　　（D）$30.4kJ \cdot mol^{-1}$

（4）已知 $2NO(g) + Br_2(g) = 2NOBr(g)$ 为基元反应，在一定温度下，当总体积扩大一倍时，正反应速率变成原来的（　　）。

（A）4 倍　　（B）2 倍　　（C）8 倍

（D）1/8 倍　　（E）1/4 倍

3. 根据实验，NO 和 Cl_2 的反应

$$2NO(g) + Cl_2(g) \longrightarrow 2NOCl(g)$$

满足质量作用定律。

（1）写出该反应的反应速率方程式。

（2）该反应的总级数是多少？

（3）其他条件不变，如果将容器的体积增加至原来的 2 倍，反应速率如何变化？

（4）如果容器的体积不变而将 NO 的浓度增加至原来的 3 倍，反应速率又将如何变化？

4. 甲酸在金表面上的分解反应，已知在温度为 140℃和 185℃时的速率常数分别为 $5.5\times 10^{-4}s^{-1}$ 及 $9.2\times 10^{-2}s^{-1}$，试求该反应的活化能。

5. 某反应 $A \longrightarrow B$，当反应物 A 的浓度 $c_A = 0.200mol \cdot dm^{-3}$ 时，反应速率为 $0.005mol \cdot dm^{-3} \cdot s^{-1}$。试计算在下列情况下，反应速率常数各为多少？

（1）反应对 A 是零级；

（2）反应对 A 是一级。

6. 零级反应 $A \longrightarrow B+C$，已知 A 的起始浓度为 $0.36mol \cdot dm^{-3}$，完全分解用了 1.0h，试求该反应的速率常数。

7. 一级反应 $A \longrightarrow B+C$，已知 A 的起始浓度为 $0.50mol \cdot dm^{-3}$，速率常数 $k = 5.3\times 10^{-3}s^{-1}$。试求：（1）反应进行 3min 后，A 物质的浓度；

（2）该反应的半衰期。

8. 对于下列平衡系统：$C(s) + H_2O(g) \rightleftharpoons CO(g) + H_2(g)$，$Q$ 为正值。

（1）欲使平衡向右移动，可采取哪些措施？

（2）欲使（正）反应进行得较快而又使正反应尽可能反应完全的适宜条件是什么？这些措施对 $K^{\ominus}$ 及 k（正）、k（逆）的影响各是什么？

9. The following data were measured for the reduction of nitric oxide with hydrogen.

$$2NO(g) + 2H_2(g) \longrightarrow N_2(g) + 2H_2O(g)$$

Initial concentration/mol · dm^{-3}		Initial rate of formation of H_2O/mol · dm^{-3} · s^{-1}
c_{NO}	c_{H_2}	
0.10	0.10	1.23×10^{-3}
0.10	0.20	2.46×10^{-3}
0.20	0.10	4.92×10^{-3}

What is the rate equation for the reaction?

10. Dinitrogen pentaoxide, N_2O_5, is the anhydride of nitric acid. It is not very stable, and in the gas phase or in solution with a nonaqueous solvent it decomposes by a first-order reaction into N_2O_4 and O_2. The rate equation is

$$v = kc(N_2O_5)$$

At 45℃,the rate constant for the reaction in carbon tetrachloride is $6.22\times 10^{-4}s^{-1}$. If the initial concentration of the N_2O_5 in the solution is $0.100mol \cdot dm^{-3}$, how many minutes will it take for the concentration to drop to $0.0100mol \cdot dm^{-3}$?

11. The decomposition of HI has rate constants $k = 0.079dm^3 \cdot mol^{-1} \cdot s^{-1}$ at 508℃ and $k = 0.24dm^3 \cdot mol^{-1} \cdot s^{-1}$ at 540℃. What is the activation energy of the reaction in $kJ \cdot mol^{-1}$?

12. The reaction $2NO_2 \longrightarrow 2NO + O_2$ has an activation energy of $111kJ \cdot mol^{-1}$. At 400℃, $k = 7.8dm^3 \cdot mol^{-1} \cdot s^{-1}$. What is the value of k at 430℃?

第 6 章
分析测试

【内容提要】

在简单讨论分析化学基本概念的基础上，着重从应用角度讨论分析测试时如何选择合适的分析方法及进行分析测试的一般过程和基本方法，并对标准体系进行了简单介绍。

【本章要求】

（1）了解分析化学的任务和作用。

（2）了解分析方法的分类、各种方法的特点及选择分析方法的依据。

（3）了解试样分析的一般过程及试样的采集与制备、试样的溶解与分解方法。

（4）了解标准的初步知识。

6.1 分析化学简介

6.1.1 分析化学的任务和作用

（1）分析化学的任务

在绪论中曾经说过，化学是中心学科。化学的发展有赖于上游学科的理论指导和技术支持，同时化学也为下游学科及相关交叉学科的发展提供理论基础和测试手段。传统的分类方法认为化学学科分为无机化学、有机化学、物理化学和分析化学 4 个分支学科。在某种意义上，或许可以说化学就是以物理化学为理论指导，以分析化学为测试手段来研究无机化合物和有机化合物。

分析化学的主要任务是研究下列问题：①物质中包含哪些元素、离子、化合物或官能团，称为定性分析（qualitative analysis）；②物质中各成分的含量，包括质量分数、摩尔分数、浓度等，称为定量分析（quantitative analysis）；③物质的分子结构、晶体结构、空间构型等，称为结构分析（structure analysis）。研究对象从单质到复杂的混合物和大分子化合物；从无机物到有机物。样品可以是气态、液态或固态；称样重量可由 0.1 毫克至 100 克以上；所用仪器从试管直到高级仪器（这些高级仪器可能附带自动化设备并用电子计算机程序控制、记录、数据计算与分析及结果储存）。

分析化学（analytical chemistry）是研究物质的组成、含量、结构和形态等化学信息的分析方法及理论的一门科学，是化学的一个重要分支。分析化学可定义为获得化学信息的科学，或者进一步把分析化学认定为化学信息的科学。

分析化学的这种特性并非今天才出现的，也并非仅仅因为信息在当代社会的重要性，人们才开始强调这一点。重新审视“分析化学作为提供化学信息的科学”这一本质，反映了分析化学在提供化学信息功能上取得了新的进展，甚至可能是质的飞跃。如今，分析工作者不仅仅是单纯的数据提供者，而是能够为解决实际问题提供所需化学信息的专家。他们以化学信息提供者的身份，真正参与到生产和科研中实际问题的解决过程中。

例如，在考古学中，分析工作者被要求对出土文物进行分析鉴定。这种鉴定不仅要求不损伤文物，而且掌握现代分析技术的分析工作者可以方便地采用无损分析方法来实现这一点。然而，更重要的是，考古学所提出的问题不仅仅是要求提供文物的化学组成或元素含量等原始数据，而是需要回答更具实质性的问题，比如：被鉴定的文物属于哪个朝代？哪些文物可能来自同一时期？这些在过去可能被认为是考古学范畴的问题，如今由于统计学和计算机科学方法的引入，分析化学工作者可以运用化学模式识别等分析化学计量学方法，直接回答考古学提出的问题，并在考古学家的协助下，将原始分析数据转化为有用的信息，如文物的年代、地区分布等。

再比如，在环境科学中，分析工作者面临大气或水污染监测的挑战。他们不仅要提供污染物的成分和浓度分布等原始数据，还需要利用分析化学计量学中的重要方法（如因子分析），来解析这些数据，从而提供更深入的信息，例如污染源的数量、分布区域及其他特征。

在医学检验领域中，除了物理学和生物学检验外，化学检验（如血液检验、尿液检验等）也极为重要。有时，除了需要静态数据外，还需要与时间和空间相关的动态数据。例如，糖尿病患者需要在不同时间和状态下测量血糖值，而示踪剂检测技术则常用于确定物质的空间分布和位置信息。

甚至在刑侦领域中，获取犯罪嫌疑人信息的最可靠方法之一也是 DNA 检测，这方面的应用不胜枚举。

当然，分析工作者要完成这些任务，必须与相关领域的专业人员（如环境科学家、医务工作者、刑侦人员等）协同合作，否则仅凭实验室得出的结论无法解决实际问题，甚至可能导致得出错误结论。

在当今时代，学科交叉的不断深化为分析化学学科基础注入了新的活力。这不仅包括基于物理学、生物学和仪器科学原理的现代分析化学方法，还涵盖了与任何分析方法都密切相关的信息理论、统计学和计算机科学等基础学科。这些交叉学科的发展不仅推动了分析化学的进步，也为这一传统学科带来了新的活力和广阔的发展前景。

（2）分析化学的作用

如前所述，分析化学的作用已经远远超越了化学学科本身，它正在为各行各业、各个领域提供从宏观到微观、从组成到结构和形貌各个层面的化学信息。

① 在科学技术方面：分析化学有“科学研究的眼睛”之称。分析化学在生命科学、材料科学、能源科学、环境科学等的科学研究中起着不可或缺的作用。

② 在农业方面：水、土壤成分及性质的测定，化肥、农药的分析，作物生长过程的研究，残留物及农产品质量检验，以及在以资源为基础的传统农业向以生物科学技术和生物工程为基础的“绿色革命”的转变中，分析化学都将发挥重要作用。

③ 在工业方面：从资源的勘探、矿山的开发、原料的选择、流程控制、新产品研发、成品检验、“三废”处理及利用等都必须依赖分析结果。

④ 在国防方面：武器装备的研制和生产，敌特及犯罪活动的侦破，也需分析化学的配合。分析化学在武器结构材料，航天、航海材料，动力材料等的研究中都有广泛的应用。

⑤ 在生命科学方面：分析化学在研究生命过程化学、生物工程、生物医学中，对于揭示生命起源、生命过程、疾病及遗传奥秘等方面具有重要意义。例如，新冠疫情暴发后，新冠病毒的基因组序列很快被分析测定出来，这对后期诊断试剂盒的设计、病毒同源性分析及溯源追踪、病毒序列突变追踪以及开发疫苗、治疗性抗体和药物等方面提供了线索。

6.1.2 分析化学的分类和特点

分析化学除了按分析任务分为定性分析、定量分析和结构分析外，还有以下分类方法。

6.1.2.1 按研究对象分类

无机分析：分析对象是无机物。例如，采用重量分析法测定硫酸盐含量。

有机分析：分析对象是有机物。例如，利用双键对紫外光吸收的特性分析有机化合物的含量。

6.1.2.2 按试样用量分类（表 6-1）

表 6-1 各类方法的样品用量对照表

方法	试样质量	试样体积
常量分析	>0.1g	>10mL
半微量分析	0.01～0.1g	1～10mL
微量分析	0.1～10mg	0.01～1mL
超微量分析	<0.1mg	<0.01mL

6.1.2.3 按分析要求分类

例行分析：一般化验室配合生产的日常分析，又叫常规分析。

仲裁分析：又叫裁判分析，当不同单位对分析结果有争议时，请权威分析机构或双方认可的第三方机构用指定的方法进行准确的分析，以判断原分析结果的可靠性。

6.1.2.4 按分析的原理及所用的仪器分类

（1）化学分析法

化学分析法又称经典分析法，是利用物质的化学性质进行分析的方法，主要有重量分析法和滴定分析（容量分析）法等。化学分析法定量的基础是化学反应方程式。

其中，重量分析法是根据反应产物（一般是沉淀）的质量来确定被测组分在试样中的含量。例如，试样中钡的测定，可在试样中加入过量的稀硫酸，使之生成 $BaSO_4$ 沉淀，经过滤、洗涤、灼烧后称量，以测得试样中 Ba 的质量分数 w(Ba)。重量分析法适用于含量在 1%以上的常量组分的测定，准确度高，误差在 0.1%～0.2%之间，但操作麻烦、费时。

化学分析法中另一种方法叫滴定分析法。滴定分析法是将一种已知浓度的标准溶液，用滴定管滴加到被测物质的溶液中，直到反应完全为止，根据滴定所消耗的标准溶液的体积和浓度，即可利用化学反应计量关系计算出被测组分的含量。由于所用的测量数据是体积，所以滴定分析法又称为容量分析法。

根据所依据的化学反应类型的不同，滴定分析法又可分为酸碱滴定法、配位滴定法、沉淀滴定法和氧化还原滴定法。酸碱滴定主要是利用酸碱中和反应测定酸或碱的物质的量；配位滴定是利用配位剂［如螯合剂乙二胺四乙酸（EDTA）］与金属的反应来测定样品中金属元素的含量；沉淀滴定主要是利用沉淀反应进行测定（如利用 $AgNO_3$ 与卤素离子的反应测定卤素离子或银离子）；氧化还原滴定是利用氧化还原反应测定一些具有氧化性或还原性的物质，或用间接的方法测定非氧化还原性物质。

在滴定分析中，通常将已知准确浓度的试剂溶液称为“滴定剂”，把滴定剂从滴定管加到被测物质溶液中的过程叫“滴定”（titrate），加入的标准溶液（已知准确浓度的溶液）与被测物质定量反应完全时，反应即达到了“化学计量点”（stoichiometric point）。一般化学计量点是由指示剂（indicator）的变色来确定的，把在滴定中指示剂改变颜色的那一点称为“滴定终点”（end point）。滴定终点与化学计量点不一定恰好一致，由此造成的分析误差称为“终点误差”。不同的滴定方法所用指示剂是不同的，如酸碱滴定用酸碱指示剂，配位滴定用能指示金属离子浓度的金属指示剂，沉淀滴定中不同的方法选用不同的指示剂，如吸附指示剂等，氧化还原滴定中有自身指示剂、特征指示剂、氧化还原指示剂等。

滴定分析法适用于常量组分的测定，比重量分析法简便、快速，准确度也高，可用于测定很多元素，应用非常广泛。

（2）仪器分析法

仪器分析法又称现代分析法，是利用物质的物理性质或物理化学性质进行分析的方法。由于在分析过程中常常使用一些特殊的仪器设备，所以常称为仪器分析。按照利用的物理性质或物理化学性质的不同，仪器分析可分为光学分析法、电化学分析法、分离分析法及热分析法等。

光学分析法。根据物质的光学性质所建立的方法，又可分为：①分子光谱法，如可见-紫外吸光光度法、红外光谱法、X 射线衍射法、荧光光谱法等；②原子光谱法，如原子发射光谱法、原子吸收光谱法等；③其他，如激光拉曼光谱法、光声光谱法、化学发光法等。

电化学分析法。根据物质的电化学性质所建立的分析方法，主要包括电位分析法、电解分析法、库伦分析法、电导分析法、伏安法和极谱法等。

分离分析法。其是一类重要的集分离与分析于一体的分离、分析方法。主要有气相色谱法、液相色谱法、离子色谱法及质谱法等。

热分析法是指用热力学参数或物理参数随温度变化的关系进行分析的方法。国际热分析协会（International Confederation for Thermal Analysis，ICTA）于 1977 年将热分析定义为：“热分析是测量在程序控制温度下，物质的物理性质与温度依赖关系的一类技术。”根据测定的物理参数不同又可分为多种方法。最常用的热分析方法有热重量法（TG）、差热分析法（DTA）、导数（微商）热重量法(DTG)、差示扫描量热法（DSC）、热机械分析（TMA）和动态热机械分析（DMA）。

化学分析的主要特点是准确度高，即相对误差小，仪器设备简单；而仪器分析多数适用于微量及以下样品的测定，其主要特点是灵敏度高、速度快、自动化程度高。仪器分析由于微处理机的加持，加强了仪器的功能，减轻了操作的难度，并且能获得人工操作所无法比拟的大量信息。

尽管仪器分析方法具有明显的优越性，但时至今日，对常量（>1%）组分的测定仍是沿用传统的化学分析法,因为对测定含量较高的组分能取得较高的准确度仍是传统方法的优点。因此，传统分析方法并未成为明日黄花。对比起来，仪器分析法设备复杂、价格昂贵、调试维修任务重、运行成本高等也是其缺点。

化学分析法与仪器分析法对照如表 6-2 所示。

表 6-2　化学分析法与仪器分析法对照表

项目	化学分析法（经典分析法）	仪器分析法（现代分析法）
物质性质	化学性质	物理、物理化学性质
测量参数	体积、重量	吸光度、电位、发射强度等
误差	0.1%～0.2%	1%～5%
组分含量	1%～100%	＜1%
理论基础	化学、物理化学（溶液四大平衡）	化学、物理、数学、电子学、生物等
解决问题	定性、定量	定性、定量、结构、形态、能态、动力学等全面的信息

6.1.3　分析化学的发展

分析化学的发展历程源远流长，其实践与化学工艺同样古老，经历了从经验性操作到科学化体系的逐步演变。

古代起源于早期实践。分析化学的实践可以追溯到古代的冶炼、酿造和印染等工艺。这些工艺的高度发展离不开对物质的简单分析、鉴定和对制作过程的控制。例如，古代工匠通过观察和经验来判断金属的纯度、酒的品质或染料的颜色，这些活动为分析化学的萌芽奠定了基础。而炼金术的出现则进一步推动了分析手段的改进与发展，为分析化学的科学化奠定了基础。

近代分析化学的兴起。16 世纪，第一个使用天平的试金实验室的出现，标志着分析化学开始具备科学的内涵。此后，分析化学在近代物理学和化学的发展中发挥了关键作用，例如拉瓦锡通过精确的定量分析发现了质量守恒定律，为化学的科学化奠定了理论基础。

分析化学的奠基。18 世纪，瑞典化学家贝格曼（Torbern Olof Bergman，1735—1784）被誉为无机定性、定量分析的奠基人。他提出金属元素除金属态外，还可以以其他形式（如水中难溶的形式）离析和称量，奠定了重量分析中湿法的基础。德国化学家克拉普罗特（Martin Heinrich Klaproth，1743—1817）改进了重量分析的步骤，强调沉淀必须烘干或灼烧至恒重，并设计了多种非金属元素的测定方法。他准确测定了 200 多种矿物及工业产品的成分，被后人称为“分析化学之父”。

分析化学的发展。贝采里乌斯（Jöns Jacob Berzelius，1879—1848）引入了新的试剂和实验技巧，如无灰滤纸、低灰分滤纸和洗涤瓶等。他是第一位较为准确测定原子量的化学家，为元素周期律的发现积累了大量实验数据。

分析化学的体系化。弗里西尼乌斯（Carl Remigius Fresenius，1818—1897）是 19 世纪分析化学的杰出代表。他创立了分析化学专业学校，并于 1841 年和 1846 年分别出版了《定性分析》和《定量分析》两本教科书，使化学分析方法形成了一套较为完整的体系。这两本教科书被翻译成多种语言，包括晚清时期的中文版《化学考质》和《化学求数》。1862 年，弗里西尼乌斯创办了世界上第一本分析化学杂志——德文版的《分析化学》。这是最早的专注于化学分支学科的期刊，一直享有国际声誉，后来更名为《分析与生物分析化学》。

进入 20 世纪，随着现代科学技术的发展，相邻学科之间的相互渗透，使分析化学发生了巨大的变革，并发展成为一门学科。其发展经历了3次巨大的变革。

第一次是在20世纪初，物理化学溶液理论的发展，为分析化学的发展提供了理论基础，建立了溶液中四大平衡理论，使分析化学由一种技术发展为一门科学。

第二次巨大变革发生在第二次世界大战前后，物理学和电子学的发展，促进了分析化学中物理方法的发展。分析化学从以化学分析为主的经典分析化学发展到以仪器分析为主的现代分析化学。因此有些人曾怀疑经典分析化学是否仍有必要存在，并在1962年流传着“不管你喜欢不喜欢，化学正在走出分析化学”的名言。

自20世纪70年代末至今，以计算机应用为主要标志的信息时代的来临，给科学技术的发展带来了巨大的冲击，也促使分析化学进入了第三次变革时期。这次变革的推动力是生命科学、环境科学、新材料科学发展的需要，人们对分析化学的要求不再局限于“有什么”和“有多少”，而是要求提供更多、更全面的信息。分析化学吸收了当代科学技术的最新成就，成为最有活力的学科之一。从常量分析发展到微量分析，从确定组成到形态分析，从样品的总体分析到微区表面、分布及逐层分析，从宏观组分到微观结构分析，从静态分析到快速反应追踪，从破坏试样到无损分析，从离线分析到在线分析，分析化学成了全方位化学信息的提供者。因此，又流传“与其说化学正在走出分析化学，不如说数学、物理学、电子学、计算机科学、生命科学等正在走进分析化学”的名言。

从分析对象来看，生命科学、环境科学、新材料科学中的分析化学是分析化学中最热门的课题。如与生命科学有关的分析化学课题多集中在多肽、蛋白质、核酸等生物大分子分析，生物药物分析，超微量、超痕量生物活性药物分析等方面。如用生物发光分析测定ATP（三磷酸腺苷），灵敏度可达10^{-18}mol，即只要有一个细菌，其ATP就可测出，由此可研究外星球是否有生命存在。2002年诺贝尔化学奖就授予了3位在生物大分子研究领域作出突出贡献的科学家，以表彰他们创造性地应用物理化学分析法对生物大分子进行结构分析测定的研究成果。

从分析方法来看，计算机在分析化学中的应用和化学计量学是分析化学中发展最活跃的领域。

6.2 分析方法的选择

由上一节可见，分析方法的种类很多，同一种组分往往可以用多种方法进行测定，如滴定分析法、重量分析法以及仪器分析法等。而同一类方法中还有多种方法，例如铁的测定方法就有氧化还原滴定法、配位滴定法、重量分析法，以及仪器分析法（如电位滴定、库仑滴定、分光光度法）等，仅在氧化还原法中又有高锰酸钾法、重铬酸钾法或铈量法等。因此，选用哪种测定方法必须根据不同情况予以考虑。由于不同试样的测定要求不相同，且选择分析方法时应考虑的因素很多，因此，本节只能从原则上简单介绍在选择测定方法时应着重考虑的一些问题。

6.2.1 测定的具体要求

首先应明确测定的目的及要求，主要包括需要测定的组分、准确度及完成测定的速度等。

一般对标准物和成品分析的准确度要求较高，对微量成分分析则灵敏度要求较高，而中间控制分析则要求快速简便。

如标准溶液的标定就需要准确度非常高的方法，可采用滴定分析法；煤中硫的测定，如要求测定结果的准确度高，则需采用重量分析法，但测定费时、烦琐；若准确度要求不高，则可通过定硫仪进行分析，虽然准确度没有重量分析法高，但操作简单、快捷。

再比如在黏土、玻璃、岩石等的分析中，SiO_2 是测定的主要成分之一，为测定其含量，传统的方法多采用重量分析法。基本程序是将试样分解后，使 SiO_2 呈硅胶沉淀析出，然后过滤、洗涤、灼烧至恒重、称重。为了避免因硅酸的吸附作用而带入杂质，若要求测定的准确度更高，可再使 SiO_2 转化为 SiF_4 而挥发除去，然后再灼烧残渣至恒重，由减差法求得 SiO_2 的含量。此法具有干扰少、准确度高，滤液可用于其他组分的测定等优点。但操作复杂，时间冗长。为了更快速地完成测定，也可以用氟硅酸钾容量法，但该法较难掌握，除非严格遵守实验条件，一般重现性和准确性都较差，然而分析速度较快，宜用于生产控制分析上。

此外，若同一样品需要进行多个组分的分析，最好选择能同时测定多组分的方法或同一次溶样连续测定多个组分的方法。

6.2.2 待测组分的含量范围

一般情况下，化学分析法的绝对误差大（如滴定管读数的绝对误差一般为 0.02mL，分析天平为 0.2 mg），所以化学分析法适用于测定常量组分，相对误差可达千分之几，一般不适用于测定微量或低浓度的组分；反之，多数仪器分析法的相对误差大（1%～5%）而灵敏度高，适用于微量组分的测定，灵敏度可达 ppm（10^{-6}）级、ppt（10^{-4}）级甚至更高，但多不适用于常量组分的测定（某些仪器分析法如电解分析法、库仑滴定法、电位滴定法等的相对误差较小，适用于常量组分的测定），因此在选择测定方法时应考虑欲测组分的含量范围。

如铁的测定，若是常量组分，可采用配位滴定法、氧化还原滴定法（重铬酸钾法、铈量法），也可采用库仑滴定法；而微量的铁则可采用分光光度法（邻二氮菲分光光度法、硫氰酸钾分光光度法、原子吸收分光光度法等）。

6.2.3 待测组分的性质

了解待测组分的性质常有助于测定方法的选择。例如，大部分金属离子均可与乙二胺四乙酸（EDTA）形成稳定的螯合物，因此配位滴定法是测定常量金属离子的重要方法。对于碱金属，特别是钠离子等，由于它们的配合物一般都很不稳定，大部分盐类的溶解度较大，又不具有氧化还原性质，所以不能采用滴定分析法以及重量分析法。但它们却能发射或吸收一定波长的特征谱线，因此火焰光度法及原子吸收光谱法是首选的测定方法。又如农药残留量的测定，由于待测物组分较多、性质又极相近，应采用选择性好、灵敏度高的色谱分析法。又例如，溴能快速加成于不饱和有机物的双键，因此可利用此性质以溴酸盐法测定有机物的不饱和度。

6.2.4 共存组分的影响

分析较复杂的试样时，其他组分的存在往往影响测定，因此在选择测定方法时必须考虑干扰组分对测定的影响，尽量选择选择性比较高、共存元素干扰小的分析方法。例如，前述铁的测定可用配位滴定法，但岩石矿物中伴生的金属元素较多，采用 EDTA 配位滴定法测定铁的含量时，多种金属离子可能存在干扰，此时可考虑采用重铬酸钾氧化还原滴定法。

此外，适当改变分析条件，用掩蔽法或分离法（沉淀分离、萃取等）来消除干扰也是可供参考的排除干扰的方法。如对地下水中氟离子的测定，可采用电位分析法，但地下水中共存的铝离子和铁离子等与氟离子以配合物形式存在，会使测出的氟离子浓度偏低。此时排除干扰的方法有两种：一种是加入其他配位掩蔽剂以夺取与氟离子结合的铝离子和铁离子，释放出氟离子；另一种方法是在水样中加入高氯酸或浓硫酸，然后水蒸气蒸馏出 HF 并测定。

6.2.5 实验室条件

在选择测定方法时，还应根据实验室的条件因地制宜。虽然有些方法在选择性、灵敏度及准确度方面都能满足某一物质测定的要求，但所需仪器昂贵，一般实验室不一定具备，因此也只能选用其他方法。

上述这些原则都是相互联系的，所以在选择分析方法时，应首先查阅有关文献，然后根据上述原则及实际情况综合考虑，以便选出一个较为适合的测定方法。

此外，在选择分析方法时，应尽可能采用权威检测方法或法定方法如标准（见本章 6.4）。

6.3 分析过程概述

这里只简单介绍一下定量分析的一般过程。要完成一项定量分析工作，通常包括以下几个步骤。

试样的采集与制备 → 试样的干燥 → 试样的分解 → 干扰的消除 → 测定 → 分析结果的计算

6.3.1 试样的采集与制备

根据分析对象是气体、液体或固体，采用不同的取样方法。在取样过程中，最重要的是要取到能代表被测物料平均组成的样品，若所取样品的组成没有代表性，分析再准也是无用的，甚至可能导致错误的结论，给生产或科研带来很大的损失。通常分析时的取样量是很少的，甚至少到不足 1g，怎样使少至不足 1g 的样品组分含量能代表多至数千吨物料的含量呢？取有代表性的样品通常使用的方法是：从大批物料的不同部位和深度，选取多个取样点进行取样，所得大量样品经多次粉碎、过筛、混匀、缩分，以制得少量的分析试样。

在采样和制样过程中也是要尽量采用标准，如 GB/T 6678—2003《化工产品采样总则》、GB/T 6679—2003《固体化工产品采样通则》、GB/T 6680—2003《液体化工产品采样通则》、GB/T 6681—2003《气体化工产品采样通则》等。采样人员要认真研究并严格按取样标准的规定实施取样操作，保证所取的样品具有代表性和真实性。

取样前，根据物料性质准备取样工具和相应的安全防护措施，涉及干冰、液化气、液态氧氮等的取样，操作时除了应注意烫伤外，还要使用保温不渗透手套。槽车取样必须通知现场管理人员，并要求其一同前往取样点，由现场管理人员启封开盖。

现以矿石为例，简要介绍试样的采集和制备方法。

首先根据矿石的堆放情况和颗粒的大小来选取合理的取样点与采集量。根据经验公式：

$$m_Q \geqslant kd^2 \quad (6\text{-}1)$$

可决定所需试样的最小质量 m_Q（kg）。该式中 k 为缩分常数，它是经验值。试样均匀度越差，k 值越大，k 通常在 0.05kg • mm^{-2} 和 1.0kg • mm^{-2} 之间。d 为试样的最大粒度（直径，mm）。

将采集到的试样经过多次破碎、过筛、混匀、缩分后才能得到符合分析要求的试样。

破碎分为粗碎、中碎和细碎甚至研磨，以便试样的粒度小到能通过要求的筛孔，标准筛的筛号及筛孔直径的关系列于表 6-3。为了保证试样的代表性，每次破碎后过筛时，应将未通过筛孔的粗粒进一步破碎，直至全部通过筛孔，绝不可将粗颗粒弃去，因为粗颗粒的化学成分可能与细颗粒不同。

表 6-3　标准筛的筛号及筛孔直径关系

筛号(网目)	3	6	10	20	40	60	80	100	120	140	200
筛孔直径/mm	6.72	3.36	2.00	0.83	0.42	0.25	0.177	0.149	0.125	0.105	0.074

缩分的目的是使粉碎后的试样量逐步减少，一般采用四分法，即将过筛后的试样混匀，堆为锥形后压为圆饼状，通过中心分为四等份，弃去对角的两份。保留的两份是否继续缩分，可按上述公式，根据粒径与取样量的关系进行计算。

例如，有矿样 10kg，经破碎后全部通过 10 号筛孔（最大粒度直径为 2mm），设 k 值为 0.3kg • mm^{-2}，应保留的试样量为：

$$m_Q \geqslant 0.3\text{kg} \cdot \text{mm}^{-2} \times (2\text{mm})^2 = 1.2\text{kg}$$

因为

$$10\text{kg} \times (1/2)^3 = 1.25\text{kg}$$

所以要想将 10kg 试样经缩分后保留 1.2kg 以上，最多只能将试样连续缩分 3 次。

分析试样要求的粒度与试样的分解难易程度等因素有关，矿石试样一般要求通过 100～200 目筛。

6.3.2　试样的干燥

经粉碎的试样具有较大的表面，容易从空气中吸收水分，此吸附水称为湿存水。为了能准确测定试样中被测组分的含量，称取试样前，应根据试样的性质采用在不同温度下烘干的方法除去湿存水。对于烘干时易分解或干燥后在空气中更易吸收水分的样品，则可采用“风干”法。有些物质遇热易爆炸，则只能在室温下，在干燥器中除去水分。

6.3.3　试样的分解

在定量分析中，一般需要先将试样分解，在试样分解的过程中既要防止被测组分的挥发损失，又要避免引入干扰测定的杂质。应根据试样的性质与测定方法的不同，选择合适的分解方法。对于无机试样的测定常采用湿法分析，即将试样分解后转入溶液中，然后进行测定。常用的分解方法有溶解法和熔融法；而对于有机试样的分解，通常采用干式灰化法和湿式消化法。

（1）溶解法

根据试样的性质不同，采用酸或碱及溶剂溶解试样的方法即为溶解法，也是最常用的方法。在实际样品的溶解中，除常用的溶剂水外，还有一些常用的酸溶液或碱溶液，总结如下。

HCl 金属活动顺序在氢以前的金属和合金、碱性氧化物及弱酸盐都能溶解于 HCl 中。利用 Cl^-的还原性和配位能力，还可溶解软锰矿（MnO_2）和赤铁矿（Fe_2O_3）。

HNO_3 HNO_3 具有氧化性，除铂、金及某些稀有金属外，绝大部分金属能溶解于硝酸。但能被 HNO_3 钝化的金属（如铝、铬、铁）以及与 HNO_3 作用生成不溶性酸的金属（如锑、锡、钨）都不能被 HNO_3 溶解。

H_2SO_4 浓热的 H_2SO_4 有强氧化性和脱水能力，能溶解多种合金及矿石，还常用以分解破坏有机物。其沸点高（338℃），加热溶解至 H_2SO_4 冒白烟（SO_3）时可以除去溶液中的 HCl、HF 和 HNO_3。

H_3PO_4 H_3PO_4 加热时变成焦磷酸，具有强的配位能力，常用以溶解合金钢和难溶矿。

$HClO_4$ 热的 $HClO_4$ 具有强的氧化性和脱水能力。加热溶解至 $HClO_4$ 冒白烟（203℃），可除去低沸点酸。但热的 $HClO_4$ 遇有机物易发生爆炸，使用时应当先用 HNO_3 氧化有机物和还原剂，然后再加 $HClO_4$。

HF HF 的酸性较弱，但 F^-的配位能力很强，HF 常与 H_2SO_4 或 HNO_3 混合使用以分解硅酸盐，但由于 HF 与 Si 反应形成具有挥发性的 SiF_4，所以用其分解试样时需在铂金或聚四氟乙烯容器中进行。

NaOH NaOH 主要用于分解某些具有两性的金属（如铝）或氧化物（如 Al_2O_3）。

王水 王水是浓盐酸和浓硝酸按 3∶1（体积比）混合而得的，具有极强的氧化性和分解能力，可用于分解一些难溶的贵金属、合金和硫化物。

（2）熔融法

该法是将试样与固体溶剂混匀后置于特定材料制成的坩埚中，在高温下熔融，分解试样，再用水或溶液浸取，使其转入溶液中。按所用溶剂的酸碱性，可分为酸熔法和碱熔法。

酸熔法 常用的酸性溶剂有 $K_2Cr_2O_7$ 和 $KHSO_4$。在高温下分解产生的 SO_3 能与碱性氧化物反应，以此可分解铁、铝、钛、锆、铌等氧化物矿石，可使用石英或铂坩埚进行熔融。

碱熔法 常用的碱性溶剂有 Na_2CO_3、NaOH、Na_2O_2 等，用于分解大多数酸性矿物。由于 Na_2O_2 腐蚀性强，熔融时只能使用铁、银或刚玉坩埚。

（3）干式灰化法

干式灰化法是将有机物试样置于马弗炉中高温（400～700℃）分解，留下的无机残渣以酸提取后制成分析试液。这种方法由于不使用熔剂分解样品，空白值低，所以对微量元素的分析有重要意义。

易挥发元素可使用低温灰化操作装置来测定。如采用高频电激发的氧气流通过试样，温度仅 150℃，即可将样品分解，用以测定生物样品中 As、Se、Hg 等元素的含量。

另外，氧瓶燃烧法也是一种使用较为普遍的干式灰化法，它是将试样包在定量滤纸中，用铂丝固定，放入充满氧气的密封烧瓶中燃烧，试样中的卤素、硫、磷及金属元素分别形成卤素离子、硫酸根、磷酸根及金属氧化物而被溶解在吸收液中，可进行分别测定，它具有试样分解完全、操作简便、快速、适用于少量试样的分析等优点。

（4）湿式消化法

湿式消化法使用硝酸和硫酸混合液作为溶剂与试样一同加热煮沸分解，对于含有易形成挥发性化合物（如氮、砷、汞等）的试样，一般采用蒸馏法分解。这种方法具有简便、快速的特点，但应注意分解溶剂的纯度，否则会因溶剂不纯而引入杂质。例如，克氏定氮法就是利用湿法消化法进行分解的。首先将试样中的有机氮分解为无机铵盐，再加入 NaOH 使铵盐变为氨气挥发出来，挥发出的氨气被过量的盐酸吸收，然后用标准 NaOH 溶液滴定剩余的盐酸，根据滴定过程中消耗的 NaOH 的量及盐酸的总量就可计算出原来试样中氮的含量。

6.3.4 干扰的消除

复杂样品中常含有多种组分，在测定其中某一组分时，共存的其他组分常常发生干扰，应当设法消除。采用掩蔽剂来消除干扰是一种比较简单、有效的方法。但有时只靠掩蔽剂是不能彻底消除干扰的，特别是当干扰物质的浓度很大或没有合适的掩蔽剂时，就需要将被测组分与干扰组分先分离。常用的分离方法有沉淀分离法、萃取法、离子交换法和色谱分离法。不同的分析方法中采取的消除干扰的方法也不尽相同，应区别对待。例如采用 EDTA 配位滴定法分析含 Al^{3+}和 Zn^{2+}的混合溶液中 Zn^{2+}时，Al^{3+}构成严重干扰，可加入 F^-，使之与 Al^{3+}形成稳定的配离子$[AlF_6]^{3-}$，如此可掩蔽 Al^{3+}而直接滴定 Zn^{2+}。

6.3.5 测定及分析结果的计算

根据被测组分的性质、含量和对分析结果准确度的要求，选择合适的分析方法进行测定。测定时，按照标准实验方法进行实验，记录好所测得的实验数据。为了使测定的随机误差尽量小，测定时应平行测定数次（一般 3 次）取平均值。

根据试样质量、测量所得数据及分析过程中有关反应的化学计量关系，即可计算试样中有关组分的含量，该含量可以用被测物的质量、质量分数或浓度来表示，并利用统计学原理评价分析结果的准确度与精密度。

仪器分析的定量方法与化学分析的定量方法不同。除少数仪器方法（如库仑分析、电重法、热分析等）外，一般都需要与待测物质相同的标准样品。通过把测定样品时所得到的响应信号（电信号、光信号等）与测定一定质量或一定浓度的标准样品所得到的响应信号作比较，从而确定待测样品的质量或浓度。

6.4 标准体系简介

标准是标准化活动的成果，也是标准化系统中最基本的要素和标准化学科中最基本的概念。由于现代科学技术的迅速发展和贸易的进步，需要对产品、技术、管理、服务，甚至对科技术语都作出统一的规定或规范，因此便有了各种各样的标准、标准化委员会和标准化行政管理部门。

6.4.1 标准化的概念

标准（standard）是一种技术要求、技术规范。1983 年，我国在 GB 3935—1983《标准化基本术语》中对标准的定义如下：

标准是对重复性事物或概念所做的统一规定，它以科学、技术和实践经验的综合成果为基础，经有关方面协商一致，由主管部门批准，以特定形式发布，作为共同遵守的准则和依据。

该定义具体地说明了标准具有下列 4 个方面的含义：

（1）制定标准的对象是重复性事物或概念。

（2）标准产生的客观基础是“科学、技术和实践经验的综合成果”。

（3）标准在产生过程中要“经有关方面协商一致”。比如产品（如食盐）标准不能仅由生产、制造部门来决定，这样制定出来的标准才能考虑各方面尤其是使用方的利益，才更具有权威性、科学性和实用性，实施起来也较容易。

（4）标准的本质特征是统一。这就是说标准“由标准主管机构批准以特定形式发布，作为共同遵守的准则和依据”的统一规定。

国际标准化组织（International Organization for Standardization，ISO）的标准化原理委员会（STACO）一直致力于标准化基本概念的研究，先后以“指南”的形式给“标准”的定义作出统一规定，1991年，ISO与国际电工委员会（International Electro technical Commission，IEC）联合发布第2号指南《标准化与相关活动的基本术语及其规定（1991年第6版）》，该指南给“标准”定义如下：

“标准是由一个权威公认的机构制定和批准的文件，它对活动或活动的结果规定了规则、导则、特性值，供共同和反复使用，以实现在预定结果领域内最佳秩序的效益。”

该定义明确告诉我们，制定标准的目的、基础、对象、本质和作用。由于它具有国际权威性和科学性，无疑应该是世界各国，尤其是ISO和IEC成员应该遵循的标准。

6.4.2 标准的分类

为了不同的目的，可以从各种不同的角度，对标准进行不同的分类方法。目前，人们常用的分类方法有以下三种。

（1）按约束分类

按约束力，国家标准、行业标准可分为强制性标准、推荐性标准和指导性技术文件三种：

① 强制性标准：强制性标准主要是指那些保障人体健康，人身、财产安全的标准以及法律、行政法规规定强制执行的标准。

② 推荐性标准：除强制性标准范围以外的标准是推荐性标准。推荐性标准不强制执行，但这些标准都是按国家或行业部门规定的标准制定程序，由专家组起草，经有关各方协商一致，并经国家或行业主管部门批准的。

③ 指导性技术文件（暂行标准）：指导性技术文件是一种推荐性标准化文件。它的制定对象是需要标准化，但尚未成熟的内容，或有标准化价值但不急于强求统一，或者需要结合具体情况灵活执行，不宜全面统一的对象等。

（2）层级分类法

按照标准化层级可以将标准划分为不同层次和级别的标准，如国际标准、区域标准；国家标准、行业标准、地方标准和企业（公司）标准。

① 国际标准：由国际标准化或标准组织制定，并公开发布的标准是国际标准。

因此，ISO、IEC批准发布的标准是目前主要的国际标准，ISO认可，即列入《国际标准题内关键词索引》的一些国际组织（如国际计量局（BIPM）、食品法典委员会（CAC）、世界卫生组织（WHO）等组织）制定，发布的标准也是国际标准。

② 区域标准：区域标准是由某一区域标准组织或标准组织制定，并公开发布的标准。如欧洲标准化委员会（CEN）发布的欧洲标准（EN）就是区域标准。

③ 国家标准：国家标准是由国家标准团体制定并公开发布的标准。如GB、ANSI、BSI、

AFNOR、DIN、JIS 等分别是中、美、英、法、德、日等国国家标准的代号。

④ 行业标准：由行业标准化团体或机构发布的在某行业范围内统一实施的标准是行业标准，又称为团体标准。如美国的材料与试验协会标准（ASTM）、石油学会标准（API）、机械工程师协会标准（ASME）、英国的劳氏船级社标准（LR），都是国际上有权威性的团体标准，在各自的行业内享有很高的信誉。

我国的行业标准是“对没有国家标准而又需要在全国某个行业范围内统一的技术要求所制定的标准”，如 JB、QB、FZ、TB、HG 等就是机械、轻工、纺织、铁路运输、化工等行业的标准代号。

⑤ 地方标准：地方标准是由一个国家的地方部门制定并公开发布的地方标准。我国的地方标准是对没有国家标准和行业标准而又需要在省、自治区、直辖市范围内统一的产品安全、卫生要求、环境保护、食品卫生、节能等有关要求所制定的标准，它由省级标准化行政主管部门统一组织制定、审批、编号和发布。

⑥ 企业标准：企业标准（有些国家又称公司标准），是由企事业单位自行制定、发布的标准，也是“对企业范围内需要协调、统一的技术要求、管理要求和工作要求”所制定的标准。

企业标准有以下几种：a. 企业生产的产品，没有国家标准、行业标准和地方标准的，制定的企业制定产品标准；b. 为提高产品质量和技术进步，制定的严于国家标准、行业标准或地方标准的企业产品标准；c. 对国家标准、行业标准的选择或补充的标准；d. 工艺、工装、半成品和方法标准；e. 生产、经营活动中的管理标准和工作标准。

美国波音飞机公司、德国西门子电器公司、新日本钢铁公司等企业发布的企业标准都是国际上有影响的先进标准。

（3）对象分类法

按照标准对象的名称归属分类，可以将标准划分为产品标准、工程建设标准、方法标准、工艺标准、环境保护标准、过程标准、数据标准等。

此外，还有工程建设标准、安全标准、卫生标准、环境保护标准、服务标准（又称服务规范）、包装标准、数据标准、过程标准、文件格式标准、接口标准等。

6.4.3 方法标准和产品质量检验

以实验、检查、分析、抽样、统计、计算、测定、作业等各种方法为对象制定的标准是方法标准（GB/T 20000.1—2014）。

方法标准是一类十分重要的标准种类，无论是国际标准化团体，还是各国标准化机构，都很重视方法标准的制定。ISO 初期制定的标准中，方法标准和术语标准并列为当时的两大标准主题，美国 ASTM 标准中绝大多数是材料或产品实验方法标准。我国同样十分重视方法标准的制定工作，如 1984 年时，国家标准总数为 6179 个，各种方法标准数占国家标准总数的比例仅次于产品标准数，占 36.1%（2230 个），到 1986 年，仅过了 2 年，国家标准总数增加到 9388 个。方法标准数仍名列第 2 位，但占国家标准数的比例却提高到 37.6%（3530 个）。方法标准每年平均增加 650 个，增长速度超过了国家标准数的增长，可见方法标准在我国标准体系中的重要地位。

方法标准包括操作和精度要求等方面的统一规定。对所用仪器、设备、检测或检验条件、方法、步骤、数据计算、结果分析、合格标准及复验规则等方面的统一规定。

我国大部分产品标准，都把检验统一为型式检验（例行检验）与出厂检验（交收检验）两类。所有产品标准中，均应规定出厂检验的规则和检验项目，而对型式检验（例行检验），则在规定产品标准中应明确其进行条件、规则和检验项目。

一般说来，型式检验是对产品各项质量指标的全面检验，以评定产品质量是否全面符合标准，是否达到全部设计质量要求。出厂检验是对正式生产的产品在交货时必须进行的最终检验，检查交货时的产品质量是否具有型式检验中确认的质量。产品经出厂检验合格，才能作为合格品交货，出厂检验项目是型式检验项目的一部分。无论是哪种检验都必须按一定的标准进行。

思考题

1. 分析化学的任务是什么？有什么作用？

2. 分析化学按方法分类有哪些分析方法？它们各有何特点？

3. 在进行农业试验时，需要了解微量元素对农作物栽培的影响。某人从试验田中挖一小铲泥土试样，送化验室测定。试问由此试样所得分析结果有无意义？如何采样才正确？

4. 某矿石的最大颗粒直径为 10mm，若其 k 值为 $0.1\text{kg}\cdot\text{mm}^{-2}$，问至少应采取多少试样才具有代表性？若将该试样破碎，缩分后全部通过 10 号筛，应缩分几次？若要求最后获得的分析试样不超过 100g，应使试样通过几号筛？

5. 怎样溶解下列试样：锡青铜（Cu：80%、Sn：15%、Zn：5%）、高钨钢、纯铝、银币、玻璃（不测硅）。

6. 无机试样和有机试样的分解主要区别有哪些？

7. 标准按层级分为几类？按约束力分为几类？

8. 企业在进行产品的出厂检验时，检验人员是否可以任意选择分析方法？

第 7 章
单质与无机化合物

【内容提要】

应用物质结构等基本理论，分析、探讨金属元素单质、非金属元素单质及其化合物的物理性质、化学性质及其递变规律。

【本章要求】

（1）了解单质物理性质、化学性质的一般规律，并能利用物质结构基础知识进行简单分析。

（2）了解典型无机化合物基本性质的一般规律及特性。

7.1 单质

7.1.1 化学元素概述

人类已经认知的化学物质有 1 亿多种，这些物质却仅仅由 100 多种化学元素（chemical element）组成。

元素这一概念早在远古就已经产生了，历经了世世代代的演绎，直到原子结构理论完善，才使化学元素的概念与物质原子的概念联系起来，元素的概念才更明确，更具有科学性。

早在我国战国时代就有以水、火、木、金、土为 5 种基本元素的“五行”学说，认为多姿多彩的物质世界是由水、火、木、金、土这 5 种基本元素组成的。

在古希腊，思想先进的学者也提出了类似的元素学说。先是泰勒斯（Thales，约公元前 624—约公元前 546）认为水是万物之源；阿那克西米尼（Anaximenes，约公元前 585—约公元前 528）认为空气是万物之源；而赫拉克利特（Heraclitus，约公元前 535—约公元前 475）认为火才是万物之源。恩培多克勒（Empedocles，约公元前 495—约公元前 435）则综合前人的几种说法，提出了四元素说。认为水、火、土、空气是组成世间万物的 4 种基本元素。后来，亚里士多德（Aristotle，约公元前 384—公元前 322）又进一步提出了性质-元素学说，认为自然界存在着分成 2 对的 4 种基本性质：冷和热、干和湿。这 4 种基本性质两两组合起来，可以得到 4 种基本元素。湿和冷组合起来得到水，干和热组合起来得到火，干和冷组合成为土，湿和热组合便是空气。亚里士多德的性质-元素学说对欧洲的炼金术产生了很大的影响，是后来的炼金术士们梦想把碱金属变成黄金的理论基础。

13—14 世纪，西方的炼金术士们认为一切物质由硫、汞、盐组成。这里的硫不是今天所说的硫黄，而是指任何物质中可燃烧的部分，同样汞是指可蒸馏的部分，盐是指留下的残渣部分。在此基础上，到 16 世纪，瑞士医生、化学家帕拉塞尔苏斯（P. A. Paracelsus，约 1493—1541）提出“三要素”论，即认为世界上万物是由硫、汞、盐，这 3 种元素组成的。他还把炼金术和医学结合起来，形成了医疗化学，并认为化学的目的并不是炼制贵金属金和银，而是为了制造药品，为医学服务。显然，他的三元素学说比亚里士多德的四元素说要具体得多，也更实际。虽然如此，他对“元素”这一概念还是没有明确的定义。

直到 17 世纪中叶，著名的英国物理学家和化学家波意耳做了大量研究物质组成的化学实验。通过实验研究，他认识到世上万物既不是由亚里士多德提出的“水、火、土、空气”4 种元素组成的，也不是由帕拉塞尔苏斯提出的“硫、汞、盐”3 种要素组成的。1661 年，波意耳在《怀疑派化学家》（The Sceptical Chemist）一书中第一次对“化学元素”这一概念提出了明确的定义：元素是那些原始的、简单的或者丝毫没有混杂的物质；它们既不由其他物质造成，也不由彼此造成，它们是这样一些物质，所有称之为混合物的物质都是由它们直接化合而成，并且最终分解成为它们。按照他提出的元素定义，当时人们实际上已经认识了金、银、铜、碳、硫等 13 种元素。

随后在 18 世纪 70 年代，著名的法国化学家拉瓦锡对碳、磷、硫等物质的燃烧过程进行了系统、细致的实验研究，还对多种金属的煅烧过程和煅烧生成的煅灰进行了对照分析。之后，他把那些无法再分解的物质称为简单物质，也就是元素，并在 1789 年发表的著名的《化学概要》（*Traité Élémentaire de Chimie*）一书中，第一次具体指出了 33 种化学元素，从而使“化学元素”有了明确而具体的形象。但在他提出的元素表中，除了当时已经知道的 24 种真正的化学元素外，还包含了光和热，以及应该是化合物的 7 种物质。

此后在很长的一段时期里，元素被认为是用化学方法不能再分的简单物质。这就把元素和单质两个概念混淆或等同起来了。而且，在后来的一段时期里，由于缺乏精确的实验材料，究竟哪些物质应当归属于化学元素，或者说究竟哪些物质是不能再分的简单物质，这个问题也未能获得解决。

19 世纪初，道尔顿创立了原子学说，并着手测定原子量，化学元素的概念开始和物质组成的原子量联系起来，使每一种元素成为具有一定质量的同类原子。

1841 年，贝采里乌斯（Berzelius，1779—1848）根据已经发现的一些元素（如硫、磷）能以不同的形式存在的事实（硫有菱形硫、单斜硫，磷有白磷和红磷）创立了同素异形体（allotrope）的概念，即相同的元素能形成不同的单质。这就表明元素和单质的概念是有区别的。

19 世纪后半叶，门捷列夫在建立化学元素周期表的同时，明确指出元素的基本属性是原子的质量。他认为，元素之间的差别集中表现在不同的原子量上。他提出应当区分单质和元素两个不同概念，指出在红色氧化汞（HgO）中并不存在金属汞和气体氧，而是元素汞和元素氧。只有当汞和氧以单质形式存在时，才表现为金属和气体。至此，人们才对“化学元素”有了一个比较明确的概念。

1923 年，国际同位素与原子量委员会规定：将核电荷数相同的原子称为同一种元素。

今天，我们对化学元素的认识虽然仍未完结，但已取得相当的成果。到目前为止，总共有118种元素被发现或人工制造出来，其中90多种存在于地球上，目前已探明地壳、大气及海洋中的元素或组成（表7-1～表7-3）。从铀之后的第93号到118号元素，除镎（Np）和钚（Pu）在地球上有极微量存在外，其他都是那些至今在地球上未能被发现的元素，要通过人为创造条件分别发现它们。近日俄罗斯杜布纳联合原子核研究所宣布要合成第119号元素。由于第118号元素已经位于元素周期表第七周期的最后一格，如果第119号元素一旦被合成出来，则元素周期表将要开辟新的一行（第八周期），这是否意味着人工合成新元素可一直进行下去？

表7-1 地壳中主要元素的丰度

元素	O	Si	Al	Fe	Ca	Na	K	Mg	H	Ti
质量分数/%	48.6	26.3	7.73	4.75	3.45	2.74	2.47	2.00	0.76	0.42

表7-2 大气中的平均组成

气体	体积分数/%	质量分数/%	气体	体积分数/%	质量分数/%
N_2	78.09	75.51	CH_4	0.00022	0.00012
O_2	20.95	23.15	Kr	0.000114	0.00029
Ar	0.934	1.28	N_2O	0.0001	0.00015
CO_2	0.0314	0.046	H_2	0.00005	0.000003
Ne	0.001818	0.00125	Xe	0.0000087	0.000036
He	0.000524	0.000072	O_3	0.000001	0.000036

表7-3 海水中主要元素的含量（不考虑溶解的气体）

元素	质量分数/%	元素	质量分数/%	元素	质量分数/%
O	85.89	Br	0.0065	N（硝酸盐）	约0.00007
H	10.32	C（无机物）	0.0028	N（有机物）	约0.00002
Cl	1.9	Sr	0.0013	Rb	0.00002
Na	1.1	B	0.00046	Li	0.00001
Mg	0.13	Si	约0.00040	I	0.000005
S	0.088	C（有机物）	约0.00030	U	0.0000003
Ca	0.040	Al	约0.00019		
K	0.038	F	0.00014		

7.1.2 单质的晶体结构

在元素周期表中，从ⅠA族到ⅢA族（包括中间的B族）化学元素的最外层电子数较少（≤3），原子核对最外层电子的吸引力较小，这些元素为金属元素（氢、硼除外）。金属元素的单质在常温、常压下均以金属晶体的形式存在（汞除外）。随着元素族序数的增加，化学元素的最外层电子数逐渐增多，（从ⅣA族到ⅦA族化学元素的最外层电子数较多，≥4），原子核对最外层电子的吸引力也逐渐增大，这些元素大多为非金属元素。非金属元素单质在常温、常压下的晶体结构呈现多样化，部分非金属元素还存在同素异形体现象。单质的晶体结构见表 7-4。

表 7-4 单质的晶体结构

<table>
<tr><th colspan="2">族</th><th>ⅠA</th><th>ⅡA～ⅡB</th><th>ⅢA</th><th>ⅣA</th><th>ⅤA</th><th>ⅥA</th><th>ⅦA</th><th>0</th></tr>
<tr><td colspan="2">价电子构型</td><td>ns^1</td><td></td><td>ns^2np^1</td><td>ns^2np^2</td><td>ns^2np^3</td><td>ns^2np^4</td><td>ns^2np^5</td><td>ns^2np^6</td></tr>
<tr><td rowspan="6">周期</td><td>1</td><td>H_2
分子晶体</td><td rowspan="6">金属晶体</td><td></td><td></td><td></td><td></td><td></td><td>He
分子晶体</td></tr>
<tr><td>2</td><td>Li
金属晶体</td><td>B
近原子晶体</td><td>金刚石 C
原子晶体
石墨 C
层状晶体</td><td>N_2
分子晶体</td><td>O_2
分子晶体</td><td>F_2
分子晶体</td><td>Ne
分子晶体</td></tr>
<tr><td>3</td><td>Na
金属晶体</td><td>Al
金属晶体</td><td>Si
原子晶体</td><td>白磷 P_4
分子晶体
黑磷 P_x
层状晶体</td><td>斜方硫 S_8
分子晶体
弹性硫 S_x
链状晶体</td><td>Cl_2
分子晶体</td><td>Ar
分子晶体</td></tr>
<tr><td>4</td><td>K
金属晶体</td><td>Ga
金属晶体</td><td>Ge
原子晶体</td><td>黄砷 As_4
分子晶体
灰砷 As_x
层状晶体</td><td>红硒 Se_8
分子晶体
灰硒 Se_x
链状晶体</td><td>Br_2
分子晶体</td><td>Kr
分子晶体</td></tr>
<tr><td>5</td><td>Rb
金属晶体</td><td>In
金属晶体</td><td>灰锡 Sn
原子晶体
白锡 Sn
金属晶体</td><td>黑锑 Sb_4
分子晶体
灰锑 Sb_x
层状晶体</td><td>灰碲 Te
链状晶体</td><td>I_2
分子晶体</td><td>Xe
分子晶体</td></tr>
<tr><td>6</td><td>Cs
金属晶体</td><td>Tl
金属晶体</td><td>Pb
金属晶体</td><td>Bi 层状晶体
（近于金属晶体）</td><td>Po
金属晶体</td><td>At</td><td>Rn
分子晶体</td></tr>
</table>

从表中可以看出，同一周期化学元素单质的晶体结构从左到右大体呈现由金属晶体经原子晶体或过渡型晶体逐渐成为分子晶体的变化趋势。在ⅣA 族到ⅥA 族内，元素单质的晶体结构呈现由上而下从原子晶体或分子晶体逐渐向金属晶体转变的趋势。

在金属晶体中，金属原子紧密堆积，分别以面心立方、体心立方、密排六方等晶格形式结合起来，金属原子间的结合力是金属键。

在非金属晶体中，非金属元素单质的晶体结构可按分子中含有原子数目的多少分成 3 类：一类是由许多原子组成的巨型分子物质，如金刚石、单晶硅等原子晶体；灰硒等无限的链状晶体；石墨、灰砷等层状晶体。再一类是由多个原子组成的分子物质，如斜方硫 S_8、红硒 Se_8、白磷 P_4、黄砷 As_4 等。还有一类是由 1 个或 2 个原子组成的小分子物质，如卤素、稀有气体等。

部分非金属单质的晶体构型如图 7-1 所示。

7.1.3 单质的物理性质

（1）单质的熔点、沸点

单质熔点、沸点的大小主要由单质的晶体结构决定。一般情况下，金属单质为金属晶体，其晶格粒子间的结合力为键能较大的金属键，故其熔点、沸点都较高。如大多数金属单质的沸点都在 973K 以上（Rb、Cs、Hg 除外），最高可达 5900K。而非金属单质因其晶体类型复杂，故其熔点、沸点相差很大。如原子晶体金刚石的熔点超过 4000K，而分子晶体单质氯的熔点只有 172K。单质的熔点见表 7-5，单质的沸点见表 7-6。

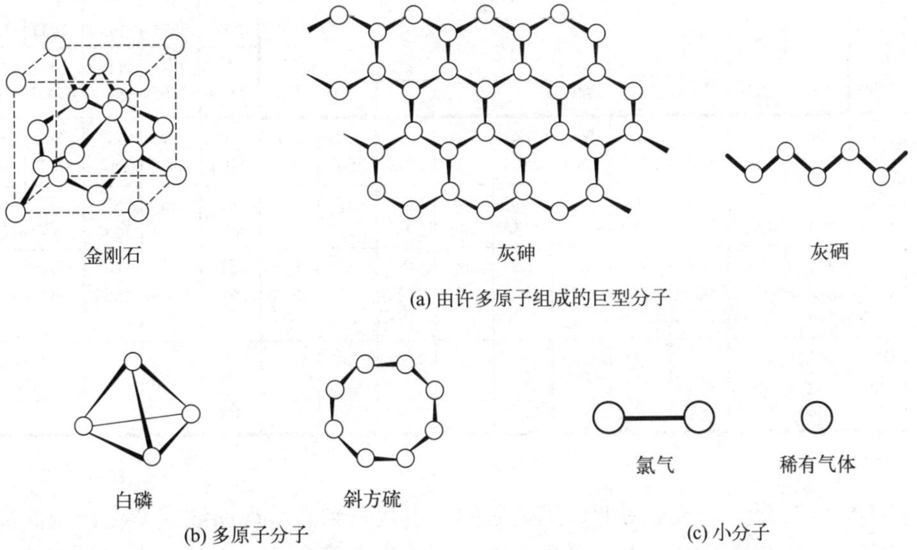

图 7-1　非金属单质的晶体构型

表 7-5　单质的熔点　　单位：℃

	IA	IIA	IIIB	IVB	VB	VIB	VIIB	VIII	VIII	VIII	IB	IIB	IIIA	IVA	VA	VIA	VIIA	0
1	H −259.2																	He
2	Li 180.5	Be 1287											B 2075	C① 4489	N −210	O −218.8	F −219.7	Ne② −248.6
3	Na 97.8	Mg 650											Al 660.3	Si 1414	P(白) 44.15	S(单) 115.2	Cl −101.5	Ar③ −189.4
4	K 63.5	Ca 842	Sc 1541	Ti 1668	V 1910	Cr 1907	Mn 1246	Fe 1538	Co 1495	Ni 1455	Cu 1084.6	Zn 419.5	Ga 30.8	Ge 938.3	As④ 817	Se(灰) 220.8	Br −7.2	Kr⑤ −157.4
5	Rb 39.3	Sr 777	Y 1522	Zr 1855	Nb 2477	Mo 2623	Tc 2157	Ru 2334	Rh 1964	Pd 1555	Ag 961.8	Cd 321.1	In 156.6	Sn(白) 231.9	Sb(灰) 630.6	Te 449.5	I 113.7	Xe⑥ −111.7
6	Cs 28.5	Ba 727	La～Lu 920～1656	Hf 2233	Ta 3017	W 3422	Re 3185	Os 3033	Ir 2446	Pt 1768	Au 1064	Hg −38.8	Tl 304	Pb 327.5	Bi 271.4	Po 254	At 302	Rn −71
7	Fr 27.0	Ra 960	Ac～Lr 1050～3727															

① 指石墨在加压下（103MPa）。
② 加压下（43kPa）。
③ 加压（69kPa）下。
④ 灰砷（3.7MPa）加压下。
⑤ 加压（73.2kPa）下。
⑥ 加压（81.6kPa）下。

表 7-6 单质的沸点 单位：℃

	IA	IIA	IIIB	IVB	VB	VIB	VIIB	VIII			IB	IIB	IIIA	IVA	VA	VIA	VIIA	0
1	H −252.8																	He −268.9
2	Li 1342	Be 2471											B 4000	C 3825	N −195.8	O −183.0	F −188.1	Ne −246.1
3	Na 882.9	Mg 1090											Al 2519	Si 3265	P(白) 280.5	S 444.6	Cl −34.04	Ar −185.8
4	K 759	Ca 1484	Sc 2836	Ti 3287	V 3407	Cr 2671	Mn 2061	Fe 2861	Co 2927	Ni 2913	Cu 2562	Zn 907	Ga 2204	Ge 938.3	As① 616	Se 685	Br 58.8	Kr −153.3
5	Rb 688	Sr 1382	Y 3345	Zr 4409	Nb 4744	Mo 4639	Tc 4265	Ru 4150	Rh 3695	Pd 2963	Ag 2162	Cd 767	In 2072	Sn 2602	Sb 1587	Te 988	I 184.4	Xe −108.1
6	Cs 671	Ba 0.89	La～Lu 3464～ 3395	Hf 4603	Ta 5458	W 5555	Re 5596	Os 5012	Ir 4428	Pt 3825	Au 2856	Hg 356.6	Tl 1473	Pb 1749	Bi 1564	Po 962	At 352	Rn −61.7
7	Fr 677	Ra 1737	Ac～Lr 3157～ 3900															

① 升华点。

从表 7-5 可以看出，同一周期金属单质的熔点从左到右呈现曲线式变化：中间高、两头低。这是因为金属键的键能大小主要与金属元素的价电子数及未成对 d 电子数有关。通常，金属元素的价电子数越多，尤其是成单 d 电子数越多，形成的金属键就越强，熔点就越高。同时也要考虑金属元素的原子半径对金属单质熔点的影响。对同一主族来讲，金属元素的原子半径越小，熔点就越高。

每一周期开始的 IA 族金属的原子半径是同周期中最大的，价电子数又是最少的，因而金属键较弱，所需的熔化热小，熔点低。除锂外，钠、钾、铷、铯的熔点都在 1000℃以下。从第 IIA 族开始，同周期金属元素从左向右原子半径逐渐减小，参与成键的价电子数逐渐增加，尤其是原子的次外层 d 电子数的增加及原子核电荷数的增加导致核对外层电子作用力的逐渐增强，使金属键的键能逐渐增大，因而熔点也逐渐增高。第VIB 族原子最外 s 层和次外 d 层的成单电子数目最多，原子半径又较小，所以这些元素的单质在同周期中熔点最高。第VIIB 族以后，未成对的 d 电子数逐渐减小，因而金属单质的熔点逐渐降低。值得注意的是，部分族数较高的金属，其晶体类型有从金属晶体向分子晶体过渡的趋向，这些金属的熔点就较低。

从表 7-5 中还可以看出，同一周期非金属单质的熔点从左到右递减。这是因为非金属单质熔点、沸点的大小主要与非金属的晶体结构有关。通常，原子晶体的熔点最高，过渡型晶体的熔点低一些，而分子晶体的熔点则更低了。

单质的沸点的递变规律与熔点相似。

（2）单质的导电性

单质的导电性（conductivity）差别很大。一般来说，金属元素的单质是金属晶体，其导电性能较好，故称为良导体，如铜（Cu）、铝（Al）、银（Ag）等。但是由于个别高族数与非金属元素交界的金属单质的导电性较差，则称为半导体，如锗（Ge）、锑（Sb）等。非金属元素的单质如若是典型的分子晶体或原子晶体，则其导电性非常差，称为绝缘体，如氮（N_2）、碘（I_2）、氩（Ar）、金刚石等。如若非金属元素单质的晶体结构是过渡型，则其导电性介于良导体与绝缘体之间，该元素称为半导体，如硅（Si）、砷（As）（个别除外，如石墨为良导体）。在所有化学元素中，银的导电性最强，其次是铜、金、铝。

科学界常用电导率作为衡量物质导电能力大小的标准。电导率是物质电阻率的倒数，物质的电导率越大，物质的电阻率就越小，电子越容易通过，则导电能力就越强。反之，若某物质的电导率越小，即该物质的电阻率越大，电子越不容易通过，则导电能力就越弱。表 7-7 列出了单质的电导率。

表 7-7　单质的电导率

单位：$S\cdot m^{-1}$

	ⅠA	ⅡA	ⅢB	ⅣB	ⅤB	ⅥB	ⅦB	Ⅷ	Ⅷ	Ⅷ	ⅠB	ⅡB	ⅢA	ⅣA	ⅤA	ⅥA	ⅦA	0
1	H_2																	He
2	Li 10.8	Be 28.1											B 5.6×10^{-11}	C 7.273×10^{-2}	N_2	O_2	F_2	Ne
3	Na 21.0	Mg 24.7											Al 37.74	Si 3.0×10^{-5}	P 1×10^{-15}	S 5×10^{-19}	Cl_2	Ar
4	K 13.9	Ca 29.8	Sr 1.78	Ti 2.38	V 5.10	Cr 7.75	Mn 0.6944	Fe 10.4	Co 16.0	Ni 16.6	Cu 59.59	Zn 16.9	Ga 5.75	Ge 2.2×10^{-6}	As 3.00	Se 1×10^{-4}	Br_2	Kr
5	Rb 7.806	Sr 7.69	Y 1.68	Zr 2.38	Nb 8.00	Mo 18.7	Tc	Ru 1.3	Rh 22.2	Pd 9.488	Ag 68.17	Cd 14.6	In 11.9	Sn 9.09	Sb 2.56	Te 3×10^{-4}	I_2 7.7×10^{-12}	Xe
6	Cs 4.888	Ba 3.01	La 1.63	Hf 3.023	Ta 7.7	W 19	Re 5.18	Os 11	Ir 19	Pt 9.43	Au 48.76	Hg 1.02	Tl 5.6	Pb 4.843	Bi 0.9363	Po	At	Rn

注：本表数据胡忠鲠主编《现代化学基础》第438页，高等教育出版社，北京，2001。

良导体金属单质的导电性随温度降低而增强。对不少金属单质来说，温度每降低 1℃，导电率将会增大 0.4%。当温度降低到一定数值时，金属单质的电阻会完全消失，这种现象称为超导（superconduct）。电阻消失后的金属单质称为超导体（superconductor），超导体的电阻为零。金属单质电阻突然消失时的温度称为临界温度（critical temperature，T_c）。不同的金属单质其临界温度不同，如铌（Nb）的临界温度 $T_c = 9.2K$。半导体的导电性随温度升高或光照增强而增强。金属单质中若有杂质，则将大大降低其导电率。

7.1.4　单质的化学性质

单质的化学性质主要表现在氧化还原方面。金属单质在进行化学反应时倾向于失去电子，其主要的化学性质为还原性。非金属单质在进行化学反应时不仅倾向于得到电子，也可失去电子，因而非金属单质的化学性质既具有氧化性，也具有还原性。

一般来说，同周期元素单质的还原性从左到右递减，氧化性从左到右递增。同主族金属元素单质的还原性从上到下递增，同主族非金属元素单质的氧化性从上到下递减。

7.1.4.1　金属单质的化学性质

（1）s 区金属

s 区元素的外层电子构型为 $ns^{1\sim2}$，其 M^{n+}/M 电对的标准电极电势代数值均为负值。所以

s 区金属单质具有很强的还原性。用 H_2O 作氧化剂就能将其溶解，生成相应的氢氧化物，并放出大量的热。例如：

$$Na + H_2O \xlongequal{} NaOH + \frac{1}{2} H_2$$

铍和镁由于表面能形成致密的氧化物保护膜而对水较为稳定。

s 区金属很容易与氧化合，其与氧化合的能力基本上符合元素金属性的递变规律。碱金属在空气中燃烧时，随其金属活泼性的增加，可得到不同的氧化物，见表 7-8。

表 7-8　碱金属与氧化合的产物

碱金属	氧化物	过氧化物	超氧化物
Li	Li_2O	(Li_2O_2)	
Na	(Na_2O)	Na_2O_2	
K			KO_2
Rb			RbO_2
Cs			CsO_2

注：括号内的物质为副产物。

同样，碱土金属在空气中燃烧时除了能生成正常的氧化物（Oxide），如 BeO、MgO 外，还能在含氧气量较高的空气中燃烧生成过氧化物（Peroxide），如 BaO_2。钙、锶、钡等碱土金属在过量的氧气中燃烧时还会生成超氧化物（Superoxide），如 $Ba(O_2)_2$ 等。

在过氧化物中存在过氧键（—O—O—）。过氧化物、超氧化物都是强氧化剂，遇到棉花、木炭或银粉等还原性物质时，会发生爆炸。

过氧化物和超氧化物都是固体储氧物质，它们与水及二氧化碳反应可直接或间接地生成氧气。例如，

$$Na_2O_2 + 2H_2O \xlongequal{} 2NaOH + H_2O_2$$

$$2Na_2O_2 + 2CO_2 \xlongequal{} 2Na_2CO_3 + O_2$$

$$2KO_2 + 2H_2O \xlongequal{} 2KOH + H_2O_2 + O_2$$

$$4KO_2 + 2CO_2 \xlongequal{} 2K_2CO_3 + 3O_2$$

$$2H_2O_2 \xlongequal{} 2H_2O + O_2$$

（2）p 区金属

p 区共有 10 种金属元素，它们的 M^{n+}/M 电对的标准电极电势虽也为负值，但其代数值比 s 区金属的大，因此 p 区金属的活泼性一般比 s 区金属的要弱。这类金属不能溶解在水中，只能溶于盐酸或稀硫酸等非氧化性酸中而置换出氢气。

p 区的铝、镓、锡、铅等金属单质还能与碱溶液作用。例如，

$$2Al + 2NaOH + 2H_2O \xlongequal{} 2NaAlO_2 + 3H_2$$

$$Sn + 2NaOH \xlongequal{} Na_2SnO_2 + H_2$$

这是由于这些金属的氧化物保护膜能与过量 NaOH 作用生成配离子。例如，AlO_2^-实质上可认为是配离子 $Al(OH)_4^-$的简写。

p 区金属与氧反应的能力较差。如锡、铅、锑、铋等在常温下与空气无显著作用；铝虽

较活泼，容易与氧化合，但在空气中铝能立即生成一层致密的氧化物保护膜，阻止氧化反应的进一步进行，因而在常温下，铝在空气中很稳定。

（3）d 区和 ds 区金属

d 区（除第ⅢB 族外）和 ds 区金属的活泼性也较弱。除第四周期 d 区和 ds 区元素的 M^{n+}/M 电对的标准电极电势还为负值外，第五、六周期 d 区和 ds 区金属的标准电极电位大多数为正值。这些金属单质不溶于非氧化性酸（如盐酸或稀硫酸）中，一些不活泼的金属（如铂、金）只能用王水溶解，这是因为王水中的浓盐酸可提供配位体 Cl^-与金属离子形成配离子，从而使金属的电极电位代数值大为减小的缘故。反应式如下：

$$3Pt + 4HNO_3 + 18HCl = 3H_2[PtCl_6] + 4NO + 8H_2O$$

$$Au + HNO_3 + 4HCl = H[AuCl_4] + NO + 2H_2O$$

铌、钽、钌、铑、锇、铱等不溶于王水中，但可溶解在由浓硝酸和浓氢氟酸组成的混合液中。

同周期中 d 区和 ds 区金属单质活泼性从左到右一般有逐渐减弱的趋势，但这种变化趋势比主族元素的小得多，因而同周期金属表现出许多相似性。如第四周期金属单质，在空气中一般能与氧作用，除了钪常温下能在空气中迅速氧化外；钛、钒在空气中都较稳定；铬、锰能在空气中缓慢被氧化，但铬与氧气作用后，表面形成的三氧化二铬（Cr_2O_3）也具有阻碍进一步氧化的作用；铁、钴、镍在没有潮气的环境中与空气中氧气的作用并不显著，镍也能形成氧化物保护膜；铜的化学性质比较稳定，而锌的活泼性较强，但锌与氧气作用生成的氧化锌薄膜也具有一定的保护性能。

d 区和 ds 区中同族金属单质的还原性一般有自上而下逐渐减弱的趋势。第四周期中金属的活泼性较第五周期和第六周期金属的活泼性强。例如，第ⅠB 族的铜（第四周期），在常温下不与干燥空气中的氧结合，但加热时则生成黑色 CuO，而银（第五周期）在空气中加热并不变暗，金（第六周期）在高温下也不与氧气反应。

第五和第六周期中，第ⅣB 族的锆、铪，第ⅤB 族的铌、钽，第ⅥB 族的钼、钨以及第ⅦB 族的锝、铼等金属不与氧气、氯气、硫化氢等气体反应，也不受一般酸碱的侵蚀，且能保持原金属或合金的强度和硬度。它们都是耐蚀合金元素，掺入钢中可提高钢在高温时的强度、耐磨性和耐蚀性。其中，铌、钽不溶于王水中，钽可用于制造化学工业中的耐酸设备。

第Ⅷ族的钌、铑、钯、锇、铱、铂以及第ⅠB 族的银、金，化学性质最不活泼（除银外），统称为贵金属。这些金属在常温，甚至在一定的高温下也不与氟、氯、氧等强氧化性非金属单质作用，其中钌、铑、锇和铱甚至不与王水反应。铂即使在它的熔点下也具有抗氧化的性能，常用于制造化学器皿或仪器零件，例如，铂坩埚、铂蒸发皿、铂电极等。保存在巴黎的国际标准米尺也是由质量分数为 10%Ir 和 90%Pt 的合金制成的。铂系元素在石油化学工业中被广泛用作催化剂。

d 区和 ds 区金属的化学性质还表现在同一种元素有多种氧化值，其水合离子常有颜色，且易生成配合物等特点。

（4）f 区金属

f 区元素包含镧系和锕系元素。元素周期表中第 57 号位置上排列的镧（La）、铈（Ce）、镨（Pr）、钕（Nd）、钷（Pm）、钐（Sm）、铕（Eu）、钆（Gd）、铽（Tb）、镝（Dy）、钬（Ho）、铒（Er）、铥（Tm）、镱（Yb）、镥（Lu）等 15 个元素的统称为镧系元素（Lanthanides Element），

简称 Ln。由于ⅢB 族的钪（Sc）元素和钇（Y）元素与镧系元素性质相似，在矿物中常共生，因此镧系的 15 个元素与钪和钇元素统称为稀土元素（Rare Earth Element），简称稀土（RE 或 R）。元素周期表中第 89 号位置上排列的锕（Ac）、钍（Th）、镤（Pa）、铀（U）、镎（Np）、钚（Pu）、镅（Am）、锔（Cm）、锫（Bk）、锎（Cf）、锿（Es）、镄（Fm）、钔（Md）、锘（No）、铹（Lr）等 15 个元素统称锕系元素（Actinides Element）。

镧系元素的最外层电子和次外层电子分布基本相同，都是 $5d^16s^2$ 或 $5d^06s^2$ 。但是从镧到镥，4f 轨道上的电子数依次递增。各镧系元素的原子半径比较相近，见表 7-9。

表 7-9　镧系元素的价电子层结构

原子序数	元素符号	价电子结构	原子半径/pm	Ln^{3+}4f 电子数
57	La	$5d^16s^2$	169	$4f^0$
58	Ce	$4f^15d^16s^2$	165	$4f^1$
59	Pr	$4f^36s^2$	164	$4f^2$
60	Nd	$4f^46s^2$	164	$4f^3$
61	Pm	$4f^56s^2$	163	$4f^4$
62	Sm	$4f^66s^2$	162	$4f^5$
63	Eu	$4f^76s^2$	185	$4f^6$
64	Gd	$4f^75d^16s^2$	162	$4f^7$
65	Tb	$4f^96s^2$	161	$4f^8$
66	Dy	$4f^{10}6s^2$	160	$4f^9$
67	Ho	$4f^{11}6s^2$	158	$4f^{10}$
68	Er	$4f^{12}6s^2$	158	$4f^{11}$
69	Tm	$4f^{13}6s^2$	158	$4f^{12}$
70	Yb	$4f^{14}6s^2$	170	$4f^{13}$
71	Lu	$5d^16s^2$	158	$4f^{14}$

由于镧系元素的外层、次外层的电子构型基本相同，因此它们的化学性质非常相似。镧系元素在形成化合物时，最外层的 s 电子、次外层的 d 电子都容易失去，因此它们都是活泼金属元素，其单质均为金属晶体。镧系元素的金属活泼性仅次于碱金属和碱土金属元素，与镁相近。在 15 个镧系元素中，镧元素最活泼，由镧元素到镥元素金属的活泼性递减。它们都是强还原剂，和水作用可放出氢气。在并不很高的温度下可和氧、硫、氯等反应，形成稳定的氧化物、硫化物、卤化物。镧系元素还可以和氮、氢、碳、磷发生反应，易溶于盐酸、硫酸和硝酸。

镧系元素可应用于冶金工业，在冶炼过程中常被用作还原剂、脱氧剂、脱硫剂等。在难熔金属或合金中加入镧系元素可提高其抗氧化能力、耐腐蚀性、高温强度及抗裂性等。镧系元素还可作为多种催化剂，广泛应用于石油和化学工业。

镧系元素也可以应用于玻璃和陶瓷工业。它们是光学玻璃中不可缺少的成分。镧系元素还可以制造许多新型玻璃，如着色感光玻璃、光敏微晶玻璃、光致变色玻璃、旋光玻璃、有色玻璃、红外玻璃和防辐射玻璃等。现在，镧系元素已成为光功能玻璃，光学纤维等的重要成分。同时镧系元素是性能优良的陶瓷颜料，它能使陶瓷制品光彩明亮、鲜艳柔和。

镧系元素还广泛应用在储氢材料、磁性材料、超导材料等领域。在已开发的一系列储氢材料中，镧系储氢材料性能最佳，应用也最为广泛。其应用领域已扩大到能源、化工、电子、宇航、军事及民用等各个方面。

锕系元素的最外层和次外层的电子构型基本相同都是 $6d^17s^2$ 或 $6d^07s^2$，其 5f 轨道上的电子由 0 递增到 14。同镧系元素相似，锕系元素的化学性质也相似，也单独组成一个系列，在元素周期表中占有特殊位置。

锕系元素中铀元素以后的都是人工合成的超铀元素，它们是用人工核反应合成的。

7.1.4.2 非金属单质的化学性质

大多数非金属单质既具有氧化性，又具有还原性。例如，氢气在高温下能与活泼金属反应生成离子型氢化物，呈现出氧化性；也能与部分非金属反应呈现出还原性，如与氧气反应生成水或与氮气反应生成氨。

$$H_2 + 2Li = 2LiH$$

$$3H_2 + N_2 = 2NH_3$$

$$H_2 + \frac{1}{2}O_2 = H_2O(g)$$

少数非金属单质如氮气、稀有气体，化学稳定性很好，一般条件下不与其他物质反应，常用作惰性介质或保护性气体。

ⅥA、ⅦA 族 F_2、O_2、Cl_2、Br_2 等的标准电极电势值较大，属于活泼非金属单质，具有较强的氧化性，常作为氧化剂。它们都可以与金属、非金属作用，其反应的剧烈程度与氧化能力呈正相关关系。卤素单质之间也可以发生氧化还原反应。例如，

$$Cl_2 + F_2 = 2ClF \qquad T = 500K$$

$$I_2 + 5F_2 = 2IF_5 \qquad \text{室温}$$

ⅣA 族的 C、Si 单质属于不活泼非金属单质，具有一定的还原性，常作为还原剂。碳作为还原剂在高温下可与单质氧、金属氧化物、硫等发生氧化还原反应。例如，

$$MgO + C = Mg + CO\uparrow \qquad T \geqslant 2273K$$

$$ZnO + C = Zn + CO\uparrow \qquad T > 700K$$

$$PbO + C = Pb + CO\uparrow \qquad T > 700K$$

硅作为还原剂，在高温下能与氧及所有的卤素反应。硅还能溶于混合酸中，也能与强碱作用。例如，

$$Si + O_2 = SiO_2 \qquad T \geqslant 973K$$

$$3Si + 18HF + 4HNO_3 = 3H_2[SiF_6] + 4NO + 8H_2O$$

$$Si + 2NaOH + H_2O = Na_2SiO_3 + 2H_2$$

（1）卤素单质的化学性质

卤族元素位于周期表第ⅦA 族，卤族元素的一些基本性质见表 7-10。

表 7-10 卤族元素的一些基本性质

元素	氟（F）	氯（Cl）	溴（Br）	碘（I）
原子序数	9	17	35	53
价层电子组态	$2s^22p^5$	$3s^23p^5$	$4s^24p^5$	$5s^25p^5$
原子共价半径/nm	0.064	0.099	0.121	0.140

续表

元素	氟（F）	氯（Cl）	溴（Br）	碘（I）
第一电离能 I_1/kJ·mol^{-1}	1681.0	1251.2	1139.9	1008.4
电子亲和能 E_{a_1} /kJ·mol^{-1}	328.0	348.6	324.6	295.1
电负性	3.98	3.16	2.96	2.66
气相分子中的 X—X 键长/nm	0.14119	0.19878	0.22811	0.26663

卤素原子都有取得一个电子而形成卤素阴离子的强烈趋势，所以卤素化学性质活泼、氧化能力强。除 I_2 外，它们均为强氧化剂。由标准电极电势可看出，F_2 是卤素单质中最强的氧化剂。随着 X 原子半径的增大，卤素的氧化性依次减弱。

卤素单质最突出的化学性质是氧化性，氧化能力依次为 $F_2>Cl_2>Br_2>I_2$。

卤素能与大多数金属和部分非金属直接化合生成相应的卤化物。

卤素的化学性质主要有以下几个方面。

① 与金属反应　F_2 能与所有金属直接反应生成离子型化合物；Cl_2 能与多数金属直接反应生成相应的化合物；Br_2 和 I_2 只能与较活泼的金属直接反应生成相应的化合物，与其他金属的反应需在加热条件下进行。干燥时，F_2 可使 Cu、Ni 和 Mg 钝化，生成金属氟化物保护膜，阻止其进一步被氧化，因此 F_2 可以储存在铜、镍、镁或它们的合金制成的容器中。Cl_2 在干燥的情况下不与铁反应，因此 Cl_2 可以储存在铁制的容器中。

② 与非金属单质反应　F_2 几乎能与（除 He、Ne、Ar、Kr、O_2、N_2 之外）所有非金属单质直接反应生成相应的共价化合物，而且反应非常激烈，常伴随着燃烧和爆炸；Cl_2、Br_2 能与多数非金属直接反应生成相应的共价化合物，但反应比氟平稳得多；I_2 只能与少数非金属直接反应生成共价化合物(如 PI_3)。

卤素与 H_2 反应时，F_2 在冷暗处即可产生爆炸；Cl_2 与 H_2 在常温下反应缓慢，但在强光照射或高温下，反应瞬间完成并可发生爆炸；Br_2 与 H_2 的反应需加热至 648K 或在紫外线照射下才能进行，且一般反应不完全；I_2 与 H_2 的反应则要求更高的温度或在催化剂的存在下才能进行，且同时存在 HI 的分解。

③ 与水的反应　卤素与水可发生两类化学反应。第一类反应是卤素对水的氧化作用，即卤素单质从水中置换出氧气的反应：

$$2X_2 + 2H_2O \longrightarrow 4H^+ + 4X^- + O_2\uparrow$$

第二类是卤素的水解作用，即卤素的歧化反应：

$$X_2 + H_2O \rightleftharpoons H^+ + X^- + HXO$$

卤素单质与水的反应，可由相关电对的电极电势说明。如表 7-11。

表 7-11　卤素单质与水的电对的电极电势

电对	F_2/F^-	Cl_2/Cl^-	Br_2/Br^-	I_2/I^-	O_2/H_2O		
					pH=0	pH=7	pH=14
$E^{\ominus}/V$	2.866	1.358	1.066	0.5355	1.229	0.816	0.401

由表中数据可看出，在中性条件下，F_2、Cl_2、Br_2 都可以与 H_2O 反应，但反应的速率和程度不同。I_2 不能与水反应。

F_2氧化性最强，只能与水发生第一类反应，且反应激烈：

$$2F_2 + 2H_2O \longrightarrow 4HF + O_2\uparrow$$

Cl_2须在光照下才能与水缓慢反应放出O_2；Br_2与水作用放出O_2的反应非常缓慢，而当溴化氢浓度高时，HBr会与O_2作用而析出Br_2；碘非但不能置换出水中的氧，而O_2却可将HI氧化，析出I_2：

$$2I^- + 2H^+ + \frac{1}{2}O_2 \longrightarrow I_2 + H_2O$$

Cl_2、Br_2、I_2与水主要发生第二类反应，此类歧化反应是可逆的。从卤素单质的水解反应式可知，反应的产物为卤化物和次卤酸盐。加酸能抑制卤素的水解，加碱则促进卤素的水解。

Cl_2、Br_2、I_2在碱性溶液中发生歧化反应，其反应产物与温度有关。常温下Cl_2在碱性溶液中歧化为Cl^-和ClO^-，加热时则歧化为Cl^-和ClO_3^-；常温下Br_2在碱性溶液中歧化为Br^-和BrO_3^-，在低温下歧化为Br^-和BrO^-，I_2在低温下也歧化为I^-和IO_3^-。

④ 卤素单质与卤离子的反应　由标准电极电势可知，卤素单质的氧化能力大小顺序为：

$$F_2 > Cl_2 > Br_2 > I_2$$

卤素阴离子的还原能力：

$$I^- > Br^- > Cl^- > F^-$$

因此，F_2能氧化Cl^-、Br^-、I^-，置换出Cl_2、Br_2、I_2；Cl_2能置换出Br_2和I_2；而Br_2只能置换出I_2。

在化学元素发现史上，持续时间最长、参加的化学家人数相当多、危险性很大的，莫过于单质氟的制取了。氟是卤族中的第一个元素，但发现得最晚。从1771年瑞典化学家舍勒（Carl Wilhelm Scheele，1742—1786）制得氢氟酸到1886年法国化学家莫瓦桑（Henri Moissan，1852—1907）分离出氟单质共经历了100多年。莫瓦桑也因此获得了1906年的诺贝尔化学奖。在此期间，不少科学家不屈不挠地辛勤劳动，多位科学家为此中毒甚至献出了自己的生命。这可以称得上是化学发展史上一段悲壮的历程。当时，年轻的莫瓦桑看到制备单质氟这个研究课题难倒了那么多化学家，不但没有气馁，反而下决心要攻克这一难关。

莫瓦桑总结了前人的经验教训，他认为，氟这种气体太活泼了，活泼到无法分离的程度。电解出的氟只要碰到任何一种物质就能与其发生反应，且强烈地腐蚀各种电极材料。采用低温电解的方法，可能是解决这个问题的一个方法。经过百折不挠的实验，1886年6月26日，莫瓦桑终于在低温下用电解氟氢化钾与无水氟化氢混合物的方法制得了游离态的氟。氟这种最活泼的非金属终于被人类征服了，许多年以来化学家们梦寐以求的理想终于实现了，莫瓦桑为人类解决了一个大难题。真是“有志者事竟成”！

卤素在自然界中大多以化合物的形式存在，因此卤素的制备一般采用阴离子氧化法。

$$2X^- - 2e^- \longrightarrow X_2$$

可根据X^-的还原性和产物X_2活泼性的差异，决定不同卤素的制备方法。

① F_2。一般采用电解法：

$$2KHF_2 \xrightarrow{\text{电解}} 2KF + H_2\uparrow(\text{阴极}) + F_2\uparrow(\text{阳极})$$

② Cl_2。工业制备采用电解饱和食盐水溶液的方法：

$$2NaCl + 2H_2O \xrightarrow{电解} 2NaOH + H_2\uparrow(阴极) + Cl_2\uparrow(阳极)$$

实验室制备：

$$MnO_2 + 4HCl(浓) \xrightarrow{\triangle} MnCl_2 + Cl_2\uparrow + 2H_2O$$

③ Br_2 和 I_2。可用置换法制备：

$$2Br^- + Cl_2 \longrightarrow Br_2 + 2Cl^-$$

$$2I^- + Cl_2 \longrightarrow I_2 + 2Cl^-$$

也可用智利硝石（含 $NaIO_3$）制取 I_2：

$$2IO_3^- + 5HSO_3^- \longrightarrow I_2 + 3HSO_4^- + 2SO_4^{2-} + H_2O$$

（2）氧族元素单质的化学性质

周期表第ⅥA 族包括氧、硫、硒、碲、钋五种元素，统称为氧族元素。硫、硒和碲又常称为硫族元素。钋是一种放射性元素。该族元素的基本性质见表 7-12。

表 7-12　氧族元素的性质

元素	氧（O）	硫（S）	硒（Se）	碲（Te）
原子序数	8	16	34	52
价层电子组态	$2s^22p^4$	$3s^23p^4$	$4s^24p^4$	$5s^25p^4$
原子共价半径/nm	0.068	0.102	0.122	0.147
第一电离能/$kJ\cdot mol^{-1}$	1313.9	999.6	941.0	869.3
第一电子亲和能/$kJ\cdot mol^{-1}$	141.0	200.4	195.0	190.2
电负性 X_p	3.44	2.58	2.48	2.10

从表中可以看出，氧族元素的价电子层结构为 ns^2np^4，共有 6 个价电子，所以它们都易结合两个电子形成−2 价的阴离子，表现出非金属的特征。由氧过渡到硫、硒、碲，电离能和电负性有一个突然的降低，所以当硫、硒、碲与电负性较大的元素结合时，又可失去电子而显正氧化态，同时它们价电子层中的空的 d 轨道也可参与成键，常表现为+2、+4、+6 三种氧化态。

氧族元素和卤素相似，原子半径、离子半径随原子序数的增加而增大，电离能和电负性随原子序数的增加而减小。元素的性质随原子序数的增加从非金属过渡到金属。氧和硫是典型的非金属，硒和碲是类金属，而钋是金属。氧族元素的非金属性弱于相应的卤素元素。

在常温下，氧原子是很活泼的元素，但氧分子的化学性质却不很活泼，只能将某些强还原性的物质（如 NO、$SnCl_2$、H_2S、H_2SO_3 等）氧化。在加热条件下，除卤素、少数贵金属（Au、Pt 等）以及稀有气体外，氧几乎能与所有元素直接化合，生成相应的氧化物。

臭氧是一种蓝色且具有特殊的鱼腥味的气体，比氧气易液化，液态时呈蓝紫色。但它较难固化，在 80K 时凝结成黑色晶体。

臭氧的化学性质特征是它的不稳定性和氧化性。

常温下臭氧分解得很慢，当加热到 437K 以上迅速分解。在紫外线照射或催化剂（如 MnO_2、

PbO_2）的存在下可加速反应。但若有水蒸气时则减慢反应。

$$2O_3 \longrightarrow 3O_2 \qquad \Delta_r H_m^{\ominus} = -284 kJ \cdot mol^{-1}$$

O_3 的氧化性比 O_2 强，能氧化许多不活泼单质如 Hg、Ag、S 等。例如，臭氧氧化 Ag 的反应：

$$2Ag + O_3 = Ag_2O_2 + 2O_2$$

臭氧能迅速且定量地把 I^- 氧化成 I_2，此反应被用来测定 O_3 的含量：

$$O_3 + 2I^- + H_2O = I_2 + O_2 + 2OH^-$$

利用臭氧的强氧化性和不易导致二次污染的优点，常用作消毒杀菌剂、空气净化剂、漂白剂等。在工业废气的处理中，臭氧可把其中的二氧化硫氧化并制得硫酸。在工业废水的处理中，臭氧可把有害的有机物氧化，使其转变成无害物质。

臭氧在大气中达到一定浓度时就会造成环境污染。根据我国《环境空气质量标准》（GB 3095—2012）的规定，空气中 O_3 的小时平均浓度限值（标准状态）的一级、二级标准分别为 $0.12mg/m^3$ 和 $0.16mg/m^3$，2012 年又被修改为 $0.16mg/m^3$ 和 $0.20mg/m^3$。

硫有多种同素异形体，其中最常见的两种同素异形体是斜方硫（又称为 α-硫）和单斜硫（又称为 β-硫）。它们都易溶于 CS_2，都是由 8 个硫原子组成的 S_8 环状分子。

单斜硫在 369K 以上稳定，斜方硫在 369K 以下稳定，在 369K（转变点）时两种变体达到平衡：

$$\text{斜方硫}（S_\alpha）\underset{369K}{\overset{369K}{\rightleftharpoons}}\text{斜方硫}（S_\beta）$$

这说明在常温下，斜方硫是硫的稳定单质。

斜方硫和单斜硫都是由 S_8 环状分子组成的，分子中的每一个硫原子都以 sp^3 杂化轨道与另外两个硫原子形成共价单键。

硫的化学性质活泼，能与许多金属和非金属发生反应，甚至在低温下就能与碱金属、碱土金属、铝、铅、汞等反应。

硫的用途十分广泛，用来生产硫酸、农药、橡胶、纸张、火药、火柴、焰火，在医药上用于治疗癣疥等皮肤病。

氮族非金属元素包括氮（N）、磷（P）、砷（As）。其原子的最外电子层上都有 5 个电子，它们的最高正价均为+5 价，若能形成气态氢化物，则它们均显−3 价，气态氢化物化学式可用 RH_3 表示。最高价氧化物的化学式可用 R_2O_5 表示，其对应水化物为酸。

7.1.5 稀有气体

在元素周期表中有一族特殊的元素，即 0 族的氦（He）、氖（Ne）、氩（Ar）、氪（Kr）、氙（Xe）、氡（Rn），称为稀有元素。该族各元素在自然界中存量极小（见表 7-2），常态下均为气体，故统称为稀有气体（Rare Gas）。各稀有气体分子均为单原子分子，这主要是因为各元素的电子层结构为 ns^2 或 ns^2np^6 的全充满稳定结构，第一电离能大，化学性质稳定，在一般情况下稀有气体很难形成电子转移或以共用电子对形式形成化学键的化合物，部分稀有气体可与氧或氟、氯结合生成氧化物、卤化物，如 XeF_6、KrF_2、XeO_4。其熔点、沸点（见表 7-13）都很低；容易发光放电。

表 7-13　稀有气体的熔点、沸点

元素	第一电离能/kJ・mol^{-1}	熔点/K	沸点/K	在干燥空气中的体积分数/%
He	2372		4.22	0.000524
Ne	2081	24.54	26.09	0.001818
Ar	1521	83.78	88.29	0.934
Kr	1351	115.95	119.80	0.000114
Xe	1170	155.15	165.02	0.0000087
Rn	1037	102.15	111.15	极微量

第一个被发现的稀有气体是“氦”，是由法国天文学家严森（P. J. C. Janssen，1824—1907）和英国天文学家洛克耶（J. N. Lockyer，1836—1920）在 1868 年观察日全食时发现的。科学家为这个新发现的元素取名为“Helium”，元素符号是“He”，意思是太阳上的元素。根据天体物理学家的估算，在太阳上，氦的含量高达 18.7%，仅次于氢的含量。27 年后即 1895 年，英国化学家拉姆塞（William Ramsay，1852—1916）在地球上发现了它。拉姆塞于 1894—1898 年间独自或与他人合作先后还发现了氩（Argon）、氪（Krypton）、氖（Neon）、氙（Xenon）。为表彰拉姆塞在发现稀有气体上的贡献，1904 年的诺贝尔化学奖授予了拉姆塞。最后一个稀有元素“氡”（Radon）于 1900 年被发现。

稀有气体主要应用领域是电光源、激光技术。近年来应用范围又扩大到钢的冶炼、医学、原子反应堆以及飞船等领域。

① 氦。因其具有导热率高、既不生成放射性同位素也不侵蚀反应堆材料等特点，已成功地用作大型核反应堆的冷却剂和导热介质。利用氦的溶解度很小的性质，可以代替氮气制成“氦空气”（含 He 79%, O_2 21%）供潜水员水下呼吸之用，以预防“气塞病”。若用空气，深水下压力很大，氮气在血液中溶解度增大，当潜水员浮出水面时，外压突然降低，氮从血液中迅速逸出，形成气泡，会产生“气塞病”。氦还是理想的飞船浮升气体。除氢气外，氦是最轻的气体，虽然浮升力比氢气小 8%，但不像氢气那样着火爆炸，故可用氦代替氢气填充气球和飞船。氦的正常沸点（4.22K）是所有已知物质中最低的，是最难液化的气体。在 2.2K 以下，液氦具有超导性，又是研究低温物理不可缺少的冷却剂。

② 氖。封入放电管中，放电时氖原子被激发而产生很美丽的红光，被广泛用作霓虹灯、信号灯或仪器中的指示灯。氖灯不仅费用低于普通电灯，而且它的红光能更好地穿透雾层，故用作信号灯。

③ 氩。用作白炽灯泡的填充气体，以减弱钨丝的挥发和热的散失，从而提高发光率和延长灯泡寿命。荧光灯管通常填充氩和汞蒸气。氩还是大型色谱仪的载气。氩因化学惰性还用作难熔金属铌、钼、锆等的冶炼过程，铝和铝合金、不锈钢的电弧焊接过程，以及半导体材料单晶成长过程的保护气体。近年来新发展的氩-氧混合脱碳炼钢法，已投入工业生产。这种方法可把钢水中的氢、氮等杂质吸除干净，提高钢材的耐氧化性、抗腐蚀性和机械强度，被列为一种新的炼钢法。

④ 氪和氙。在电弧激发下都能产生几乎是连续的光谱。把它们封入电弧灯中，在高压电弧放电下，它们产生极为明亮且类似日光的光线，因此被称为“小太阳”。此外，氪、氙本身又是激光工作物质，氙-氧混合气体还是医药中性能极好的麻醉剂。

7.2 无机化合物

在化学科学建立之前，人类已经了解了一些无机化合物的性质，并掌握了它们的制备技术。例如，早在公元前 17 世纪的殷商时期，人们就知道食盐（氯化钠）是调味品；公元前 5 世纪，琉璃（硅酸盐）器皿已被使用；公元 7 世纪，人们已能用焰硝（硝酸钾）、硫黄和木炭制作火药。到了明朝，《天工开物》一书中详细记载了食盐、陶瓷器、焰硝、红黄矾等几十种无机化合物的生产过程。

化学不仅揭示了自然界的本质，还创造了新的分子、催化剂以及具有特殊反应性的化合物。通过这些发现，我们不仅要了解化学元素和单质的性质，还应理解化合物的基本性质，并能结合所学理论知识做出适当解释。

本节将介绍典型的无机化合物，其中包括卤化物、氧化物和氢氧化物。

7.2.1 卤化物

7.2.1.1 卤化物概述

卤素（元素周期表第ⅦA 族元素）与电负性较小的化学元素形成的二元化合物被称为卤化物（halide）。除少数稀有气体外，几乎所有的元素都能与卤素生成卤化物。自然界中天然存在的卤化物超过 100 种，其中数量最多的包括 NaCl、KCl、$MgCl_2$ 等。卤化物可以按照以下两种方式分类。

按结构特征分类，卤化物可分为离子型卤化物和共价型卤化物。离子型卤化物是由卤素与电负性较小的碱金属、碱土金属、镧系金属或低价过渡元素离子之间以正常离子键形成的卤化物。离子型卤化物通常为离子晶体，具有较高的熔点和沸点，挥发性低，大多易溶于水，且在熔融态或水溶液中具有导电性。共价型卤化物可分为两类，一类是卤素与电负性较大的非金属元素之间通过正常共价键形成的卤化物，通常为分子晶体，熔点和沸点较低，挥发性较高；另一类是卤素与某些高价金属离子（如ⅠB、ⅡB 族部分金属）形成的卤化物，其键型也是共价键，熔点和沸点较低。经验表明，沸点在 673K 以上的卤化物多为离子型卤化物，而沸点低于 673K 的卤化物多为共价型卤化物。

按组成分类，卤化物可以分为金属卤化物和非金属卤化物两大类。金属卤化物的键型因金属的电负性、离子半径、电荷以及卤素本身的电负性和离子半径的不同而呈现多样化的特点。金属卤化物可以是典型的离子键，也可以是介于离子键和共价键之间的过渡键，甚至有些金属卤化物的键型为共价键。由于金属卤化物的键型差异较大，它们的性质也差异显著。非金属卤化物均以共价键结合，熔点和沸点低，具有挥发性。部分非金属卤化物可溶于水，并且往往会发生强烈的水解反应。

7.2.1.2 卤化物的性质

（1）金属卤化物的溶解性

具有正常离子键的金属卤化物的溶解性遵循以下规律：同一金属的不同卤化物的溶解度大小顺序为 $MI_x > MBr_x > MCl_x > MF_x$。即在同一种金属的卤化物中，氟化物的溶解度最低。与此相反，以共价键为主的金属卤化物的溶解性遵循以下顺序：$MF_x > MCl_x > MBr_x > MI_x$。这是因为氟化物的离子性强于其他卤化物，故溶解度最大。其余卤化物随 Cl^-、Br^-、I^-变形性增大，共价性增加，溶解度则减小。例如，HgX_2 和 AgX 就呈现这种趋势。

此外，一些难溶于水的金属卤化物可以溶解在过量 Cl^-、Br^-、I^-或 CN^-的溶液中，形成可溶性的配合物。例如，难溶于水的 HgI_2 可溶于过量的 I^-溶液中，形成$[HgI_4]^{2-}$配离子，反应式为：

$$HgI_2 + 2I^- = [HgI_4]^{2-}$$

（2）水解作用

许多非金属及高价金属的卤化物的水解相当完全，水解产物是含氧酸及氢卤酸。例如，

$$TiCl_4 + 3H_2O = H_2TiO_3(\text{偏钛酸}) + 4HCl$$

$$SnCl_4 + 3H_2O = H_2SnO_3(\text{偏锡酸}) + 4HCl$$

$$SiF_4 + 3H_2O = H_2SiO_3(\text{偏硅酸}) + 4HF$$

$$PCl_3 + 3H_2O = H_3PO_3(\text{亚磷酸}) + 3HCl$$

$$PBr_3 + 3H_2O = H_3PO_3 + 3HBr$$

有些金属卤化物在水中水解作用不完全，水解产物可能是碱式卤化物、卤氧化物或氢氧化物的沉淀。例如，

$$MgCl_2 + H_2O = Mg(OH)Cl\downarrow + HCl$$

$$SbCl_3 + H_2O = SbOCl\downarrow + 2HCl$$

$$GeCl_4 + 4H_2O = GeO_2 \cdot 2H_2O(\text{胶状沉淀}) + 4HCl$$

为了抑制金属卤化物水解，在配制卤化物溶液时，常常加入一定量的氢卤酸。有些非金属卤化物在水中不发生水解，并非由于热力学原因。例如，

$$CF_4(g) + 2H_2O(l) = CO_2(g) + 4HF(g) \qquad \Delta_r G_m^{\ominus}(298.15K) = -127kJ \cdot mol^{-1}$$

虽然 $\Delta_r G_m^{\ominus}$ 是较大的负值，这意味着水解反应在热力学上是自发的，理论上应当能够进行。但是，尽管热力学上反应有利，反应的活化能却非常高，这就导致在常规条件下，反应的速率非常慢，甚至几乎无法发生。

卤化物的挥发性、可溶性和水解性，使得卤素在自然界对某些元素（如 Ti、W、Si 等）产生迁移和富集作用。这些元素在岩浆中一旦形成卤化物，便会挥发并沿着裂隙上升。遇水则水解成两种酸，其中之一就是氢卤酸。氢卤酸能够溶解这些元素，重新形成卤化物。通过这种长期的循环过程，水解后的另一种酸在脱水过程中形成矿物。例如，SiF_4 与水反应：

$$SiF_4 + 3H_2O = H_2SiO_3 + 4HF\uparrow$$

生成的 HF 气体可再次溶解 SiO_2，形成 SiF_4，从而将硅“搬运”上来。在水解过程中形成的 H_2SiO_3 经脱水后，可结晶成纯净的 SiO_2 或石英晶体。这一循环过程有助于硅的富集和矿物结晶。

（3）稳定性

多数卤化物是稳定的，但在一定条件下，特别是受热时，有些卤化物容易分解。对于同一卤素的金属卤化物，其热稳定性通常随着金属电负性的增加而降低。碱金属和碱土金属的卤化物通常最稳定，而金和汞的卤化物稳定性最差。在同一种元素的卤化物中，热稳定性的顺序通常为：氟化物＞氯化物＞溴化物＞碘化物，这表明氟化物和氯化物相对较为稳定，而

碘化物最容易受热分解。因此，工业上常采用碘化物热分解的方法来制取高纯度的单质。例如，钛的精炼过程如下所示：

$$Ti(粗) + 2I_2 = TiI_4$$

$$TiI_4 = Ti(精) + 2I_2$$

此外，非金属卤化物的热稳定性一般较差，受热易分解。例如，CCl_4 的分解温度为 748 K，PCl_5 在 433 K 时开始部分分解，在 573 K 时完全分解。分解反应为：

$$PCl_5 = PCl_3 + Cl_2$$

新型电光源，如碘钨灯和溴钨灯，正是利用了碘化钨 WI_2 或溴化钨 WBr_2 的热分解特性。碘钨灯（溴钨灯）通过在灯管内充入少量的碘（溴）气体，在低温下，碘（溴）与钨反应形成 WI_2（WBr_2），附于灯丝上。随着灯丝的加热，WI_2（WBr_2）又分解为钨及碘（溴）蒸气。如此反复循环，可有效提高灯的发光效率和延长其使用寿命。

另外，卤化银（如 AgCl、AgBr）在光照下容易分解。利用此性质，卤化银被广泛应用于照相底片和变色玻璃的制作中，利用其光分解特性制作的材料能够实现曝光后发生化学变化，从而形成影像。

7.2.2 氧化物

（1）氧化物概述

氧化物（oxide）是指氧元素与电负性比氧元素小的化学元素组成的二元化合物，属于最常见的化合物类型之一。除了稀有气体外，几乎所有的元素都能与氧元素形成氧化物。在自然界中，有许多氧化物矿物，如磁铁矿（Fe_3O_4）、赤铁矿（Fe_2O_3）、软锰矿（MnO_2）、刚玉（α-Al_2O_3）、金红石（TiO_2）等。

氧化物可以根据结构特征分为离子型氧化物和共价型氧化物两大类。大多数金属氧化物是离子型氧化物，固态时为离子晶体。典型的离子型氧化物包括 s 区的碱金属和碱土金属（Be 除外），以及ⅢB 族元素的氧化物，这些氧化物通过离子键结合，如 Na_2O、CaO、MgO 等。这些氧化物通常具有较高的熔点和较好的导电性。d 区和 ds 区的金属氧化物都是过渡型化合物，其中低氧化态的氧化物（如 Cr_2O_3、MnO、NiO）偏向于离子型，表现出离子键特性；而高氧化态的氧化物（如 V_2O_5、CrO_3、MoO_3、Mn_2O_7 等）由于金属离子与氧离子之间具有强烈相互作用，通常表现为共价型氧化物，具有分子晶体结构。非金属元素的氧化物都是共价型氧化物，固态时多数是分子晶体。例如，SO_2、N_2O_5、CO_2 等氧化物在固态时都呈现分子晶体结构。个别非金属元素的氧化物，如 SiO_2 和 B_2O_3 为原子晶体。而一些非金属性较弱的元素（如 p 区元素 As、Se 等）的氧化物常呈过渡型晶体结构。例如，As_2O_3 是层状晶体，而 SeO_2 是链状晶体。

值得注意的是，氧化物的键型呈周期性变化。同一周期自左至右，氧化物的键型由离子键逐渐转变为共价键，其晶体结构亦有相应变化（见表 7-14）。

表 7-14 第三周期元素氧化物的键型、晶体类型及熔点

族别	ⅠA	ⅡA	ⅢA	ⅣA	ⅤA	ⅥA	ⅦA
氧化物	Na_2O	MgO	Al_2O_3	SiO_2	P_2O_5	SO_3	Cl_2O_3
键型	离子键	离子键	偏离子键	共价键	共价键	共价键	共价键
晶体类型	离子晶体	离子晶体	过渡型晶体	原子晶体	分子晶体	分子晶体	分子晶体
熔点/K	1193	3125	2366	1916	297	200.5	191.5

根据氧化物对酸、碱的反应及其水合物的性质，氧化物还可以分为四大类：酸性氧化物、碱性氧化物、两性氧化物和不成盐氧化物。非金属氧化物和高价氧化态金属氧化物一般为酸性氧化物。酸性氧化物，如 CO_2、CrO_3、Mn_2O_7，能与碱反应生成盐，其水合物为含氧酸。碱金属、碱土金属氧化物和低氧化态的副族金属氧化物一般为碱性氧化物。MgO、FeO 等碱性氧化物能够与酸反应生成盐，其水合物呈碱性。既能与酸反应生成盐，又能与碱反应生成盐的氧化物被称为两性氧化物。周期表中由金属过渡到非金属的交界处的元素的氧化物通常是两性氧化物，如表 7-15 中的氧化物。不溶于水，且不与酸或碱反应生成盐的氧化物称为不成盐氧化物。不成盐氧化物通常为非金属氧化物，如 CO 和 NO。

表 7-15　周期表中过渡元素的氧化物

ⅠA	ⅡA											ⅢA	ⅣA	ⅤA	ⅥA	ⅦA	0
	BeO																
												Al_2O_3					
												Ga_2O_3	GeO_2	As_2O_3			
												In_2O_3	SnO_2 (SnO)	Sb_2O_3	TeO_2		
													PbO_2 (PbO)				

（2）氧化物的物理性质

氧化物的熔点差异较大，其变化趋势与卤化物类似，原子晶体和离子晶体的氧化物熔点较高，如 SiO_2 和 MgO。分子晶体的氧化物熔点较低，如 CO_2 和 SO_2 因分子间作用力较弱，熔点相对较低。

在副族元素的氧化物中，绝大多数熔点较高，只有极少数氧化物（如 Mn_2O_7、RuO_4）熔点较低，易受热分解。例如，第ⅣB 族 Zr、Hf 等元素的氧化物熔点高达 3000K，具有优异的耐高温性能，被广泛用于耐火材料、陶瓷涂层及高温结构材料。

（3）氧化物的化学性质

氧化物对酸碱的稳定性是其重要的化学性质，直接影响其化学反应能力和在不同环境中的稳定性。氧化物的酸碱性可归纳如下：

① 酸性氧化物能与碱反应，碱性氧化物能与酸反应，两性氧化物既能与碱反应又能与酸反应。

② 某元素能生成几种不同氧化态的氧化物，其高氧化态氧化物的酸性要比低氧化态的强。例如，锰的氧化物有 5 种。

MnO	Mn_2O_3	MnO_2	MnO_3	Mn_2O_7
碱性	碱性	两性	酸性	酸性

$$\longrightarrow$$

碱性减弱　　　　酸性增强

③ 在同一周期中，从左至右，元素最高氧化态氧化物的酸性逐渐增强，碱性逐渐减弱。例如，第三周期元素的氧化物：

Na_2O	MgO	Al_2O_3	SiO_2	P_2O_5	SO_3	Cl_2O_7
碱性强	碱性中强	两性	酸性弱	酸性	酸性强	酸性强

$\longrightarrow$

碱性减弱　　酸性增强

长周期元素的氧化物在周期表中的酸碱性变化呈现一定的周期性规律，表现为由碱性到酸性，再由碱性到酸性的重复变化。例如，在第四周期元素的氧化物中，这种趋势尤为明显。

K_2O	CaO	Sc_2O_3	TiO_2	V_2O_5	CrO_3	Mn_2O_7	Cu_2O	ZnO	Ga_2O_3	GeO_2	As_2O_5	SeO_3
碱性强	碱性强	碱性弱	两性	酸性弱	酸性中强	酸性强	碱性	两性	两性	两性	酸性	酸性

$\longrightarrow$

碱性减弱　　酸性增强

④ 同主族元素，自上而下，元素氧化物的碱性逐渐增强，酸性逐渐减弱。如第ⅤA族元素三价氧化物酸碱性的递变情况为：

N_2O_3	P_2O_3	As_2O_3	Sb_2O_3	Bi_2O_3
酸性	酸性	酸性	两性	碱性

$\longrightarrow$

酸性减弱　　碱性增强

7.2.3 氢氧化物

氢氧化物（hydroxide）是指任一元素（R）与氢氧根（OH^-）形成的三元化合物，其通式可表示为 $R(OH)_z$。含氧酸和无机碱的结构均可视为某元素 R 与 O、H 构成的三元化合物，并含有 OH 基团，因此它们也可以被归类为氢氧化物。

（1）氢氧化物的解离

氢氧化物的酸碱性可以通过“ROH”模型进行判断。该模型基于离子键的观点，将氢氧化物中的 R、O、H 分别简单地视作 R^{z+}、O^{2-}、H^+三种离子，正离子 R^{z+}及 H^+均对负离子 O^{2-}有吸引力。

$R(OH)_z$ 在水溶液中可能存在两种不同的解离趋势，分别为酸式解离和碱式解离。

酸式解离：R—O ¦ H $\longrightarrow$ $RO^- + H^+$，产生 H^+，如 HClO。

碱式解离：R ¦ O—H $\longrightarrow$ $R^{z+} + OH^-$，产生 OH^-，如 NaOH。

氢氧化物的解离倾向可通过分析金属离子 R^{z+}的电荷数和离子半径来判断。若 R^{z+}电荷较少且离子半径较大（如碱金属和碱土金属的离子），则与 O^{2-}之间的吸引力较弱，不足以抗衡 H^+同 O^{2-}之间的吸引力，则按碱式解离，此元素的氢氧化物将呈现碱性（生成 OH^-）；反之，如果 R^{z+}电荷数较多，离子半径较小（如高价过渡金属），则 R^{z+}与 O^{2-}之间的吸引力较强，超过了 H^+与 O^{2-}之间的吸引力。此时，氢氧化物倾向于酸式解离，表现为酸性氢氧化物（生成 H^+）。如果 R^{z+}对 O^{2-}的吸引力与 O^{2-}与 H^+之间的吸引力相当，则氢氧化物可能同时具有酸式和碱式解离的倾向，形成两性氢氧化物。这类氢氧化物能够与酸或碱反应，生成相应的盐。

由于某元素氢氧化物的酸碱性主要取决于中心离子 R^{z+}的电荷（Z）和半径（r），可用该元素氢氧化物离子势 Φ（ionic potential）的大小判断其酸碱性。阳离子电荷 Z 与阳离子半径

r 之比称为离子势 Φ，表示为：

$$\Phi = \frac{Z}{r}$$

离子半径 r 的单位为 pm（$1\text{pm} = 10^{-12}\text{m}$）。酸碱性可按下列经验规则划分：

$$\sqrt{\Phi} < 0.22 \qquad \text{ROH 为碱性}$$

$$\sqrt{\Phi} > 0.32 \qquad \text{ROH 为酸性}$$

$$0.22 < \sqrt{\Phi} < 0.32 \qquad \text{ROH 为两性}$$

上述关于氢氧化物酸碱性的经验规则在许多情况下能够很好地概括氢氧化物的行为，但也存在一些例外情况。例如，根据 ROH 模型，$Zn(OH)_2$ 的 $\sqrt{\Phi} = \sqrt{\frac{2}{74}} = 0.164$，低于 0.22，应表现为碱性氢氧化物，然而，事实上 $Zn(OH)_2$ 是典型的两性氢氧化物，既能与酸反应生成盐，又能与碱反应生成配合物。这一现象表明，ROH 模型在某些情况下无法准确预测氢氧化物的酸碱性。这一理论上的缺陷主要在于，ROH 模型未能充分考虑金属离子与氧离子之间化学键的共价成分。在许多过渡金属氢氧化物中，金属与氧之间的相互作用往往不完全是离子键，还包含一定的共价成分，这使得这些氢氧化物在酸碱性上表现出复杂的行为。因此，ROH 模型在预测这类氢氧化物的酸碱性时存在一定的局限性。

（2）氢氧化物的酸碱性递变规律

利用 ROH 模型讨论氢氧化物酸碱性在周期表中的变化规律，可得到令人满意的结论。

① 在同周期元素中，随着元素从左到右的变化，最高氧化态氢氧化物的酸碱性也表现出明显的变化。具体来说，氢氧化物的碱性逐渐减弱，酸性逐渐增强。以第三周期为例，见表 7-16。

表 7-16　第三周期最高价氢氧化物性质对比

族数	ⅠA	ⅡA	ⅢA	ⅣA	ⅤA	ⅥA	ⅦA
化学式	NaOH	$Mg(OH)_2$	$Al(OH)_3$	H_2SiO_3	H_3PO_4	H_2SO_4	$HClO_4$
Z	1	2	3	4	5	6	7
$r(R^{z+})$/pm	95.0	65	55	41	34	29	26
$\sqrt{\Phi}$	0.10	0.18	0.23	0.31	0.38	0.45	0.52
酸碱性	强碱	中强碱	两性偏酸	弱酸	中强酸	强酸	最强酸

② 同族（主族、副族）元素中，从上到下，相同价态的氢氧化物的碱性增强，酸性减弱，如表 7-17 所示。

表 7-17　ⅢA、ⅢB 族元素氢氧化物性质对比

ⅢA	$r(R^{3+})$/pm	$\sqrt{\Phi}$		ⅢB	$r(R^{3+})$/pm	$\sqrt{\Phi}$
H_3BO_3 弱酸	20.0	0.39	碱性增强↓	$Sc(OH)_3$ 弱碱	81.0	0.19
$Al(OH)_3$ 两性偏酸	55.0	0.23		$Y(OH)_3$ 中强碱	93.0	0.18
$Ga(OH)_3$ 两性	62.0	0.22		$La(OH)_3$ 强碱	106	0.17
$ln(OH)_3$ 两性偏碱	92.0	0.18		$Ac(OH)_3$ 强碱	111	0.16
$Tl(OH)_3$ 弱碱	105	0.17				

③ 当同一元素形成不同价态的氢氧化物时，随着化合价的升高，其氢氧化物的酸性增强，碱性减弱。见表 7-18。

表 7-18　同一元素氢氧化物酸碱性递变

化合价	+1	+3	+5	+7
化学式	$HClO$	$HClO_2$	$HClO_3$	$HClO_4$
$K_a^\ominus$	3.2×10^{-6}	1.1×10^{-2}	1×10^{3}	1×10^{10}
酸碱性	弱酸	中强酸	强酸	最强酸
酸性增强 →				
化合价	+2	+4	+6	+7
化学式	$Mn(OH)_2$	$Mn(OH)_4$ 或 $H_2MnO_3\cdot H_2O$	H_2MnO_4	$HMnO_4$
酸碱性	碱性	两性	强酸	最强酸
酸性增强 →				

思考题

1. 在本书附录的元素周期表中，共有多少种金属元素？有多少种元素的单质在常温、常压下呈气态？

2. 什么是同位素？什么是放射性同位素？

3. 非金属单质在结构上有哪些特点？它们的分子有哪几种类型？

4. 简述第 3 周期元素氧化物的键型、晶体类型及熔点递变规律。

5. 简述第 4 周期氧化物酸碱性的递变规律。

6. 第ⅢA、ⅣA、ⅤA、ⅥA、ⅦA 族各有几种非金属元素？它们单质的晶体结构和化学性质有什么规律？

习题

1. 写出碱金属与氧气作用分别生成氧化物、过氧化物及超氧化物的化学反应方程式，以及这些生成物与水反应的化学方程式。

2. 举例说明氢气既具有氧化性又具有还原性。

3. 举例说明金属卤化物水解反应的类型并写出相应的化学反应方程式。

4. 为什么实验室配制的 $SnCl_2$ 溶液呈酸性？

5. 两性氧化物和两性氢氧化物位于周期表什么位置？

6. 熔点最高的金属单质位于周期表什么位置？为什么？

7. B_2O_3 is acidic, Al_2O_3 is amphoteric, and Se_2O_3 is basic. Why ?

8. List the Following acids in order of acid strength in aqueous solution:

(a) $HClO_4$ H_3AsO_3 H_2SiO_3 H_2SO_4

(b) $HClO$ $HClO_4$ $HClO_2$ $HClO_3$

第8章 有机化合物

【内容提要】

介绍有机化合物的命名、分子结构及同分异构现象；阐述有机化合物的基本性质、反应规律以及有机高分子化合物的主要合成方法和性能；简单介绍一些常用的有机高分子化合物的性质及用途。

【本章要求】

（1）掌握有机化学的研究内容和重要的有机反应类型。

（2）掌握有机高分子化合物的合成方法及性质。

（3）了解一些常见的有机高分子化合物的性能及应用。

有机化学（organic chemistry）就是研究有机化合物的组成、结构、性质、合成及其理论与应用的一门学科。最初人们把只能从动植物中得到的化合物，不同于从矿物质中得到的化合物叫作有机化合物（organic compound）。后来随着生产实践和科学研究的发展，许多有机化合物都相继被用人工方法由无机化合物合成出来。因此“有机化合物”这一名词虽沿用至今，但已失去了它最初的含义。

有机化合物的组成特征是都含有碳元素，绝大多数还含有氢元素，有些还可能含有氧、氮、磷和硫等元素；同时分子中的氢原子还可以被其他原子或原子团所替代，从而衍变出更多的有机化合物。因此，从组成上讲，有机化合物就是碳氢化合物及其衍生物，结构上可把碳氢化合物看作有机化合物的母体，其他有机化合物看作是这个母体中氢原子被其他原子或基团取代而衍生得到的化合物。其种类繁多，数量庞大，远远超过无机化合物的数量。

8.1 有机化合物的分子结构

有机化合物的性质主要取决于构成该类化合物的中心原子碳，以及以碳原子为中心所形成的化学键。性质是结构的反映，结构决定性质。认识有机化合物的性质，必须先了解有机化合物的结构。

8.1.1 有机化合物分子中碳原子的杂化类型

碳原子的最外层电子结构特征是$2s^22p_x^12p_y^12p_z$，难以得失电子，易和其他元素的原子以共用电子对的形式形成共价键。根据价键理论，碳原子最外层有两个单电子只能生成两个共价键，而在有机化合物中碳原子一般显示四价，为了能够很好地解释这一问题，鲍林等人在价键理论的基础上提出了杂化轨道理论。这里，让我们简单回顾一下杂化轨道理论。

杂化轨道理论在原子的成键能力、分子空间构型等方面完善和发展了现代价键理论，该理论认为碳原子在形成共价键时，2s 轨道上一个电子获得能量跃迁到空的 2p 轨道，形成不稳定的$2s^12p_x^1\ 2p_y^12p_z^1$激发态（图 8-1）。

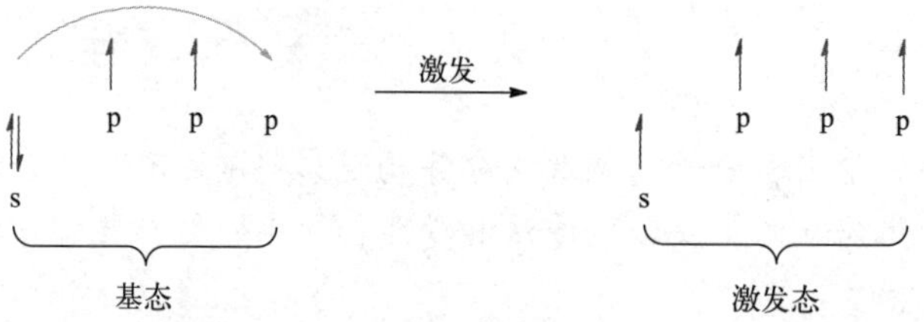

图 8-1　碳原子的电子激发

激发态能量较高不稳定，很快与能量相近的 2s 和 2p 轨道经混合后重新分配，组成同等数目、能量相等的新轨道，这种轨道重新组合的过程即原子轨道的杂化，产生的新轨道称为杂化轨道。每个杂化轨道都是排布一个单电子、一头大一头小的椭圆形，小头朝里大头朝外能够更容易和成键轨道重叠，形成稳定的共价键。有机化合物中的碳原子主要有下面三种杂化类型。

（1）sp^3杂化

烷烃分子中的碳原子采用激发态的 1 个 2s 轨道和 3 个 2p 轨道平均分配能量，并重新调整轨道的方向和形状，形成 4 个形状一样的一头大、一头小的 sp^3 杂化轨道，每个杂化轨道都含有 1/4 的 2s 成分和 3/4 的 2p 成分，杂化后的 4 个轨道以碳原子为中心，伸向四面体的 4 个顶点，互相之间的夹角为 109°28′。相当于由四面体的中心伸向 4 个顶点（如图 8-2）。

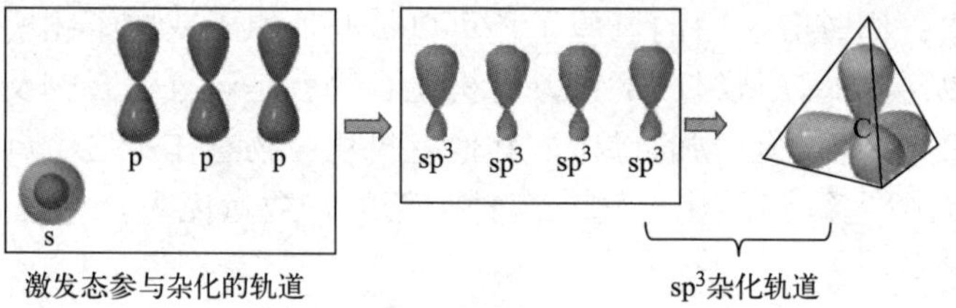

图 8-2　碳原子轨道的 sp^3 杂化

轨道的空间形状使 4 个轨道之间相距最远，电子间相互排斥力最小，体系最稳定。事实也证明甲烷分子为正四面体型，高级烷烃晶体的碳链是锯齿形的（如图 8-3）。除此之外，烷烃的碳原子还能连成环状，形成环烷烃。

（2）sp^2杂化

烯烃中，含有$-\overset{|}{C}=\overset{|}{C}-$结构，形成碳碳双键的烯碳原子以激发态的一个 2s 轨道和两个

2p 轨道杂化，形成三个能量相同的 sp^2 杂化轨道，每个杂化轨道含有 1/3 的 2s 成分和 2/3 的 2p 成分。三个杂化轨道间的夹角互为 120°，呈平面三角形。未参与杂化的 p 轨道的能量和形状不变，对称轴与 sp^2 杂化轨道所处的平面垂直（如图 8-4）。通过侧面重叠形成 π 键。

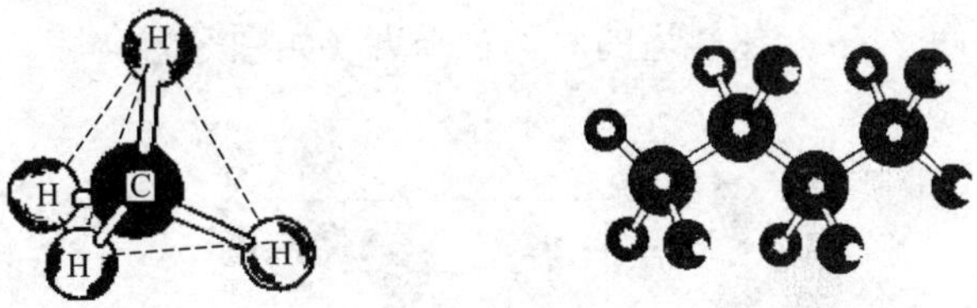

图 8-3　甲烷的正四面体结构和丁烷的球棍模型

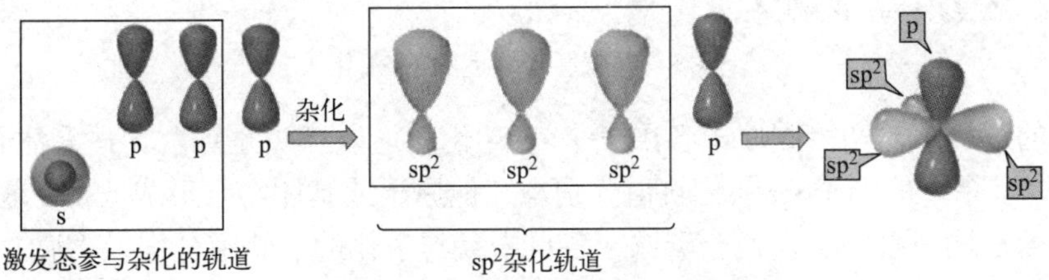

图 8-4　碳原子轨道的 sp^2 杂化

现代物理方法也证明了乙烯分子是如图 8-5 所示的平面结构。

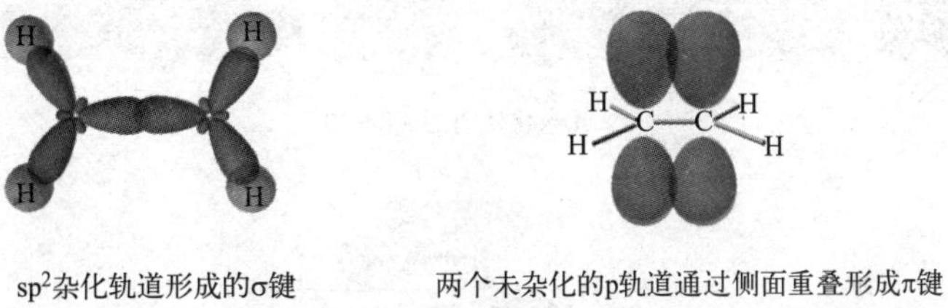

图 8-5　乙烯分子中的共价键

苯环上所有的碳原子、氢原子都处在同一平面上，相邻的碳原子用两个 sp^2 杂化轨道以“头碰头”的形式相互重叠构成 C—C σ 键，每个碳原子用另一个 sp^2 杂化轨道同氢原子的 1s 轨道重叠，构成 C—H σ 键。每个碳原子都有一个未参加杂化的带有一个电子的 p 轨道。这些 p 轨道的对称轴都垂直于苯环平面，p 轨道彼此间以“肩并肩”的方式相互重叠，对称地分布在苯环平面的上下方，形状如两个轮胎圈，形成了六原子共用六电子的环状闭合大 π 键，π 键中 π 电子云密度完全平均化。如图 8-6 所示。

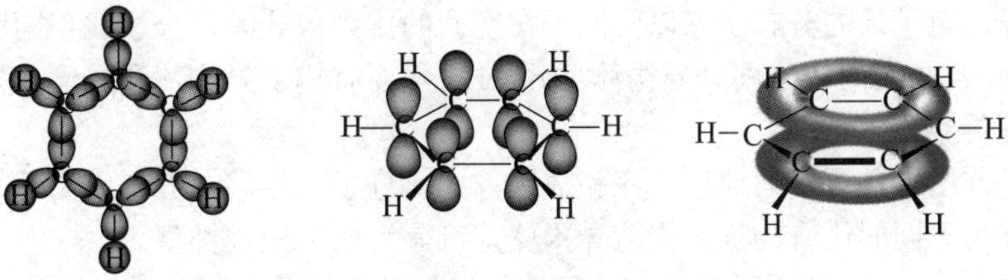

图 8-6　苯环的 σ 键和六电子大 π 键及 π 电子云

（3）sp 杂化

炔烃分子中含有—C≡C—结构，形成碳碳三键的碳原子采用激发态碳原子的 1 个 2s 轨道和 1 个 2p 轨道杂化形成两个 sp 杂化轨道，每个 sp 杂化轨道各含有 1/2 的 2s 成分和 1/2 的 2p 成分，两个轨道小头朝里、大头朝外互成 180°夹角，呈直线型。两个未参与杂化的 p 轨道互相垂直，并且都与两个 sp 杂化轨道的对称轴垂直（如图 8-7）。

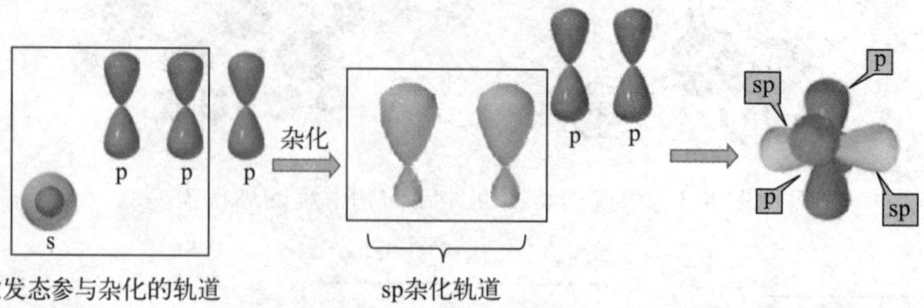

图 8-7　碳原子轨道的 sp 杂化

在成键的过程中，两个碳原子各用一个 sp 杂化轨道以“头碰头”方式重叠形成 C—C σ 键；每个碳原子余下的一个 sp 杂化轨道分别与其他原子或基团结合形成 σ 键。这样形成的三个 σ 键键轴处在同一直线上，两个碳原子各自未参与杂化的 p 轨道分别以“肩并肩”方式侧面重叠形成两个 π 键。π 电子云围绕碳原子核连线呈圆筒形分布。现代物理方法证明，乙炔分子是一个线型分子，分子中四个原子在一条直线上，如图 8-8 所示。

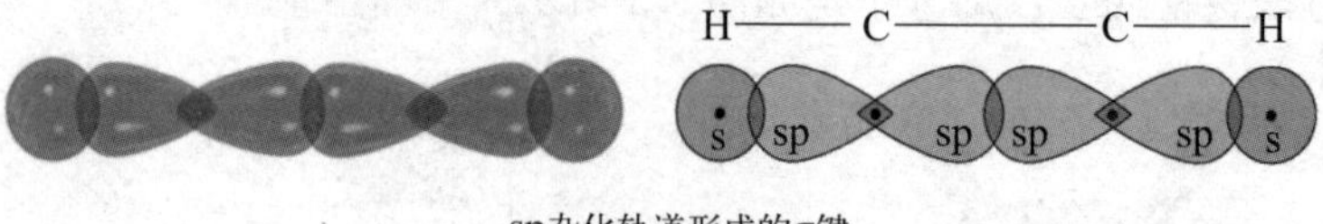

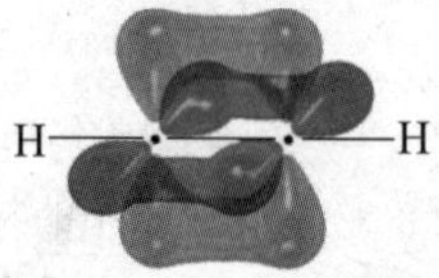

图 8-8　乙炔分子的成键情况

综上所述，在有机化合物中，由于中心原子碳具有特殊的最外层电子结构，普遍存在的化学键是共价键。

8.1.2　有机化合物结构上的特点

有机化合物的分子结构（molecular structure）是指分子中的原子组成及连接次序、化学键的结合情况、电子云的分布状态以及原子在空间的排列方式等。分子式相同而结构、性质各异的化合物，互相之间称为同分异构体（isomer），主要有构造异构体和立体异构体两大类。

（1）构造异构

构造是指分子中各原子的连接次序和成键方式。分子式相同，分子内原子间相互连接的次序或成键方式不同的化合物称为构造异构体，可分为以下三种类型。

① 碳链异构：由碳链不同而引起的异构。烷烃的构造异构属于碳链异构。如戊烷有三种碳链异构体。

$$CH_3CH_2CH_2CH_2CH_3 \qquad CH_3CHCH_2CH_3 \qquad \underset{\underset{CH_3}{|}}{\overset{\overset{CH_3}{|}}{H_3C-C-CH_3}}$$
$$\qquad\qquad\qquad\qquad\qquad \overset{|}{CH_3}$$

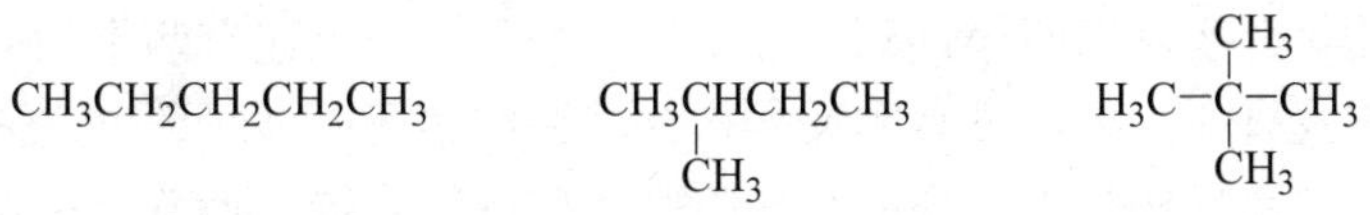

（正）戊烷 　　　　　 异戊烷 　　　　　 新戊烷

显然，随着碳原子数增加，构造异构体的数目明显增多。碳原子在碳链中所处的位置也不尽相同，为了加以识别，把只与一个、二个、三个或四个碳原子直接相结合的饱和碳原子分别称为伯、仲、叔和季碳原子，用1°、2°、3°和4°表示。伯、仲、叔碳原子上所连接的氢原子，分别称为伯（1°）、仲（2°）和叔（3°）氢原子。

② 官能团异构：官能团不同或官能团位置不同引起的异构。官能团是有机化合物分子中比较活泼而易发生化学反应的原子、原子团或某些特征化学键结构。如乙醇与二甲醚的分子式是完全相同的，但它们是两种不同官能团的物质。即使相同的官能团，也可能因官能团位置不同而引起异构现象。如1-丁烯和2-丁烯。

$$H-\overset{\overset{H}{|}}{\underset{\underset{H}{|}}{C}}-\overset{\overset{H}{|}}{\underset{\underset{H}{|}}{C}}-O-H \qquad H-\overset{\overset{H}{|}}{\underset{\underset{H}{|}}{C}}-O-\overset{\overset{H}{|}}{\underset{\underset{H}{|}}{C}}-H \qquad CH_2{=}CHCH_2CH_3 \qquad CH_3CH{=}CHCH_3$$

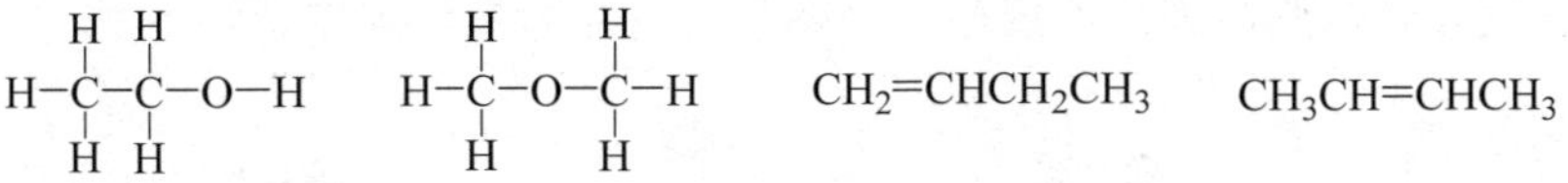

乙醇 　　　　　 二甲醚 　　　　　 1-丁烯 　　　　　 2-丁烯

③ 互变异构（tautomerism）。炔烃的水解反应，首先生成在双键碳原子上连有羟基的烯醇式化合物。烯醇式化合物一般不稳定，羟基上的氢原子转移到另一个双键碳原子上。与此同时，电子也发生转移，碳碳双键转变成碳氧双键，得到稳定的羰基化合物。像这样因分子中某一原子在两个位置迅速移动而产生官能团不同的异构体，称为互变异构体。由于乙醛比乙烯醇更稳定，因此乙炔水合主要得到乙醛，这也是工业上制备乙醛的方法之一。

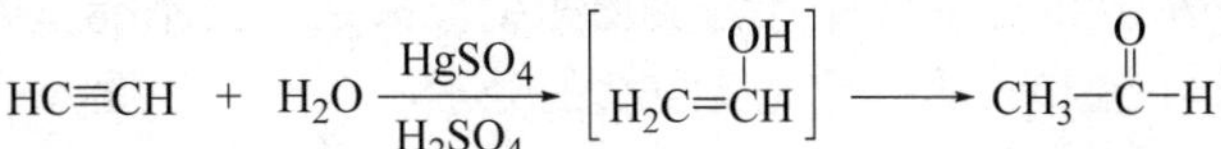

$$HC{\equiv}CH \ + \ H_2O \ \xrightarrow[\text{H}_2\text{SO}_4]{\text{HgSO}_4} \ \left[\ \underset{\text{烯醇式}}{H_2C{=}\overset{\overset{OH}{|}}{CH}} \ \right] \longrightarrow \underset{\text{乙醛(酮式)}}{CH_3{-}\overset{\overset{O}{\|}}{C}{-}H}$$

（2）立体异构（stereo isomerism）

在具有确定构造的分子中，各原子在空间的排布叫作分子的构型。其中，因键长、键角、分子内有双键或有环等原因而引起的立体异构体，即构型异构体。其中因双键或环的存在而不能旋转所引起的异构称为几何异构或顺反异构。如图 8-9 所示的 2-丁烯分子，双键中的 π 键是两个碳原子上未杂化的 p 轨道互相平行重叠而成的。若固定其中任何一个双键碳，另一双键碳围绕着碳碳键旋转，则 p 轨道不再平行重叠，π 键破裂。由于常温下分子热运动的能量不足以使 π 键完全断裂，因此烯碳基团不能围绕双键自由旋转。若两个烯碳上的相同基团甲基在双键的同一边称为顺式，若在双键的两边则称为反式。这种异构现象称为顺反异构（cis-trans isomerism）。

图 8-9　2-丁烯的顺反异构体

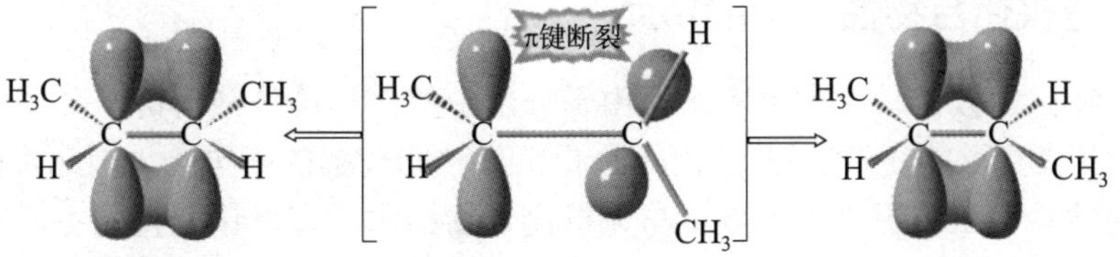

含碳碳双键的化合物，当两个烯碳原子中任一个碳原子上连有两个相同的取代基时，分子在空间的排列方式只有一种，没有顺反异构体，例如 2-甲基-1-丁烯就没有顺反异构体。

另一种常见的顺反异构是由于环的存在阻碍了单键的旋转，使分子中相同的取代基在分子环平面同一面或不同面而造成的异构体。环上 2 个碳连有的相同取代基在环平面同一面称为“顺”，在环平面两面的称为“反”。如 1,2-二甲基环丙烷的两种顺反异构体：

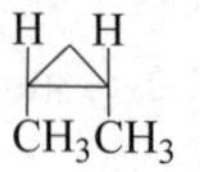

顺-1,2-二甲基环丙烷

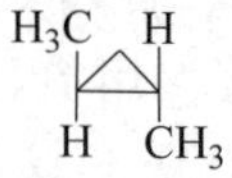

反-1,2-二甲基环丙烷

构象异构体是指分子中由于单键旋转产生的立体异构体。如在乙烷分子中，如果使一个甲基固定，另一个甲基沿着 C—C σ 键绕键轴旋转，则两个甲基中氢原子的相对位置将不断改变，产生许多不同的空间排列方式，每一种排列方式相当于一种构象异构体（如图 8-10），由于转动的角度是随机的，因此乙烷分子可以有无数种构象异构体。

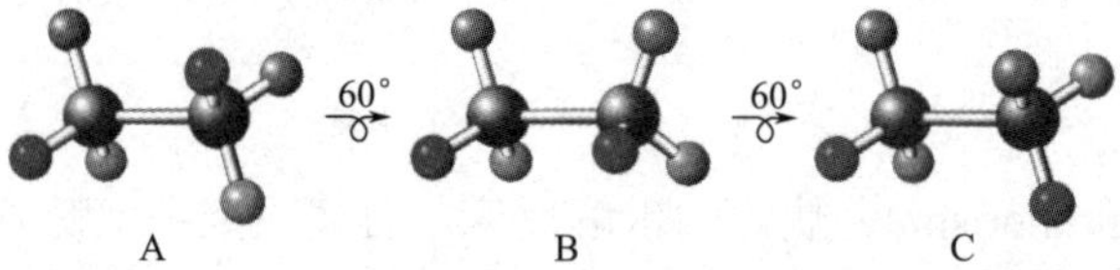

图 8-10 乙烷分子的三个构象异构体

如果把人的左手放在一面镜子前，在镜子中呈现的像恰好与右手相同（如图 8-11），所以人的左右手好比是实物和镜像的关系。但是人的左右手不能重叠，如果将右手的手套戴到左手上就不合适。像左手和右手这样互为实物和镜像关系，又不能重叠的特性，叫作手性（chirality）。任何一个不能和它的镜像完全重叠的分子，就叫作手性分子（chiral molecule）。

手性分子互呈镜像关系的两种立体异构体称为对映异构体（enantiomerism）。如图 8-12 所示的是乳酸分子的一对对映异构体。在相同条件下，它们使平面偏振光旋转的角度相同而旋转的方向相反，即旋光性能不同，所以对映异构体又称为旋光异构体或光学异构体。

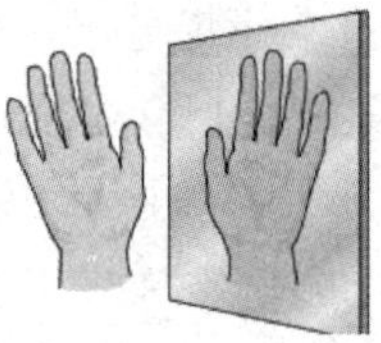

图 8-11 左手和右手互为实物和镜像关系

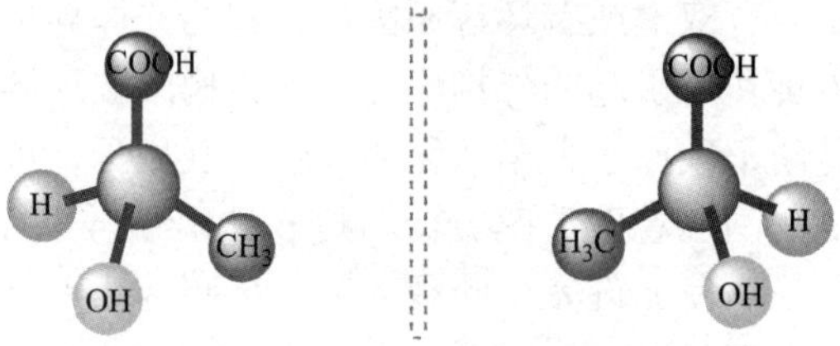

图 8-12 乳酸分子的一对对映异构体

8.1.3 有机化合物性质上的特点

有机化合物虽然数目、种类繁多，但由于分子中的化学键是共价键，分子间只存在着较弱的范德华力（少数可能还有氢键），而不是正负离子间较强的静电力。因此，有机化合物与无机化合物的性质存在着明显的差异。与无机化合物相比，有机化合物的主要特性有：

① 容易燃烧。有机化合物受热很不稳定，往往容易分解或炭化。大多数有机化合物都可以燃烧，如汽油、棉花等，而大多数无机化合物则不能燃烧。

② 熔点、沸点都较低。由于有机化合物分子间只存在着较弱的作用力，常温下多数以气体、易挥发的液体或低熔点的固体状态存在。

③ 难溶于水，易溶于有机溶剂。有机化合物的极性通常较弱，多为非极性物质，或多为非电解质，在熔融或溶液状态下，一般不导电，如油脂、蔗糖、苯等。而水的极性较强。根据“相似相溶”原理，大多数有机化合物难溶于水而易溶于有机溶剂，例如，石蜡可溶于汽油，乙烷可溶于苯。

④ 反应速度慢，常伴有副反应。有机化合物的共价键不像离子键那样容易离解，因此反应速度较慢，反应所需的时间较长。一般需要加热、光照或者加入催化剂等方法来提高反应速率。同时有机化合物的分子结构复杂，能起反应的部位也比较多。因此，反应时常伴有副反应，产生复杂的混合物，使产率较低且反应条件不同，产物也往往不同。

当然以上性质并不是绝对的，例如，CCl_4 不但不易燃烧，而且可用作灭火剂；糖和酒精极易溶于水；三硝基甲苯（TNT）的反应能以爆炸的方式进行。

8.2 有机化合物的分类及命名

8.2.1 有机化合物的分类

(1) 按碳的骨架不同分类

① 开链化合物（acyclic compound） 分子中碳原子与碳原子之间可通过单键、双键或三键相连接成为碳链状，又称为脂肪族化合物。例如：

$CH_3CH_2CH_2CH_2CH_3$

正戊烷

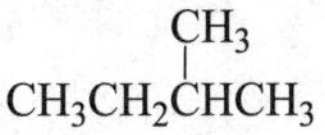

异戊烷

$CH_3CH_2CH{=}CH_2$

1-丁烯

$CH_3CH_2CH_2OH$

丙醇

② 脂环（族）化合物（alicyclic compound） 分子中存在由碳原子相连而成的环状结构，可看作是由开链化合物闭合成环。性质与脂肪族化合物相似，故称为脂环（族）化合物。例如：

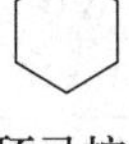

环己烷

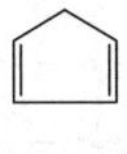

环戊二烯

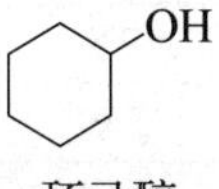

环己醇

③ 芳香（族）化合物（aromatic compound） 分子中含有类似苯环结构，由碳原子组成的在同一平面内的闭环共轭体系，其性质不同于脂环化合物，具有“芳香性”。例如：

苯

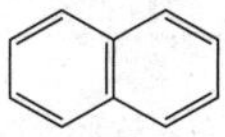

萘

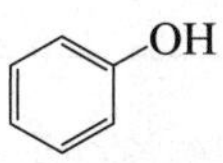

苯酚

④ 杂环化合物（heterocyclic compound） 由碳原子和其他非碳原子（如 O、S、N 等）组成的以环状结构为特征的一类化合物。例如：

呋喃

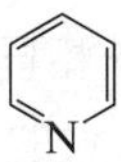

吡啶

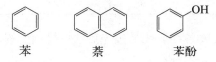

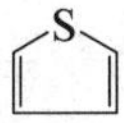

噻吩

（2）按官能团分类

含有相同官能团的有机化合物具有类似的性质，依据分子中官能团的不同，可以将有机化合物分类。常见的官能团及其化合物类别列于表 8-1 中。

表 8-1　一些常见的有机化合物及其官能团

化合物类别	官能团结构	官能团名称	化合物类别	官能团结构	官能团名称
烯烃	$\gt C=C\lt$	碳碳双键	酮	$(C)-\overset{\overset{O}{\parallel}}{C}-(C)$	酮基
炔烃	$-C\equiv C-$	碳碳三键	羧酸	$-\underset{\underset{O}{\parallel}}{C}-OH$	羧基
卤代烃	$-X$	卤原子	腈	$-C\equiv N$	氰基
醇和酚	$-OH$	羟基	胺	$-NH_2$	氨基
醚	$(C)-O-(C)$	醚键	硝基化合物	$-NO_2$	硝基
醛	$-\overset{\overset{O}{\parallel}}{C}-H$	醛基	磺酸	$-SO_3H$	磺（酸）基

8.2.2　有机化合物的系统命名法

系统命名法是根据 IUPAC 命名法（国际纯粹与应用化学联合会，International Union of Pure and Applied Chemistry）规定的有机化合物命名规则，结合我国的文字特点而制定，并于 1980 年修订出版的《有机化学命名原则》，是本书使用有机化合物命名依据。

（1）烷基的命名及取代基的顺序规则

① 烷基的命名。烷烃和环烷烃分子中去掉一个氢原子后剩余的基团分别称为烷基和环烷基。当一个烷烃和环烷烃分子中的氢原子不同时，可以形成几个不同的烷基或环烷基。最常见的烷基和环烷基，见表 8-2。

表 8-2　常见烷基和环烷基

烷基/环烷基	名称	烷基/环烷基	名称
$-CH_3$	甲基	$-C(CH_3)_3$	叔丁基
$-CH_2CH_3$	乙基	$-CH(CH_3)_2$	异丙基
$-CH_2CH_2CH_3$	正丙基	$-CH_2CH_2CH_2CH_3$	（正）丁基
$-CH_2CH(CH_3)_2$	异丁基	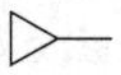	环丙基
$CH_3\overset{\mid}{C}HCH_2CH_3$	仲丁基	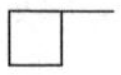	环丁基

② 顺序规则。有机化合物各种取代基按先后次序排列的规则称为顺序规则。主要内容如下：

a. 单原子取代基，按原子序数的大小排列，原子序数大的在前，序数小的在后，例如，

$$Cl > F > O > N > C$$

b. 多原子基团取代基若第一个连接原子相同，则比较与它相连的其他原子，先比较原子序数最大的原子，若还是相同，再比较第二大的，依次类推，直至比出大小，最先出现原子序数大的基团顺序在前，例如，

$$—CH_2Cl > —CH_3(Cl,H,H > H,H,H)$$

c. 取代基含不饱和键时连有双键或三键的原子，可以认为分别连有两个或三个相同的原子，列出对应结构式后，比较排序原则与 b 相同，例如，

$$—C\!\equiv\!CH > —CH\!=\!CH_2 > —CH(CH_3)_2$$

对应结构式为：

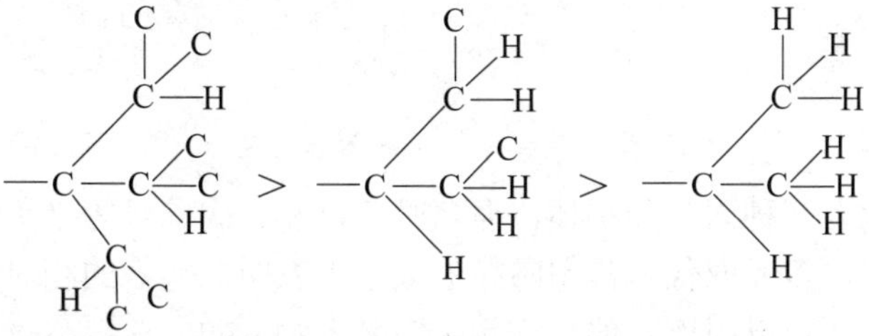

（2）链烃及其衍生物的命名

① 选主链。烷烃在分子中选择一个最长碳链为主链，含官能团的有机物则以带有官能团的最长碳链为主链。主链采用甲、乙、丙、丁、戊、己、庚、辛、壬、癸、十一、十二等表示碳原子的数目。

② 给主链碳原子编号。烷烃从离取代基最近（带官能团的有机物靠近官能团最近，若两边离官能团一样远则选择离取代基最近）的一端开始，将主链上各个碳原子依次用阿拉伯数字编号。

③ 命名。取代基的数目（以一、二、三……表示）和名称放在母体名称之前，若含几个不同的取代基，则按顺序规则依次列出，且在母体名称前注明官能团碳的最小编号（以阿拉伯数字表示）。如

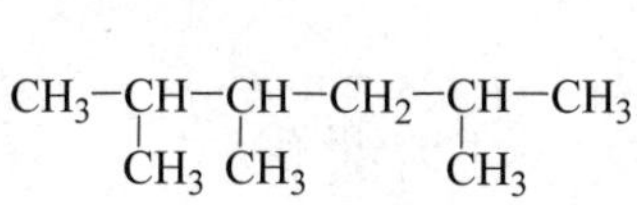

$$CH_3\!-\!CH\!-\!CH\!-\!CH_2\!-\!CH\!-\!CH_3$$
$$\quad\quad\;CH_3\;CH_3\quad\quad\;CH_3$$

2,3,5-三甲基己烷

$$CH_3CH\!=\!CCH_2CH_3$$
$$\quad\quad\quad\;CH_3$$

3-甲基-2-戊烯

$$CH_3\!-\!CH\!-\!\overset{OH}{\overset{|}{C}}\!-\!CH_2CH_3$$
$$\quad\;\;CH_3\;CH_3$$

2,3-二甲基-3-戊醇

$$\overset{CH_3}{CH_3CHCH_2}\overset{O}{\overset{\|}{C}}CH_3$$

4-甲基-2-戊酮

$$CH_3C\!=\!CHCOOH$$
$$\quad\;\;CH_3$$

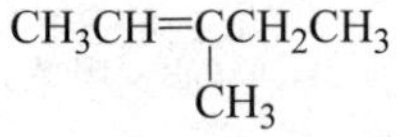

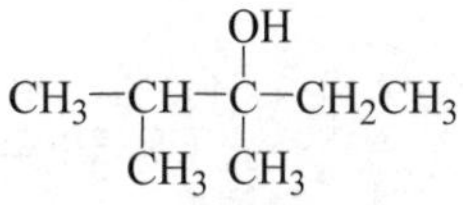

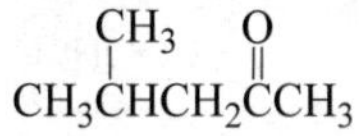

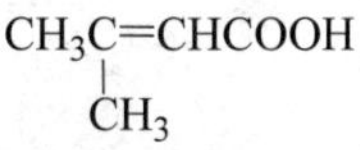

3-甲基-2-丁烯酸

④ 酯的命名一般以其来源的酸和醇的名称称作某酸某酯。如

$$CH_3\overset{O}{\overset{\|}{C}}\!-\!OCH_2CH_2CH_3$$

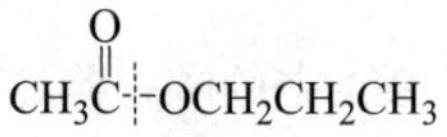

乙酸丙酯

（3）芳烃及其衍生物的命名

芳烃的名称是用与英文名称读音相近的汉字加草字头表示。例如，

苯　　　萘　　　蒽　　　菲

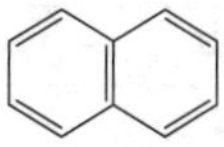

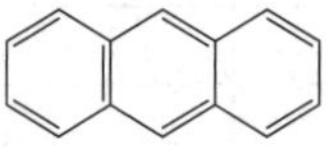

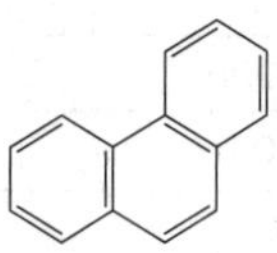

一元取代苯有两种命名法：当烃基的结构较简单时，一般以苯环为母体命名，并省略某基的“基”字，如甲苯、乙苯等；当烃基的碳链比较复杂或含有官能团时，则把苯看作取代基命名。如

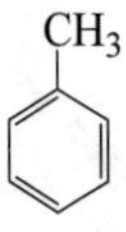
甲苯

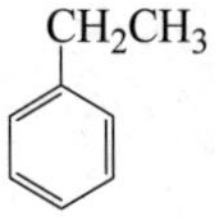
乙苯

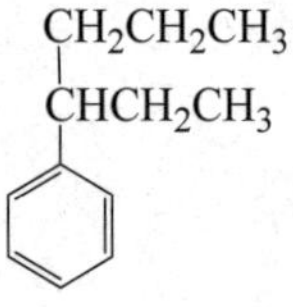
3-苯基己烷

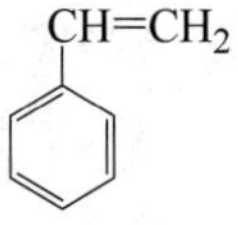
苯乙烯

二元取代苯相应有三种同分异构体，命名时可以邻、间、对等字头或阿拉伯数字表明两个取代基的相对位置。多元取代苯常用阿拉伯数字来表明取代基的相对位置。对于三个取代基相同的三取代苯，还可以用连、偏、均等字头来表示。如

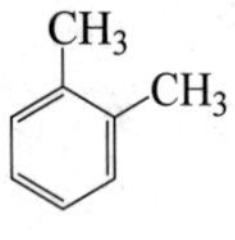
1,2-二甲苯
(邻二甲苯)

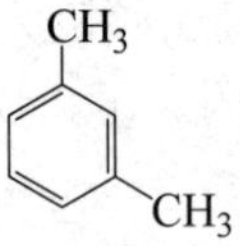
1,3-二甲苯
(间二甲苯)

1,4-二甲苯
(对二甲苯)

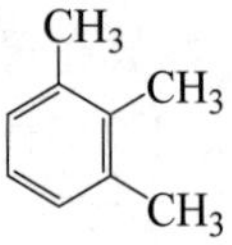
1,2,3-三甲苯
(连三甲苯)

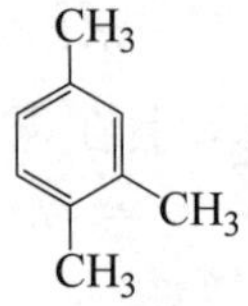
1,2,4-三甲苯
(偏三甲苯)

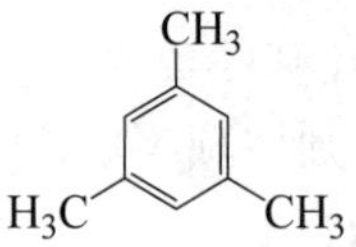
1,3,5-三甲苯
(均三甲苯)

苯衍生物的命名，当苯环上连有卤素、硝基时，苯环作母体，当苯环上连有羧基、羟基、磺酸基等官能团时，苯环作为取代基。如

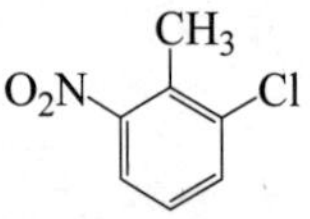
1-甲基-2-硝基-6-氯苯

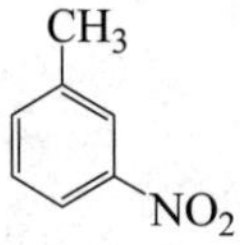
1-甲基-3-硝基苯

苯甲酸

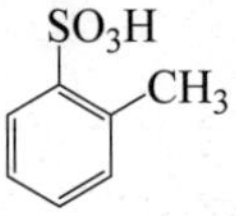
2-甲基苯磺酸

(4) 多官能团化合物的命名

分子中含多个官能团时，先按表 8-3 中的顺序确定主官能团，排在前面的官能团为主官能团。

表 8-3　一些常见官能团的词头、词尾名称

基团	词头名称	词尾名称
—COOH	羧基	酸
$—SO_3H$	磺酸基	磺酸
—CN	氰基	腈
—CHO	甲酰基	醛

基团	词头名称	词尾名称
$\diagdown C=O$	氧代	酮
—OH	羟基	醇（酚）
—NH$_2$	氨基	胺
—OR	烃氧基	醚
—R —X —NO$_2$ —NO } 一般作为取代基	烃基	
—X	卤代	卤代烃
—NO$_2$	硝基	硝基化合物
—NO	亚硝基	亚硝基化合物

其次，选择含有主官能团及尽可能多官能团的最长碳链为主链。主链编号应使主官能团的位号尽可能小。命名时，根据主官能团确定母体的名称，其他官能团作为取代基用词头表示，最后根据命名基本格式写出名称。

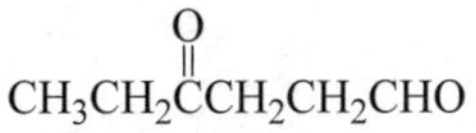

$$CH_3CH_2CCH_2CH_2CHO$$

4-氧代己醛

$$CH_3CH\overset{\displaystyle CH_3}{-}CH-CHCH_3$$
$$\quad\ \ OH \qquad\quad OH$$

3-甲基-2,4-戊二醇

$$CH_3CHCHCHCOOH$$
$$\qquad\ Br\ NH_2$$

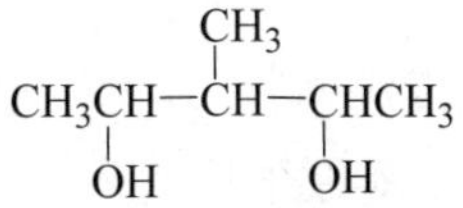

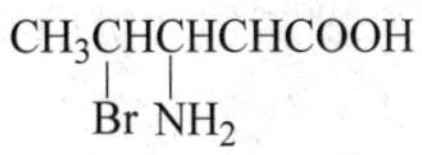

3-氨基-4-溴戊酸

8.3 有机化合物的重要反应

8.3.1 有机化合物的主要反应类型

有机化学反应数目众多，对其研究往往是按反应类型进行，目前最常用的分类法有两种：一种是根据反应物和生成物之间的关系，比较重要的有以下几类。

① 加成反应。有机物中的不饱和键一般同时含有 σ 键和 π 键，由于 π 键的键能比 σ 键小，所以容易断裂。反应时仅 π 键断裂，在不饱和键的两个原子上分别加上原子或原子团而形成两个新的 σ 键的反应称为加成反应。由于 σ 键比 π 键稳定，所以加成反应往往是放热反应，比较容易进行。

② 取代反应。有机物分子中的一种原子（或基团）被另一种原子（或基团）所取代的反应。

③ 消除反应。有机物分子中失去一个简单的分子，形成不饱和键的反应。

④ 氧化、还原反应。有机物分子得到氧或失去氢的反应叫作氧化反应，得到氢或失去氧的反应叫作还原反应。

有机化学反应的另一种分类方式是根据化学反应的历程来分类的。反应历程是化学反应所经历的途径或过程，亦称反应机理。

有机物基本上都是共价化合物，在化学反应中，X：Y 共价键断裂的方式主要有均裂和异裂。均裂是形成共价键的两个电子平均分配到形成共价键的两个原子上，带有一个未成对电子的原子或原子团叫作自由基（或游离基）。通过共价键的均裂，由自由基参与的化学反应称为自由基型反应。

$$X \overset{\vdots}{:} Y \longrightarrow X\cdot + Y\cdot$$

共价键异裂通常是在催化剂的作用下，形成共价键的两个电子转移到成键的其中一个原子上，形成阴、阳离子。通过共价键的异裂，由阴、阳离子参与的化学反应称为离子型反应。

$$X:Y \longrightarrow X^- + Y^+（或X^+ + Y^-）$$

也有少数有机反应，旧键的断裂和新键的形成具有同时性，此类反应称作协同型反应。

8.3.2 有机化合物的主要反应

8.3.2.1 加成反应

加成反应可以是离子型、自由基型或协同型反应，其中离子型加成反应由共价键异裂而引起，又分为亲电加成反应（electrophilic addition reaction）和亲核加成反应（nucleophilic addition reaction）。

（1）碳碳不饱和键的亲电加成反应

烯（炔）分子中形成 π 键的电子受原子核的束缚较小，因此可作为电子的来源，向别的反应物提供电子，与它反应的试剂应是缺电子的化合物，称作亲电试剂（electrophilic reagent），用 E^+ 表示，由亲电试剂进攻而引起的化学反应叫作亲电反应（electrophilic reaction）。

在烯烃的一系列加成反应中，所用的试剂如 HX、H_2SO_4 等化合物，加成的第一步都是试剂中带正电荷的部分（如 HX 中的 H^+）先加在双键的一个碳上，另一个双键的碳形成碳正离子，其是反应速率的决定性步骤，生成的碳正离子越稳定，反应越容易进行。第二步碳正离子再和试剂中带负电荷的部分（如 X^-）结合。

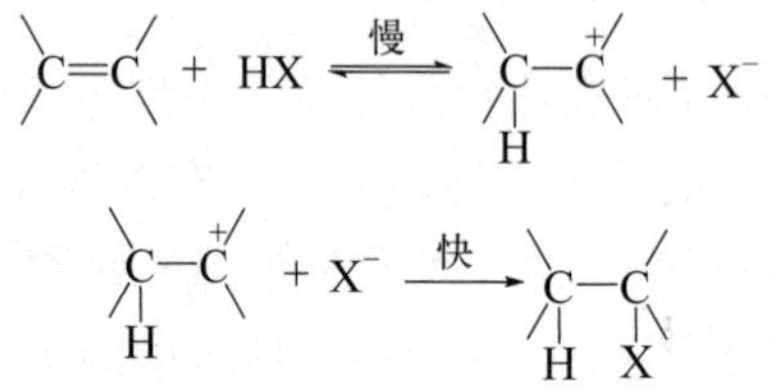

炔烃也可以和水进行亲电加成反应，如乙炔和水加成反应，先生成一个不稳定的加成产物乙烯醇，并很快异构转化成稳定的羰基化合物乙醛。

$$HC\equiv CH + H_2O \xrightarrow[H_2SO_4]{HgSO_4} \left[H_2C{=}CH{-}OH \right] \longrightarrow CH_3{-}\overset{O}{\underset{}{C}}{-}H$$

烯醇式　　　　　　乙醛(酮式)

不对称烯烃或炔烃与 HX 发生加成时，理论上可以生成两种加成产物。例如，

$$CH_3CH_2CH{=}CH_2 + HBr \longrightarrow CH_3CH_2\underset{Br}{CH}{-}CH_3 + CH_3CH_2CH_2{-}\underset{Br}{CH_2}$$

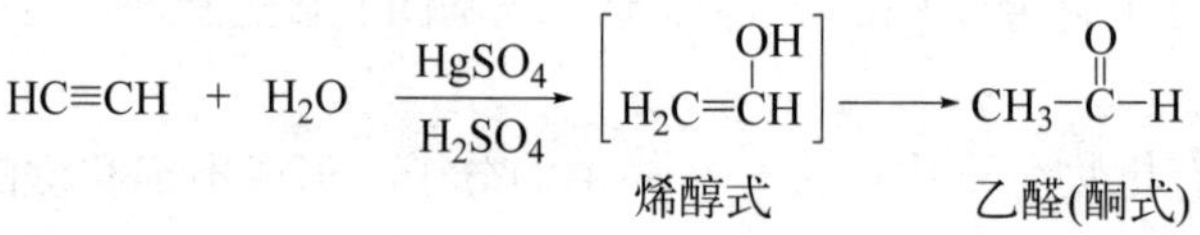

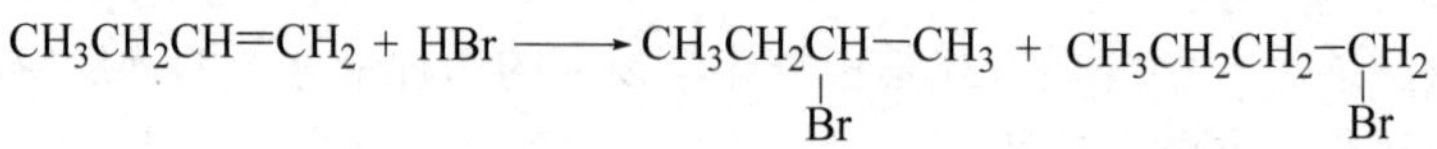

通过对大量实验事实的研究，总结出一条经验规律：HX 等极性试剂与不对称烯烃发生亲电加成反应时，HX 中的亲电部分氢离子主要加到含氢较多的烯碳原子上，简称马氏规则，依据此规则可预测烯烃加成的主要产物。

$$CH_3CH_2CH{=}CH_2 + HBr \xrightarrow{\text{乙酸}} \underset{\underset{\text{80\%}}{\text{Br}}}{CH_3CH_2\overset{}{C}HCH_3}$$

不对称炔烃与水等发生亲电加成反应同样遵循马氏规则，生成各种酮。例如，

$$H_3C{-}C{\equiv}CH + H_2O \xrightarrow[H_2SO_4]{HgSO_4} \left[H_2C{=}\overset{OH}{\overset{|}{C}}{-}CH_3\right] \longrightarrow CH_3{-}\overset{O}{\overset{\|}{C}}{-}CH_3$$

（2）醛酮羰基上的亲核加成反应（nucleophilic addition reaction）

羰基中的碳氧双键和碳碳双键相似，由一个 σ 键和一个 π 键组成。由于氧原子的电负性比碳原子大，π 电子云偏向氧原子，氧带有负电性，碳带有正电性，所以羰基是具有极性的官能团。如图 8-13 所示。

图 8-13　羰基的结构示意图

羰基中氧原子形成的氧负离子比碳原子形成的碳正离子稳定，因此羰基中带有正电性的碳更容易被亲核试剂（能够提供孤对电子的原子或原子团，如—X、H_2O 等）进攻而导致 π 键异裂从而引起亲核加成反应。反应分两步进行，如与 HCN 的加成，第一步是亲核试剂 CN^- 进攻羰基碳，形成氧负离子中间体，这是反应速率控制步骤。第二步是氧负离子中间体迅速与 H^+结合。

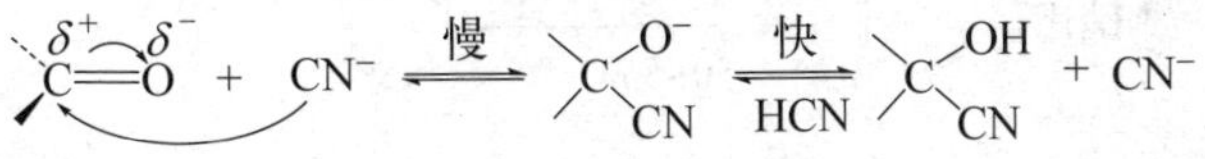

8.3.2.2　取代反应

有机化合物分子中的原子或基团被其他原子或基团所代替的反应称为取代反应（substitution reaction）。

（1）自由基取代反应

烷烃和环烷烃（小环环烷烃除外）中的氢原子被卤素原子取代的卤代反应（halogenation reaction，又称卤化反应）。以甲烷为例，在光照或高温下，氯气分子首先共价键均裂分解为两个活泼氯自由基（氯原子），这是反应速率的控制步骤。

$$Cl{:}Cl \xrightarrow[\text{或}\triangle]{h\nu} 2Cl\cdot \quad \Delta H= +242.4kJ\cdot mol \quad ①$$

氯原子具有未成对的单电子，不稳定，一经产生便夺取甲烷中的氢生成氯化氢，同时产生甲基自由基（$\cdot CH_3$）。甲基自由基再与 Cl_2 作用生成一氯甲烷和氯自由基，氯自由基不仅可以反复循环上述反应，同时也可以和刚生成的一氯甲烷作用而逐步生成二氯甲烷、三氯甲烷，甚至生成四氯化碳等产物。主要产物决定于反应物之间的比例、反应条件和能量的供给

等诸多因素。

$$Cl\cdot + H:CH_3 \longrightarrow HCl + \cdot CH_3 \qquad \Delta H=+4.2kJ\cdot mol^{-1} \qquad ②$$

$$\cdot CH_3 + Cl:Cl \longrightarrow CH_3Cl + Cl\cdot \qquad \Delta H=-108.7kJ\cdot mol^{-1} \qquad ③$$

上述反应一经引发产生自由基，就可以连续不断地进行下去，通常称为连锁反应或链式反应。①为链反应的引发阶段，②和③为链反应的增长阶段。反应发展到一定阶段时，反应物浓度降低，自由基之间碰撞机会增加，彼此之间发生反应。例如，

$$Cl\cdot + Cl\cdot \longrightarrow Cl—Cl \qquad ④$$

$$\cdot CH_3 + \cdot CH_3 \longrightarrow CH_3—CH_3 \qquad ⑤$$

$$\cdot CH_3 + Cl\cdot \longrightarrow CH_3—Cl \qquad ⑥$$

当自由基之间的反应逐渐增加而占了优势时，反应将逐渐停止，这个阶段称为链反应的终止阶段，④、⑤和⑥为链终止的反应。

在烷烃和环烷烃中，只有甲烷、乙烷等少数烷烃和无取代基的环烷烃分子中的氢原子是等同的，经卤化反应可以得到单一的卤代衍生物。若分子中的氢原子是不等同的，则 H 被取代的活性大小顺序是：叔 H＞仲 H＞伯 H，如甲基环戊烷的一氯代反应。

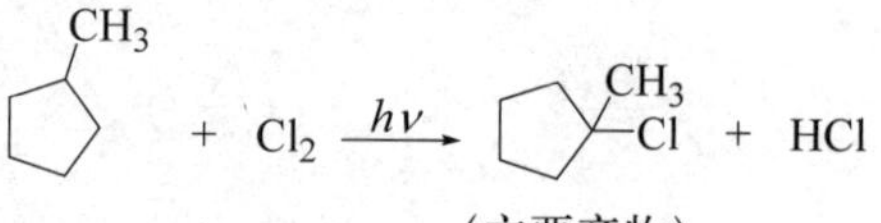

（主要产物）

（2）芳环上的亲电取代反应（electrophilic substitution reaction）

芳环上的氢原子也可发生取代反应，是在催化剂作用下正离子或极性分子带正电荷端的亲电试剂进攻芳环而引发的离子型亲电取代反应。典型的芳香亲电取代反应有苯环的卤化、硝化（nitration)、磺化（sulfonation)、烷基化（alkylation)、酰基化（acylation)等。

硝化：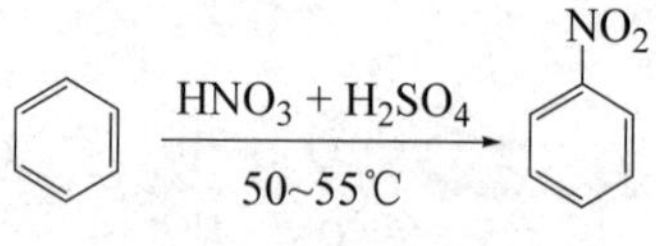

卤化：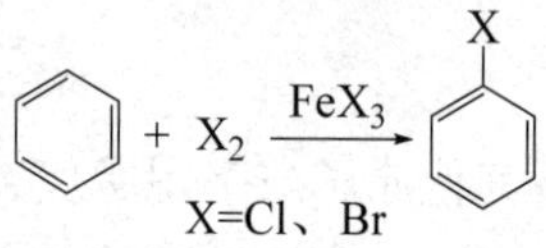

磺化：

烷基化：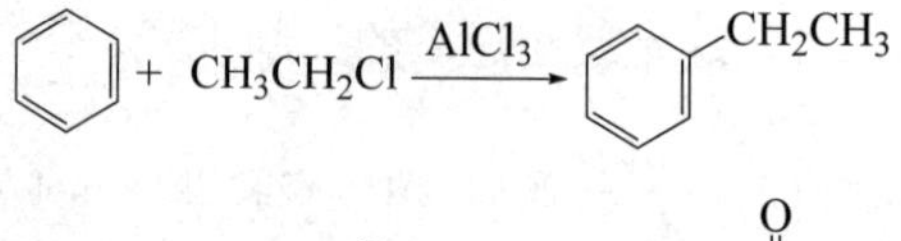

酰基化：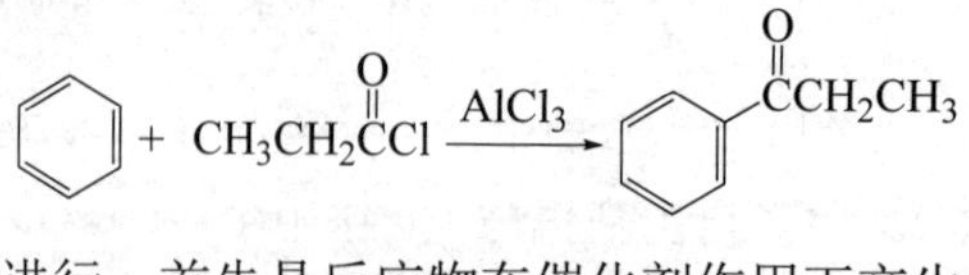

上述反应可通过下列步骤进行：首先是反应物在催化剂作用下产生的亲电试剂 E^+进攻苯环，形成不稳定的正离子中间体，接着很快失去一个质子，恢复苯环的稳定结构，得到取代苯。

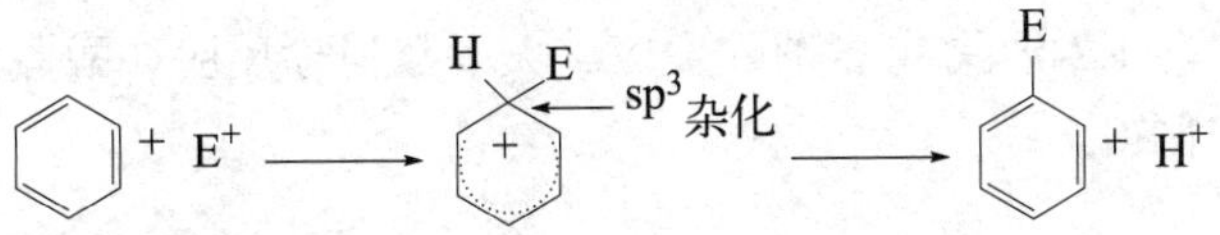

其中，卤化、硝化反应的亲电试剂（Cl^+、NO_2^+）分别由以下反应产生。

$$FeCl_3 + Cl_2 \longrightarrow [FeCl_4]^- + Cl^+$$

$$HO—NO_2 + HO—SO_2OH \rightleftharpoons H_2\overset{+}{O}—NO_2 + HSO_4^-$$

$$H_2\overset{+}{O}—NO_2 + HO—SO_2OH \rightleftharpoons NO_2^+ + H_3O^+ + HSO_4^-$$

大量的实验表明，不同的一元取代苯进行取代反应时，后进入基团进入苯环的位置和反应速率取决于原有的取代基，苯环上原有取代基对后进入基团的这种制约作用称为取代基的定位效应。例如，

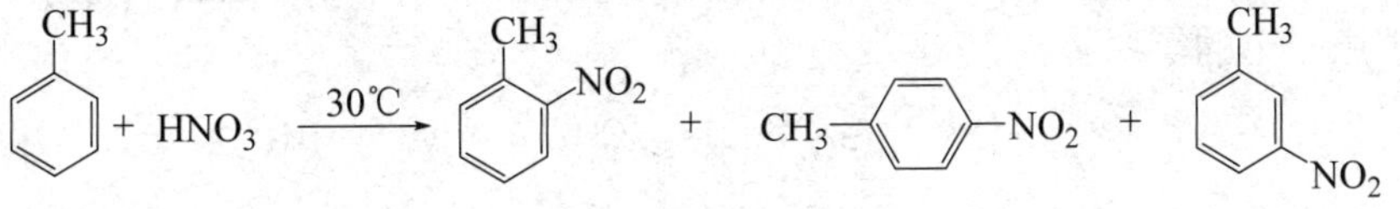

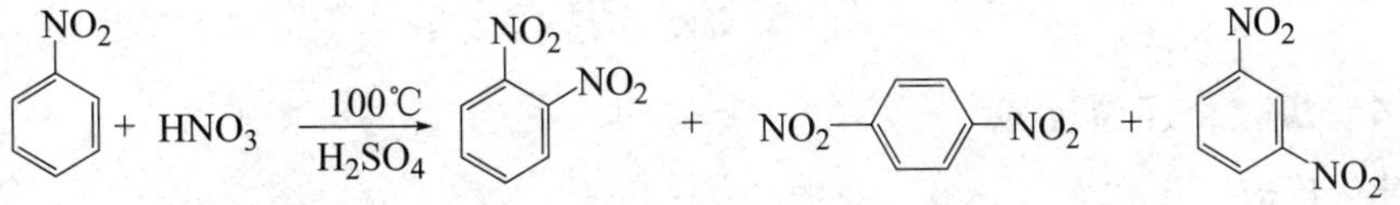

根据大量取代基定位效应的实验结果，把取代基分为邻、对位定位基和间位定位基两大类。

邻、对位定位基（ortho/para directors）又称为第一类定位基。这类取代基使后进入的取代基主要进入它们的邻、对位，而且反应比苯环的亲电取代反应更容易进行（卤素除外）。常见的邻、对位定位基有：$—O^-$、$—NH_2$、—OH、—OR、$—CH_3(—R)$、—X、$—C_6H_5$ 等。

间位定位基（meta directors）又称为第二类定位基，使后进入取代基主要进入其间位，且反应比苯环的亲电取代还难以进行。常见的间位定位基有：$—N^+(CH_3)_3$、$—NO_2$、—CN、$—SO_3H$、—CHO、—COR、—COOH 等。

（3）卤代烃和醇的亲核取代反应（nucleophilic substitution reaction，S_N）

由亲核试剂进攻卤代烃或醇分子中电子云密度较低的碳原子而发生的取代反应。例如，卤代烷在碱性条件下的水解反应以及醇与氢卤酸反应生成卤代烃和水。

$$CH_3CH_2CH_2CH_2Cl + NaOH \xrightarrow{H_2O} CH_3CH_2CH_2CH_2OH$$

$$(CH_3)_3COH + HCl \xrightarrow{\text{室温}} (CH_3)_3CCl$$

$$CH_3CH_2CH_2CH_2OH + NaBr \xrightarrow[\triangle]{H_2SO_4} CH_3CH_2CH_2CH_2Br$$

8.3.2.3 消除反应（elimination reaction，E）

从一个有机分子中消去 2 个原子或原子团，生成不饱和化合物或环状结构化合物的反应称为消除反应。若两个消去基团连在同一个碳上称为 1,1-消除或 α-消除，若两个消去基团连

在相邻的两个碳上称为 1,2-消除或 β-消除反应。大多数消除反应如醇脱水、卤代烃脱 HX 等都属于 β-消除反应。例如，

$$\underset{\overset{|}{H}}{R-CH}-\underset{\overset{|}{X}}{CH_2} + NaOH \xrightarrow{\text{醇}} \underset{\text{烯烃}}{R-CH=CH_2}$$

当卤代烷有多种不同的 β-氢原子可供消除时，主要消除含氢较少的 β-碳原子上的氢原子，生成双键碳原子上连接较多烃基的稳定烯烃，该经验规律称为 Zaitsev（扎伊采夫）规则。例如，

$$\underset{\overset{|}{H}\ \overset{|}{Br}\ \overset{|}{H}}{CH_3CHCHCH_2} \xrightarrow[\triangle]{KOH-C_2H_5OH} \underset{\text{2-丁烯（81\%）}}{CH_3CH=CHCH_3} + \underset{\text{1-丁烯（19\%）}}{CH_3CH_2CH=CH_2}$$

同样，醇分子因极性的 C—O 键使其容易断裂而发生消除反应，在浓硫酸等催化剂作用下，可发生消除反应生成烯烃。主要产物与卤代烃脱 HX 一样符合 Zaitsev 规则，即消除含氢较少的 β-碳原子上的氢原子。

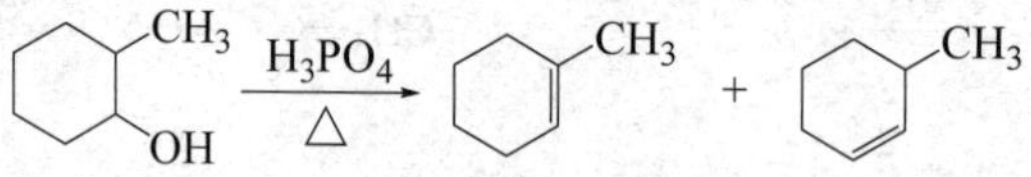

左：84%　右：16%

8.3.2.4　氧化、还原反应

（1）氧化反应

烷烃和环烷烃在空气中可以燃烧，如果氧气充足则可完全氧化而生成二氧化碳和水，同时放出大量热。例如，

$$CH_4 + 2O_2 \xrightarrow{\text{燃烧}} CO_2 + 2H_2O + 891kJ \cdot mol^{-1}$$

$$\text{（环己烷）} + 2O_2 \longrightarrow 6CO_2 + 6H_2O + 395\ kJ \cdot mol^{-1}$$

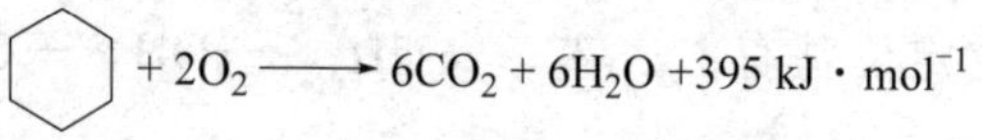

多种氧化剂都能使有机物部分氧化，生成醇、醛、酮等，氧化产物取决于氧化剂的种类和反应条件。如烯烃在高锰酸钾作用下的氧化反应。

$$CH_3CH=CH_2 \xrightarrow{\text{稀、冷，}OH^-, KMnO_4} \underset{\overset{|}{OH}\ \overset{|}{OH}}{CH_3CH-CH_2} + MnO_3^-$$

$$\downarrow$$

$$MnO_2^+ MnO_4^-$$

$$\underset{\overset{|}{H}}{R}\!\!\overset{R^1}{\underset{R^2}{C=C}} \xrightarrow[H^+]{KMnO_4} \underset{\text{羧酸}}{\overset{R^1}{\underset{HO}{C=O}}} + \underset{\text{酮}}{\overset{R^1}{\underset{R^2}{C=O}}}$$

$$\overset{H}{\underset{H}{C=C}}\!\!\overset{R^1}{\underset{R^2}{}} \xrightarrow[H^+]{KMnO_4} CO_2 + H_2O + \underset{\text{酮}}{\overset{R^1}{\underset{R^2}{C=O}}}$$

若用臭氧与烯烃作用，在还原剂锌粉存在下水解，原来烯烃中的 CH_2= 转化成 CH_2=O（甲醛），RCH= 转化成 RCH=O（除甲醛以外的醛），$\underset{R'}{\overset{R}{}}$C= 转化成 $\underset{R'}{\overset{R}{}}$C=O（酮）。因此根

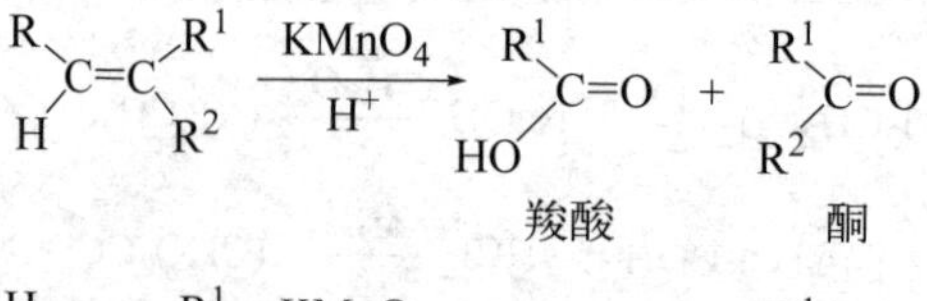

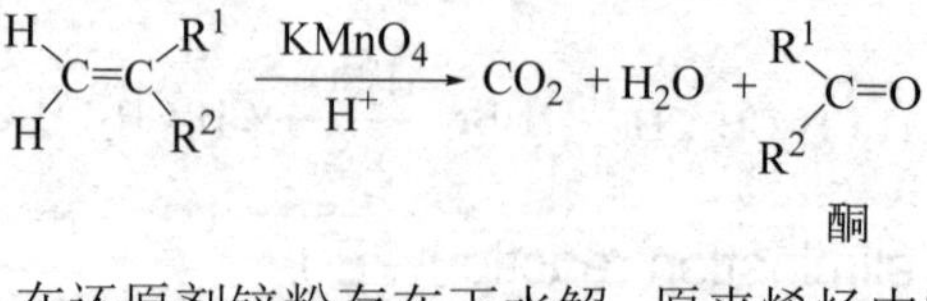

据产物，就可以确定烯烃中双键的位置和碳架的结构。

$$CH_3CH_2CH=CH_2 \xrightarrow[\text{② Zn + H}_2\text{O}]{\text{① O}_3} \underset{\text{丙醛}}{CH_3CH_2CH=O} + \underset{\text{甲醛}}{O=CH_2}$$

(1)

$$CH_3CH=CHCH_3 \xrightarrow[\text{② Zn + H}_2\text{O}]{\text{① O}_3} \underset{\text{乙醛}}{CH_3CH=O} + O=CHCH_3$$

(2)

$$(CH_3)_2C=CH_2 \xrightarrow[\text{② Zn + H}_2\text{O}]{\text{① O}_3} \underset{\text{丙酮}}{(CH_3)_2C=O} + O=CH_2$$

(3)

与烯烃的 C=C 双键相似，炔烃的 C≡C 三键也很容易被氧化。炔烃和氧化剂［如酸性高锰酸钾溶液（或热的高锰酸钾）］反应，三键完全断裂，得到氧化产物羧酸或二氧化碳，同时高锰酸钾溶液的紫色褪去。反应速度变快，现象明显而易于观察，可用于不饱和烃的定性检验。

$$HC\equiv CH \xrightarrow[\text{H}^+]{\text{KMnO}_4} CO_2 + H_2O$$

$$RC\equiv CH \xrightarrow[\text{H}^+]{\text{KMnO}_4} RCOOH + CO_2$$

$$RC\equiv CR' \xrightarrow[\text{H}^+]{\text{KMnO}_4} RCOOH + R'COOH$$

芳烃的芳香环（如苯环）很稳定，不易被常见的氧化剂氧化。但当侧链和苯环直接相连的 α-C 上连有 α-H 时，很容易被氧化成羧基。而且不论侧链长短，反应的最终产物都是苯甲酸，如

$$CH_3CH_2-\!\!\!\bigcirc\!\!\!-C(CH_3)_3 \xrightarrow[\triangle]{\text{KMnO}_4} HOOC-\!\!\!\bigcirc\!\!\!-C(CH_3)_3$$

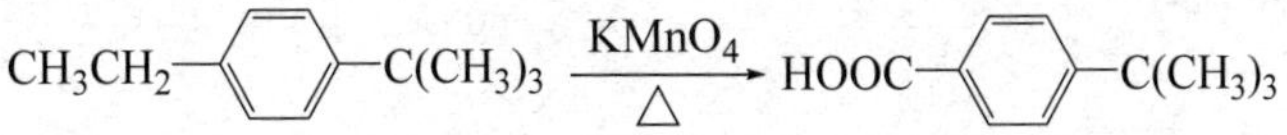

伯醇、仲醇分子中和羟基相连 C 上的 H 由于受 C—O 极性键影响，性质较活泼，可被氧化成醛、酮或羧酸，叔醇分子中和羟基相连的 C 上没有 H 则难以被氧化。稀、冷、中性的高锰酸钾溶液一般不能氧化醇。伯醇、仲醇在较强氧化条件下（如加热）可被氧化，伯醇氧化为羧酸盐，中和后可得羧酸；仲醇氧化为酮，并有二氧化锰沉淀析出。

$$CH_3CH_2CH_2OH + KMnO_4 \xrightarrow[\triangle]{\text{H}_2\text{O, OH}^-} CH_3CH_2COOK + \underset{\text{褐色}}{MnO_2 \downarrow} + KOH$$
$$\longrightarrow CH_3CH_2COOH$$

$$\underset{\qquad\qquad\;\; OH}{CH_3CH_2CH_2CHCH_3} \xrightarrow{[O]} \underset{\qquad\qquad\;\; O}{CH_3CH_2CH_2CCH_3}$$

醛很容易被氧化，空气中的氧就可将醛氧化。若使用弱氧化剂如 Tollens（土伦）试剂（硝酸银的氨水溶液），醛能被氧化而酮不能被氧化，银离子被还原成银，形成银镜附在试管壁上。

而酮与 Tollens 试剂不反应，可用于区别醛、酮。

$$RCHO + 2[Ag(NH_3)_2]^+ + 2OH^- \longrightarrow RCOO^-NH_4^+ + 2Ag\downarrow + H_2O + 3NH_3$$

（2）还原反应

在 Pt、Pd、Ni 等金属催化剂的作用下通过加氢反应可以把不饱和烃还原为饱和烃，以及把醛、酮分子还原为醇。

$$RCH{=}CHR + H_2 \xrightarrow{\text{催化剂}} RCH_2CH_2R$$

$$H_3C{-}C{\equiv}C{-}H + H_2 \xrightarrow{\text{催化剂}} CH_3{-}CH{=}CH_2 \xrightarrow[\text{催化剂}]{H_2} CH_3{-}CH_2{-}CH_3$$

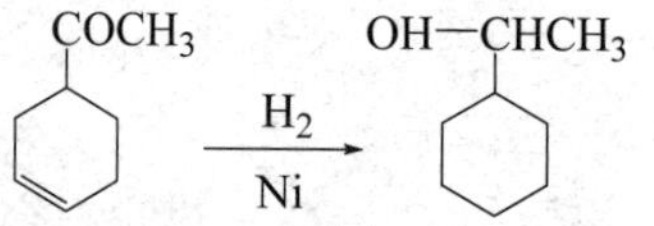

醛、酮、羧酸也很容易被化学还原剂还原。金属氢化物如硼氢化钠（$NaBH_4$）、氢化铝锂（$LiAlH_4$）、异丙醇铝（$Al[OCH(CH_3)_2]_3$）等是常用的还原剂，它们的选择性高，一般不还原分子中的碳碳双键和碳碳三键。例如，

$$(CH_3)_3CCOOH \xrightarrow[\text{② } H_2O,\ H^+]{\text{① } LiAlH_4,\ \text{干乙醚}} (CH_3)_3CCH_2OH \quad 92\%$$

$$CH_3CH{=}CHCH_2CHO \xrightarrow[\text{② } H_3O^+]{\text{① } LiAlH_4,\ \text{干乙醚}} CH_3CH{=}CHCH_2CH_2OH$$

醛酮分子中的羰基在浓盐酸介质中被锌汞齐或在肼的碱性水溶液与高沸点水溶性溶剂（如二甘醇）一起加热可还原成亚甲基。

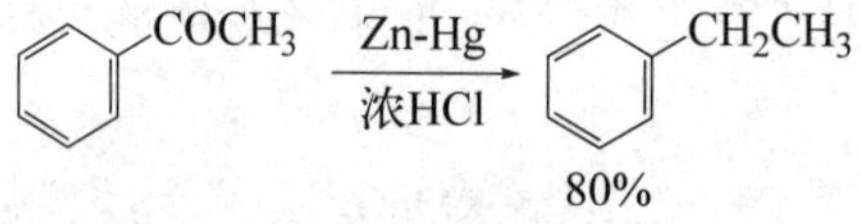

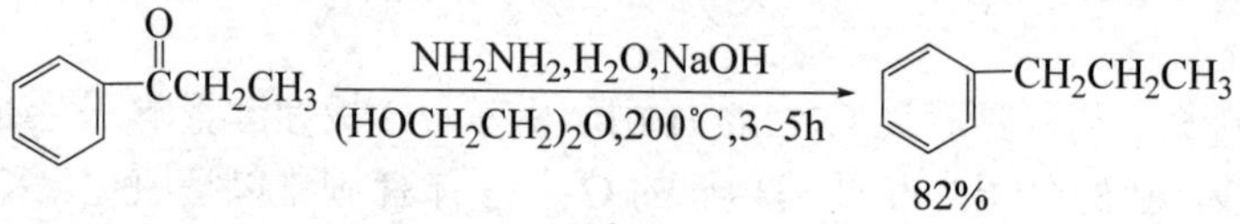

8.4　有机高分子化合物的分类和命名

高分子化合物又称聚合物或高聚物，其是分子量很大（一般大于 10^4）的一类化合物。可分为天然高分子和合成高分子，自然界存在的淀粉、棉、麻、毛等都是天然高分子。本章只涉及合成有机高分子。虽然高聚物分子量较大，但其结构却很简单，是由一些相应的小分子（单体）衍生而来的结构单元多次重复所组成。例如，聚乙烯分子（$+\!CH_2{-}CH_2\!+_n$），每个特定结构单元如 $+\!CH_2{-}CH_2\!+$ 叫作链节，链节重复的次数 n 叫作聚合度（degree of polymerization），同一种高分子化合物的聚合度并不相同，一块高分子材料是由若干 n 值不同的高分子材料组成的混合物。通常所说的高分子化合物的分子量和聚合度实际上都指的是平均值。

8.4.1 高分子化合物的分类

高分子化合物种类繁多，分类方法也很多，这里介绍几种常用的分类方法。

（1）按高分子的主链结构分类

① 碳链高分子化合物。主链全部由碳原子组成，如聚乙烯、聚氯乙烯等。

② 杂链高分子化合物。主链除碳原子外，还含有氧、硫、氮等杂原子，如聚酯、聚酰胺和聚醚等。

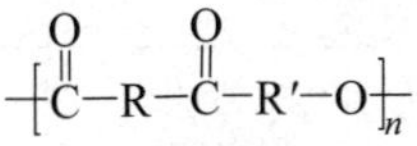

$$\begin{array}{cc} \left[\!\!\begin{array}{c} O\\ \| \\ C \end{array}\!\!-R-\!\!\begin{array}{c} O\\ \| \\ C \end{array}\!\!-R'-O\right]_n & \left[\!\!\begin{array}{c} O\\ \| \\ C \end{array}\!\!-R-\!\!\begin{array}{c} O\\ \| \\ C \end{array}\!\!-NH-R'-NH\right]_n \\ \text{聚酯} & \text{聚酰胺} \end{array}$$

③ 元素有机高分子化合物。主链上没有碳原子，主链由硅、氧、硼、氮、硫、磷等元素组成，侧基主要由有机基团组成。如

$$\left[\!\!\begin{array}{c} CH_3 \\ | \\ Si-O \\ | \\ CH_3 \end{array}\!\!\right]_n$$

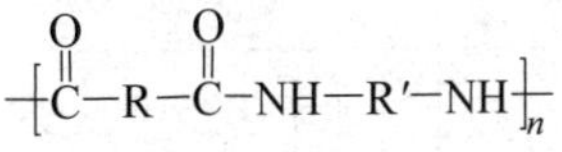

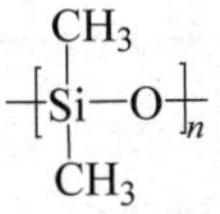

二甲基硅氧烷

④ 无机高分子，又称为无机聚合物，主链和侧基均不含碳原子。如链状硫的分子是由许多个 S 原子靠共价键连成的长链。"—S—"是其中的结构单元。

$$—S—S—S—$$

（2）按高分子材料的性能和用途分类

按高分子材料的性能和用途可分为：塑料、橡胶、纤维三大合成材料。它们的性能和用途均有所不同，每类化合物又分为若干小类。

塑料 { 热塑性塑料（如聚乙烯，聚氯乙烯等）
热固性塑料（如酚醛树脂等）

橡胶 { 天然橡胶
合成橡胶

纤维 { 天然纤维（如棉、毛、麻等）
化学纤维 { 人造纤维（如黏胶纤维）：以石油化工为原料制造的纤维
合成纤维（如锦纶、涤纶等）：以天然纤维素纤维为原料，经熔融纺丝、纺纱工艺制造的纤维

8.4.2 高分子化合物的命名

高聚物的系统命名法比较繁琐，实际上很少使用。命名宗旨是支持 IUPAC 提出的以结构为基础的命名法，同时也认可以单体来源为基础的其他命名法。天然高分子化合物，常用俗名，如淀粉、蛋白质、天然橡胶、纤维素等，但不能反映出该物质的结构。合成高分子化合物，通常采用按照制备方法和原料名称等命名的习惯命名方法。下面简单介绍几种常见的聚合物命名法。

（1）根据聚合物的来源或制法命名

聚合物来源单体或假想单体名称前加上“聚”字。由一种单体聚合得到的聚合物，“聚”+单体名称，如聚氯乙烯、聚乙烯等，常见的几种烯类单体形成的聚合物名称及符号，见表 8-4。聚乙烯醇是由假想单体乙烯醇而来，乙烯醇不稳定，以乙醛的形式存在，实际是由聚醋酸乙烯酯经过醇解转化得到的。这种命名法使用方便，又能说明单体来源，因而被广泛使用。

表 8-4 常见的几种烯类单体形成的聚合物名称及符号

聚合物			单体	
名称	符号	结构简式	名称	结构简式
聚乙烯	PE	$+CH_2-CH_2+_n$	乙烯	$CH_2=CH_2$
聚丙烯	PP	$+CH_2-\underset{CH_3}{\underset{\mid}{CH}}+_n$	丙烯	$CH_2=CHCH_3$
聚苯乙烯	PS	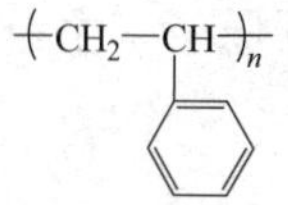	苯乙烯	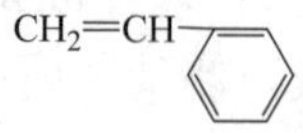

（2）根据聚合物的结构特征命名

很多缩聚物是由两种单体通过官能团间聚合反应制备的，结构与来源单体有区别。因此，常根据聚合物结构单元的结构命名，前面加上“聚”字。如对苯二甲酸和乙二醇的缩聚产物命名为“聚对苯二甲酸乙二酯”。

（3）按商品名称及英文缩写命名

在商业生产和流通中，习惯上把简单明了的称呼与实际应用相联系。如塑料类聚合物常加后缀“树脂”两字，酚醛树脂、脲醛树脂是由苯酚、尿素分别与甲醛制备的聚合物。加聚产物在未制成成品之前也常被称作“树脂”，如聚乙烯树脂、聚丙烯树脂等。合成橡胶类高分子化合物，其命名是在橡胶二字的前面加上能代表其单体名称的字词，如 1,3-丁二烯与苯乙烯的聚合物称为丁苯橡胶；2-氯-1,3-丁二烯的聚合物称为氯丁橡胶；1,3-丁二烯与丙烯腈的聚合物称为丁腈橡胶；异戊二烯的聚合物称为异戊橡胶，依此类推。纤维类的聚合物，习惯上称为“某纶”，如“涤纶”是聚对苯二甲酸乙二醇酯的商品名，“腈纶”是聚丙烯腈的商品名。聚酰胺俗称尼龙，是大分子主链上重复单元中含有酰胺基团的高聚物的总称。聚己二酰己二胺的商品名是“尼龙-66”（尼龙代表聚酰胺，前面的 6 表示二元胺碳原子数，后面的 6 表示二元酸碳原子数）；尼龙-1010 表示聚癸二酰癸二胺。尼龙后只附一个数字表示内酰胺的聚合物，数字为碳原子数，如尼龙-6 为聚己内酰胺。

（4）IUPAC 的系统命名法

国际纯粹与应用化学联合会于 1972 年提出的以大分子结构为基础的系统命名法，该命名方法比较严谨，其主要原则为：

① 确定聚合物的最小重复结构单元；

② 按规定排出重复结构单元中的二级单元循序；

③ 给重复结构单元命名：按小分子有机化合物的 IUPAC 命名规则给重复结构单元命名，给重复结构单元的命名加括号，并冠以前缀“聚”。如聚环氧乙烷、聚乙二醇、聚氯乙醇等重

复单元相同，分别为 $\left[\mathrm{CH_2{-}CH_2{-}O}\right]_n$、$\left[\mathrm{CH_2{-}O{-}CH_2}\right]_n$ 或 $\left[\mathrm{O{-}CH_2{-}CH_2}\right]_n$，按原则①排出的二级单元循序为 $\left[\mathrm{O{-}CH_2{-}CH_2}\right]_n$，按原则③命名为氧化乙烯。因此，按 IUPAC 的系统命名法的规定，这种聚合物应命名为聚氧化乙烯。

8.4.3 合成有机高分子的方法

（1）加聚反应

加聚反应是在催化剂、引发剂或辐射等外加条件作用下，烯类、炔类等一些含有不饱和键的小分子化合物，打开不稳定的 π 键，单体间相互反应生成高分子化合物的反应。例如，

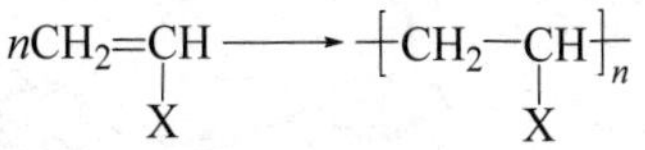

侧基 X 代表不同的取代基，比较常见主要有 H、Cl、C_6H_5、CH_3、CN 等。

（2）缩聚反应

缩合聚合反应的简称。含有官能团的单体相互作用彼此连接在一起，并消除小分子（如水、醇、氨、卤化物）副产物，生成长链高分子的反应。同种分子间的缩聚反应称为均缩聚；不同分子间的缩聚反应称为共缩聚。通过缩聚反应生成的聚合物常称为缩聚物，如尼龙-66 是己二胺和己二酸的缩聚物。

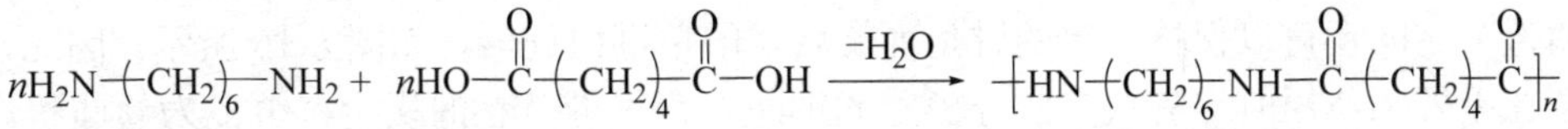

（3）开环聚合

一些环状化合物在催化剂作用下，可经过开环聚合转变为高分子量的线型聚合物。例如，聚甲醛是通过三氧六环单体开环聚合制备，环氧化物开环生成聚醚等。

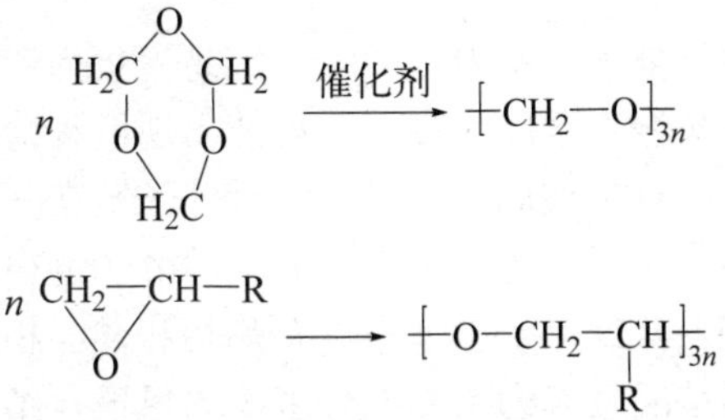

（4）高分子转化反应

通过高分子的转化反应，使一种高分子化合物转变成性质不同的另一种高分子化合物。例如，聚乙烯醇缩甲醛纤维（维尼纶）的工业制备，由乙酸乙烯酯（$CH_3COOCH{=}CH_2$）单体经过加聚反应生成聚乙酸乙烯酯，再经过醇解反应转化为聚乙烯醇，为增加抗水溶性，纤维表面再经甲醛处理，由聚乙烯醇与甲醛在酸性催化剂条件下缩醛化反应制得。其中，聚乙烯醇只能通过高分子转化反应制备，并不存在相应的乙烯醇单体。

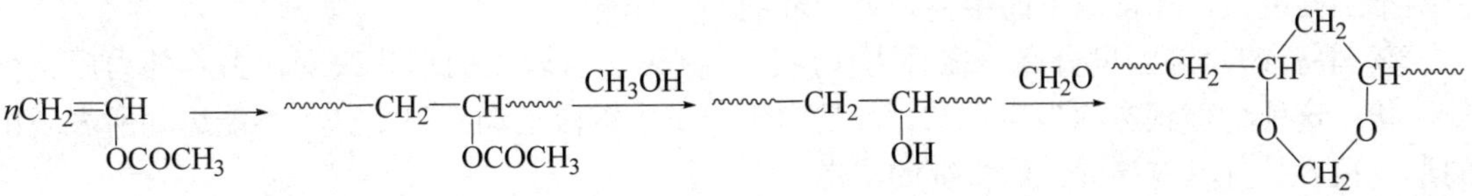

8.5 高分子化合物的结构和基本性能

8.5.1 高分子化合物的结构

高分子化合物一般呈链状结构，常称为高分子链（或大分子链）。如果在大分子链之间存在一些短链把它们连接起来，进而形成三维空间的立体结构，这类聚合物则被称为体型聚合物（如图 8-14 所示）。由于大分子之间有化学键，分子链不易产生相对运动，因此，体型聚合物力学强度更好。

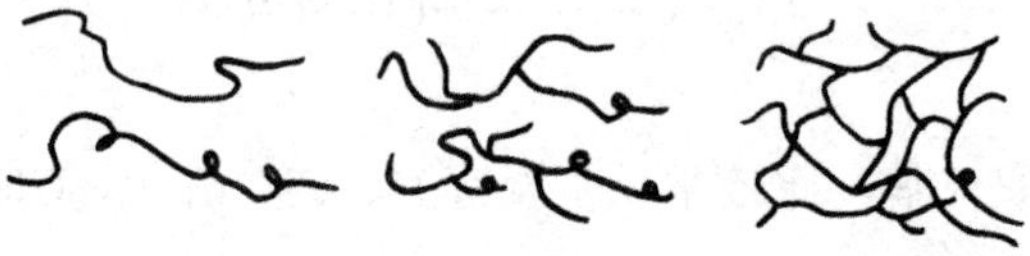

(a) 链型　(b) 链型（有支链）　(c) 体型

图 8-14　高分子链的几何形状

8.5.2 高分子化合物的基本性能

线型（包括带支链的）高聚物除了分子链可以运动外，分子链中以单键（σ 键）相连的相邻两链节之间还可以保持一定的键角而旋转，即单键内旋转，如图 8-15 所示。因此，一个分子链在无外力作用时会有众多的分子空间形态，而呈伸直状的极少，很多为卷曲状。如同“无规线团”任意卷曲，具有可溶与可熔性的特点。若在外力作用时，分子链的形态会引起改变，同时引起物体外形的改变。但当外力去除时，又能通过链节的旋转恢复其卷曲状。高分子链这种强烈卷曲的倾向称为（分子）链的柔顺性，它对高聚物的弹性和塑性等性质有重要影响。

聚合物由于分子特别大且分子间引力也较大，容易聚集为液态或固态。熔融的线型高聚物随着温度降低，分子运动减缓直至冻结凝固，可能出现两种情况，一种是按熔融时的无序状态固定下来即非晶状态，如有机玻璃等。另一种是分子链在其相互作用力影响下，有规则地排列成有序结构形成晶态，如尼龙等。由于高分子的分子链很长，要使分子链间的每一部分都作有序排列是很困难的。从结晶状态来看，有晶相和非晶相两种。因此，高聚物都属于非晶相或部分结晶。通常用结晶度作为结晶部分多少的量度，结晶度的大小直接影响高聚物的机械强度、密度及耐热性和耐溶剂性等。体型结构的高聚物，由于分子链间有大量的交联，分子链不可能产生有序排列，因而都是非晶相高聚物。

线型非晶态高聚物在恒定外力作用下，可以随温度变化而发生形变，具有三种不同的物理状态：玻璃态、高弹态和黏流态。

① 玻璃态。温度较低时，在外力作用下，高聚物的形变很小，只有键角、键长或基团能有微小的运动，而分子链之间和链段不能运动，这种物理状态称为玻璃态。其特征是形变很困难，硬度大，如常温下的塑料即处于玻璃态。

② 高弹态。若温度升高，在外力作用下，高聚物有较大的形状改变，去除外力后又恢复原状，这种物理状态称为高弹态。其是由于分子中链段运动而整个分子不能运动所表现出的形变很容易且具有高弹性的特征的状态。

③ 黏流态。若温度继续升高，分子动能增加到使链段与整个高分子链都可以移动的时候，高聚物的形变能任意发生，高聚物成为具有流动性的黏稠液体，这种物理状态称为黏流态。处于黏流态的物体，在外力作用下分子间相互滑动，高聚物会产生形变，即使去除外力仍能保持形变，即形变不可逆。高聚物形态与温度的关系如图 8-16 所示。

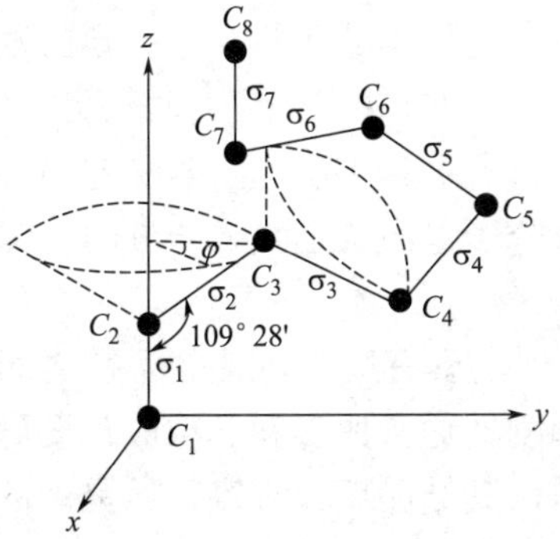

图 8-15　高分子链的内旋转示意图

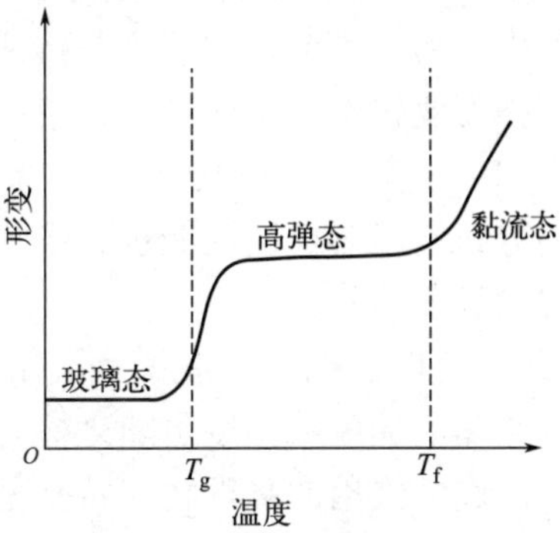

图 8-16　线形非晶态聚合物的形变与温度的关系

这三种物理状态，随着温度的变化可互相转化。由高弹态向玻璃态转变的温度称为玻璃化温度，用 T_g 表示。T_g 的高低决定了它在室温下所处的状态，以及是否适合作为橡胶或塑料等材料使用。T_g 高于室温的高聚物常称为塑料，T_g 低于室温的高聚物常称为橡胶。由高弹态向黏流态转变的温度称为黏流化温度，用 T_f 表示。T_f 的高低对于高聚物的加工成形有着十分重要的意义。用作塑料的高聚物，要求在室温下保持固定的形状，T_g 要高且 T_g 与 T_f 之差不要太大；而作为橡胶，要求保持高度的弹性，T_g 越低越好，而 T_f 则要高。T_g 与 T_f 之间温度的差值则决定着橡胶类物质的使用温度范围，差值越大，橡胶的耐寒、耐热性能越佳。应用高聚物材料时，必须注意其使用的温度范围（见表 8-5），否则，便不能发挥材料本身应有的优良性能。

表 8-5　一些常见线形非晶态高聚物的 T_g 和 T_f 值

高聚物	T_g/℃	T_f/℃
聚氯乙烯	87	175
聚苯乙烯	90	135
聚甲基丙烯酸甲酯	90	170
天然橡胶	−73	122
聚二甲基硅氧烷（硅橡胶）	−109	250

分子量很大，使其具有很多不同于低分子化合物的性质，如不易挥发，不能蒸馏，表现出一定的韧性和耐磨性等。

（1）弹性和塑性

高聚物表现为刚性、弹性或塑性，主要取决于高聚物分子链的柔顺性及分子链间的作用力以及链段之间、高分子之间的运动情况，还取决于高聚物在不同温度下的物理状态。因此，同一种高聚物的弹性和塑性不是绝对的，而是随温度的改变而改化。体型结构的高聚物，因分子链间有大量交联，只有一种聚集状态——玻璃态，只显示出刚性或塑性，加热到足够高温时，便发生分解。

(2) 机械性能

高聚物机械性能的主要指标是指拉伸强度、压缩强度、弯曲强度以及刚性、韧性等。它们取决于高聚物的分子结构和化学组成。决定高聚物机械性能的主要因素有以下几个方面。

① 平均分子量的影响　高聚物的平均分子量（或平均聚合度）的增大，有利于增加分子链间的作用力，可使拉伸强度与抗冲击强度等有所提高。但当分子量超过一定的数值后，不但拉伸强度变化不大，而且会使 T_f 升高而不利于加工；而抗冲击强度有时仍可继续增大，如一种平均分子量约为 5×10^6 的聚乙烯，其抗冲击强度和耐磨性约可达尼龙-66 的 5 倍。平均分子量的分布情况对机械性能也有影响，当高聚物中低分子量组成达到 $\omega = 0.01$～0.15 时，其机械强度显著下降。

② 结晶度的影响　一般说来，结晶区内分子链排列紧密有序，可使分子链之间的作用力增大，结晶区的机械强度也随之提高。纤维的强度和刚性通常比塑料、橡胶都要好，其原因就在于制造纤维用的高聚物，特别是经过拉伸处理后，其结晶度比较高。结晶度的增加也会使链节运动变得困难，从而降低高聚物的弹性和韧性，影响其抗冲击强度。

③ 极性的影响　高聚物分子链中含有的极性取代基或链间能形成氢键时，都可因增加分子链之间的作用力而提高高聚物的机械强度。例如，聚氯乙烯因含极性基团—Cl，其拉伸强度一般要比聚乙烯的高。又如，在聚酰胺的长链分子中存在着酰胺键（—CO—NH—），分子链之间通过氢键的形成增强了分子间作用力，使聚酰胺显示了较高的强度。

适度交联有利于增加分子链之间的作用力。例如，聚乙烯交联后，抗冲击强度可提高 3～4 倍。但过分交联往往并不有利，如由酚醛树脂制造的塑料（俗称胶木），常因交联程度过高而易于脆裂。

④ 主链结构的影响　主链含苯环等的高聚物，其强度和刚性比脂肪族主链的高聚物要高。引入芳环、杂环取代基均会提高高聚物的强度与刚性，如聚苯乙烯的强度和刚性通常都超过聚乙烯。因此，新型的工程塑料大都是主链含芳环、杂环。

(3) 电绝缘性

高聚物按其结构对称性的不同，可以分为非极性和极性两类。非极性高聚物是指分子链中链节结构对称的高聚物，如聚乙烯、聚四氟乙烯等。极性高聚物是指分子链中链节结构不对称的高聚物，如聚氯乙烯、聚酰胺等。

对于直流电来说，由于高聚物内部一般没有自由电子和离子，绝大多数具有较好的电绝缘性。但对交流电而言，极性高聚物由于极性基团或极性链节会随着交变电场的方向发生周期性的取向而可以导电。因此，高聚物的电绝缘性与其极性有关。一般说来，高聚物的极性越小，则其电绝缘性越好。通常可按其链节结构与电绝缘性能的不同，分为下列几种情况。

① 链节结构对称且无极性基团的高聚物，如聚乙烯，对直流电和交流电都绝缘。在聚四氟乙烯中，C—F 键虽有相当大的极性，但由于整个链节结构的对称，键的极性相互抵消，聚四氟乙烯是非极性高聚物，可用作高频电绝缘材料。

② 无极性基团但链节结构不对称的高聚物，如聚苯乙烯、天然橡胶等，具有弱极性，可用作中频电绝缘材料。

③ 链节结构不对称且有极性基团的高聚物，如酚醛树脂、脲醛树脂、聚乙烯醇等极性大的高聚物可用作低频的电绝缘材料，而聚氯乙烯、聚甲基丙烯酸甲酯、聚酰胺等极性较小的高聚物则可用作中频的电绝缘材料。

（4）溶解性

由于高分子的分子量大且具有多分散性，分子形状有线形、支化和交联的不同类型，聚集态结构有结晶态和非结晶等类型，因此，高分子的溶解现象比低分子化合物复杂得多，是一个相对缓慢的过程，可分为溶胀和溶解两个阶段。

溶胀是溶剂分子渗入高聚物链间的空隙，使其体积膨胀的现象。溶解是高分子链分散进入溶剂中，形成均一溶液的过程。一般链型（包括带支链）的高聚物，在适当的溶剂中常可以溶解，但当链间产生交联而成为体型高聚物时，由于链间形成化学键，具有刚硬的空间网络，溶剂分子不易渗入，则不溶胀，更不能溶解，例如经硫化后的橡胶。

由于晶态高聚物分子链堆砌较紧密，分子链之间的作用力较大，溶剂分子难以渗入其中，因此，其溶解常比非晶态高聚物要困难。一般需将其加热至熔点附近，待晶态转变为非晶态后，溶剂分子才能渗入，使高聚物逐渐溶解。例如，聚乙烯需在熔点（135℃）附近才能溶于二甲苯等溶剂。但极性的晶态高聚物却可以在常温下溶解于极性溶剂中。例如，尼龙在常温下可溶于甲酸等极性溶剂中，显然，尼龙能与极性溶剂形成氢键也是一个重要的原因。

此外，高聚物的分子量与其溶解性也有关，分子量大的高聚物，链间作用力大，不利于其溶解。在有机高分子材料（如有机胶黏材料、涂料等）的配制或使用中，如何选择溶剂的问题，通常仍遵循“相似相溶”原理，即极性大的高聚物应选用极性大的溶剂，极性小的高聚物应选用极性小的溶剂。例如，未硫化的天然橡胶是弱极性的，可溶于汽油、苯、甲苯等非极性或弱极性溶剂中，聚苯乙烯也是弱极性的，可溶于苯、乙苯等非极性或弱极性溶剂中，也可溶于极性不太大的丁酮中，聚甲基丙烯酸甲酯（俗称有机玻璃）是极性的，可溶于极性的丙酮中，聚乙烯醇极性相当大，可溶于水或乙醇等极性溶剂中。

（5）化学稳定性和老化

化学稳定性通常是指物质对水、酸、碱、氧等化学因素的作用所表现的稳定性。一般高聚物主要由 C—C、C—H、C—O 等牢固的共价键连接而成，含活泼的基团较少，且分子链相互缠绕成卷曲状，使分子链上一些基团难以参与反应，因而一般化学稳定性较高。尤其是被称作“塑料王”的聚四氟乙烯，它不仅耐酸碱，还能经受煮沸王水的侵蚀。此外，高聚物一般是电绝缘体，因而也不受电化学腐蚀。

高聚物虽有较好的化学稳定性，但不同的高聚物的化学稳定性还是有差异的。一些含有 $-\overset{\overset{O}{\|}}{C}-O-$、$-CN$ 等基团的高聚物不耐水，在酸或碱的催化下会与水发生反应。尤其当这些基团在主链中时，对材料的性能影响更大。例如，聚酰胺与水的反应可简单用下式表示。

$$\cdots\cdots-NH-(CH_2)_m-NH \vdots CO-(CH_2)_n-CO-\cdots\cdots$$
$$+\,H \vdots OH$$
$$\longrightarrow \cdots\cdots-NH-(CH_2)_m-NH_2 + HOOC-(CH_2)_n-CO-\cdots\cdots$$

高聚物材料的缺点是不耐久，易产生常见的老化现象。老化是指高聚物及其材料在加工、储存和使用过程中，长期受化学和物理（热、光、电、机械等）以及生物（霉菌）因素的综合影响，发生裂解或交联，导致性能变坏的现象。例如，塑料制品变脆、橡胶龟裂、纤维泛黄、油漆发黏等。

高聚物的老化可归结为链的交联和链的裂解，简称交联和裂解。裂解又称为降解（指大分子断链变为小分子的过程，上述聚酰胺与水的反应也是一种裂解），它使高聚物的聚合度降低，以致变软、发黏，丧失机械强度。例如，天然橡胶易发生氧化而降解，使之发黏。老化通常以降解反应为主，有时也伴随交联。交联可使链型高聚物变为体型结构，增大了聚合度，从而使之丧失弹性，变硬发脆。例如，丁苯橡胶等合成橡胶的老化以交联为主。

在引起高聚物老化的诸因素中，以氧、热、光最为重要，通常又以发生氧化而降解的情况为主，且往往是在光、热等因素影响和促进下发生的。

一般含双键或羟基、醛基等易氧化基团的高聚物，易与氧气或其他氧化剂反应而发生降解。主链中含有双键的高聚物在室温下即可被氧化，加热则更加速氧化过程。例如，天然橡胶、顺丁橡胶等便属于此类情况。天然橡胶与氧气发生的裂解反应可简单表示如下：

$$\cdots\cdots-CH_2-C=CH-CH_2-\cdots\cdots + O_2 \longrightarrow \cdots\cdots-CH_2-\underset{CH_3}{\underset{|}{C}}=O + O=\underset{H}{\underset{|}{C}}-CH_2-\cdots\cdots$$

高聚物的氧化还会因紫外线的辐照而被加速，因紫外线能量高。例如，长期置于室外作遮盖用的聚乙烯薄膜，其韧性和强度会因光照而急剧下降，以致最终完全脆化碎裂，这就是紫外线促进氧化的结果。

高聚物有时也可发生热降解。例如，聚氯乙烯在 100～120℃下即开始分解，放出 HCl，使高聚物的机械强度降低。若在高聚物分子链中引入较多的芳环、杂环结构，或在主链或支链中引入无机元素（如硅、磷、铝等），均可提高其热稳定性。为了延缓光、氧、热对高聚物的老化作用，通常可在高聚物中加入各类光稳定剂（如炭黑、氧化锌、钛白粉等）、紫外光吸收剂、抗氧剂、热稳定剂等。

8.6 有机高分子材料的应用

高分子合成材料具有很多优良性能，在生产、科研以及日常生活中得到了广泛应用，下面重点介绍工程塑料、合成橡胶、合成纤维以及功能高分子材料的性能和应用。

8.6.1 塑料

塑料（plastics）是指在一定的温度和压力下可塑制成型，而在通常条件下（常温常压）能保持固定形状的高分子合成材料，其主要成分是合成树脂。塑料按其受热后性能的不同，可分为热塑性塑料和热固性塑料两大类。热塑性塑料属于可溶、可熔的线型高分子化合物，加热后会软化，冷却后成为一定形状的制品且可反复进行。如聚乙烯、聚甲醛、聚酯等。热固性塑料的高分子链在固化成型时加入固化剂或引发剂，固化成型后转化为网状结构的高分子链，具有不溶、不熔的性能，冷却后不会再软化，只能受热一次加工成型，如酚醛树脂、环氧树脂。按塑料的使用状况不同，可分为通用塑料与工程塑料两大类。通用塑料是指产量大、用途广、价格低的塑料，一般只能作为非结构材料使用，约占塑料总产量的四分之三，通常指聚乙烯（PE）、聚氯乙烯（PVC）、聚苯乙烯（PS）、聚丙烯（PP）、酚醛塑料（电木）和氨基塑料等。工程塑料具有某些金属的特性，能在机械设备和工程结构中代替金属使用。如聚甲醛、ABS 树脂、聚碳酸酯、聚四氟乙烯等。下面举例加以说明。

（1）聚酰胺（PA）

此类塑料是含有酰胺基团（$-\overset{\text{O}}{\underset{}{\text{C}}}-\overset{\text{H}}{\underset{}{\text{N}}}-$）结构的单元连接而成的长链高分子化合物。如由己二酸和己二胺缩聚而成的尼龙-66，其结构式为：

$$\left[\overset{\text{O}}{\underset{}{\text{C}}}-(CH_2)_4-\overset{\text{O}}{\underset{}{\text{C}}}-NH-(CH_2)_6-NH\right]_n$$

由于它独特的低比重、高抗拉强度、耐磨、自润滑性好、冲击韧性优异，具有刚柔兼备的性能而赢得人们的重视，加之其加工简便，可以加工成各种制品来代替金属，广泛用于汽车及交通运输业。

（2）聚碳酸酯（PC）

聚碳酸酯是一种新型热塑性工程塑料，其结构式为：

$$\left[O-\bigcirc\overset{CH_3}{\underset{CH_3}{-C-}}\bigcirc-O-\overset{}{\underset{O}{C}}\right]_n$$

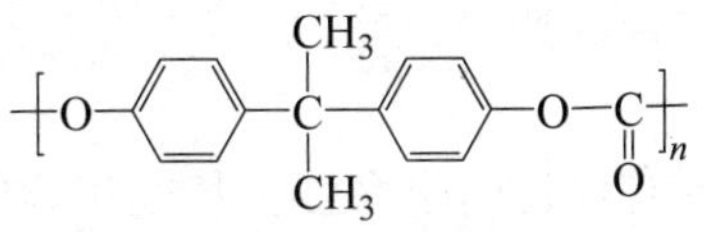

它既具有类似有色金属的强度，同时又兼备延展性及强韧性，它的抗冲击强度极高，能经受住电视机荧光屏的爆炸，而且透明度又极好，并可施以任何着色。用量最大的市场是计算机、办公设备、汽车、替代玻璃和片材，CD 和 DVD 光盘是最有潜力的产品之一。

（3）聚甲醛（POM）

聚甲醛分子是一种没有侧链的高密度、高结晶性的线型聚合物，具有优异的综合性能。其被誉为"超钢"，是继聚酰胺之后又一种综合性能优良的工程塑料，具有高的力学性能，如强度、模量、耐磨性、韧性、耐疲劳性和抗蠕变性，还具有优良的电绝缘性、耐溶剂性和可加工性。按其分子链中化学结构的不同，可分为均聚甲醛和共聚甲醛两种。均聚甲醛密度、结晶度、熔点都高，但热稳定性差，加工温度范围窄（约 10℃），对酸碱稳定性略低，分子结构为：

$$CH_3-\overset{}{\underset{O}{C}}-O\left[CH_2O\right]_n\overset{}{\underset{O}{C}}-CH_3$$

共聚甲醛密度、结晶度、熔点、强度都较低，但热稳定性好，不易分解，加工温度范围宽（约 50℃），对酸碱稳定性较好。具有良好的物理、机械和化学性能，尤其是有优异的耐摩擦性能。俗称赛钢或夺钢。适于制作减磨耐磨零件、传动零件，以及化工、仪表等零件，其结构式为：

$$\left[O-CH_2-O-CH_2\right]_m\left[O-CH_2-O-CH_2\right]_n$$

（4）ABS 树脂（acrylonitrile-butadiene-styreneresin）

ABS 树脂是丙烯腈、1,3-丁二烯、苯乙烯三种单体的共聚物，是一个综合力学性能十分优秀的塑料品种，不仅具有良好的刚性、硬度和加工流动性，而且具有高韧性的特点，可以注塑、挤出或热成型，是一种坚韧而有刚性的热塑性塑料。苯乙烯使 ABS 有良好的模塑性、光泽和刚性，丙烯腈使其有良好的耐热性、耐化学腐蚀性和表面硬度，1,3-丁二烯使其有良好的抗冲击强度和低温回弹性。三种组分的比例不同，其性能也随之变化。

8.6.2 橡胶

橡胶（rubber）是一类具有可逆形变的高弹性聚合物材料，在室温下富有弹性，在很小的外力作用下能产生较大形变，除去外力后能恢复原状。橡胶属于完全无定型聚合物，它的玻璃化转变温度（T_g）低，分子量往往很大，大于几十万。天然橡胶主要取自热带的橡胶树，化学组成是聚异戊二烯（又称为异戊橡胶），有顺式与反式两种构型，或称为顺、反异构体。它们的结构为：

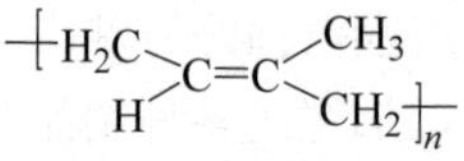

顺式-1,4-聚异戊二烯

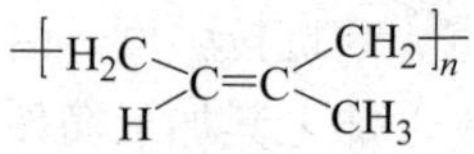

反式-1,4-聚异戊二烯

天然橡胶主要是顺式-1,4-聚异戊二烯，随着科学技术的发展，合成橡胶的单体种类越来越多，除二烯烃外，许多烯烃（如乙烯、丙烯、异丁烯）经过均聚或共聚，都可以制得各种合成橡胶。以下介绍几种重要的合成橡胶。

（1）顺丁橡胶

丁二烯经溶液聚合制得，具有优良的耐磨性，特别优异的耐寒性、耐磨性和弹性，还具有较好的耐老化性能。顺丁橡胶绝大部分用于生产轮胎，少部分用于制造耐寒制品、缓冲材料以及胶带、胶鞋等，已成为合成橡胶的第二大品种。其缺点是抗撕裂能力差，易出现裂纹，特别是制成的轮胎抗湿滑性能不好。顺式-1,4-聚丁二烯习惯上称为顺丁橡胶。聚合物可用下式表示：

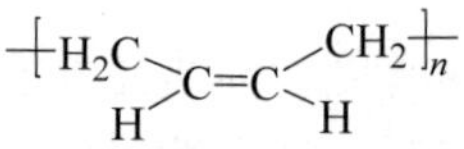

（2）丁苯橡胶

可由丁二烯和苯乙烯共聚制得，是产量最大的通用合成橡胶，约占全部合成橡胶的50%，适当改变加聚时的条件能得到多种性质稍有不同的丁苯橡胶。聚合物一般可用下式表示：

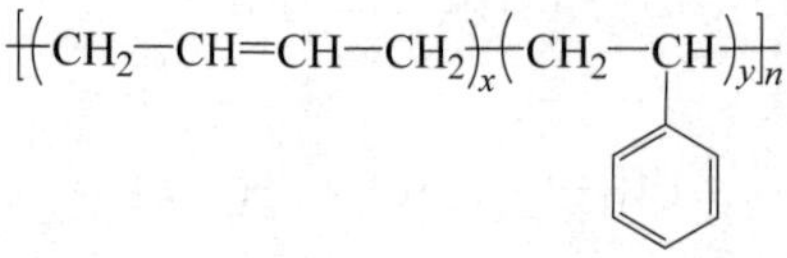

丁苯橡胶的耐老化性能，特别是耐磨性比天然橡胶的要好，可用来制轮胎、皮带等，且可与天然橡胶共混用作密封材料和电绝缘材料。然而它与天然橡胶、顺丁橡胶都有同样的缺点，即不耐油和有机溶剂。

（3）丁腈橡胶

由丁二烯与丙烯腈两种单体加聚，可制得丁腈橡胶，一般可用下式表示：

$$\left[\left(CH_2-CH{=}CH-CH_2\right)_x\left(\underset{\displaystyle |\atop\displaystyle CN}{CH_2-CH}\right)_y\right]_n$$

由于在分子中引入了极性基团—CN，这种橡胶的最大优点是耐油，其拉伸强度比丁苯橡胶的要好，耐热性比天然橡胶的要好，但电绝缘性和耐寒性差，且塑性低、加工较困难。主要用作机械上的垫圈以及制造飞机和汽车等需要耐油的零件。

（4）乙丙橡胶

乙丙橡胶由乙烯和丙烯加聚可得乙丙橡胶，它一般可用下式表示：

$$+(CH_2-CH_2)_x(CH_2-CH)_y]_n$$

由于分子链中不存在双键和极性基团，乙丙橡胶的耐老化、电绝缘性能和耐臭氧性能突出，但抗撕裂性差，它主要用作电气绝缘零件。

（5）硅橡胶

硅橡胶由硅、氧原子形成主链，侧链为含碳基团，用量最大的是侧链为乙烯基的硅橡胶，结构单元为：

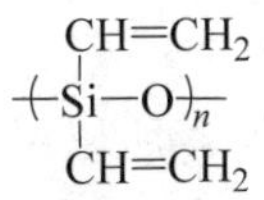

$$\begin{array}{c} CH=CH_2 \\ +Si-O]_n \\ CH=CH_2 \end{array}$$

它既耐热，又耐寒，使用温度在 $100\sim300$℃之间，具有优异的耐气候性和耐臭氧性以及良好的绝缘性。缺点是强度低，抗撕裂性能差，耐磨性能也差。可用作高温高压设备的衬垫、火箭导弹的零件和绝缘材料等。由于硅橡胶制品柔软、无毒，可以消除人体的排斥反应且具有良好的加工性能，在食品工业及医疗工业等方面得到广泛应用，如多种口径的导管、人造关节和人造心脏等。

8.6.3 纤维

纤维（fiber）分为天然纤维和化学纤维两大类。棉、麻、丝、毛等属于天然纤维，合成纤维是化学纤维的一种，是用合成高分子化合物做原料经拉丝工艺制的高聚物。合成纤维的主要品种有聚酯（涤纶）、聚酰胺（尼龙、锦纶）、聚丙烯腈（腈纶）等，它们占世界合成纤维总产量的 90% 以上。随着高科技的发展，现在已制造出很多高功能性（如抗静电、吸水性、阻燃性、渗透性、抗水性、抗菌防臭性、高感光性）纤维及高性能纤维（如全芳香族聚酯纤维、全芳香族聚酰胺纤维、高强聚乙烯醇纤维、高强聚乙烯纤维等）。

（1）涤纶（UP）——聚酯纤维（的确良）

涤纶是我国聚酯纤维的商品名称，俗称"的确良"，结构单元为：

$$\begin{bmatrix} O & & O \\ \| & & \| \\ C-O- \bigcirc -C-O+(CH_2)_2O \end{bmatrix}_n$$

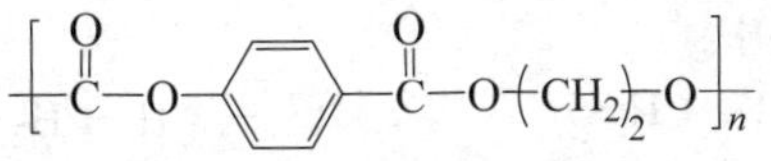

涤纶具有极优良的定型性能，不皱且耐热性好，在使用中经多次洗涤，仍能经久不变。用途很广，大量用于制造衣着面料和工业制品。可与其他纤维混纺，年久不会变黄。其缺点是不吸汗，而且需要高温染色。

（2）锦纶（PA）——聚酰胺纤维（尼龙）

锦纶是分子主链上含有重复酰胺基团$+NHCO]$的热塑性树脂总称，其命名由合成单体具体的碳原子数决定。它具有良好的综合性能，包括力学性能、耐热性、耐磨损性、耐化学药品性和自润滑性，且摩擦系数低，有一定的阻燃性，易于加工，适于用玻璃纤维和其他填料填充增强改性。

（3）腈纶——聚丙烯腈纤维（人造羊毛）

腈纶是聚丙烯腈纤维（$+CH_2-CH]_n$，下标CN）的商品名，具有与羊毛相似的外观和特性，质轻，体积膨大性优良，强度比羊毛高 $1\sim2.5$ 倍，富有弹性，软化温度高，吸水率低，而且能染成各种鲜艳的颜色，是羊毛的优良替代品。主要用来制造衣料、绒线、毛毯或其他针织品。缺

点是耐磨性和耐碱性较差。

（4）聚乙烯醇缩甲醛纤维（维尼纶）

将单体乙酸乙烯酯在引发剂的引发下聚合成聚乙酸乙烯酯，再在碱的催化下和甲醇进行酯交换，生成聚乙烯醇，将聚乙烯醇抽丝制成纤维，最后用甲醛处理，使部分羟基缩醛化，即得维尼纶产品。

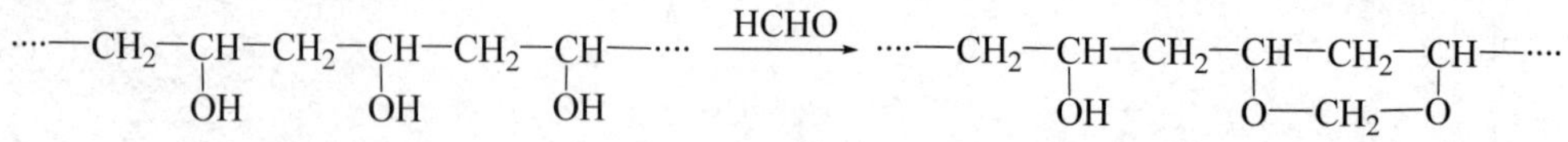

它的大分子结构和性能都与棉花相似，所以又称为“合成棉”，具有较好的吸湿性，质地柔软，保暖性能好，耐酸碱，主要用于纺织工业和制作绳索、帆布等，缺点是耐热性较差。除用于维尼纶纤维外，还可用于发泡剂、研磨材料、胶黏剂、电气绝缘材料等。

8.6.4 功能高分子

在合成或天然高分子原有力学性能的基础上，再赋予传统使用性能以外的各种特定功能（如光敏性或选择分离性、导电性、磁性、催化性、生物活性等）而制得的一类高分子。这些性能都与高聚物分子中具有特殊官能团及其结构密切相关。由于功能高分子具有各种独特的功能，因此得到越来越广泛的应用。现选择几类重要的功能高分子作简单介绍。

（1）光敏性高分子

用光照射时具有快速发生化学反应的官能团的高分子化合物，称为光敏性高分子。多数情况下，它们是利用光照射进行交联固化，所得产物不溶于溶剂。光照射后用溶剂处理，未受光照部分溶于溶剂，不溶部分留下而形成与底片对应的凹凸面。利用可溶性光敏高分子的这一性质，可将其作为感光材料，用于印刷电路、照相印刷版等。如光敏性高分子聚乙烯醇的不饱和酸树脂等，在光照条件下，双键打开发生二聚反应，形成环丁烷环而不溶于溶剂。

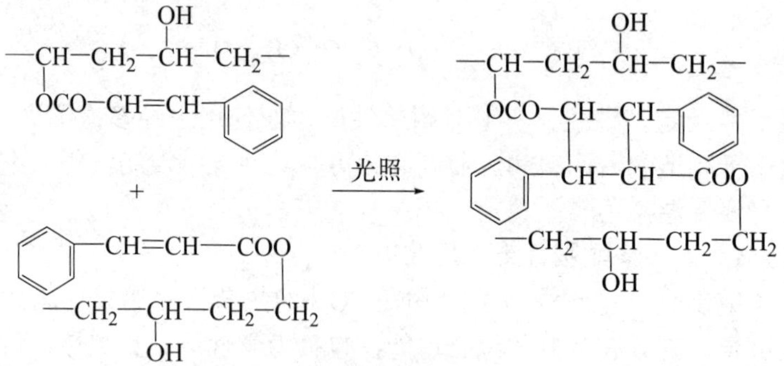

为了加快光反应速率，实际应用时常在聚合物中加入少量光敏剂（如硝基化合物、酮等）。

（2）离子交换树脂

离子交换树脂是一类具有离子交换功能的高分子材料，在溶液中它能将本身的离子与溶液中的同电性离子进行交换。如用苯乙烯和少量对二丁烯基苯共聚得到的体型高聚物进行磺化，产物不溶于水，可用作离子交换树脂。

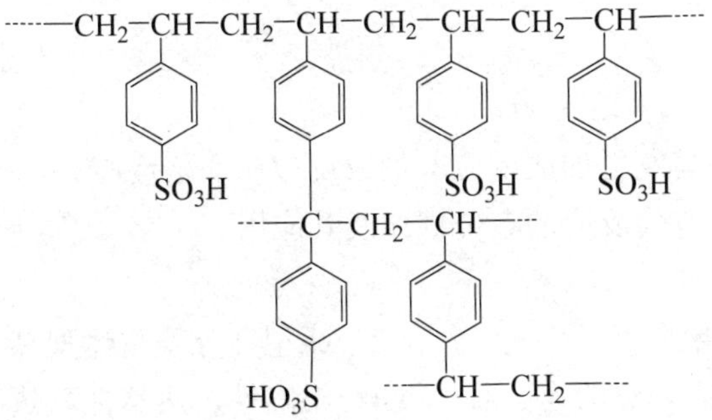

按交换基团的性质不同，离子交换树脂可分为阳离子交换树脂和阴离子交换树脂两类。

阳离子交换树脂大都含有磺酸基、羧基等酸性基团，其中的氢离子能与溶液中的金属离子或其他阳离子进行交换。例如，苯乙烯和二乙烯苯的高聚物经磺化处理得到强酸性阳离子交换树脂，其结构式可简单表示为 $R—SO_3H$，式中 R 代表树脂母体，其交换原理为：

$$2R—SO_3H + Ca^{2+} \rightleftharpoons (R\text{-}SO_3)_2Ca + 2H^+$$

这也是硬水软化的原理。

阴离子交换树脂含有活泼的碱性基团，如氨基［$—NH_2$，$—N(CH_3)_2$，$—NHCH_3$］等。它们在水中能生成弱碱性$—N^+H_3OH^-$、$—N^+H(CH_3)_2OH^-$、$—N^+H_2CH_3OH^-$，季铵盐 $N^+(CH_3)_4Cl^-$ 用碱处理后可变为强碱型的季铵碱 $N^+(CH_3)_4OH^-$，这些活性基团或化合物中的$—OH^-$能与溶液中的阴离子起交换作用，其交换原理为：

$$R—N(CH_3)_3OH + Cl^- \rightleftharpoons R—N(CH_3)_3Cl + OH^-$$

由于离子交换作用是可逆的，因此用过的离子交换树脂一般用适当浓度的无机酸或碱进行洗涤，可恢复到原状态而重复使用，这一过程称为再生。阳离子交换树脂可用稀盐酸、稀硫酸等溶液淋洗，阴离子交换树脂可用氢氧化钠等溶液处理，进行再生。离子交换树脂的用途很广，主要用于分离和提纯，如硬水软化和制取去离子水、回收工业废水中的金属、分离稀有金属和贵金属、分离和提纯抗生素等。

（3）高吸水性高分子

用淀粉、纤维素等天然高分子与丙烯酸、苯乙烯磺酸进行接枝共聚，或用聚乙烯醇与聚丙烯酸盐交联所得到的高聚物，能吸收超过自身质量几百倍甚至上千倍的水，称为高吸水性高分子。它广泛用于石油、化工、轻工、建筑、农药和环保部门作为堵水剂、脱水剂、保水剂、土壤改良剂，加入纸或布中，可以作为尿布、卫生巾、抹布、餐巾等卫生用品。

8.6.5 复合材料

复合材料是由两种或两种以上不同性质的材料，通过物理或化学的方法，在宏观（微观）上组成具有新性能的材料。各种材料在性能上互相取长补短，产生协同效应，使复合材料的综合性能优于原组成材料而满足各种不同的要求。

复合材料主要可分为结构复合材料和功能复合材料两大类。结构复合材料的特点是可根据材料在使用中的要求进行选材设计、复合结构设计，合理满足需要并节约材料。功能复合材料是指除机械性能以外并提供其他物理性能的复合材料。多元功能体的复合材料可以具有多种功能。同时，还有可能由于复合效应而产生新的功能，多功能复合材料是功能复合材料的发展方向。

思考题

1. 何种有机化合物易发生加成反应？加成反应和加聚反应有何不同？
2. 简述苯环上亲电取代反应的定位规律及其应用。
3. 解释下列各对名词：

（1）单体、链节与聚合度　　（2）线型高分子与体型高分子

（3）玻璃态、高弹态与黏流态　　（4）柔顺性、热塑性与热固性

4. 高分子化合物的合成主要有哪几种类型？它们各有何特点？
5. 什么叫玻璃化温度？橡胶和塑料的玻璃化温度有何区别？
6. 什么是工程塑料？举例说明它的特殊用途。
7. 高聚物老化的影响因素主要有哪些？
8. 试述离子交换树脂纯化水的原理。

习题

1. 判断题（对的在括号内填“√”，错的填“×”）

（1）含碳和氢的化合物都属于有机物。（　　）

（2）无机化合物一般不易燃烧，而大多数有机化合物都容易燃烧。（　　）

（3）有机化合物都不溶于无机溶剂而能溶于有机溶剂。（　　）

（4）在有机化学中，氧化反应是指在分子中得到氧或失去氢的反应。（　　）

（5）线型晶态高聚物有三种不同的物理状态。（　　）

（6）在晶态高聚物中，通常同时存在晶态和非晶态两种结构。（　　）

（7）体型高聚物分子内由于内旋转可以产生无数构象。（　　）

（8）高聚物可以自然卷曲，因此都有一定的弹性。（　　）

2. 选择题

（1）根据当代的观点，有机物应该是（　　）。

（A）来自动植物的化合物　　（B）来自自然界的化合物

（C）人工合成的化合物　　（D）含碳的化合物

（2）有机物的结构特点之一就是多数有机物都以（　　）结合。

（A）氢键　　（B）共价键　　（C）离子键　　（D）以上都可以

（3）下列取代基属于邻对位定位基的是（　　）。

（A）$—NO_2$　　（B）—CHO　　（C）—COOH　　（D）—OH

（4）在烷烃的自由基取代反应中，不同类型的氢被取代活性最大的是（　　）。

（A）伯氢　　（B）仲氢　　（C）叔氢　　（D）哪个都不是

（5）烷烃分子中，碳碳键之间的夹角一般最接近于（　　）。

（A）109.5°　　（B）102°　　（C）119°　　（D）90°

（6）有 6 种物质：①甲烷；②苯；③聚乙烯；④2-丁炔；⑤环己烷；⑥环己烯。既能使

酸性高锰酸钾溶液褪色，又能与溴水反应使之褪色的是（　　）。

（A）③④⑤⑧　　（B）④⑤⑦⑧　　（C）④⑥　　（D）③④⑤⑦⑧

（7）体型结构的聚合物有很好的力学性能，其原因是（　　）。

（A）分子内有柔顺性　　（B）分子间有化学键

（C）分子间有分子间作用力　　（D）既有分子间作用力又有化学键

（8）高聚物具有良好的电绝缘性，主要是由于（　　）。

（A）高聚物的聚合度大　　（B）高聚物的分子间作用力大

（C）高聚物分子中化学键大多数是共价键　　（D）高聚物结晶度高

（9）塑料的特点是（　　）。

（A）可反复加工成型　　（B）室温下能保持形状不变

（C）在外力作用下极易变形　　（D）室温下大分子主链方向强度大

（10）下列化合物中有伯、仲、叔、季碳原子的是（　　）。

（A）2,2,3-三甲基丁烷　　（B）2,2,3-三甲基戊烷

（C）2,3,4-三甲基戊烷　　（D）3,3-二甲基戊烷

3. 用系统命名法命名下列化合物，并注明哪些是同分异构体。

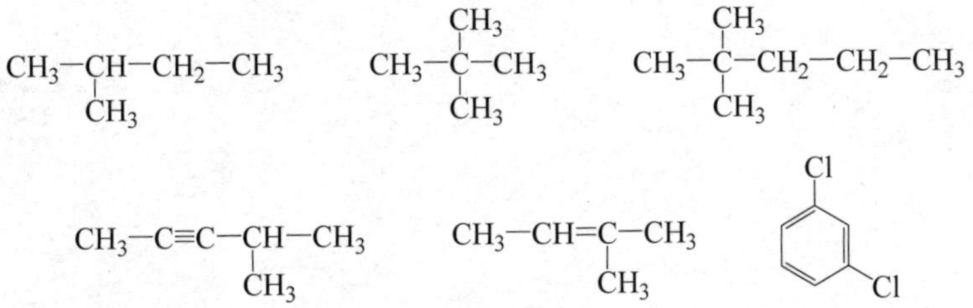

4. 写出下列化合物的结构式，哪些有顺反异构体？写出它们与 HCl 加成产物的结构式并命名。

（1）2,3-二甲基-1-丁烯　（2）3-戊烯　（3）3-甲基-2-戊烯　（4）2-甲基-2-丁烯

5. 分子式为 C_6H_{12} 的三种化合物 A、B 和 C，三者都可使高锰酸钾溶液褪色，经催化加氢后都生成 3-甲基戊烷。只有 A 有顺反异构体，A 和 C 与 HBr 加成后得到同一种化合物 D，试推测 A、B、C、D 的结构式。

6. 将下列化合物进行一次硝化反应，试用箭头表示硝基进入的位置（指主要产物）。

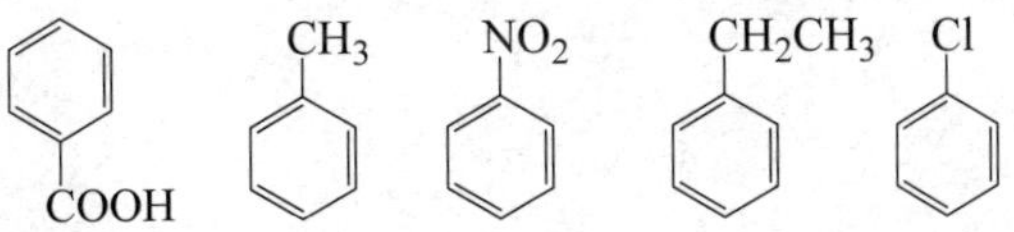

7. 写出聚氯乙烯、聚苯乙烯、涤纶、尼龙-66、聚丁二烯和天然橡胶的结构式（重复单元）。

8. 写出下列单体形成聚合物的反应式，注明聚合物的重复单元和结构单元，并对聚合物命名，说明属于何类聚合反应。

（1）$CH_2═CHCl$　（2）$CH_2═C(CH_3)_2$　（3）$HO(CH_2)_5COOH$　（4）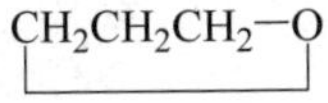

（5）$H_2N(CH_2)_{10}NH_2 + HOOC(CH_2)_8COOH$　（6）$OCN(CH_2)_6NCO + HO(CH_2)_2OH$

9. 指出下表中各非晶态高聚物在室温下处于什么物理形态。可作什么材料使用？

高聚物	T_g/℃	T_f/℃	(T_g-T_f)/℃
聚苯乙烯	90	135	45
尼龙-66	48	265	217
聚异丁烯	−74	200	274

10. 举例说明橡胶、纤维、塑料的结构、性能特征和主要差别。

附录

附录 1　一些基本物理常数

物理量	符号	数值
真空中的光速	c	$2.99792458\times10^{8}m\cdot s^{-1}$
电子电荷	e	$1.60217733\times10^{-19}C$
电子质量	m_e	$9.1093897\times10^{-31}kg$
质子质量	m_p	$1.6726231\times10^{-27}kg$
中子质量	m_n	$1.6749286\times10^{-27}kg$
摩尔气体常数	R	$8.314472J\cdot mol^{-1}\cdot K^{-1}$
阿伏伽德罗（Avogadro）常数	N_A	$6.0221367\times10^{23}mol^{-1}$
普朗克（Planck）常数	h	$6.6260755\times10^{-34}J\cdot s$
法拉第（Faraday）常数	F	$96485.309C\cdot mol^{-1}$
玻尔兹曼（Boltzmann）常数	k	$1.380658\times10^{-23}J\cdot K^{-1}$
玻尔半径	a_0	$0.52917721093(80)\times10^{-10}m$
质子摩尔质量	M_p	$1.00727646688gmol^{-1}$
电子的摩尔质量	M_e	$5.48579909070\times10^{-7}gmol^{-1}$
α 粒子的摩尔质量	M_α	$4.0015061747gmol^{-1}$

注：本表数据摘自郭伟强，《分析化学手册》第三版，化学工业出版社，2016.

附录 2　一些物质的标准热力学数据（298.15K）

物质	$\frac{\Delta_f H_m^\ominus}{kJ\cdot mol^{-1}}$	$\frac{\Delta_f G_m^\ominus}{kJ\cdot mol^{-1}}$	$\frac{S_m^\ominus}{J\cdot mol^{-1}\cdot K^{-1}}$
Ag^+	105.6	77.1	72.7
Ag(s)	0.0	0.0	42.65
AgBr(s)	−100.4	−96.9	107.1
$AgBrO_3$(s)	−10.5	71.3	151.9
AgCl(s)	−127.0	−109.8	96.3

续表

物质	$\frac{\Delta_f H_m^\ominus}{kJ \cdot mol^{-1}}$	$\frac{\Delta_f G_m^\ominus}{kJ \cdot mol^{-1}}$	$\frac{S_m^\ominus}{J \cdot mol^{-1} \cdot K^{-1}}$
$AgI(s)$	−62.4	−66.3	114.2
$AgIO_3(s)$	−171.1	−93.7	149.4
$AgNO_3(s)$	−124.4	−33.4	140.9
Ag_2CrO_4	−731.7	−641.8	217.6
$Ag_2CO_3(s)$	−505.8	−436.8	167.4
$Ag_2O(s)$	−31.1	−11.2	121.3
$Ag_2S(s)$	−32.6	−40.7	144.0
Al^{3+}	−531.0	−485.0	−321.7
$Al(s)$	0.0	0.0	28.3
$AlCl_3(s)$	−704.2	−628.8	110.67
$AlF_3(s)$	−1510.4	−1431.1	66.5
$AlI_3(s)$	−313.8	−300.8	159.0
Al_2O_3(α,刚玉)	−1675.7	−1582.3	50.9
AsO_4^{3-}	−888.1	−648.4	−162.8
$As_2O_5(s)$	−924.9	−782.3	174.8
$As_2S_3(s)$	−169.0	−168.6	163.6
Ba^{2+}	−537.6	−560.8	9.6
$BaBr_2(s)$	−757.3	−736.8	146.0
$BaCl_2(s)$	−858.6	−810.4	123.7
$BaCl_2 \cdot 2H_2O(s)$	−1456.9	−1293.2	203.0
$BaCO_3(s)$	−1216.3	−1137.6	112.1
$BaF_2(s)$	−1207.1	−1156.8	96.4
$BaO(s)$	−548.0	−520.3	72.1
$BaS(s)$	−460.0	−448.0	78.2
Be^{2+}	−389.9	−379.7	−129.7
$BeCl_2(s)$	−490.4	−445.6	120.5
$BeF_2(s)$	−1026.8	−979.4	92.5
$BeO(s)$	−609.4	−580.1	13.8
$Bi(s)$	0.0	0.0	56.7
$BiCl_3(s)$	−379.1	−315.0	177.0
$Bi_2O_3(s)$	−573.9	−493.7	151.5
$Bi_2S_3(s)$	−143.1	−140.6	200.4
Br^-	−121.6	−104.0	82.4
$Br_2(l)$	0.0	0.0	152.2
$Br_2(g)$	30.9	3.1	245.5
C(石墨)	0.0	0.0	5.7
C(金刚石)	1.9	2.9	2.4
Ca^{2+}	−542.8	−553.6	−53.1
$Ca(s)$	0.0	0.0	41.6
$CaC_2(s)$	−59.8	−64.9	70.0
$CaCl_2(s)$	−795.4	−748.8	104.6

续表

物质	$\frac{\Delta_f H_m^\ominus}{kJ \cdot mol^{-1}}$	$\frac{\Delta_f G_m^\ominus}{kJ \cdot mol^{-1}}$	$\frac{S_m^\ominus}{J \cdot mol^{-1} \cdot K^{-1}}$
$CaCO_3$(方解石)	−1207.6	−1128.8	92.9
$CaF_2(s)$	−1228.0	−1175.6	68.5
$CaO(s)$	−634.9	−603.3	38.1
$Ca(OH)_2(s)$	−985.2	−897.5	83.4
$CaSO_4(s)$	−1434.5	−1322.0	106.5
$CCl_4(l)$	−135.44	65.21	216.4
$CCl_4(g)$	−102.9	−60.59	309.85
Cd^{2+}	−75.9	−77.6	−73.2
$Cl_2(g)$	0.0	0.0	223.1
$Cl^-(aq)$	−167.2	−131.2	56.5
$ClO_2(g)$	104.6	105.1	256.8
$ClO_2(g,ClOO)$	89.1	105.0	263.7
CN^-	150.6	172.4	94.1
$CO(g)$	−110.5	−137.2	197.7
$CO_2(g)$	−393.5	−394.4	213.8
Co^{2+}	−58.2	−54.4	−113.0
Co^{3+}	92.0	134.0	−305.0
$Co(OH)_2(s)$	−539.7	−454.3	79.0
$CoCl_2(s)$	−312.5	−269.8	109.2
$C_2O_4^{2-}$	−825.1	−673.9	50.2
$CrCl_3(s)$	−556.5	−486.1	123.0
CrO_4^{2-}	−881.2	−727.8	50.2
$Cr_2O_7^{2-}$	−1490.3	−1301.1	261.9
$CS_2(l)$	89.7	65.27	151.34
$CS_2(g)$	116.7	67.1	237.8
$Cu(s)$	0.0	0.0	33.2
$Cu^{2+}(aq)$	64.8	65.5	−99.6
$CuCl_2(s)$	−220.1	−175.7	108.1
$CuI(s)$	−67.8	−69.5	96.7
$CuO(s)$	−157.3	−129.7	42.6
$Cu_2O(s)$	−168.6	−146.0	93.1
$CuS(s)$	−53.1	−49.0	66.5
$Cu_2S(s)$	−79.5	−86.2	120.9
$CuSO_4(s)$	−771.4	−662.2	109.2
F^-	−332.6	−278.8	−13.8
$F_2(g)$	0.0	0.0	202.8
Fe	0.0	0.0	27.3
$Fe^{2+}(aq)$	−89.1	−78.9	−137.7
Fe^{3+}	−48.5	−4.7	−315.9
$FeCl_2(s)$	−341.8	−302.3	118.0
$FeCl_3(s)$	−399.5	−334.0	142.3
$FeO(s)$	−272.0	−244.3	54.0

续表

物质	$\frac{\Delta_f H_m^{\ominus}}{kJ \cdot mol^{-1}}$	$\frac{\Delta_f G_m^{\ominus}}{kJ \cdot mol^{-1}}$	$\frac{S_m^{\ominus}}{J \cdot mol^{-1} \cdot K^{-1}}$
Fe_2O_3(s)(赤铁矿)	−824.2	−742.2	87.4
Fe_3O_4(s)(磁铁矿)	−1118.4	−1015.4	146.4
$FeSO_4$(s)	−928.4	−820.8	107.5
H(g)	218.0	203.3	114.7
H_2(g)	0.0	0.0	130.7
H^+(aq)	0.0	0.0	0.0
HBr(g)	−36.3	−53.4	198.7
HCl(g)	−92.3	−95.3	186.9
HCN(l)	108.9	125.0	112.8
HCN(g)	135.1	124.7	201.8
HF(g)	−273.3	−275.4	173.8
HI(g)	26.5	1.7	206.6
HNO_3(l)	−174.1	−80.7	155.6
HNO_3(g)	−133.9	−73.5	266.9
H_2O(l)	−285.8	−237.1	70.0
H_2O(g)	−241.8	−228.6	188.8
H_2O_2(l)	−187.8	−120.4	109.6
H_2O_2(g)	−136.3	−105.6	232.7
H_3PO_4(s)	−1279.0	−1119.1	110.5
H_3PO_4(l)	−1271.7	−1123.6	150.8
H_2S(g)	−20.6	−33.4	205.8
H_2SO_4(l)	−814.0	−690.0	156.9
Hg^{2+}	171.1	164.4	−32.2
Hg_2^{2+}	172.4	153.5	84.5
Hg(l)	0.0	0.0	75.9
$HgCl_2$(s)	−224.3	−178.6	146.0
Hg_2Cl_2(s)	−265.4	−210.7	191.6
HgI_2(s)	−105.4	−101.7	180.0
HgO(s)	−90.8	−58.5	70.3
HgS(s)	−58.2	−50.6	82.4
I(g)	106.8	70.2	180.8
I^-	−55.2	−51.6	111.3
I_2(s)	0.0	0.0	116.1
I_2(g)	62.4	19.3	260.7
IF_5(g)	−828.0	−742.2	327.7
K^+	−252.4	−283.3	102.5
Li^+	−278.5	−293.3	13.4
K(s)	0.0	0.0	64.7
$KClO_3$(s)	−397.7	−296.3	143.1
$KClO_4$(s)	−432.8	−303.1	151.0
$KMnO_4$(s)	−837.2	−737.6	171.7
KNO_3(s)	−494.6	−394.9	133.1

续表

物质	$\frac{\Delta_f H_m^\ominus}{kJ \cdot mol^{-1}}$	$\frac{\Delta_f G_m^\ominus}{kJ \cdot mol^{-1}}$	$\frac{S_m^\ominus}{J \cdot mol^{-1} \cdot K^{-1}}$
$KO_2(s)$	−284.9	−239.4	116.7
$K_2O_2(s)$	−494.1	−425.1	102.1
$K_2S(s)$	−380.7	−364.0	105.0
$K_2SO_4(s)$	−1437.8	−1321.4	175.6
Mg^{2+}	−466.9	−454.8	−138.1
Mg(s)	0.0	0.0	32.7
$MgCl_2(s)$	−641.3	−591.8	89.6
MgO(s)	−601.6	−569.3	27.0
$Mg(OH)_2(s)$	−924.5	−833.5	63.2
$MgCO_3(s)$	−1095.8	−1012.1	65.7
Mn^{2+}	−220.8	−228.1	−73.6
$MnCl_2(s)$	−481.3	−440.5	118.2
$MnO_2(s)$	−520.0	−465.1	53.1
MnO_4^-	−541.4	−447.2	191.2
MnS(s)	−214.2	−218.4	78.2
N(g)	472.7	455.5	153.3
$N_2(g)$	0.0	0.0	191.6
Na(s)	0.0	0.0	51.3
$Na^+(aq)$	−240.1	−261.9	59.0
NaCl(s)	−411.2	−384.1	72.1
$Na_2CO_3(s)$	−1130.7	−1044.4	135.0
$NaHCO_3(s)$	−950.8	−851.0	101.7
$NaNO_3(s)$	−467.9	−367.0	116.5
$NaO_2(s)$	−260.2	−218.4	115.9
$Na_2O(s)$	−414.2	−375.5	75.1
$Na_2O_2(s)$	−510.9	−447.7	95.0
NaOH(s)	−425.8	−379.7	64.4
$Na_2S(s)$	−364.8	−349.8	83.7
$Na_2SiO_3(s)$	−1554.9	−1462.8	113.9
$Na_2SO_3(s)$	−1100.8	−1012.5	145.9
$Na_2SO_4(s)$	−1387.1	−1270.2	149.6
$NF_3(g)$	−132.1	−90.6	260.8
$NH_2(g)$	184.9	194.6	195.0
$NH_3(g)$	−45.9	−16.4	192.8
$NH_4^+(aq)$	−132.5	−79.3	113.4
$NH_4Cl(s)$	−314.4	−202.9	94.6
$N_2H_4(l)$	50.6	149.3	121.2
$N_2H_4(g)$	95.4	159.4	238.5
$NH_4HCO_3(s)$	−849.4	−665.9	120.9
Ni^{2+}	−54.0	−45.6	−128.9
Ni(s)	0.0	0.0	29.9

续表

物质	$\frac{\Delta_f H_m^\ominus}{kJ \cdot mol^{-1}}$	$\frac{\Delta_f G_m^\ominus}{kJ \cdot mol^{-1}}$	$\frac{S_m^\ominus}{J \cdot mol^{-1} \cdot K^{-1}}$
NiS(s)	−82.0	−79.5	53.0
$NiSO_4$(s)	−872.9	−759.7	92.0
NO(g)	90.3	87.6	210.8
NO_2(g)	33.2	51.3	240.1
N_2O(g)	81.6	103.7	220.0
N_2O_3(g)	83.7	139.4	312.3
N_2O_4(l)	−19.5	97.5	209.2
N_2O_4(g)	11.1	99.8	304.4
N_2O_5(s)	−43.1	113.9	178.2
N_2O_5(g)	11.3	115.1	355.7
O(g)	249.2	231.7	161.1
O_2(g)	0.0	0.0	205.2
O_3(g)	142.7	163.2	238.9
OF_2(g)	24.5	41.8	247.5
OH^-	−230.0	−157.2	−10.8
OsO_4(s)	−394.1	−304.9	143.9
P(白)	0.0	0.0	41.1
P(红)	−17.6	−12.1	22.8
P_4(g)	58.9	24.4	280.0
Pa(s)	0.0	0.0	51.9
Pb^{2+}	−1.7	−24.4	10.5
Pb(s)	0.0	0.0	64.8
$PbCl_2$(s)	−359.4	−314.1	136.0
PbO_2(s)	−277.4	−217.3	68.6
PbS(s)	−100.4	−98.7	91.2
$PbSO_4$(s)	−920.0	−813.0	148.5
PCl_3(l)	−319.7	−272.3	217.1
PCl_3(g)	−287.0	−267.8	311.8
PCl_5(g)	−374.9	−305.0	364.6
Pd(s)	0.0	0.0	37.6
PF3(g)	−958.4	−936.9	273.1
PF_5(g)	−1594.4	−1520.7	300.8
PH_3(g)	5.4	13.5	210.2
PO_4^{3-}	−1277.4	−1018.7	−220.5
S^{2-}	33.1	85.8	−14.6
S(斜方)	0.0	0.0	32.1
S(g)	278.8	238.25	167.8
S_2(g)	128.6	79.7	228.2
Sb(s)	0.0	0.0	45.7
$SbCl_3$(s)	−382.2	−323.7	184.1
Sb_2O_5(s)	−971.9	−829.2	125.1
Se(灰)	0.0	0.0	42.4

续表

物质	$\frac{\Delta_f H_m^\ominus}{kJ \cdot mol^{-1}}$	$\frac{\Delta_f G_m^\ominus}{kJ \cdot mol^{-1}}$	$\frac{S_m^\ominus}{J \cdot mol^{-1} \cdot K^{-1}}$
SF_4(g)	−763.2	−852.4	299.6
SF_6(g)	−1220.5	−1116.5	291.5
Si(s)	0.0	0.0	18.8
$SiCl_4$(l)	−687.0	−619.8	239.7
$SiCl_4$(g)	−657.0	−617.0	330.7
SiF_4(g)	−1615.0	−1700.87	282.8
SiH_4(g)	34.3	56.9	204.6
Si_3N_4(s)	−744.7	−642.6	101.3
SiO_2(石英)	−910.7	−856.3	41.5
Sn^{2+}	−8.8	−27.2	−17.0
Sn(白)	0.0	0.0	51.2
Sn(灰)	−2.1	0.1	44.1
$SnCl_4$(l)	−511.3	−440.1	258.6
$SnCl_4$(g)	−471.5	−432.2	365.8
SnO_2(s)	−577.6	−515.8	49.0
SnS(s)	−100.0	−98.3	77.0
SO_2(g)	−296.8	−300.1	248.2
SO_3(s)	−454.5	−374.2	70.7
SO_3(l)	−441.0	−373.8	−113.8
SO_3(g)	−395.7	−371.1	256.8
SO_4^{2-}	−909.3	−744.5	20.1
$TiCl_3$(s)	−720.9	−653.5	139.7
$TiCl_4$(l)	−804.2	−737.2	252.3
$TiCl_4$(g)	−763.2	−726.3	353.2
TiO_2(s)	−944.0	−888.8	50.6
UF_4(s)	−1914.2	−1823.3	151.7
UF_4(g)	−1598.7	−1572.7	368.0
UF_6(s)	−2197.0	−2068.5	227.6
UF_6(g)	−2147.4	−2063.7	377.9
V_2O_5(s)	−1550.6	−1390.7	131.0
WO_3(s)	−842.9	−764.0	75.9
Zn^{2+}	−153.9	−147.1	−112.1
Zn(s)	0.0	0.0	41.6
$ZnCl_2$(s)	−415.1	−369.4	111.5
$ZnCO_3$(s)	−812.8	−731.5	82.4
ZnS(闪锌矿)	−206.0	−201.3	57.7
ZnO(s)	−348.3	−318.3	43.7
$ZnSO_4$(s)	−982.8	−871.5	110.5
CH_4(g)	−74.6	−50.5	186.3
$CHCl_3$(l)	−134.1	−73.7	201.7
$CHCl_3$(g)	−102.7	−70.34	295.7

续表

物质	$\frac{\Delta_f H_m^\ominus}{kJ \cdot mol^{-1}}$	$\frac{\Delta_f G_m^\ominus}{kJ \cdot mol^{-1}}$	$\frac{S_m^\ominus}{J \cdot mol^{-1} \cdot K^{-1}}$
$CH_2Cl_2(l)$	−124.2	−70.42	177.8
$CH_2Cl_2(g)$	−95.4	−68.8	270.2
$CH_3Cl(g)$	−81.9	−58.6	234.6
$CH_3OH(l)$甲醇	−239.2	−166.6	126.8
$CH_3OH(g)$甲醇	−201.1	−162.3	239.9
$HCHO(g)$甲醛	−108.6	−102.5	218.8
$HCOOH(l)$甲酸	−425.0	−361.4	129.0
$CH_3NH_2(l)$甲胺	−47.3	35.7	150.2
$CH_3NH_2(g)$甲胺	−22.5	32.7	242.9
$C_2H_6(g)$乙烷	−84.0	−32.0	229.2
$CHCl_2CH_3(l)$1,1-二氯乙烷	−158.4	−73.8	211.8
$CHCl_2CH_3(g)$1,1-二氯乙烷	−127.7	−70.8	305.1
$CH_2ClCH_2Cl(l)$1,2-二氯乙烷	−166.8	−79.5	208.5
$CH_2ClCH_2Cl(g)$1,2-二氯乙烷	−126.4	−73.8	308.4
$(CH_2)_2O(l)$环氧乙烷	−78.0	−11.8	153.9
$(CH_2)_2O(g)$环氧乙烷	−52.6	−13.0	242.5
$C_2H_4(g)$乙烯	52.4	68.4	219.3
$CCl_2CH_2(l)$1,1-二氯乙烯	−23.9	24.1	201.5
$CCl_2CH_2(g)$1,1-二氯乙烯	2.8	25.4	289.0
$CHClCHCl(l)$反-1,2-二氯乙烯	−24.3	27.3	195.9
$CHClCHCl(g)$反-1,1-二氯乙烯	5.0	28.6	290.0
$C_2H_2(g)$乙炔	227.4	209.9	200.9
$C_2H_5OH(l)$乙醇	−277.6	−174.8	160.7
$C_2H_5OH(g)$乙醇	−234.8	−167.9	281.6
$CH_3CHO(l)$乙醛	−192.2	−128.1	160.2
$CH_3CHO(g)$乙醛	−166.2	−128.86	250.3
$CH_3COOH(l)$乙酸	−484.3	−389.9	159.8
$CH_3COOH(g)$乙酸	−432.2	−374.2	283.5
$(CH_3)_2O(g)$二甲醚	−184.1	−112.6	266.4
$C_3H_8(g)$丙烷	−103.8	−23.4	270.3
$C_3H_6(g)$丙烯	20.0	62.8	267.0
$(CH_3)_2CO(l)$丙酮	−248.4	−133.3	199.8
$(CH_3)_2CO(g)$丙酮	−217.1	−152.7	295.3
$C_4H_9OH(l)$正丁醇	−327.3	−163.0	225.8
$C_4H_9OH(g)$正丁醇	−274.9	−151.0	363.7
$C_6H_6(l)$苯	49.1	124.5	173.4
$C_6H_6(g)$苯	82.9	129.7	269.2

附录 3　一些弱酸和弱碱的标准离解常数（298.15K）

弱电解质	t/℃	解离常数 $K_a^\ominus$	离解常数 $K_b^\ominus$	$pK_a^\ominus$ 或 $pK_b^\ominus$
砷酸　H_3AsO_4	25	$K_{a1}^\ominus = 5.50\times10^{-3}$		2.26
	25	$K_{a2}^\ominus = 1.74\times10^{-7}$		6.76
	25	$K_{a3}^\ominus = 5.13\times10^{-12}$		11.29
硼酸　H_3BO_3	20	$K_a^\ominus = 5.37\times10^{-10}$		9.27
碳酸　H_2CO_3	25	$K_{a1}^\ominus = 4.47\times10^{-7}$		6.35
	25	$K_{a2}^\ominus = 4.68\times10^{-11}$		10.33
草酸　$H_2C_2O_4$	25	$K_{a1}^\ominus = 5.9\times10^{-2}$		1.23
	25	$K_{a2}^\ominus = 6.55\times10^{-5}$		4.19
氢氰酸　HCN	25	$K_a^\ominus = 6.17\times10^{-10}$		9.21
氢氟酸　HF	25	$K_a^\ominus = 6.31\times10^{-4}$		3.20
亚硝酸　HNO_2	25	$K_a^\ominus = 5.62\times10^{-4}$		3.25
过氧化氢 H_2O_2	25	$K_a^\ominus = 2.40\times10^{-12}$		11.62
水　H_2O	25	$K_w^\ominus = 1.01\times10^{-14}$		14
磷酸　H_3PO_4	25	$K_{a1}^\ominus = 6.92\times10^{-3}$		2.16
	25	$K_{a2}^\ominus = 6.17\times10^{-8}$		7.21
	25	$K_{a3}^\ominus = 4.79\times10^{-13}$		12.32
氢硫酸　H_2S	25	$K_{a1}^\ominus = 8.91\times10^{-8}$		7.05
	25	$K_{a2}^\ominus = 1.0\times10^{-19}$		19
硫酸　H_2SO_4	25	$K_a^\ominus = 1.02\times10^{-2}$		1.99
亚硫酸　H_2SO_3	25	$K_{a1}^\ominus = 1.4\times10^{-2}$		1.85
	25	$K_{a2}^\ominus = 6.3\times10^{-8}$		7.2
甲酸　HCOOH	25	$K_a^\ominus = 1.78\times10^{-4}$		3.75
乙酸　CH_3COOH	25	$K_a^\ominus = 1.75\times10^{-5}$		4.76
一氯乙酸　$CH_2ClCOOH$	25	$K_a^\ominus = 1.35\times10^{-3}$		2.87
二氯乙酸　$CHCl_2COOH$	25	$K_a^\ominus = 4.5\times10^{-2}$		1.35
三氯乙酸　CCl_3COOH	20	$K_a^\ominus = 0.22$		0.66
柠檬酸　$H_3C_6H_5O_7$	25	$K_{a1}^\ominus = 7.41\times10^{-4}$		3.13
	25	$K_{a2}^\ominus = 1.74\times10^{-5}$		4.76
	25	$K_{a3}^\ominus = 3.98\times10^{-7}$		6.40
苯酚　C_6H_5OH	25	$K_a^\ominus = 1.02\times10^{-10}$		9.99
苯甲酸　C_6H_5COOH	25	$K_a^\ominus = 6.25\times10^{-5}$		4.20
氨水　$NH_3\cdot H_2O$	25		$K_b^\ominus = 1.78\times10^{-5}$	4.75
苯胺　$C_6H_5NH_2$	25		$K_b^\ominus = 4.6\times10^{-10}$	9.34
羟胺　$NH_2\cdot OH$	25		$K_b^\ominus = 9.1\times10^{-9}$	8.04
乙二胺　$H_2NCH_2CH_2NH_2$	25		$K_{b1}^\ominus = 8.32\times10^{-5}$	4.08
	25		$K_{b2}^\ominus = 7.24\times10^{-8}$	7.14
六亚甲基四胺　$(CH_2)_6N_4$	25		$K_b^\ominus = 1.4\times10^{-9}$	8.85

附录 4　一些难溶电解质的溶度积常数（298.15K）

难溶电解质	化学式	$K_{sp}^{\ominus}$
溴化银	$AgBr$	5.35×10^{-13}
氯化银	$AgCl$	1.77×10^{-10}
氰化银	$AgCN$	5.97×10^{-17}
铬酸银	Ag_2CrO_4	1.12×10^{-12}
碳酸银	Ag_2CO_3	8.46×10^{-12}
碘化银	AgI	8.52×10^{-17}
硫化银	Ag_2S	6.3×10^{-50}
硫酸银	Ag_2SO_4	1.20×10^{-5}
氢氧化铝	$Al(OH)_3(\alpha)$	3.55×10^{-34}
铬酸钡	$BaCrO_4$	1.17×10^{-10}
碳酸钡	$BaCO_3$	2.58×10^{-9}
氟化钡	BaF_2	1.84×10^{-7}
硫酸钡	$BaSO_4$	1.08×10^{-10}
亚硫酸钡	$BaSO_3$	5.0×10^{-10}
氢氧化钙	$Ca(OH)_2$	5.02×10^{-6}
碳酸钙	$CaCO_3$	3.36×10^{-9}
草酸钙	$CaC_2O_4\cdot H_2O$	2.32×10^{-9}
氟化钙	CaF_2	3.45×10^{-11}
磷酸钙	$Ca_3(PO_4)_2$	2.07×10^{-33}
硫酸钙	$CaSO_4$	4.93×10^{-5}
碳酸镉	$CdCO_3$	1.0×10^{-12}
氢氧化镉	$Cd(OH)_2$	2.51×10^{-14}（新）　5.89×10^{-16}（陈）
硫化镉	CdS	8.0×10^{-27}
氢氧化钴	$Co(OH)_2$	6.31×10^{-15}（蓝色） 1.58×10^{-15}（淡红色）
氢氧化铬	$Cr(OH)_3$	6.3×10^{-31}
碘化亚铜	CuI	1.27×10^{-12}
硫化铜	CuS	6.3×10^{-36}
氢氧化亚铁	$Fe(OH)_2$	4.87×10^{-17}
氢氧化铁	$Fe(OH)_3$	2.79×10^{-39}
硫化亚铁	FeS	6.3×10^{-18}
硫化汞	HgS	4×10^{-53}（红色） 1.6×10^{-52}（黑色）
氯化亚汞	Hg_2Cl_2	1.43×10^{-18}
碳酸镁	$MgCO_3$	6.82×10^{-6}
氢氧化镁	$Mg(OH)_2$	5.61×10^{-12}
碳酸锰	$MnCO_3$	2.24×10^{-11}
氢氧化锰	$Mn(OH)_4$	1.9×10^{-13}
硫化锰	MnS（无定形）	2.5×10^{-10}
硫化锰	MnS（结晶）	2.5×10^{-13}

难溶电解质	化学式	$K_{sp}^{\ominus}$
碳酸镍	$NiCO_3$	1.42×10^{-7}
氢氧化镍，新	$Ni(OH)_2$	2.0×10^{-15}
氢氧化镍，陈	$Ni(OH)_2$	6.31×10^{-18}
铬酸铅	$PbCrO_4$	2.8×10^{-13}
氯化铅	$PbCl_2$	1.70×10^{-5}
碳酸铅	$PbCO_3$	7.40×10^{-14}
碘化铅	PbI_2	9.8×10^{-9}
氢氧化铅	$Pb(OH)_2$	1.43×10^{-20}
硫酸铅	$PbSO_4$	2.53×10^{-8}
硫化铅	PbS	3.0×10^{-29}
碳酸锶	$SrCO_3$	5.60×10^{-10}
氟化锶	SrF_2	4.33×10^{-9}
硫酸锶	$SrSO_4$	3.44×10^{-7}
氢氧化锌	$Zn(OH)_2$ 无定形	2.09×10^{-16}
	$Zn(OH)_2$ 无定形，陈	1.12×10^{-16}
	$Zn(OH)_2$ 晶形，陈	1.20×10^{-17}
碳酸锌	$ZnCO_3$	1.46×10^{-10}
氟化锌	ZnF_2	3.04×10^{-2}
硫化锌	α-ZnS	1.6×10^{-24}
硫化锌	β-ZnS	2.5×10^{-22}

附录 5　一些配离子的标准稳定常数（298.15K）

配离子	$K_{稳}^{\ominus}$	配离子	$K_{稳}^{\ominus}$
$[Ag(NH_3)_2]^+$	1.6×10^7	$[Ag(CN)_2]^-$	1.3×10^{21}
$[Zn(NH_3)_4]^{2+}$	7.8×10^8	$[Cd(CN)_4]^{2-}$	7.7×10^{16}
$[Cu(NH_3)_4]^{2+}$	1.1×10^{13}	$[Au(CN)_2]^{2-}$	2×10^{38}
$[Co(NH_3)_6]^{2+}$	5.0×10^4	$[Fe(SCN)_2]^+$	2.2×10^3
$[Co(NH_3)_6]^{3+}$	4.6×10^{33}	$[Fe(SCN)_3]$	2×10^6
$[Ni(NH_3)_6]^{2+}$	2.0×10^8	$[Cd(SCN)_4]^{2-}$	1×10^3
$[Hg(NH_3)_4]^{2+}$	1.8×10^{19}	$[Hg(SCN)_4]^{2-}$	5.0×10^{21}
$[AlF_6]^{3-}$	1×10^{20}	$[Cu(OH)_4]^{2-}$	1.3×10^{16}
$[FeF_3]$	1.1×10^{12}	$[Zn(OH)_4]^{2-}$	2×10^{20}
$[SnF_6]^{2-}$	1×10^{25}	$[Fe(en)_3]^{2+}$	5.2×10^9
$[AgCl_2]^-$	1.8×10^5	$[Co(en)_3]^{2+}$	1.3×10^{14}
$[HgCl_4]^{2-}$	5.0×10^{15}	$[Co(en)_3]^{3+}$	4.8×10^{48}
$[HgBr_4]^{2-}$	1.0×10^{21}	$[Ni(en)_3]^{2+}$	4.1×10^{17}
$[HgI_4]^{2-}$	1.9×10^{30}	$[Cu(en)_2]^{2+}$	3.5×10^{19}
$[Fe(CN)_6]^{4-}$	1.0×10^{24}	$[Fe(C_2O_4)_3]^{3-}$	3.3×10^{20}
$[Fe(CN)_6]^{3-}$	1.0×10^{31}	$[Zn(EDTA)]^{2+}$	3.8×10^{16}

附录 6　标准电极电势（298.15K）

元素	电极反应	$E^{\ominus}$ /V
	氧化态 $+ ne^- \rightleftharpoons$ 还原态	
Ag	$Ag^+ + e^- \rightleftharpoons Ag$	+0.7996
	$AgBr + e^- \rightleftharpoons Ag + Br^-$	+0.07133
	$AgCl + e^- \rightleftharpoons Ag + Cl^-$	+0.22233
	$AgI + e^- \rightleftharpoons Ag + I^-$	−0.15224
	$Ag_2O + H_2O + 2e^- \rightleftharpoons 2Ag + 2OH^-$	+0.342
Al	$Al^{3+} + 3e^- \rightleftharpoons Al$	−1.662
	$Al(OH)_3 + 3e^- \rightleftharpoons Al + 3OH^-$	−2.31
As	$HAsO_2 + 3H^+ + 3e^- \rightleftharpoons As + 2H_2O$	+0.248
	$H_3AsO_4 + 2H^+ + 2e^- \rightleftharpoons HAsO_2 + 2H_2O$	+0.560
	$AsO_4^{3-} + 2H_2O + 2e^- \rightleftharpoons AsO_2^- + 4OH^-$	−0.71
Au	$Au^+ + e^- \rightleftharpoons Au$	+1.692
	$Au^{3+} + 2e^- \rightleftharpoons Au^+$	+1.401
	$Au^{3+} + 3e^- \rightleftharpoons Au$	+1.498
	$Au^{2+} + e^- \rightleftharpoons Au^+$	+1.8
Ba	$Ba^{2+} + 2e^- \rightleftharpoons Ba$	−2.912
Be	$Be^{2+} + 2e^- \rightleftharpoons Be$	−1.847
Bi^{3+}	$Bi^{3+} + 3e^- \rightleftharpoons Bi$	+0.308
Br	$Br_2(l) + 2e^- \rightleftharpoons 2Br^-$	+1.066
	$Br_2(aq) + 2e^- \rightleftharpoons 2Br^-$	+1.0873
	$BrO_3^- + 6H^+ + 5e^- \rightleftharpoons \frac{1}{2}Br_2(l) + 3H_2O$	+1.44
	$BrO_3^- + 3H_2O + 6e^- \rightleftharpoons Br^- + 6OH^-$	+0.61
C	$CO_2(g) + 2H^+ + 2e^- \rightleftharpoons HCOOH(aq)$	−0.14
Ca	$Ca^{2+} + 2e^- \rightleftharpoons Ca$	−2.868
Cd	$Cd^{2+} + 2e^- \rightleftharpoons Cd$	−0.4030
Ce	$Ce^{4+} + e^- \rightleftharpoons Ce^{3+}$	+1.443
Cl	$Cl_2(g) + 2e^- \rightleftharpoons 2Cl^-$	+1.35827
	$ClO^- + H_2O + 2e^- \rightleftharpoons Cl^- + 2OH^-$	+0.81
	$HClO + H^+ + e^- \rightleftharpoons \frac{1}{2}Cl_2 + H_2O$	+1.611
	$HClO_2 + 2H^+ + 2e^- \rightleftharpoons HClO + H_2O$	+1.645
	$ClO_2^- + H_2O + 2e^- \rightleftharpoons ClO^- + 2OH^-$	+0.66
	$ClO_3^- + 6H^+ + 5e^- \rightleftharpoons \frac{1}{2}Cl_2 + 3H_2O$	+1.47
	$ClO_3^- + 6H^+ + 6e^- \rightleftharpoons Cl^- + 3H_2O$	+1.451
	$ClO_3^- + H_2O + 2e^- \rightleftharpoons ClO_2^- + 2OH^-$	+0.33
	$ClO_4^- + 8H^+ + 7e^- \rightleftharpoons \frac{1}{2}Cl_2 + 4H_2O$	+1.39
	$ClO_4^- + H_2O + 2e^- \rightleftharpoons ClO_3^- + 2OH^-$	+0.36
	$2ClO_4^- + 16H^+ + 14e^- \rightleftharpoons Cl_2 + 8H_2O$	+1.39

续表

元素	电极反应	$E^{\ominus}$ /V
Co	$Co^{2+} + 2e^- \rightleftharpoons Co$	−0.28
	$Co^{3+} + e^- \rightleftharpoons Co^{2+}$	+1.92
	$Co(OH)_2 + 2e^- \rightleftharpoons Co + 2OH^-$	−0.73
	$Co(NH_3)_6^{3+} + e^- \rightleftharpoons Co(NH_3)_6^{2+}$	+0.108
	$Co(OH)_3 + e^- \rightleftharpoons Co(OH)_3 + OH^-$	+0.17
Cr	$Cr_2O_7^{2-} + 14H^+ + 6e^- \rightleftharpoons 2Cr^{3+} + 7H_2O$	+1.232
	$Cr^{3+} + 3e^- \rightleftharpoons Cr$	−0.744
	$CrO_4^{2-} + 4H_2O + 3e^- \rightleftharpoons Cr(OH)_3 + 5OH^-$	−0.13
	$Cr(OH)_3 + 3e^- \rightleftharpoons Cr + 3OH^-$	−1.48
Cs	$Cs^+ + e^- \rightleftharpoons Cs$	−3.026
Cu	$Cu^+ + e^- \rightleftharpoons Cu$	+0.521
	$Cu^{2+} + e^- \rightleftharpoons Cu^+$	+0.153
	$Cu^{2+} + 2e^- \rightleftharpoons Cu$	+0.3419
F	$F_2(g) + 2e^- \rightleftharpoons 2F^-$	+2.866
	$F_2(g) + 2H^+ + 2e^- \rightleftharpoons 2HF$	+3.053
Fe	$Fe^{2+} + 2e^- \rightleftharpoons Fe$	−0.447
	$Fe^{3+} + 3e^- \rightleftharpoons Fe$	−0.037
	$Fe^{3+} + e^- \rightleftharpoons Fe^{2+}$	+0.771
	$Fe(OH)_3 + e^- \rightleftharpoons Fe(OH)_2 + OH^-$	−0.56
	$[Fe(CN)_6]^{3-} + e^- \rightleftharpoons [Fe(CN)_6]^{4-}$	+0.358
Ga	$Ga^{3+} + 3e^- \rightleftharpoons Ga$	−0.549
H	$2H^+ + 2e^- \rightleftharpoons H_2$	0.00000
Hg	$Hg^{2+} + 2e^- \rightleftharpoons Hg$	+0.851
	$2Hg^{2+} + 2e^- \rightleftharpoons Hg_2^{2+}$	+0.920
	$Hg_2^{2+} + 2e^- \rightleftharpoons 2Hg$	+0.7973
	$Hg_2Cl_2 + 2e^- \rightleftharpoons 2Hg + 2Cl^-$	+0.26808
	$HgO + H_2O + 2e^- \rightleftharpoons Hg + 2OH^-$	+0.0977
I	$I_2 + 2e^- \rightleftharpoons 2I^-$	+0.5355
	$IO^- + H_2O + 2e^- \rightleftharpoons I^- + 2OH^-$	+0.485
	$IO_3^- + 6H^+ + 5e^- \rightleftharpoons \frac{1}{2} I_2 + 3H_2O$	+1.195
	$I_3^- + 2e^- \rightleftharpoons 3I^-$	+0.545
In	$In^{3+} + 3e^- \rightleftharpoons In$	−0.3382
K	$K^+ + e^- \rightleftharpoons K$	−2.931
La	$La^{3+} + 3e^- \rightleftharpoons La$	−2.379
	$La(OH)_3 + 3e^- \rightleftharpoons La + 3OH^-$	−2.90
Li	$Li^+ + e^- \rightleftharpoons Li$	−3.0401
Mg	$Mg^{2+} + 2e^- \rightleftharpoons Mg$	−2.372
Mn	$Mn^{2+} + 2e^- \rightleftharpoons Mn$	−1.185
	$Mn(OH)_2 + 2e^- \rightleftharpoons Mn + 2OH^-$	−1.56
	$MnO_4^- + 2H_2O + 3e^- \rightleftharpoons MnO_2 + 4OH^-$	+0.595
	$MnO_4^{2-} + 2H_2O + 2e^- \rightleftharpoons MnO_2 + 4OH^-$	+0.60
	$MnO_4^- + e^- \rightleftharpoons MnO_4^{2-}$	+0.558

续表

元素	电极反应	$E^{\ominus}$ /V
	$MnO_2 + 4H^+ + 2e^- \rightleftharpoons Mn^{2+} + 2H_2O$	+1.224
	$MnO_4^- + 4H^+ + 3e^- \rightleftharpoons MnO_2$（s）$+ 2H_2O$	+1.679
	$MnO_4^- + 8H^+ + 5e^- \rightleftharpoons Mn^{2+} + 4H_2O$	+1.507
Mo^{3+}	$Mo^{3+} + 3e^- \rightleftharpoons Mo$	−0.200
N	$HNO_2 + H^+ + e^- \rightleftharpoons NO + H_2O$	+0.983
	$NO_3^- + H_2O + 2e^- \rightleftharpoons NO_2^- + 2OH^-$	+0.01
	$2NO_3^- + 4H^+ + 2e^- \rightleftharpoons N_2O_4 + 2H_2O$	+0.803
	$NO_3^- + 3H^+ + 2e^- \rightleftharpoons HNO_2 + H_2O$	+0.934
	$NO_3^- + 4H^+ + 3e^- \rightleftharpoons NO + 2H_2O$	+0.957
Na	$Na^+ + e^- \rightleftharpoons Na$	−2.71
Ni	$Ni^{2+} + 2e^- \rightleftharpoons Ni$	−0.257
O	$H_2O_2 + 2H^+ + 2e^- \rightleftharpoons 2H_2O$	+1.776
	$O_2 + 2H_2O + 4e^- \rightleftharpoons 4OH^-$	+0.401
	$O_3 + 2H^+ + 2e^- \rightleftharpoons O_2 + H_2O$	+2.076
	$O_2(g) + 4H^+ + 4e^- \rightleftharpoons 2H_2O$	+1.229
	$O_2 + 2H_2O + 4e^- \rightleftharpoons 4OH^-$	0.401
	$O_2 + 2H^+ + 2e^- \rightleftharpoons H_2O_2$	0.695
P	$P(red) + 3H^+ + 3e^- \rightleftharpoons PH_3(g)$	−0.111
	$P(white) + 3H^+ + 3e^- \rightleftharpoons PH_3(g)$	−0.063
	$P + 3H_2O + 3e^- \rightleftharpoons PH_3(g) + 3OH^-$	−0.87
	$H_2P_2^- + e^- \rightleftharpoons P + 2OH^-$	−1.82
	$H_3PO_2 + H^+ + e^- \rightleftharpoons P + 2H_2O$	−0.508
	$H_3PO_3 + 2H^+ + 2e^- \rightleftharpoons H_3PO_2 + H_2O$	−0.499
	$H_3PO_3 + 3H^+ + 3e^- \rightleftharpoons P + 3H_2O$	−0.454
	$HPO_3^{2-} + 2H_2O + 2e^- \rightleftharpoons H_2PO_2^- + 3OH^-$	−1.65
	$HPO_3^{2-} + 2H_2O + 3e^- \rightleftharpoons P + 5OH^-$	−1.71
	$H_3PO_4 + 2H^+ + 2e^- \rightleftharpoons H_3PO_3 + H_2O$	−0.276
	$PO_4^{3-} + 2H_2O + 2e^- \rightleftharpoons HPO_3^{2-} + 3OH^-$	−1.05
Pb	$Pb^{2+} + 2e^- \rightleftharpoons Pb$	−0.1262
	$PbO_2 + SO_4^{2-} + 4H^+ + 2e^- \rightleftharpoons PbSO_4 + 2H_2O$	+1.6913
	$PbO_2 + 4H^+ + 2e^- \rightleftharpoons Pb^{2+} + 2H_2O$	+1.455
	$PbSO_4 + 2e^- \rightleftharpoons Pb + SO_4^{2-}$	−0.3588
S	$H_2SO_3 + 4H^+ + 4e^- \rightleftharpoons S + 3H_2O$	+0.449
	$S_2O_8^{2-} + 2e^- \rightleftharpoons 2SO_4^{2-}$	+2.010
	$SO_4^{2-} + 4H^+ + 2e^- \rightleftharpoons H_2SO_3 + H_2O$	+0.172
	$2SO_4^{2-} + 4H^+ + 2e^- \rightleftharpoons S_2O_6^{2-} + 2H_2O$	−0.22
	$2SO_3^{2-} + 3H_2O + 4e^- \rightleftharpoons S_2O_3^{2-} + 6OH^-$	−0.571
	$SO_4^{2-} + H_2O + 2e^- \rightleftharpoons SO_3^{2-} + 2OH^-$	−0.93
	$S_4O_6^{2-} + 2e^- \rightleftharpoons 2S_2O_3^{2-}$	0.08
Sn	$Sn^{2+} + 2e^- \rightleftharpoons Sn$	−0.1375
	$Sn^{4+} + 2e^- \rightleftharpoons Sn^{2+}$	+0.151
	$HSnO_2^- + H_2O + 2e^- \rightleftharpoons Sn + 3OH^-$	−0.909
	$Sn(OH)_6^{2+} + 2e^- \rightleftharpoons HSnO_2^- + H_2O + 3OH^-$	−0.93

续表

元素	电极反应	$E^{\ominus}$ /V
Sr	$Sr^{2+} + 2e^- \rightleftharpoons Sr$	−2.899
Ti	$Ti^{2+} + 2e^- \rightleftharpoons Ti$	−1.630
	$Ti^{3+} + e^- \rightleftharpoons Ti^{2+}$	−0.90
	$Ti^{3+} + 3e^- \rightleftharpoons Ti$	−1.37
	$TiO_2 + 4H^+ + 2e^- \rightleftharpoons Ti^{2+} + 2H_2O$	−0.502
Tl	$Tl^+ + e^- \rightleftharpoons Tl$	−0.336
V	$V^{2+} + 2e^- \rightleftharpoons V$	−1.175
	$V(OH)_4^+ + 4H^+ + 5e^- \rightleftharpoons V + 4H_2O$	−0.254
	$VO^{2+} + 2H^+ + e^- \rightleftharpoons V^{3+} + H_2O$	+0.337
	$V(OH)_4^+ + 2H^+ + e^- \rightleftharpoons VO^{2+} + 3H_2O$	+1.00
W	$W^{3+} + 3e^- \rightleftharpoons W$	+0.1
Zn	$Zn^{2+} + 2e^- \rightleftharpoons Zn$	−0.7618
Zr	$Zr^{4+} + 4e^- \rightleftharpoons Zr$	−1.45

参考文献

[1] 朱裕贞，顾达，黑恩成. 现代化学基础. 北京：化学工业出版社，1998.

[2] 化彤文，杨骏英，陈景祖，等. 普通化学原理. 北京：北京大学出版社，1993.

[3] 何培之，王世驹，李续娥. 普通化学. 北京：科学出版社，2001.

[4] 幕慧，李光道，王中秋，等. 基础化学. 北京：科学出版社，2001.

[5] 浙江大学普通化学教研组. 普通化学. 北京：高等教育出版社，1995.

[6] 大连理工大学普通化学教研室. 大学普通化学学习指导. 大连：大连理工大学出版社，2000.

[7] Darrell D Ebbiong. General chemistry. 5th ed. Boston: Houghton Mifflin Company, 1996.

[8] 胡忠鲠，金继红，李盛华. 现代化学基础. 北京：高等教育出版社，2000.

[9] 肖衍繁，李文斌. 物理化学. 天津：天津大学出版社，1997.

[10] 臧祥生，许学敏，苏小云. 《现代基础化学》例题与习题. 上海：华东理工大学出版社，2001.

[11] 武汉大学. 分析化学. 4 版. 北京：高等教育出版社，2000.

[12] 彭崇慧，冯建章，张锡瑜，等. 定量化学分析简明教程. 北京：北京大学出版社，1997.

[13] 华东理工大学分析化学教研组，成都科学技术大学分析化学教研组. 分析化学. 北京：高等教育出版社，1995.

[14] 高鸿. 分析化学前沿. 北京：科学出版社，1991.

[15] 凌永乐. 化学概念和理论的发现. 北京：科学出版社，2001.

[16] 吕鸣祥. 化学电源. 天津：天津大学出版社，1992.

[17] 雷永泉，万群，石永康. 新能源材料. 天津：天津大学出版社，2000.

[18] 戴志松，饶定轲，白锦会，等. 化学基石史略. 北京：科学出版社，1992.

[19] （日本）山冈望. 化学史传. 廖正衡，陈耀亭，赵世良，译. 北京：商务印书馆，1995.

[20] 刘维铭. 初识化学元素. 四川：四川科学技术出版社，2000.

[21] 申光球. 现代化学基础. 北京：清华大学出版社，1999.

[22] Gary L Miessler. Inorganic chemistry. Upper Saddle River: Prentice Hall, 1999.

[23] 王希成. 生物化学. 北京：清华大学出版社，2001.

[24] 钱俊生. 生命是什么. 北京：中共中央党校出版社，2000.

[25] 马立人. 生物芯片. 北京：化学工业出版社，2000.

[26] 天津大学无机化学教研室. 无机化学. 北京：高等教育出版社，1992.

[27] 郭保章. 20 世纪化学史. 南昌：江西教育出版社，1998.

[28] 《化学发展简史》编写组. 化学发展简史. 北京：科学出版社，1980.

[29] D R Lide. CRC handbook of chemistry and physics. 84th ed. Boca Raton: CRC Press, Inc, 2003—2004.

[30] 杨秋华，曲建强. 大学化学. 3 版. 天津：天津大学出版社，2004.

[31] 杨玉国. 现代化学基础. 北京：中国铁道出版社，2001.

[32] 古国榜. 大学化学教程. 北京：化学工业出版社，2002.

[33] 邓建成. 大学化学基础. 北京：化学工业出版社，2003.

[34] 曲保中，朱炳林，周伟红. 新大学化学. 2 版. 北京：科学出版社，2007.

[35] 王积涛，张宝申，王永梅. 有机化学. 2 版. 天津：南开大学出版社，2006.

[36] 徐国财，张晓梅. 有机化学. 北京：科学出版社，2008.

[37] 叶永烈. 化学趣史. 武汉：湖北少年儿童出版社，2005.

[38] （英）阿瑟顿（Atherton, M.A.），等. 科学的今天和明天. 李建斌，等译. 北京：化学工业出版社，1991.

[39] R.布里斯罗.化学的今天和明天. 北京：科学出版社，1998.

[40] 吴国盛. 科学的历程. 北京：北京大学出版社，2002.

[41] 黄生田. 分析化学. 北京：化学工业出版社，2021.

[42] 华东理工大学，四川大学. 分析化学. 北京：高等教育出版社，2018.

[43] Thomas Engel, Philip Reid. 物理化学（英文版）. 北京：机械工业出版社，2012.

[44] 彼得·阿特金斯，胡里奥·普瓦拉. 物理化学. 北京：高等教育出版社，2020.
[45] 天津大学教研室. 物理化学. 北京：高等教育出版社，2017.
[46] 魏泽英，姚惠琴. 物理化学. 武汉：华中科技大学出版社，2021.
[47] 景苏，王强. 物理化学（英文版）. 北京：化学工业出版社，2021.
[48] 郭伟强，张培敏，边平凤. 分析化学手册. 3 版. 北京：化学工业出版社，2016.
[49] 孙毓庆，胡育筑，李章万. 分析化学. 北京：科学出版社，2004.

元素周期表

IUPAC 2013

图例（以95号元素Am为例）：

- +2 +3 +4 +5 +6：氧化态(单质的氧化态为0，未列入；常见的为红色)
- 95：原子序数
- Am：元素符号(红色的为放射性元素)
- 镅▲：元素名称(注▲的为人造元素)
- $5f^7 7s^2$：价层电子构型
- 243.06138(2)✦：以 ^{12}C=12为基准的原子量(注✦的是半衰期最长同位素的原子量)

s区元素　p区元素　d区元素　ds区元素　f区元素　稀有气体

族 周期	1 ⅠA	2 ⅡA	3 ⅢB	4 ⅣB	5 ⅤB	6 ⅥB	7 ⅦB	8 Ⅷ B(Ⅷ)	9 Ⅷ B(Ⅷ)	10 Ⅷ B(Ⅷ)	11 ⅠB	12 ⅡB	13 ⅢA	14 ⅣA	15 ⅤA	16 ⅥA	17 ⅦA	18 ⅧA(0)	电子层
1	−1 +1 1 **H** 氢 $1s^1$ 1.008																	2 **He** 氦 $1s^2$ 4.002602(2)	K
2	+1 3 **Li** 锂 $2s^1$ 6.94	+2 4 **Be** 铍 $2s^2$ 9.0121831(5)											+3 5 **B** 硼 $2s^2 2p^1$ 10.81	−4 +2 +4 6 **C** 碳 $2s^2 2p^2$ 12.011	−3 −2 −1 +1 +2 +3 +4 +5 7 **N** 氮 $2s^2 2p^3$ 14.007	−2 −1 8 **O** 氧 $2s^2 2p^4$ 15.999	−1 9 **F** 氟 $2s^2 2p^5$ 18.998403163(6)	10 **Ne** 氖 $2s^2 2p^6$ 20.1797(6)	L K
3	−1 +1 11 **Na** 钠 $3s^1$ 22.98976928(2)	+2 12 **Mg** 镁 $3s^2$ 24.305											+3 13 **Al** 铝 $3s^2 3p^1$ 26.9815385(7)	−4 +2 +4 14 **Si** 硅 $3s^2 3p^2$ 28.085	−3 −2 +1 +3 +5 15 **P** 磷 $3s^2 3p^3$ 30.973761998(5)	−2 +2 +4 +6 16 **S** 硫 $3s^2 3p^4$ 32.06	−1 +1 +3 +5 +7 17 **Cl** 氯 $3s^2 3p^5$ 35.45	18 **Ar** 氩 $3s^2 3p^6$ 39.948(1)	M L K
4	−1 +1 19 **K** 钾 $4s^1$ 39.0983(1)	+2 20 **Ca** 钙 $4s^2$ 40.078(4)	+3 21 **Sc** 钪 $3d^1 4s^2$ 44.955908(5)	−1 0 +2 +3 +4 22 **Ti** 钛 $3d^2 4s^2$ 47.867(1)	0 ±1 +2 +3 +4 +5 23 **V** 钒 $3d^3 4s^2$ 50.9415(1)	−3 0 ±1 ±2 +3 +4 +5 +6 24 **Cr** 铬 $3d^5 4s^1$ 51.9961(6)	−2 0 ±1 +2 +3 +4 +5 +6 +7 25 **Mn** 锰 $3d^5 4s^2$ 54.938044(3)	−2 0 +1 +2 +3 +4 +5 +6 26 **Fe** 铁 $3d^6 4s^2$ 55.845(2)	0 +1 +2 +3 +4 +5 27 **Co** 钴 $3d^7 4s^2$ 58.933194(4)	0 ±1 +2 +3 +4 28 **Ni** 镍 $3d^8 4s^2$ 58.6934(4)	+1 +2 +3 +4 29 **Cu** 铜 $3d^{10} 4s^1$ 63.546(3)	+1 +2 30 **Zn** 锌 $3d^{10} 4s^2$ 65.38(2)	+1 +3 31 **Ga** 镓 $4s^2 4p^1$ 69.723(1)	+2 +4 32 **Ge** 锗 $4s^2 4p^2$ 72.630(8)	−3 +3 +5 33 **As** 砷 $4s^2 4p^3$ 74.921595(6)	−2 +2 +4 +6 34 **Se** 硒 $4s^2 4p^4$ 78.971(8)	−1 +1 +3 +5 +7 35 **Br** 溴 $4s^2 4p^5$ 79.904	+2 +4 36 **Kr** 氪 $4s^2 4p^6$ 83.798(2)	N M L K
5	−1 +1 37 **Rb** 铷 $5s^1$ 85.4678(3)	+2 38 **Sr** 锶 $5s^2$ 87.62(1)	+3 39 **Y** 钇 $4d^1 5s^2$ 88.90584(2)	+1 +2 +3 +4 40 **Zr** 锆 $4d^2 5s^2$ 91.224(2)	0 ±1 +2 +3 +4 +5 41 **Nb** 铌 $4d^4 5s^1$ 92.90637(2)	0 ±1 ±2 +3 +4 +5 +6 42 **Mo** 钼 $4d^5 5s^1$ 95.95(1)	0 ±1 +2 +3 +4 +5 +6 +7 43 **Tc** 锝▲ $4d^5 5s^2$ 97.90721(3)✦	0 +1 ±2 +3 +4 +5 +6 +7 +8 44 **Ru** 钌 $4d^7 5s^1$ 101.07(2)	0 +1 +2 +3 +4 +5 +6 45 **Rh** 铑 $4d^8 5s^1$ 102.90550(2)	0 +1 +2 +4 46 **Pd** 钯 $4d^{10}$ 106.42(1)	+1 +2 +3 47 **Ag** 银 $4d^{10} 5s^1$ 107.8682(2)	+1 +2 48 **Cd** 镉 $4d^{10} 5s^2$ 112.414(4)	+1 +3 49 **In** 铟 $5s^2 5p^1$ 114.818(1)	+2 +4 50 **Sn** 锡 $5s^2 5p^2$ 118.710(7)	−3 +3 +5 51 **Sb** 锑 $5s^2 5p^3$ 121.760(1)	−2 +2 +4 +6 52 **Te** 碲 $5s^2 5p^4$ 127.60(3)	−1 +1 +3 +5 +7 53 **I** 碘 $5s^2 5p^5$ 126.90447(3)	+2 +4 +6 +8 54 **Xe** 氙 $5s^2 5p^6$ 131.293(6)	O N M L K
6	−1 +1 55 **Cs** 铯 $6s^1$ 132.90545196(6)	+2 56 **Ba** 钡 $6s^2$ 137.327(7)	57~71 **La~Lu** 镧系	+1 +2 +3 +4 72 **Hf** 铪 $5d^2 6s^2$ 178.49(2)	0 ±1 +2 +3 +4 +5 73 **Ta** 钽 $5d^3 6s^2$ 180.94788(2)	0 ±1 ±2 +3 +4 +5 +6 74 **W** 钨 $5d^4 6s^2$ 183.84(1)	0 ±1 +2 +3 +4 +5 +6 +7 75 **Re** 铼 $5d^5 6s^2$ 186.207(1)	0 +1 +2 +3 +4 +5 +6 +7 +8 76 **Os** 锇 $5d^6 6s^2$ 190.23(3)	0 +1 +2 +3 +4 +5 +6 77 **Ir** 铱 $5d^7 6s^2$ 192.217(3)	0 +2 +3 +4 +5 +6 78 **Pt** 铂 $5d^9 6s^1$ 195.084(9)	+1 +2 +3 +5 79 **Au** 金 $5d^{10} 6s^1$ 196.966569(5)	+1 +2 +3 80 **Hg** 汞 $5d^{10} 6s^2$ 200.592(3)	+1 +3 81 **Tl** 铊 $6s^2 6p^1$ 204.38	+2 +4 82 **Pb** 铅 $6s^2 6p^2$ 207.2(1)	−3 +3 +5 83 **Bi** 铋 $6s^2 6p^3$ 208.98040(1)	−2 +2 +4 +6 84 **Po** 钋 $6s^2 6p^4$ 208.98243(2)✦	±1 +5 +7 85 **At** 砹 $6s^2 6p^5$ 209.98715(5)✦	+2 86 **Rn** 氡 $6s^2 6p^6$ 222.01758(2)✦	P O N M L K
7	+1 87 **Fr** 钫▲ $7s^1$ 223.01974(2)✦	+2 88 **Ra** 镭 $7s^2$ 226.02541(2)✦	89~103 **Ac~Lr** 锕系	104 **Rf** 𬬻▲ $6d^2 7s^2$ 267.122(4)✦	105 **Db** 𬭊▲ $6d^3 7s^2$ 270.131(4)✦	106 **Sg** 𬭳▲ $6d^4 7s^2$ 269.129(3)✦	107 **Bh** 𬭛▲ $6d^5 7s^2$ 270.133(2)✦	108 **Hs** 𬭶▲ $6d^6 7s^2$ 270.134(2)✦	109 **Mt** 鿏▲ $6d^7 7s^2$ 278.156(5)✦	110 **Ds** 𫟼▲ 281.165(4)✦	111 **Rg** 𬬭▲ 281.166(6)✦	112 **Cn** 鿔▲ 285.177(4)✦	113 **Nh** 鿭▲ 286.182(5)✦	114 **Fl** 𫓧▲ 289.190(4)✦	115 **Mc** 镆▲ 289.194(6)✦	116 **Lv** 𫟷▲ 293.204(4)✦	117 **Ts** 鿬▲ 293.208(6)✦	118 **Og** 鿫▲ 294.214(5)✦	Q P O N M L K

★ 镧系	+3 57 **La**★ 镧 $5d^1 6s^2$ 138.90547(7)	+2 +3 +4 58 **Ce** 铈 $4f^1 5d^1 6s^2$ 140.116(1)	+3 +4 59 **Pr** 镨 $4f^3 6s^2$ 140.90766(2)	+2 +3 +4 60 **Nd** 钕 $4f^4 6s^2$ 144.242(3)	+3 61 **Pm** 钷▲ $4f^5 6s^2$ 144.91276(2)✦	+2 +3 62 **Sm** 钐 $4f^6 6s^2$ 150.36(2)	+2 +3 63 **Eu** 铕 $4f^7 6s^2$ 151.964(1)	+3 64 **Gd** 钆 $4f^7 5d^1 6s^2$ 157.25(3)	+3 +4 65 **Tb** 铽 $4f^9 6s^2$ 158.92535(2)	+3 +4 66 **Dy** 镝 $4f^{10} 6s^2$ 162.500(1)	+3 67 **Ho** 钬 $4f^{11} 6s^2$ 164.93033(2)	+3 68 **Er** 铒 $4f^{12} 6s^2$ 167.259(3)	+2 +3 69 **Tm** 铥 $4f^{13} 6s^2$ 168.93422(2)	+2 +3 70 **Yb** 镱 $4f^{14} 6s^2$ 173.045(10)	+3 71 **Lu** 镥 $4f^{14} 5d^1 6s^2$ 174.9668(1)
★ 锕系	+3 89 **Ac**★ 锕 $6d^1 7s^2$ 227.02775(2)✦	+3 +4 90 **Th** 钍 $6d^2 7s^2$ 232.0377(4)	+3 +4 +5 91 **Pa** 镤 $5f^2 6d^1 7s^2$ 231.03588(2)	+2 +3 +4 +5 +6 92 **U** 铀 $5f^3 6d^1 7s^2$ 238.02891(3)	+3 +4 +5 +6 +7 93 **Np** 镎 $5f^4 6d^1 7s^2$ 237.04817(2)✦	+3 +4 +5 +6 +7 94 **Pu** 钚 $5f^6 7s^2$ 244.06421(4)✦	+2 +3 +4 +5 +6 95 **Am** 镅▲ $5f^7 7s^2$ 243.06138(2)✦	+3 +4 96 **Cm** 锔▲ $5f^7 6d^1 7s^2$ 247.07035(3)✦	+3 +4 97 **Bk** 锫▲ $5f^9 7s^2$ 247.07031(4)✦	+2 +3 +4 98 **Cf** 锎▲ $5f^{10} 7s^2$ 251.07959(3)✦	+2 +3 99 **Es** 锿▲ $5f^{11} 7s^2$ 252.0830(3)✦	+2 +3 100 **Fm** 镄▲ $5f^{12} 7s^2$ 257.09511(5)✦	+2 +3 101 **Md** 钔▲ $5f^{13} 7s^2$ 258.09843(3)✦	+2 +3 102 **No** 锘▲ $5f^{14} 7s^2$ 259.1010(7)✦	+3 103 **Lr** 铹▲ $5f^{14} 6d^1 7s^2$ 262.110(2)✦